“我跟鲁迅的心是相通的”

毛泽东與鲁迅

秋　石◎著

上海人民出版社

秋石，原名贺金祥，南京动力学校毕业。曾经当过工人、北大荒知青、专职边防民兵管理机构干事、技术员等，后在一线新闻媒体采编20年至退休；现被聘任国家级昆山高新区文化顾问，并设秋石文化研究工作室。1979年起，受两位鲁迅学生和30余位左翼作家、延安文艺前辈扶掖熏陶，献身左翼文学研究38年，受聘浙江省社科院国际鲁迅研究中心暨绍兴鲁迅研究中心特约研究员。自1969年起研读《共产党宣言》，至今达48年，数十年如一日坚定不移拥护中国共产党，批右拒"左"，是与历史虚无主义水火不相容的文史学者，中国作协九大特邀代表。出版《聚讼纷纭说萧军》《呼兰河的女儿萧红》《我为鲁迅茅盾辩护》《追寻历史的真相：毛泽东与鲁迅》等著作9部；在《求是》《党的文献》《人民日报》《光明日报》《解放日报》《文汇报》《当代》《中国作家》《上海文学》《粤海风》《新文学史料》《新华文摘》等报刊及复旦、南大、人大等著名高校学术刊物，发表文史评论、杂文、纪实与散文等600多万字。

谨以本书

隆重纪念毛泽东在延安作《论鲁迅》
光辉演讲80周年

1937.10.19 - 2017.10.19

1946年毛泽东在延安枣园窑洞中写作，办公桌右前角放着三卷《鲁迅全集》（资料照片）

1956年毛泽东为迁葬于上海虹口公园鲁迅墓题写的“鲁迅先生之墓”手迹。虹口公园也因此更名为现在的鲁迅公园。

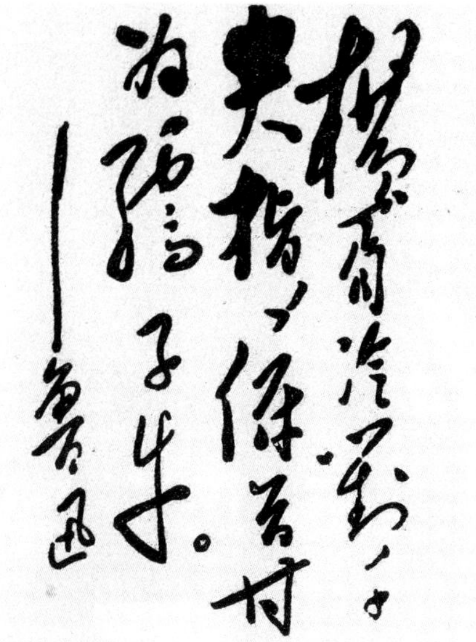

毛泽东手书鲁迅诗句：
横眉冷对千夫指，俯首甘为孺子牛

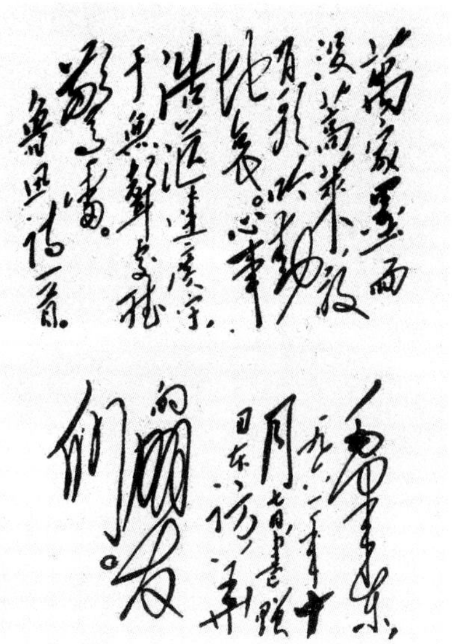

1961年10月7日毛泽东赠送日本客人的手书鲁迅《无题》诗

1930年，由美国友人史沫特莱拍摄的鲁迅像

言必信，行必果，1949年后，中国共产党、中国政府一诺千金，全面兑现了1936年10月鲁迅逝世时发出的《为追悼鲁迅先生告全国同胞和全世界人士书》的庄严承诺，三度出版《鲁迅全集》，在全民族中弘扬民族魂；耗费巨资，在鲁迅足迹所到之处的绍兴、南京、北京、厦门、广州、上海等地建立了永久性纪念鲁迅的馆所。这，不仅在中国、而且在世界上也是空前绝后的。须知，上述六处纪念馆所，包括鲁迅故乡绍兴，全部为国有公共财产。其中，广州、厦门、南京三地的纪念馆，还为当地历史悠久的文物性建筑。而在鲁迅故乡绍兴，政府还出巨资购下了鲁迅故居、鲁迅父母家族祖居、鲁迅上过学的私塾学堂等一系列庞大的有一二百年历史的古房产，与多次翻修扩建的鲁迅纪念馆配套展出。

北京鲁迅博物馆

广州鲁迅纪念馆

上海鲁迅纪念馆

厦门鲁迅纪念馆

绍兴鲁迅纪念馆

南京鲁迅纪念馆

1957年7月7日夜晚，上海中苏友好大厦咖啡厅，毛泽东主席与36位上海各界人士团桌座谈会之一：与毛泽东主席交谈者，正面左一为中共华东局第一书记兼上海市委第一书记、上海市市长柯庆施，毛泽东边上左起依次为著名电影导演应云卫，上海市委书记陈丕显，国际著名桥梁力学专家、中国科学院技术科学部委员、同济大学副校长李国豪，国际著名医学专家、中国流行病学及预防医学奠基人、血吸虫病首席防治专家、上海第一医学院副院长苏德隆；与李国豪相对的"右下角一"背影（花白头发者），是我国著名经济学家、复旦大学经济系主任漆琪生教授。图中，毛泽东与应云卫之间探头倾听者为著名电影演员赵丹，赵丹里侧端坐者为45年后撰写《我亲聆毛泽东与罗稷南对话》一文的作者、著名电影演员黄宗英。

（徐大刚摄）

1957年7月7日夜晚，上海中苏友好大厦咖啡厅，毛泽东主席与36位各界人士团桌座谈会之二：与毛泽东主席交谈甚欢戴眼镜者为民建上海分会副主任委员、公私合营上海信谊制药厂厂长陈铭珊先生。

（徐大刚摄）

1957年7月7日夜晚，上海中苏友好大厦咖啡厅，毛泽东主席与36位各界人士团桌座谈会之三：与毛泽东主席交谈者，正面左起依次为：应云卫，著名电影演员赵丹、黄宗英夫妇，与黄宗英相对的长发女性背影为著名电影演员黄晨。

（徐大刚摄）

1957年7月7日深夜团桌座谈会结束后，毛泽东主席与36位兴犹未了的各界人士轻松步出会议室，走在前往小剧场观看越剧《追鱼》的大厅通道中。毛泽东主席，柯庆施（前排左一），著名戏剧电影编剧王元美（前排右三），与一脸灿烂笑容凝望毛泽东的另两位演艺界著名女演员黄晨（前排右二）与黄宗英（前排右一）。

（徐大刚摄）

2002年12月5日《南方周末》C22版所刊黄宗英文章。其文左侧为"毛罗对话"原始提供者贺圣谟先生对鲁迅之子周海婴引用其原话时出现众多错讹的辩正稿；右侧为《南方周末》两位取稿人员根据黄宗英口述内容撰写的的"纪实"稿。

《光明日报》1957年7月11日头版(局部)

《解放日报》1957年7月9日头版(局部)，相关新闻报道全文如下——

毛主席接见本市文教工商界人士

在中苏友好大厦与大家亲切地围桌交谈两小时

【新华社上海8日电】毛泽东主席七日晚在上海中苏友好大厦，接见了上海科学、教育、文学、艺术和工商界的代表人士，并和他们进行了亲切的交谈。

毛泽东主席和大家围桌闲话约两小时。

参加这次谈话的有漆琪生、谈家桢、笪移今、孙怀仁、周煦良、李锐夫、殷宏章、汪猷、应云卫、沈浮、郑君里、赵丹、金焰、黄宗英、陈鲤庭、章靳以、罗稷南、丁善德、陈大燮、武和轩、钱宝钧、傅于琛、丁忱、徐子威、蒋学模、刘念义、吴中一、李国豪、王元美、黄晨、苏德隆、陈铭珊、叶宝珊、聂傅贤、束世澂、史蕙康等共三十六人。

中共上海市委第一书记柯庆施，书记陈丕显、曹荻秋、魏文伯、马天水等也陪同参加了这次谈话，谈话后，毛泽东主席并和大家一起观看了越剧。

照片说明 毛泽东主席在中苏友好大厦接见了本市科学、教育、文学、艺术和工商界的代表人士，并与他们亲切地交谈。

·新华社稿 徐大刚摄·

2002年12月6日上海《文汇读书周报》5版刊发黄宗英文章的背景史料。

1957年7月9日《解放日报》及7月11日《光明日报》头版有关毛泽东在上海与36位上海各界人士团桌座谈会报道的新华社电讯稿影印件。

必须推进马克思主义中国化时代化大众化，建设具有强大凝聚力和引领力的社会主义意识形态，使全体人民在理想信念、价值理念、道德观念上紧紧团结在一起。要加强理论武装，推动新时代中国特色社会主义思想深入人心。深化马克思主义理论研究和建设，加快构建中国特色哲学社会科学，加强中国特色新型智库建设。坚持正确舆论导向，高度重视传播手段建设和创新，提高新闻舆论传播力、引导力、影响力、公信力。加强互联网内容建设，建立网络综合治理体系，营造清朗的网络空间。落实意识形态工作责任制，加强阵地建设和管理，注意区分政治原则问题、思想认识问题、学术观点问题，旗帜鲜明反对和抵制各种错误观点。

——2017 年 10 月 18 日，习近平同志在中国共产党第十九次全国代表大会上的报告

毛泽东同志为中国新民主主义革命的胜利、社会主义革命的成功、社会主义建设的全面展开，为实现中华民族独立和振兴、中国人民解放和幸福，作出了彪炳史册的贡献。毛泽东同志毕生最突出最伟大的贡献，就是领导我们党和人民找到了新民主主义革命的正确道路，完成了反帝反封建的任务，建立了中华人民共和国，确立了社会主义基本制度，取得了社会主义建设的基础性成就，并为我们探索建设中国特色社会主义的道路积累了经验和提供了条件，为我们党和人民事业胜利发展、为中华民族阔步赶上时代发展潮流创造了根本前提，奠定了坚实的理论和实践基础。

——2013年12月26日，习近平同志在纪念毛泽东同志诞辰120周年座谈会上的讲话

“祖国是人民最坚实的依靠，英雄是民族最闪亮的坐标。歌唱祖国、礼赞英雄从来都是文艺创作的永恒主题，也是最动人的篇章。我们要高扬爱国主义主旋律，用生动的文学语言和光彩夺目的艺术形象，装点祖国的秀美河山，描绘中华民族的卓越风华，激发每一个中国人的民族自豪感和国家荣誉感。对中华民族的英雄，要心怀崇敬，浓墨重彩记录英雄、塑造英雄，让英雄在文艺作品中得到传扬，引导人民树立正确的历史观、民族观、国家观、文化观，绝不做亵渎祖先、亵渎经典、亵渎英雄的事情。要抒写改革开放和社会主义现代化建设的蓬勃实践，抒写多彩的中国、进步的中国、团结的中国，激励全国各族人民朝气蓬勃迈向未来。”

“历史给了文学家、艺术家无穷的滋养和无限的想象空间，但文学家、艺术家不能用无端的想象去描写历史，更不能使历史虚无化。文学家、艺术家不可能完全还原历史的真实，但有责任告诉人们真实的历史，告诉人们历史中最有价值的东西。戏弄历史的作品，不仅是对历史的不尊重，而且是对自己创作的不尊重，最终必将被历史戏弄。只有树立正确历史观，尊重历史、按照艺术规律呈现的艺术化的历史，才能经得起历史的检验，才能立之当世、传之后人。”

——2016年11月30日，习近平同志在中国文联第十次全国代表大会、中国作家协会第九次代表大会上的讲话

目　　录

下篇 “我跟鲁迅的心是相通的”

说到毛泽东的心是与鲁迅的心相通的这个经久不息的话题，有一个人的观察、体会尤为深刻。他就是深得鲁迅呵护与扶持，因鲁迅为之撰序的小说《八月的乡村》一举成名的萧军。在1944年3月22日写于延安的日记中，萧军这样写道：“鲁迅——对于中国国民性认识底深刻性、韧性，战斗的精神，严肃性，深沉性，这和毛泽东底对中国社会、历史、政治人士的全面性……正是对照的。……鲁迅反帝反封建的思想，正被毛泽东具体而实现了。他们底关系是宽与深，灵魂与肉体，一致的，相成的……”

冯雪峰抵达中央苏区时，适逢毛泽东受“左”倾机会主义路线的排挤，被排除在中央领导核心之外……冯雪峰的到来，令极具文人气质的毛泽东有了排遣心中郁闷的对象。毛泽东经常到冯雪峰的住处促膝长谈，话题最多，也是毛泽东最感兴趣的是鲁迅和鲁迅的作品。

一天，毛泽东又来到冯雪峰住处，开门见山，且十分风趣地提议道：“今晚我们约法三章：一不谈红米南瓜，二不说地主恶霸，我们不谈别的，只谈鲁迅。”

冯雪峰自1933年12月抵达中央苏区，到1934年10月与毛泽东一起跟随中央红军进行二万五千里长征，在短短十个月的时间里，他在毛泽东和鲁迅之间架起了一座相知相通的桥梁。

正因为毛泽东从根本上读懂了鲁迅，所以，毛泽东1961年在为鲁迅八十周年诞辰作诗时，真切地回顾了30年代上海文化战线上左翼力量与国民党反动派当局之间展开的这段“刀光剑影任翔旋”的斗争史。当年的鲁迅，是在国民党反

亲爱的读者们，当你们读了 1975 年 7 月 24 日零点过后发生的这一历史真实场景的传神感人文字后，我们还能苟同由少数人杜撰的“假如活着”的鲁迅，会被共产党毛泽东关入新中国牢房的那个所谓“毛罗对话”吗？

——本书作者秋石题记

1975 年，毛泽东盲写了一首诗

《满江红》轻轻播放着，在场的所有人都听见了，唯独一个人例外——唐由之却一点也没听见。他的心神，全神贯注地注入视线，注入指端，运用精微的手法，在主席的眼睛上，完成了白内障针拨术。

将近 24 日零点，手术顺利完成，心电监护仪显示：手术过程中，毛主席的心跳依然如故，始终未发生变化。唐由之暗想：主席真是位伟人呀！他的眼睛正在进行手术，竟然可以心静如水，胜似闲庭信步。

主席的手术结束后，总理还在书房外面等候。唐由之马上过去，正要详细汇报主席手术情况，总理却说：“你不要说，我都看见了。你很沉着、镇静。术后要防止感染、出血。”总理稍停了一下，接着问，“今晚谁值班？”

“今晚我值班，就睡在主席门外，可以随时照顾主席。”唐由之回答。

总理说：“那就好。”

唐由之万万没有想到，这是他亲耳听到的敬爱的周总理生前给他的最后声音。他怎么能想到，此后仅仅半年，总理将在重病中沉沉地离去……

回到卧室，主席休息了。唐由之在卧室外的走廊里守候着，值班用的那张长沙发，摆在宽敞的走廊一头，与主席的卧室只有几步之遥。大约过了一小时，唐由之听到主席说话的声音，比较含糊，他赶紧走进去，看看是不是主席的眼睛有什么情况。

主席的眼睛蒙着纱布，听见有人进来，便问：

“谁进来啦？”

张玉凤说：“是唐由之大夫呀！”

主席好像在喃喃自语，唐由之认真地听着，仍听不清主席在说什么。他有些着急，直接问道：“主席，你哪儿不舒服啊？你说什么啊？我听不懂。”

主席用手示意了一下，张玉凤明白，主席要写字了。她赶紧拿来笔和纸，递到主席手里。唐由之紧盯着主席的手，想尽快知道主席要表达的情况，如果是手术的眼睛不舒服，可得马上处理啊！

主席双眼隔着厚厚的纱布，摸索着，用铅笔在白纸上写开了。如同他以往的习惯，每个字都写得很大，但是，这次的“盲写”，每个字都没有按行“排队”，而是斜向一方，没写几个字，就得换一张纸。一会儿工夫，四行文字出现在他的面前：

岂有豪情似旧时，
花开花落两由之。
何期泪洒江南雨，
又为斯民哭健儿。

是一首诗！唐由之没有想到，一个小时前刚刚经历完手术的毛主席，念叨的不是自己眼睛的感觉，而是一首诗。他敏感地发觉：诗中有两个字和自己的名字一样——“花开花落两由之”中的“由之”。

是不是主席想到刚刚为他做手术的主刀医生叫唐由之，“由之”二字令他联想起鲁迅在这首诗里用过，便喃喃自语地念开了？不管怎样，看来，主席眼睛没有不良的反应，职业的敏感让唐由之轻轻地松了一口气，他的注意力也转到这首诗上来了。

写完这首诗的主席，依旧没有睡意，他对唐由之说开了：这是鲁迅为悼念一位叫做杨杏佛的人写的诗。杨杏佛是爱国进步人士，被国民党杀害了。鲁迅要去吊唁，为防止无谓的牺牲，许多人阻止他前往。于是，鲁迅提笔寄托哀思，写下这首诗。说到这儿，主席转向张玉凤，“你到我的左边书架第二层，拿

《鲁迅全集》那卷来，翻给唐大夫看看。”唐由之没听清他说的到底是第几卷，显然，张玉凤听明白了。

张玉凤走到书架前，按照主席的指点，取书拿来一翻，果然就是这首诗。看到张玉凤递过来的书，唐由之为主席超强的记忆力震惊了：眼前这位已经82 岁高龄、每天日理万机的一国领袖，知道我的名字时，已经双目失明，不可能亲自翻阅这本书。此刻，竟然因我名字中的“由之”二字生发联想，不但完整地默写出《鲁迅全集》编入有这两个字的一首诗，还清楚地记得这卷书在书架上的确切位置。这是要有怎样惊人的记忆力啊！

现在，看到张玉凤递过来的鲁迅的这首诗，唐由之以前没注意过。

见到主席用这首诗“解释”自己的名字，他能不激动吗？一种渴望已久的心愿，再也按捺不住了，对着主席写在这几张纸上的诗，他说了出来：

“主席，这个您可以送给我吗？”

其实，在主席身边的日日夜夜，主席已经习惯唐由之在他自己身边走来走去，在书房里进进出出。每当主席伏案工作时，就让唐由之随意翻看放在书架上的书籍。主席在书中的眉批，无数次地掀动着唐由之的心。主席的书法堪称绝世之笔，多少人梦寐以求，期望得到主席一字一句的真迹。自小跟着画家唐云大哥练过书法的他，更是懂得这些真迹的珍贵。但是，面对年迈体弱又双眼因白内障失明的主席，他无论如何也不敢有丝毫的非分之想。眼前，摆着主席因自己的名字而联想并且书写的诗句，唐由之怎能不激动呢？

听了他的请求，主席笑了起来，“哈哈！好！那么我给你签个字吧。”说罢，摸索着再次提起笔，在诗的结尾处“盲写”了三个字：毛泽东。

这时，时针指着 24 日凌晨 3 点多钟。

附注：本文节选自卢春宁著、人民出版社 2011 年1 月出版的《为毛泽东做眼科手术的唐由之》一书；又见《1975 年，毛泽东盲写了一首诗》一文，刊2011 年第 6 期《中外书摘·经典版》。

信仰的力量

——一个跟随中国共产党60多年的党外人士的心声

七十岁曰古稀之年。所谓古稀，也是人生的一个拐点，或者叫做重要节点也可。一般情况下，到了这个年龄，应当是歇一口气颐养天年的时候了，可我依然笔耕不止，奋战在文学作品与学术研究成果频出的第一线：每年有总量达数十万字的散篇与专著问世。除在《求是》《人民日报》《光明日报》《文汇报》《当代》《中国作家》《上海文学》《新文学史料》《新华文摘》《粤海风》等著名报刊，以及复旦大学、中国人民大学、南京大学等名校的学术刊物发表学术论文，在当今出书难，出学术专著更难的境况下，自1999年12月以来，我居然一连出版了学术专著9部。而在2017年，京沪两地三家出版社又将出版我的含有鲁迅内容总字数为120万字以上的三部学术专著。成果的取得，得益于铁心跟党走这一无比坚定的信仰。再有一个重要原因，就是从文37年来，我始终站在巨人的肩膀上！是近40位鲁迅学生、左翼文学前辈、延安文艺老战士的敦厚肩膀，托就了我的昨天与今天，还将在明天延续下去。

农历丙申年，恰好是我的整70岁——2016年12月29日，农历十二月初一。70年前的那一天正午时分，我出生在绍兴城内距鲁迅故居所在的都昌坊口不足300米的小禅法弄的一个破旧台门里。命运、历史，以及一个又一个的挑战机遇，注定我要同故乡的这位先贤圣人紧密地结合在一起。

“战斗正未有穷期，老谱将不断的袭用”，这是82年前鲁迅先生在《伪自由书·后记》中的一段自我勉励的话语，作为第二代鲁门小弟子——与两位鲁迅晚年最为器重、关系最为密切，鲁迅大出殡时抬过恩师灵柩的忠实弟子萧军与黄源的忘年交，我将永远铭记恩师的恩师的这个告诫，不忘铁心跟党走的初心，直到去见他们为止。

在人生七十寿辰到来的前夕，我欣喜地收到了一份大礼：10月30日那一天，中国作家协会党组经研究决定，破格确定我这个意识形态领域的党外布尔什维克、业余基层会员和名副其实的草根学者为“特邀代表”，出席中国作家协会第九次全国代表大会。这份弥足珍贵的七十寿礼，无疑给我注入了新的活力：在习近平总书记一系列重要讲话精神鼓舞下，为新一轮的左翼文学、鲁迅研究和中国近现代史研究，特别是挺立潮头持续22年之久的文史领域与意识形态领域里的反虚无化斗争，奠定了坚实无比的基础。

还是在丙申新年之初，中共中央总书记、国家主席、中央军委主席习近平视察第13集团军军史馆，当听到当年红军战士宁肯忍饥挨饿也要将半截皮带留下来，带着它“去延安见毛主席”的故事时，深有感触地说：“这就是信仰的力量，就是‘铁心跟党走’的生动写照。”

无独有偶，2015年12月26日毛泽东同志诞辰122周年那天，南北多家媒体刊登了一则题为《73年后，他重回党的怀抱》的生动故事，说的是前一日中共江苏泗洪县委领导同志向93岁的抗战老兵张道干赠送党章、党员证，并现场为其佩戴党徽的事。1923年出生的张道干19岁参加抗日战争，同年冬天加入中国共产党。四年后因其所在党支部遭破坏而失去党的组织关系。在后来的战争中他多次荣立战功，部队不止一次要求他重新入党，但都被他以早在1942年入党为由而拒绝。直到今年，通过中央电视台《等着我》栏目为他寻找到了抗日战争时期既是他的战友，更是当年他的入党见证人的杨美田。为此，张道干老人所在的泗洪县与宿迁市委两级组织部门进行了大量的走访调查和认真审理，并召开专门的常委会研究，决定恢复老人的党籍，党龄从其批准入党的1942年12月起连续计算。当老人从中共宿迁市委组织部负责人手中接过党籍证明时，激动地连连说道：“谢谢党！谢谢党！党还没忘记我！”

在老人上述这话的背后，在场的人们领会到的是一个经过血雨腥风考验的老布尔什维克的美好心声：“党永远在我心中！”毋庸置疑，这就是总书记所强调的“信仰的力量”的强大驱动力所在。

读了上述两则令人感慨万千的故事，不由得使我想起了2015年9月5日4时许，那是一个北疆曙光初现的清晨，亦即中共中央总书记、国家主席、中央军委主席习近平同志在纪念中国人民抗日战争暨世界人民反法西斯战争胜利70周年大会上发表重要讲话的第三天，我回访第二故乡考察当年东北抗联游击区时遇到的一件事：在黑龙江畔的边陲抚远西山头，1945年8月9日为解放中国东北壮烈牺牲的苏联海军烈士纪念碑前，一位40多年前与我相识的原住民，深有感触地对我说道：得到老百姓从心底深处拥护，以习近平同志为核心的党中央的反腐倡廉有力举措，和在国际事务处理中对以美国推行的全球霸权主义行径，特别是在我国南海滋事生非炫耀武力的一系列挑衅活动，无比强硬地说“不！”，让我们见证了中国前所未有的强大。

这位边陲原住民的话，一下子激起了我的共鸣。即将迈入古稀之年的我，至今清晰地记得整半个世纪前发生的那一幕，那是1965年的9月29日，人民共和国的副总理兼外交部长陈毅元帅，在其主持的中外记者招待会上所说的荡气回肠的一番话。陈毅同志以他特有的诙谐语调与高亢的四川口音大声宣告道：“我们等候美帝国主义打进来，已经等了十六年。我的头发都等白了。”记得那一天晚间八时整的中央人民广播电台新闻联播节目，传出陈毅同志代表我国政府发出这一时代最强音的时候，聚集在玄武湖畔、紫金山北麓的南京化工动力学校教学楼后面大草坪上的上千位师生，顿时爆发出了一阵经久不息的热烈掌声。当年才18岁的我头脑中唯一的感受是：

做一个中国人，一个新中国的年轻人，值！

行文至此，令人不由得想起了十几年前昔日的苏共党员、克格勃的基层官员，苏联解体后的俄罗斯第二任总统弗拉基米尔·普京说过的那个“谁不为苏联解体感到惋惜谁就没有良心，但谁想回到过去就是没有脑子”一度振聋发聩的话。但十几年的时间过去了，随着国际国内各方面形势的急剧演变，对于普京的上述说法，俄罗斯人民又有了新的惊人的认识。据俄罗斯国际文传电讯社2016年4月19日报道，俄罗斯列瓦达民调机构3月进行的一项民调结果显示，多数俄罗斯人民痛惜苏联解体，并希望社会主义体系和苏联回归。列瓦达的这项民调结果显示，怀念苏联的俄罗斯民众人数达到近五年来的最高点：

51%的俄罗斯人认为苏联解体原本可以避免,56%的受访者对苏联解体表示惋惜。只有33%的受访者表示苏联解体不可避免,17%的受访者表示对此难以作出判断。此外,58%的受访者希望苏联和社会主义制度重新归来,而44%的受访者表示恢复苏联并不现实。

2016年,是充满着奇幻变数的一年。值得世界上马克思信徒们庆贺的一件事,莫过于发生在11月29日的法国国民议会"为所有遭镇压的1871年巴黎公社社员平反"的政治事件了。

"公社并没有覆亡!"

法国国民议会通过的"为所有遭镇压的1871年巴黎公社社员平反"的第907号决议,印证了科学共产主义奠基者卡尔·马克思说过的一句话:巴黎公社的原则是永存的。

1871年3月18日,在法国巴黎,十多万无产者举行了武装起义,从资产阶级手中一举夺取了政权。10天后,伟大的巴黎公社即宣告成立。尽管巴黎公社仅仅生存了72天,但她是世界上所有信奉共产主义学说,并将其付诸于实践的"无产阶级第一次掌握政权"的伟大革命尝试(卡尔·马克思、弗里德里希·恩格斯1872年6月24日写于伦敦的《共产党宣言·1872年德文版序言》,见人民出版社2012年9月北京出版的《马克思恩格斯选集》第1卷第377页)。

2016年是巴黎公社诞生145周年,法国国民议会依据《宪法》第34-1条款通过了"为所有遭镇压的1871年巴黎公社社员平反"的第907号决议,并由议长克洛德·巴赫托洛纳当场签署。支持这项提案的社会党与环保改革派领袖布鲁诺·勒鲁及巴黎议员声称:"这一庄严行动"是在"尽历史责任"。"此举旨在给那些为自由不惜被立即处死和受到不公正判决的妇女和男子以荣誉和尊严。"

国民议会这项决议使用的是"平反"一辞,明确它不是一次新的"赦免",亦非出于对"牺牲者"的怜悯,而是直面事实,还历史的真相。

据法国各大媒体报道,2016年正值巴黎民众隆重纪念《国际歌》作者欧仁·鲍狄埃诞生200周年。故而,在议会辩论时,埃尔韦·费隆议员即席朗诵了欧仁·鲍狄埃1885年发表的题为《公社没有覆亡》的诗歌:

凡尔赛分子镇压公社，
用霰弹炮和沙斯波枪，
又把红旗卷在她身上，
往深坑里埋葬，
那伙肥猪般的屠伯，
自恃豪强……

他们至少把十万群众
残杀在屠场。
可你瞧！屠戮了十万人，
也没能得逞……
公社并没有覆亡！

朗诵者的话音刚一落地，国民议会大厅里顿时响起了一片热烈而又持久的掌声……

面对共产主义的幽灵重又在欧洲大地上空游荡的动人景象，我情不自禁地想起了曾经被打成“三反分子”达31年之久，我的忘年交和文学道路引路人的“鲁门小弟子”萧军，1981年夏在美国爱荷华国际写作中心举行的一次题为“中国座谈会”上的一个回答。当有人用西方人的眼光及其惯有的思维逻辑，问及“中国共产党犯了那么些错误，你们为什么不换一个党啊”的挑衅性问题时，萧军是这样回答的：“中国共产党虽然犯了错误，但是她最大的功劳，是带领民众奋斗了几十年，牺牲了那么多优秀的战士，使祖国独立了，民族解放了，人民翻身了，你找不出一个党来代替共产党，当然我就要拥护共产党，我是她五十多年的老群众啊！批评是批评，鼓掌还是要鼓掌的。”

我甚是赞同萧军先生这番掷地有声的话。萧军说他是中国共产党半个多世纪的老群众。现在我也老了，自1949年3岁那年共产党建立新中国那一刻算起，作为第二代“鲁门小弟子”的我，也是一个跟着中国共产党走了一个甲子多的老群众了，而且，还要一如既往地跟随着共产党走下去，做一个意识形态领域里的坚强的中国共产党的堡垒户。原因不是别的，因为我心中的旗帜、同乡、先辈大师鲁迅是自发自觉赞同共产党的主张的。

记得，还是在萧军对着那些戴着有色眼镜洋人说出这番掷地有声的话三年前，在为鲁迅先生44年前写给他和萧红的信作注解时，这样写道：

> 毛主席说鲁迅先生虽然不是共产党的组织的一人，而他的思想、行动、著作，都是马克思主义化的(边圈是我所加——萧军)。这是否“过誉”了呢？有的人也可能有这种想法。因此很不甘心情愿地让鲁迅先生享有这样的“荣誉”。

在同一封信的注释中，萧军又写道：其实鲁迅先生也从来没有标榜过自己是位真正的、百分之百的马克思主义者，甚至还坦率地批判过自己相信《进化论》的“偏颇”。

读着萧军1978年11月18日写下的这段注释，作为与萧军先生有着九年忘年交友谊的笔者，由衷地钦敬：原来，早在38年前的那个冬日里，深得鲁迅衣钵真传的萧军先生，就高瞻远瞩地预见到了一些人会在进入新世纪后的某一天，祭起所谓的“进化论”来否定毛泽东、中国共产党对鲁迅的恰如其分的评价。而在现实中，就有这么一位同样喝过延河水有着70多年党龄的文人曾彦修前辈，一改当年投奔革命圣地延安的初衷，在其发表于2013年8月《炎黄春秋》杂志上有关阅读和研究鲁迅的《一点建议》中，杜撰了严重违背历史真实的毛泽东《论鲁迅》讲演稿的记录者及投稿、发表的经过。很快，许多读者纷纷去电去信为之辩诬，或在其他报刊撰文澄清历史真实。更有《论鲁迅》讲演内容记录者与投稿者汪大漠的胞弟，百岁高龄的离休老前辈汪大波同志，适时地站出来，作了有理有据进一步澄清事实真相的投诉。但直到一年后，在强大的压力下，《炎黄春秋》杂志才将这位同为老革命的汪大波的来信，予以删节刊登。更为荒唐的是曾彦修前辈在作出有如发现新大陆般的“鲁迅究竟是不是马克思主义者呢”的发问的同时，还作出了诸如“鲁迅先生在冯雪峰面前就对无产阶级专政表示了明显的不满”、“鲁迅并没有读过马克思本人的多少书……他似乎不会‘信仰’什么主义似的”的结论。为了加强他的这些与历史真实完全相悖的荒谬结论，曾彦修前辈无中生有地将毛泽东不曾说过的鲁迅是“当代中国的孔夫子""现代中国的孔夫子"一类不着边际的所谓"评价",强行塞进《论鲁迅》中(查1938年3月1日汉口出版,由胡风主编的《七月》杂志所刊原始记录者汪大漠同志提供的《鲁迅论》,同样无见此等"评说")。紧接着,作者又将鲁迅先生根本没有说过,却言之凿凿地来了一个"他在《答有恒先生》中曾经明白说过,1927年以前他是个'进化论'者,1927年以后,他就是一个'阶级论'者了"的广而告之。在《一点建议》中,作者进而割裂历史,无视鲁迅先生在《答有恒先生》一文中旗帜鲜明地声讨蒋介石国民党右翼势力对共产党人和革命群众实施大屠杀的"恐怖",以及由于自己挺身而出声援、营救被捕的中山大学青年共产党人和进步学生,遭心怀叵测的人"被做成为共产党"的事实,向读者们兜售他的自以为是的"我认为,对鲁迅的研究,应该着重放在他的前半期,即1927年前的时期。这个时期,他显得雄视一切,显得他大大高出于其他一切大大小小的思想家,显得他对于中国的痼疾看得最深最透。(当然,对于中国的整个出路问题,他当时也还未找到。)因此,我觉得对鲁迅的研究,应该重点研究1927年前的,这个眼光高于其他一切人的伟大思想家"的所谓解读鲁迅的"建议"。这位喝过延河水的文人曾彦修前辈的"建议"对与否,相信凡是通读过《鲁迅全集》的学者与读者们,自然是心如明镜。由此可见,若要不受那些貌似信誓旦旦实却蛊惑人心说教的欺骗,笔者认为,一定要有一个生来不听邪的坚定信仰;其次,最原始,也最有效的方法是读原著。笔者依据包括亲手接稿亲手安排发表汪大漠同志提供的《论鲁迅》现场记录稿的鲁迅学生、马克思主义文艺理论家胡风先生发表在1981年10月12日人民日报上的《一点回忆》、著名党史学家唐天然同志发表在1981年8月19日人民日报上的《〈毛泽东论鲁迅〉发表的经过》,更有原始记录者、投稿者、老革命汪大漠同志回忆等在内的强有力一手史料史实,所撰写的以《毛泽东〈论鲁迅〉发表的真实经过》为题,发表在2014年9月10日出版的第1006期《中华读书报》上。感谢《中华读书报》编发者们的非凡勇气,刊发拙文时,尊重并保留了笔者一以贯之的鲜明批判风格:明确笔者批判的此类虚无主义错讹,系曾彦修前辈与《炎黄春秋》所为。

在对同一封鲁迅致自己和萧红的信的注释中,萧军进而予以了准确、符合鲁迅一生实践,且联系毛泽东《论鲁迅》演讲精神内涵的合二而一的评判——

> 毛主席对于鲁迅先生的评价，我以为这正是运用了马克思主义思想方法的评价，它是从全面的概括，历史的发展，本质的确定，客观的实践……这一辩证标准出发的，决不是机械的、隔离（裂）的、固定的……从那种形而上学的“标准”出发的。

好一个“决不是机械的、隔离（裂）的、固定的……从那种形而上学的‘标准’出发的”见解！在这里，我们从中可以看到：晚年的萧军不光是发扬了延安时期实事求是的优良作风，坚持鲁迅同中国共产党人共信共立血肉相连的关系的这一认知的正确立场。而且，他还洞若观火，深刻地预见到其告别人世后不久直到新世纪来临冒出来的那些崇尚西方人标准，不以鲁迅原著、鲁迅思想和鲁迅所持的与中国共产党人的同一立场为准绳，对鲁迅先生晚年的治学出发点，和对中国当时、未来前途的思考与探索，实施“机械、隔离（裂）”的任性演绎的一个严正警告和沉重打击。

1987 年 6 月 20 日（还有同年 11～12 月同笔者的几次长谈中阐明的），身患癌症，自知来日无几的萧军在同家人的谈话中，有力地驳斥了社会上试图挑拨他与中国共产党之间真实关系的别有用心的人散布的非议，萧军强调指出：

> 他们都以为我是“李逵”，手持两把大斧到处乱锤乱砍！其实他们还没有真正地理解我，我也并不是那样的莽撞和单纯！我有我的思想和理想，我不是只凭感情用事的，我也不是计较个人恩怨和区区琐事的……

萧军说得好，他不是手持两把大斧乱锤乱砍的李逵！在历经 31 年的莫须有“三反”生涯后，他以一名中华民族的赤子，一位跟随中国共产党“50 多年的老群众”，和当年延安窑洞里的毛泽东诤友的身份，牢牢地守住了自己作为一个大写的中国人的阵脚。他有他的思想和理想，他绝不是社会上那些崇尚西方意识形态的精英们所希冀的同共产党、毛泽东闹对立无休止造反的“英雄”“好汉”………因为他是鲁迅的学生！

就在这一年的岁尾冬日，在与时隔多年前去探望他的笔者的围炉长谈中，萧军深有感触地说道：鲁迅先生、我，还有你，都与共产党有着特别的渊源……期待着你今后的文学事业有所进取的同时，无论遇到什么困难与挫折，都不要动摇对中国共产党、对生养自己祖国的信念，对毛主席也是如此。这是我萧军对你的一点要求。

正是凭着几十年间确立的对中国共产党的坚定信念，以及萧军去世前对我提出的这么“一点要求”，所以才会有时隔15年后，当那个谬托知己，试图通过抹黑毛泽东进而抹黑整个中国共产党，所谓在1957年毛泽东要将“假如活着的鲁迅”关入新中国牢房的蛊惑人心谎说刚一露头，自2003年1月22日赴上海华东医院寻找被那个“亲聆者”信誓旦旦宣判为“多已不在人世了”但仍健在的其他历史现场亲历者起，到2015年10月15日在上海交通大学医学院档案馆，获取当年与毛泽东座谈的36位人士中那个鲜为人知的见证人聂传贤教授的生平资料；2016年9月19日中午在上海市文史研究馆，获取逝世不多日的原上海文史研究馆馆员，著名作家、编剧、新四军老战士和地下工作者、杰出电影艺术家沈寂前辈留存的关于原上海电影制片厂当年划分右派分子标准的口述珍贵史料；2016年12月13日上午10时04分，接获北京市气象局专业台来电告知查询到的有关2002年7月4日夜晚北京城区实时气象状况的通报；以及2017年2月6日，农历丁酉年大年初十，在上海党史文献资料部门查阅到：距那个令黄宗英女士以后数十年间乃至进入晚年时分都心有余悸的中苏友好大厦咖啡厅团桌座谈会一年后的1958年9月27日，农历八月十五的中秋月圆夜，在上海锦江饭店对面的文化俱乐部举行的午夜舞会上，33岁的电影演员黄宗英欢天喜地地为毛泽东主席尽情伴舞时，那种有别于其他舞伴的“合着主席的脚步轻快起舞，转了一圈又一圈，跳得潇洒自如，谈得也饶有兴味”的欢快动人场景的传神文字记载，我自费进行了长达14年之久总计70多次的源头调查考证。我的执着与求实求真求是的严谨态度与立场，感动并获得了京、沪两地的数百名各界人士及多个部门的支持与配合：已故毛泽东摄影师徐大刚的家人奉献了四幅能够从源头上澄清问题真相，包括一手杜撰了“毛罗对话”，满脸洋溢着葵花向太阳般璀璨笑容，侧身凝望毛泽东的那个“亲聆者”在内的现场照片；更有“亲聆者”在与毛泽东座谈后次日、次次日的大量亲述亲为言行，及刊登在与毛泽东比肩而坐亲切交谈5天后，在《文汇报》上的那个感人肺腑的发言；还有她在上世纪80年代初，向为她，以及刚去世的丈夫作传的传记作家作口述历史时，详细谈及她在1957年7月7日夜晚同毛泽东比肩而坐亲切交谈的真实内容等大量直接而又原始的当事人口述资料等。……

回过头来，我们不妨再细细地读一读相隔45年后，仍由这位当事人亲笔所撰的《我亲聆毛泽东与罗稷南对话》一文中罗列的那些毛骨悚然的场景，从中发现，竟然有着如此之大的天壤之别，让人读后，实在无法相信这是出自于同一个人口中对同一个历史现场的描述。我的长达14年的辛勤努力与付出，最大的收获是：出版了以确凿无误的史料和十多位历史现场见证者亲撰亲述内容为依托的《追寻历史的真相：毛泽东与鲁迅》一书。自2011～2015年五年中连出三版，总发行量逾10 000册，且一版更比一版史料翔实，论理充分，及更趋学术道德规范，更能从源头上说明问题的真相。在大量的人证物证等事实面前，尤其是面对自己早期发自内心深处的一系列举止言行，那个几十年来为人们耳熟能详，一贯高调张扬的“亲聆者”立时缄了口：五年多来，虽然其愤激言辞不断见诸于报章，但对本书依据确凿史料抽丝剥茧式的质疑、辩诬，居然保持了不写一字反驳，不替自己辩护一字一言的空前缄默。与之形成鲜明对比的是，在其信誓旦旦向社会抛出的那个“亲聆”内容两年零八个月后，由其有着二十余年密切交往叙谈印证数百次，曾与其在同一个单位的某传记作家，于1996年出版的《雁南飞——黄宗英传》基础上增补而成的《黄宗英画传——属云的人》一书，读后竟然让人们大跌眼镜：居然跳跃式地越过了谁也不能忘却的1957年，几乎连一个字的描写也没有！在这部超过40万字穿插190余幅传主照片的画传中，有关这之前传主高调弹唱的1957年风起云涌的历史，仅仅剩下了一张满脸洋溢着惊喜神情的女传主，与其夫君拥坐在毛主席身边的照片，而正是这位在新世纪初，亲笔撰写了毛泽东要把“假如活着”的鲁迅关入新中国大牢文章的女传主，荣耀非凡地与毛主席比肩而坐！而非另类命运。毋庸置疑，也正是这张整部书中唯一能够见证1957年7月7日夜晚，上海中苏友好大厦咖啡厅历史现场的照片，在相隔45年后，给“亲聆者”本人一手杜撰的“吓得肚里的娃娃儿险些蹦出来”，以及所谓“在‘毛罗对话’后，赵丹和我曾经让开了主席身边的‘显赫位置’，这也是合情合理的”等一系列谎说，无情地给辗了个粉碎！对于人们谁也无法忘却的1957年那段风起云涌的历史，传记作者为什么要在书中给“深受广大观众和读者喜爱的艺术家与作家(见该书封三勒口处《内容提要》首行文字说明)”的读者留下这么一个百思不得其解的空白呢？这，可以从作者为本书所写的《后记》中窥其一二。在该书P315页，作者道出了自己的心声：“文学传记是很难写的，名人的文学传记更难写。它不能失真，不能虚构……”感谢这部书的作者！这是一位有良知、正直，关键时刻能够坚守为人为文道德底线的人：既要实事求是地评估自己笔下的人物历史上为人民为社会作出的有益贡献；也绝不会为那些误导人民及对社会对国家有害的言行张目一字。

引以为傲的是：回顾这么多年来，尤其是在新世纪这16年中，自己坚持不懈所做的这一切，特别是前辈们赋予我的“党外布尔什维克”的神圣称号，与今天习近平总书记强调的“这就是信仰的力量，就是‘铁心跟党走’的生动写照”，是相一致的。

2016年11月30日，这是我来到这个人世间的70年生命历程，以及37年左翼文学和鲁迅研究、中国近现代史研究生涯中一个难忘的日子：作为一名来自县级基层，出席中国作家协会第九次全国代表大会的特邀代表，和其他986位代表，以及出席中国文学艺术界联合会第十次全国代表大会的千余名代表一起，在雄伟庄严的首都人民大会堂聆听了中共中央总书记习近平同志所作的重要讲话。

习近平同志强调指出：

> 我们要高扬爱国主义主旋律，用生动的文学语言和光彩夺目的艺术形象，装点祖国的秀美河山，描绘中华民族的卓越风华，激发每一个中国人的民族自豪感和国家荣誉感。对中华民族的英雄，要心怀崇敬，浓墨重彩记录英雄、塑造英雄，让英雄在文艺作品中得到传扬，引导人民树立正确的历史观、民族观、国家观、文化观，绝不做亵渎祖先、亵渎经典、亵渎英雄的事情。
>
> 历史给了文学家、艺术家无穷的滋养和无限的想象空间，但文学家、艺术家不能用无端的想象去描写历史，更不能使历史虚无化。文

学家、艺术家不可能完全还原历史的真实，但有责任告诉人们真实的历史，告诉人们历史中最有价值的东西。戏弄历史的作品，不仅是对历史的不尊重，而且是对自己创作的不尊重，最终必将被历史戏弄。只有树立正确历史观，尊重历史、按照艺术规律呈现的艺术化的历史，才能经得起历史的检验，才能立之当世、传之后人。

总书记在讲话中旗帜鲜明地要求广大文学艺术工作者“引导人民树立正确的历史观、民族观、国家观、文化观，绝不做亵渎祖先、亵渎经典、亵渎英雄的事情”的论述，首次提出了文学艺术家要反对历史虚无化的重要话题。为此，他进而要求“广大文艺工作者要有‘板凳坐得十年冷’的艺术定力”。

回味总书记的上述讲话要点，我的内心十分激荡：他的这个讲话要点，无疑是对我22年来，特别是进入新世纪这16年反虚无主义斗争实践的充分肯定，同时，又给我注入了新的活力。

以史为鉴：当新世纪之初，一些不甘寂寞别有用心的人，抛出了试图玷污共和国的缔造者、人民领袖毛泽东，进而全盘否定党的知识分子政策，抹黑中国共产党和人民共和国历史的所谓“毛罗对话”。之后，自2003年1月22日起，至2017年2月6日止，我启动了长达14年，自费赴“毛罗对话”源发地上海70余次的寻踪调查考证，以亲手获得的包括“亲聆者”与毛泽东座谈后数日内言行举止在内的大量确凿可信的史料史实，从而从源头上搞清楚了以“亲聆者”身份推出的这个“毛罗对话”，乃是一起与历史真实现场大相径庭，而且是涉嫌蓄意为之，赤裸裸的人为造假事件。

《追寻历史的真相：毛泽东与鲁迅》2011年4月初版上市后，我先后遭遇了来自“左”和右的强烈干扰。然而，我以从1954年上社会主义新中国小学起逐步确立的对中国共产党和伟大社会主义祖国的忠贞信仰，牢牢地守住了被越来越多的党内人士称誉为“坚定的党外布尔什维克”的底线立场。

2011年5月间，也就是《粤海风》杂志发表我致该刊主编徐南铁先生的信：通报有关对黄宗英以“亲聆者”身份推出的那个所谓“毛罗对话”历史真相7年调查结果之后，一个名为“乌有之乡”的网站首先给首页转发。在这里说明一点，我从未上网，不上网的原因不是别的，而是我至今不曾学会电脑上网与打字，汉语拼音更是一个盲区。那一天，偶去市文联，一位写诗的朋友告诉我，他见到“乌有之乡”刊有题为《关于“毛罗对话”及其他》那封信的《粤海风》杂志了。他边说，边将已下载的一摞纸递给了我。当时，写诗的朋友与我一样，并不清楚这个“乌有之乡”网站的倾向。尽管网站管理方在“网友评论”栏目中标有以下“评论内容只代表网友观点，与本站立场无关”的提示语。一个月后，我到了北京，经人点拨获知，原来，有关这个“乌有之乡”网站，在思想界几乎人人皆知。左翼或左派并不可怕，但“左”、“极左”，就另当别论了。无论是“左”，还是“右”，也无论是反对还是支持、赞成本书的内容，我都由衷地感谢读者们对我长达数年的辛勤付出与考证结果——拙著的热心关注。但我要声明的是，这本题为《追寻历史的真相——毛泽东与鲁迅》的著述。凝聚的是我历经七年自费调查考证获得的一些证据与结论。结论并非“铁证”——原因是时年刚 10 岁的我并不在现场，也不可能在现场，但这个结论是由多个经反复考证形成的用史实史料作依托的强有力证据串起来的证据链。你读后可以信，也可以不信。我要说明的是第二点是，我的属性是左翼。因为过去三十年间我所结交的前辈作家，大多是上世纪三四十年代的左翼作家和著名文艺人士，而我这么多年来业余从事的，也恰恰是左翼作家左翼文学的研究，包括后 20 年所从事的鲁迅研究，同样是“左翼”的属性。我不是共产党员，从来不曾加入过，但是我拥护中国共产党及其执政党的地位。我要说明的第三点是，我反对并谴责那种谩骂式的攻击性语言。在“乌有之乡”网站，有为数不少的“评论”，对黄宗英女士施之以谩骂，有的甚至进行了不堪入目的人身攻击，这很不好，我表示坚决反对。而对于“宿迁网站”对我的曲解与指责、谩骂等，我则无意与之理论。“文革”中我因两度讲真话而罹难，乃至被迫离弃刚分配的天堂杭州工作单位，去了遥远的北大荒务农，而且，在北大荒一呆就是 25 年，四分之一个世纪！什么样的恶劣处境没有经历过？因而，对周遭人的冷嘲热讽已经司空见惯了。但对于他们数落我过去撰文时文笔过于犀利和情绪化的批评，无论是善意还是使用偏激带有攻击性的讽刺语言，我均表示予以衷心的感谢，并且毫无保留地予以接受，在以后的著书撰文中当警钟长鸣，最大努力地加以杜绝。所谓有理不在声高，就是这么一回事。事实上，有关这个行为有些偏激的毛病，近年来，在许多人的影响、帮助下，我已经有了一些纠正，并将继续引以为戒。然而，在这里，我必须重申的一个立场是：我的祖师爷鲁迅先生（我与鲁迅晚年钟爱的两位弟子萧军、黄源，均有过多年的忘年交友谊）以史为鉴秉笔直书，撰写杂文评论毫不留情一针见血和挺着身躯站立的战士风格，我将永远承继下去，绝不动摇！

需要说明的是，无论是在我的居住地江苏昆山，还是多年来在上海、苏州、南京、北京，我都没有与任何一位“乌有之乡”的网评员发生任何形式的联系。我也拒绝任何关注我的好心人及其他有心人给以资助。因为我所做的一切，均出自于我内心本能的初衷，对共产党、毛泽东的感情亦是如此。我是我，我是独立的。2011 年 6 月 17 日在北京，我委托相识多年的一位老朋友——他认识“乌有之乡”网站的掌门人，劳请他为我捎一句话，这就是，发布评论应该心平气和。拿鲁迅先生 79 年前写的一篇时评的杂文题目做示范，叫做“辱骂与恐吓决不是战斗”，请这位掌门人立即删除那些谩骂式的攻击性语言！千万不要以为，只要标注了“与本站立场无关”的提示，就可以万事大吉或者心安理得了。

同样值得注意的是，拙著出版以来，也时有一些不和谐之音滋生。某发行量位列全国前茅的那家上海晚报，拒绝刊发著名文学评论家关于对“毛罗对话”真相的评论，尽管这篇评论为“顾全大局”对被批评者作了匿名处理。而究其真实原因，是他们正为这位被批评者、“毛罗对话”的“亲聆者”黄宗英开着不定期的专栏，且已经好多年了。另有一家同属一个报业集团编辑部同在上海一座大楼办公的颇具影响力的读书报，登是登了，但 5 500 字的文稿给删去了三分之二，仅为当年该报刊登的《我亲聆毛泽东与罗稷南对话》一文的一半还要少。刊登时，不经事先沟通，便将涉嫌造假的被批评者来了一个隐姓埋名，这就难以让人接受了。

然而，还有让人们更加看不懂的事情在这家读书报演绎呢！

距刊登被编辑蓄意隐姓埋名旨在澄清历史真相的辩诬文章才不过三个月，2011 年 11 月 18 日该报 13 版“新书坊”，以整版篇幅刊登了署名周令飞撰写的题为《让鲁迅回家》的所谓“回忆”。现将文中涉及的有关论述实录如下：

1958年前后的事，开始逐渐让人看得云里雾里。1957年反右斗争开始，7月7日毛主席会见上海电影界人士，罗稷南（罗稷南先生从来不曾涉足电影界。1957年的罗稷南先生是一位不须坐班的翻译家——秋石注）向毛主席提出了一个大胆又敏感的问题：“要是今天鲁迅还活着，他会怎么样？”毛直率地回答：“要么关在牢里继续写他的，要么一句话也不说。”在场的黄宗英形容道，毛主席不发脾气的脾气，仿佛巨雷炸裂在眼前。

炸雷之后雷声滚滚，“大跃进”运动、三年自然灾害和“文化大革命”接踵而至，鲁迅家属在这一次又一次的天灾人祸中，丝毫没有因为鲁迅的庇佑而躲过劫难，家中的上千册书籍照烧照卖，数百张唱片被铁锤砸毁，祖母和父亲照样被贴大字报，写检查，做交待，受到批判……提起这段时间，总让人毛骨悚然，心存余悸。

在这里，且不说“文革”初屡屡登上天安门城楼、人民大会堂主席台及发表演讲的鲁迅夫人许广平及其子周海婴先生“被贴大字报，写检查，做交待，受到批判”这一类“事实”，[①]历史上究竟存在不存在？是否“总让人毛骨悚然，心有

① 对此，遍查其父周海婴先生所著《鲁迅与我七十年》一书（2001年南海版与2006年文汇版），我们均无发现有一字一句的描写。另据《让鲁迅回家》同一作者的鲁迅长孙周令飞先生，于1982年底由台湾《中国时报》连载并出版的《三十年来话从头》一书第32页《爸爸·妈妈·弟妹》一节中这样写道：“爸爸（周海婴）是个木讷的人……‘文革’期间，他曾经三次被造反派打为‘反革命’，都因为祖父（鲁迅）的关系，才没有受到迫害。”按理说，“文革”中被诬为“反革命”，“文革”后是一件值得炫耀的事，又何况“是认为他有意和陈伯达唱对台戏”这么一宗正气凛然之举，怎么其父在相隔四十年后的新世纪里写就的自传中只字不提呢?！而且，询问原中央广播事业局的老人，也竟然得不到一个字的印证！老人们的回答是：正是因为有了鲁迅的光环，更是由于“文革”爆发之初的1966年10月30日，在中央文革召开的纪念鲁迅逝世30周年万人大会上，站在“文革”权贵江青和陈伯达中间的鲁迅遗孀许广平先生所作的题为《毛泽东思想的阳光照耀着鲁迅》的重要发言（见1966年11月1日出版的第14期中共中央机关刊物《红旗》杂志“纪念鲁迅专号”P15～17页），无论是许广平，还是周海婴，母子俩都没有受到任何冲击，所谓“祖母和父亲照样被贴大字报，写检查，做交待，受到批判……”的说法，纯属子虚乌有！而且，在原中央广播事业局的老人们眼中，当年的周海婴是一个谨小慎微胆小怕事的人，更枉论其在“文革”初的胆大妄为：“他有意和陈伯达唱对台戏”及“他曾经三次被造反派打为‘反革命’”这些惊天动地的事了。

再者，按照周令飞先生当年在台湾《中国时报》上撰文强调的其父周海婴“他曾经三次被造反派打为‘反革命’，都因为祖父（鲁迅）的关系，才没有受到迫害”那个言之凿凿的说法，而到了新世纪之初的上海媒体上，怎么又摇身一变，成了“鲁迅家属在这一次又一次的天灾人祸中，丝毫没有因为鲁迅的庇佑而躲过劫难，……祖母和父亲照样被贴大字报，写检查，做交待，受到批判”的另一种说法了呢？

余悸”？可这篇隔了二代的孙子辈的“回忆”，依然拿“毛罗对话”进行解文说字。在三个月前(8月12日)刊登的对以史为鉴，依托作者长达7年通过四十余轮实地调查考证获得的大量证据、上海人民出版社刚出版的《追寻历史的真相：毛泽东与鲁迅》一书，撰写的书评中，被编辑刻意隐去的涉嫌蓄意造假的黄宗英女士的名字，这一回，却似英雄史诗般现身。而毛泽东的名字依然横遭公开点名，“毛罗对话”依然是那个不着调但被节节拔高的内容，出席1957年7月7日晚上海中苏友好大厦咖啡厅与毛泽东对话座谈会的36位“上海科学、教育、文学、艺术和工商界的代表人士”，依然如同黄宗英在九年前在《南方周末》发表《亲聆》时，自说自话诠释的那个范围给大大缩小了的“上海文艺界人士”，这回却又被移花接木地改成了范畴更为狭小的“上海电影界人士”。

多年来，拿“亲聆者”提供的“毛罗对话”示范说事的文章，从来不曾停息过，人民共和国的缔造者和核心领导人，历史上对“亲聆者”不止一次施之以无微不至的关怀、爱护，乃至与人民的好总理周恩来一道出手相助，“违规”干预新中国的第一届优秀电影评奖，为包括“亲聆者”黄宗英和她的丈夫阿丹双双提升为金质奖(有“亲聆者”本人当年异常甜蜜回忆的亲述文字为证)的毛泽东主席名字，却屡屡被提起横加指责、批评，施之以非难……为什么一个远比毛泽东影响小得多的人的名字，却要如此之加以精心维护呢？其实，坊间只要有人提及那个打着“亲聆”旗号的“毛罗对话”，又有谁不知道原始作者姓甚名谁呢？公平、公正、民主和一视同仁，在这里成了一句空话。可见，在眼下这个万花筒式的社会里，并非都是真理面前人人皆平等的。这也是当今思想界、理论界、学术界存在的一个弊端，一个悲哀。更为不正常的社会现象是：制假的成本过于低廉，一个晚上杜撰出来的文章，尽管破绽百出，但一经发表，便一呼百应，短短数天内遍及平面媒体与网络，直至逸出国门，令海外那些戴着有色眼镜的人欣喜若狂，趋之若鹜。还有一些热衷于炒作的“专家”、“学者”，甚至领着政府部门拨予的经费或课题基金，却从事与维护国家、社会稳定、和谐反其道而为之的“反体制研究”。而为搞清楚事件真相，笔者完全自费且不说，其个中之艰辛，延续时间之长，又有谁知？最为可怕、寒心的是，假的成了真的，真的反而被指责成假的。当你一站出来澄清历史真相，不是满场投之以冷漠的目光(如2007年8月18日下午5时许于上海同济大学举行的丁玲国际学术研讨会现场，当北大著名教授严家炎先生高调为黄宗英的“亲聆”内容张目时，全场报之以热烈的掌声。而当我以多轮调查考证得出的结论，证明黄宗英以“亲聆者”身份指证的那个“右下角一”并非是罗稷南先生，而是复旦大学经济系主任的漆琪生教授时，仅有一个人报之以半截掌声。何谓半截掌声？概因其鼓掌鼓到一半时，突然发现全场仅他一个人鼓掌，于是，便异常“识相”地戛然而止了)，就是群起而攻之。揭穿一个明摆着是刻意杜撰的历史事件的真相，太难太难了。

2011年5～6月，面对一些人对拙著《追寻历史的真相：毛泽东与鲁迅》一书连篇累牍的狂热追捧和发起的“捐款”，在短短的一个月时间里，由不清楚这些人的特质，到完全清楚；由一时不知所以的茫茫然，到最终头脑异常清醒，我以一个正直的作家与维护中国共产党和社会主义新中国应有形象的学者所持有的良知和立场，拒其热捧，拒与同行，拒受任何捐助。与此同时，我将发生在我身边的一些非正常的人和事，迅速地向全国人大常委会科教文卫委员会、《求是》杂志编委会、中国作协党组的负责同志作了通报，明确表示：决不与极“左”为伍，决不能让“文革”死灰复燃！不仅如此，我还对欲图与我发生联系的人明明白白告之：一分钱不收，一顿饭不吃，一个“朋友”不交。并将此事写入了2012年3月出版的《追寻历史的真相：毛泽东与鲁迅》(首个修订本)后记《别了，东中街42号！》。我始终保持着一个与社会主义新中国同步成长的正直知识分子、一个拥护中国共产党有着自己正确选择的无党派人士不受“左”或右干扰的清醒意识。

我坚定而又理性地认为：拥护中国共产党，就必须像爱护自己的眼珠一样，全力维护1978年席卷全国范围的那场真理标准大讨论带来的大好局面；拥护中国共产党，就必须全面履行中共十一届三中全会制定的路线、方针、政策，包括在1980年8月21日、23日，在接受以“向世界投不信任票”著称的意大利女记者奥琳埃娜·法拉奇的访谈时，主动坦诚承认毛泽东晚年所犯的错误“我也有份”、“我也是有责任的”邓小平同志在内的对1957年被错划为右派的50多万人的改正；拥护中国共产党，就必须全面贯彻落实中共十一届六中全会通过的《关于建国以来党的若干历史问题的决议》的各项内容，特别是对毛泽东同志晚年错误发动的“文化大革命”的彻底否定。

对于“左”，我是这么一个态度和立场。而对于右的出奇的一些言行，我同样施之以反对和鞭笞的立场。

就在上述非常事情发生后的次月——2011年7月，又一起非常事件在我面前发生了：炎夏烈日，面对打着信誓旦旦“传承鲁迅”旗号的那么一二个人，将坚执文化“台独”立场的某台湾女作家，声嘶力竭地到处鼓吹“共产党绑架鲁迅”歪论与炮制毫无学术含量的鲁迅“好看又好玩”旁门学说的某画家及玩世不恭的“鲁迅研究专家”，以及不断否定、玷污鲁迅，胡说什么“鲁迅没有写过长篇小说，算不上伟大作家”，乃至不惜危言耸听，炮制了“鲁迅也是假的，有人代笔，大师原来是‘人造’的”谎言的80后先锋作家等三人，册封为纪念鲁迅130诞辰绍兴鲁迅论坛的所谓“形象大使”，消息甫一出笼，立马引发了鲁迅研究界、社会科学界和文学界众多有民族良知的人士的愤懑与非议。在半年左右的时间内，各地传出的质疑之声不绝于耳。即使是同上述最终胎死腹中的形象大使有过一些往来的学界人士，也无不异口同声地表示了坚决反对。

为捍卫75年前鲁迅逝世时宋庆龄、蔡元培、马相伯、沈钧儒等救国会领袖们（其中，蔡元培还是国民党闻人，而马相伯老人则是国民党元老邵力子、于右任的老师）授予的民族魂核心称誉，维护中国共产党、毛泽东对鲁迅的一贯正确评价，同时也是为了捍卫鲁迅研究界的自身声誉，盛夏七月中旬的一天，受京沪两地数十位有良知有正义感且有一定学术成果的学界人士的委托，我毅然急函中共绍兴市委，措辞强硬地要求既是鲁迅的故乡，也是我的出生地的父母官采取决断措施。否则，将会对鲁迅故乡这座历史悠久的文化名城带来不可估量的负面影响。

因其反映内容重大，且又时间紧迫，我在上海福建中路193号世纪出版集团底层接待室匆匆草上一封致鲁迅与我故乡父母官的信，并将其投入福州路与福建中路交叉处的大清式邮筒。信的内容只有一个：坚决力阻文化“台独”分子等出席9月下旬在绍兴举行的为纪念鲁迅诞辰130周年设立的绍兴鲁迅论坛并担任该论坛“形象大使”。可喜可贺，可圈可点的是：中共绍兴市委负责人于接信当晚，便采纳了我的这个意见，并在九月绍兴鲁迅论坛开幕前夕向来自全国各地的学者公开了此事——有关这一全过程，我同样写进了《追寻历史的真相：毛泽东与鲁迅》（修订本）后记，撰写这段内容的时间是2011年9月

(2013年4月22日上午,在绍兴鲁迅纪念馆副馆长徐东坡同志的陪同下,早在2005年以现代文学研究专家的身份,受聘为绍兴鲁迅研究中心暨浙江省社会科学院国际鲁迅研究中心特约研究员的我,前往绍兴市委宣传部,与2011年承办此事的茹福军同志作了进一步确认与交流。当我报出:信纸所用纸是一张A4白纸,信封上印有"中国作家协会"字样;我还准确地报出了投信处的邮政编码:200001。在我述说过程中,茹福军同志下意识地拿起桌上的一张A4打印纸,说道:"对了,就是你秋石写的这封信!")。

2011年9月25日绍兴鲁迅论坛举行前夕,绍兴有关方面人士向到会的专家、学者披露了此事的处理过程:7月份接信后,他们给予了充分的重视。在将此信及处理结果呈报省委主要领导的同时,当即展开了必要的调查。最终,在核实清楚所谓形象大使们的相关情况及所持倾向、立场后,彻底否决了有特殊身份及话语权的人提名,有关邀请上述三个另类人物来绍兴出席本届论坛并担任形象大使及主讲的主张。

我正式收获中共绍兴市委有关对我去信的正确处理决定,是在2011年的9月23日那一天——作为中国作家协会系统的京外唯一学者(以示与周令飞先生邀请的那些才俊类学者有所区别),我应邀赴京出席了同日上午在首都人民大会堂北京厅举行的纪念鲁迅诞辰130周年座谈会。中共中央政治局委员、中央书记处书记兼中宣部部长刘云山同志在这个座谈会上代表党中央结合新时期特征作了传承毛泽东同志论鲁迅精神的重要讲话。

在深明大义全力维护和谐稳定大局的中共绍兴市委发出拒邀令后,据说那个顽固不化坚执"台独"立场的文化精英,于惊愕、羞恼之余,隔着业已三通的海峡,发出了虽不甘言败然又无可奈何的一声叹息:"我对大陆太失望了……"对于这位赫赫有名的文化"台独"分子口中所发出的蚍蜉撼大树一般的这声叹息,笔者在深感可笑、可悲之余,不禁要向其大声呵叱上一句:你有什么可以失望的?!自古以来,台湾本是中华民族大家庭里的神圣一员,如同香港、澳门一样,它终究是要回到祖国母亲怀抱的。何况,依照现状,还有一个为两岸政党、人民都必须遵循的"九二共识"呢!行文至此,笔者还要向其发出严正警告:坚持"台独",死路一条!大陆学界更是视你为不受欢迎的另类!只要你一天不改变分裂祖国的"台独"立场,就永远甭想得到大陆学界的认肯!

从半个多世纪前踏入新中国小学课堂的那一天起，无论是处在什么样的环境中，也无论个人遭受什么样的不测与不幸，我都从来没有对自己的祖国产生过一丝一毫的动摇：就像我最早的文学引路人萧军和他的恩师鲁迅先生，又如我最晚结识的台湾文学界与哲学社会科学领域的领军人物、毕生坚持一个中国立场的胡秋原先生那样，像爱护自己的眼珠一样，为捍卫祖国母亲的纯洁、完整与统一，旗帜鲜明，勇往直前，挺立潮头，奋战不息，最大限度地尽到了一个炎黄子孙应尽的义务与贡献。

其实，早在这次挺身而出，发力将这位以散文见长的文化“台独”首领，驱逐出鲁迅与我的故乡的12年前，我就旗帜鲜明地同李登辉派来大陆“投资”的忘祖反共爪牙明火执仗地大斗了一番。

记得是在20世纪行将结束那一年五月的一天，在一次全市性外资企业劳动用工大检查结束后的聚会上，席间，当有人谈及中央大手笔果断处置成克杰、胡长清这一类高层蛀虫的举措时，一位自称是来自海峡彼岸的投资商(这是一位投资额不足50万美元的劳动密集型企业的小投资商)，突然跳了出来，借此话题当众发难。他以一种极具煽动性的口吻，狂妄叫嚣——而且是冲着我这位随同采访有着二十多年从业龄的老新闻工作者的：“记者先生，你们的使命到了，把这个共产党推翻掉，让大陆人民彻底摆脱羁绊！”闻言，我旋即拍案而起，予以了针锋相对的抨击：“李登辉认贼作父，妄图把台湾从中国的版图上割裂出去，回到他自以为是的‘皇道乐土’的日本殖民统治时代，他才是当今中华民族的最大罪人！你怎么不把他掀下台来?”我的这个怒斥，一语中的！这位有着明显政治背景和险恶企图的“投资商”竟然愣住了：一时间不及反应过来，只是瞪大着一双眼睛吃惊地不知所措地定定望着我。在大陆多个地方“考察”过的他，压根不曾想过有人会向他提出如此尖锐极难招架的反问。也许，他头脑中的潜意识是大陆“穷”，大陆需要更多的境外投资，对于他的这种挑衅性的问题，人们多半会委曲求全地保持沉默，既不会因此受到上级的责难，也不会因此失却与外商之间的“一团和气”而导致“外资”被抽走。少顷，他醒悟了过来，因为记者的尖锐反诘，令在座人们的目光齐刷刷地投向了他的脸上，包括他的同事、同伴在内的一干人都在等待着他的反应。总之，这回他是大大地失了风丢了脸。一时间，恼羞成怒的他，从口中嘣出了更为恶毒的话语。我自然也当仁不让地与他展开了激烈的交锋。然而,当我一句“既然你这么不喜欢共产党执政的中国,那你又为什么跑到大陆来办什么企业?除了赚钱外,你真正的动机与目的又是什么?”的诘问一出口,在猛地一下击中其要害的同时,也令他彻底哑了口。随之,我起身离席。我不屑与这样的“投资商”为伍同席,这是我的原则立场。

消息一经传出,既然事情已经发生,双方又是如此之剑拔弩张,且是关乎到大是大非的敏感问题,在座的有关方面负责人和共产党员很快向上级作了汇报。当晚,即有不少共产党员和干部向我表示了声援。几天后,有关领导部门的负责同志于了解事情的来龙去脉之后,亲切地慰问了我。难能可贵的是,与我熟识的一些台商朋友也纷纷谴责这位口出污言的小投资商。一位同样来自宝岛台湾、世界著名500强公司派驻昆山企业的总经理(2004年2月,我随同中国作家协会代表团应邀访问台湾时,还与他亲切地通了话呢!)听说后,十分气愤地说道:“他不代表我们台湾来大陆的投资客,他是李登辉的应声虫,是败类,可耻!”他所说的这番话,也可以说是代表了几乎所有在大陆办企业的台湾客商的共识——两岸一个中国唯一正确立场的展现。事实上,也正是如此:拿我现在所在的一个区区县级市的昆山来说吧!竟然聚集起了七八千家外资企业,其中,台商投资企业就占据了半壁江山,成为大陆数一数二极具亲和力、充溢着勃勃生机与活力的台商投资热土。

就在这一年的岁末,由我精心采写的反映欧美客商和台商(即那位著名世界500强公司派驻昆山企业的总经理)热爱社会主义新中国,衷心拥护中国共产党改革、开放路线的特稿,发表在了《人民日报》和《科技日报》上。

2011、2012年,我还两度向国家安全机关实名反映社会上的不法分子诋毁国家安全的人和事。

面对意识形态的激烈交锋,我的立场如此。多年来,在社会上我还先后十多次见义勇为:距今23年前,我以人才引进的方式来到现今居住的昆山的头一年——1993年冬天,于采访旅途中,我还不止一次挺身起立制止102路公交车上发生的诸如套铅笔猜扑克一类的系列诈骗活动;孤身一人,两次将在学校偷盗及抢劫环卫女工新购自行车的3名嫌犯扭获进派出所;2007年五六月间，以退休之时的六旬之年，面对一车人的麻木不仁，我独自一人在109路公交车上同3名女哑巴窃贼搏击并下车追赶，将夺回的钱物交到女乘客的手上；不惧屡屡发出“少管闲事！小心，揍扁你脑袋！”的咆哮恫吓，面对面地怒斥打着“刘志军铁哥们”旗号，无票强行闯入D462次动车一等车厢及辱骂恐吓坚持原则的董姓怀孕女列车长的所谓北京《名牌时报》拉广告的不法记者，与闻讯赶来的乘警一道，直至责令其依法补票为止。

回顾以往几十年间自己所做的一切，我深感自豪：无论是在意识形态领域中站在斗争最前列，与形形色色的历史虚无主义和极左思潮所展开的不懈斗争，还是党的十八大以来，积极响应习近平总书记发出的老虎苍蝇一起打的号召，投身于前所未有的反腐败斗争，不惧报复拒被收买，坚决与党中央保持一致；在社会上和人民中间不住地挺身而出，为维护真理、正义、公道所付出的，我尽了一名全面履行党的教导的社会主义新中国公民应尽的义务。对此，我不但不后悔，而且在进入古稀之年后，还要一如既往地付诸于实践，做一名站着的战士，一名同形形色色的罪恶和歪风邪气作不懈斗争的搏击者，一名坚定的党外布尔什维克。

今天，当我坐在首都人民大会堂一楼大会议厅中二区20排34号座位上，听着习近平总书记讲话中关于反虚无主义化的论述时，不由得心潮澎湃，结合这些年来我所做的一切，我深信，我是实践了党对一名文艺工作者的起码要求的，同时，也是符合人民对一位信得过的作家所要求的底线立场的。

屈指算来，自1964年7月在三大火炉之一的南京近40度的高温炎热中（该月中旬某一天，南京动力学校电装专业应届毕业生的一位老大哥，见我酷爱文学与鲁迅，临离校赴四川工作单位报到之前，特地进城，从位于南京中山东路上的新华书店买了一册毛泽东《在延安文艺座谈会上的讲话》的单行本，赠送给了我。对于当年的那一幕，我至今记忆犹新），首次学习毛泽东《在延安文艺座谈会上的讲话》那一天起，已经整整半个世纪多了。今天，当我坐在庄严雄伟的首都人民大会堂里，聆听习近平总书记对全国文艺界代表所作的重要讲话，重温毛泽东74年前所作的这个彪炳千秋的讲话，内心无比的激动：52年来，作为一名没有经费支撑的业余基层文艺工作者，在向文学、进而是哲学社会科学领域进军的道路上，我从来不曾迷失过方向，牢牢守住了为人民、为伟大社会主义祖国、为维护领导我们事业的核心力量——中国共产党这一底线立场，尽了一份沐浴着新中国阳光雨露成长起来的公民、作家、学者应尽的义务。今后，我仍将以学习毛泽东的延安文艺座谈会讲话为蓝本，结合学习习近平同志2013年8月19日在全国宣传思想工作会议上的讲话、2013年12月26日在纪念毛泽东同志诞辰120周年座谈会上的讲话、2014年10月15日文艺工作座谈会上的讲话，和2016年5月17日在哲学社会科学工作座谈会上的讲话，特别是2016年11月30日在中国文联第十次全国代表大会、第九次中国作家协会全国代表大会上的讲话等一系列讲话精神，在以鲁迅为代表的左翼文学研究和中国近现代史研究中，作出新的探索，新的建树。

令我又一次深感欣慰的是，刚刚出席完中国作家协会第九次全国代表大会的我，收到了第二份贺礼：12月15日，我接到了《中国作家》杂志主编王山同志的来电，称我12月7日离京前夕交付的描写一代伟人毛泽东，红军长征才子朱光，和原第三国际地下情报员，“九·一八”事变发生第三天即以18岁青春热血身躯毅然奔赴抗日战场并加入中国共产党的老共产党员，倾力资助萧红萧军出版反封建反压迫与有着抗日鲜明倾向的小说散文集《跋涉》，继而又引导二萧逃离荆天棘地伪满洲国的老革命家，1942年在延安与周扬一道，受毛泽东委托起草延安文艺座谈会出席者名单的“左联”盟员舒群三人之间的非凡友谊，以及如何正确定位并且准确诠释中国共产党和人民共和国缔造者毛泽东的功过是非，题为《寻找那个与毛泽东争抢名著碑帖的“任正真”》的5万余字中篇纪实，被优先确定安排在2017年第2期《中国作家·纪实》上发表。虽说从交稿到确定发表，才不过七八天左右的时间，然而，回顾这部作品从构思到最终完成的全过程：酝酿、调查、考证、写作，及至年复一年不计其数的修订增补，竟然用了长达17年的漫长时间！其间，三赴沈阳与哈尔滨查阅原始档案资料，五上京城寻访老一辈革命家后代与知情人……故而，这篇名为《寻找那个与毛泽东争抢名著碑帖的“任正真”》的纪实，也就成为了提前实践习近平总书记在中国文联十大、中国作协九大上所作重要讲话精神，大力弘扬主旋律与凸显社会主义核心价值观的文艺作品。这同习近平总书记在讲话中发出的“广大文艺工作者要有‘板凳坐得十年冷’的艺术定力，有‘语不惊人死不休’执着追求”的号召，是相一致的。

> 文运同国运相牵，文脉同国脉相连。实现中华民族伟大复兴，是一场震古烁今的伟大事业，需要坚忍不拔的伟大精神，也需要振奋人心的伟大作品。鲁迅先生1925年就说过：“文艺是国民精神所发的火光，同时也是引导国民精神的前途的灯火。”广大文艺工作者要坚持以人民为中心的创作导向，坚持为人民服务、为社会主义服务，坚持百花齐放、百家争鸣，坚持创造性转化、创新性发展，高擎民族精神火炬，吹响时代前进号角，把艺术理想融入党和人民事业之中，做到胸中有大义、心里有人民、肩头有责任、笔下有乾坤，推出更多反映时代呼声、展现人民奋斗、振奋民族精神、陶冶高尚情操的优秀作品，为我们的人民昭示更加美好的前景，为我们的民族描绘更加光明的未来。

聆听总书记发出的高屋建瓴传承鲁迅精神新征程里程碑的动员令，瞻望明天，我更是无比的激动与豪情满怀：这是因为，即将来临的2017年，既是由列宁领导的伟大十月社会主义革命和中国新文学新文化运动100周年，同时又是毛泽东在延安陕北公学作那个著名的《论鲁迅》光辉演讲80周年。由此，特撰写本文，以志在一个半个多世纪前逐步确立起共产主义信仰的党外布尔什维克发自内心的纪念。

2016年11月27日～12月4日
赴京出席中国作家协会第九次全国代表大会期间
酝酿于江苏代表团集中地南京华东饭店D楼606室
初撰于下榻处的北京西直门国二招宾馆东楼1605室
2016年12月9日～12月29日
终稿于“天下兴亡，匹夫有责”忠贞报国情怀诞生地
作者校样核订：2017年1月25日～2月6日

自序：为历史做一份生动真实的证词

在2011年4月《追寻历史的真相：毛泽东与鲁迅》一书初版面世时，出席1957年7月7日夜晚上海中苏友好大厦咖啡厅举行的与毛泽东小圆桌面对面座谈会的36位各界人士，尚有四位仍健在世。时至今日，除经年累月在上海华东医院高干病房疗病的《我亲聆毛泽东与罗稷南对话》的一文作者黄宗英女士外，那三位前辈也一一离开了人世。而且，其中的两位前辈都是中国戏剧电影界的元老级人物，历史上也都与黄宗英女士有着极深的渊源。这两位德艺双馨的前辈是：上世纪40年代在灯红酒绿的上海滩一手扶掖"甜姐儿"黄宗英走红影坛的伯乐、著名戏剧电影导演、新中国首任上海电影制片厂厂长的陈鲤庭先生，他于2013年8月在上海去世，享年103岁；以及历史上被黄宗英亲热地呼之为大姐的著名戏剧电影编剧王元美，她于2012年3月在上海去世，享年98岁。一个谁也无法回避的事实是，数十年来，陈鲤庭、王元美两位戏剧电影界前辈，与黄宗英生活、工作在同一个上海。

难能可贵的是，这两位可钦可敬的前辈，在黄宗英高调弹唱，之后持续数年被一些媒体及各色各样的好事者狂轰滥炸式渲染的过程中，并没有发表一个字的附和意见！据了解，当有人向陈鲤庭前辈通报（其实，一向耳聪目明的老人有天天读书看报的习惯，焉能不知半个多世纪前自己一手扶掖的这位爱徒掀起的这场狂风暴雨吗？）此事时，老人只是笑了笑，不予置评一个字儿。今年9月，于获得一份颇能说明1957年上海电影界反右真实情况的历史当事人口述资料时，听另一位业内人士提及，14年前，在黄宗英女士于京、沪、穗三地同步高调推出《我亲聆毛泽东与罗稷南对话》一文后不久，陈鲤庭老人是看过昔日爱徒黄宗英写的这篇轰动整个华人世界的所谓“亲聆”文章的。面对他人的求证，时年92岁的老人将双手一摊，诙谐地说道：我不是“不在世”了吗？哪，我还能说些什么呢？而同样迈入了九旬之年的王元美前辈却纹丝不为这位昔日小妹的惊天动地举止所动，依然是执拗地坚持每个月向离休前所在的党组织写一份入党申请书，直至四年后的2006年，以93岁高龄被批准加入中国共产党！回顾十多年来，在笔者一次复一次赴东邻上海寻踪考证的过程中，有人（不止一个人！）向笔者转述上影厂一些老人对黄宗英此举的不解看法。在讲述了当年（即在1957年7月7日与毛泽东比肩而坐亲切谈话的次日上班前后）黄宗英赵丹夫妇是何等的兴高采烈，尤其是黄宗英本人更是欢呼雀跃一般，逢人便讲她们夫妇二人见到了毛主席的幸福情景与心情。对此，人们至今历历在目。因而，人们根本无法理解在时隔近半个世纪后，黄宗英笔下的那些一波又一波的莫名惊恐自何而来?!

据了解，陈鲤庭先生对一些描述真实历史与人的纪实作品，有着极为严谨的视觉思维模式。据朱孝廷先生在其《晚年陈鲤庭的读书生涯》（见2014年2月28日《文汇读书周报》10版）一文中这样写道：

> 夏瑜在陈先生还在世时，写了本《遥远的爱·陈鲤庭传》。夏瑜写这本书时，未直接采访过传主，书定稿后，亦未让陈先生过目，直到出版了，才送上门去。据友人说，对这本书，陈先生在书的天地头也用铅笔写了不少批语。我听说后也曾想问他要过来读一读，转而一想，陈先生晚年淡泊处世，不会如伟人般写出震世的眉批，终而作罢。不过我曾当面问过他对这本书的看法，他淡淡地对我说：“这书的写法，令人想起解放前那些爱追逐花边新闻的小报记者惯用笔法……”这话似乎让我咂出一点辣味，或许是我舌尖的味蕾有点过敏，是不好算数的。

所以，对于昔日爱徒黄宗英将自己归入“已不在人世”之列，没有向活着的自己求证一个字，信手写出的这篇“惊天地、泣鬼神”，并险些使自己腹中胎儿

“蹦出来”的宏文，陈鲤庭先生当然要不予置评一个字了。他又能说些什么呢？

然而，令人遗憾而又不解的是，2002 年夏天，黄宗英女士在撰写令她又一次名声大震，而且是在短时间内远远超过她在电影文学领域的名声的《我亲聆毛泽东与罗稷南对话》一文时，竟然会“想不起”历史上对自己有恩，及与自己过从甚密的陈鲤庭与王元美这两位长者是否还活在世上！正因为她“想不起”他们还活在世上（在黄宗英于京、沪、穗三地同步高调发布的《我亲聆毛泽东与罗稷南对话》一文的 2002 年，以及之后长达数年的相当一段时间里，陈鲤庭与王元美身体是比较健康的，不但能够自己行走，读书看报，善于思维，而且还能够接待到访的客人并与之较长时间地面对面谈话及回忆往事），于是，远比他们要年轻得多的黄宗英女士，便以此为借口，一举舍去了向近在咫尺间的两位昔日过从甚密的长者的求证！

行文至此，令我不禁想起了为万千观众喜爱的那位“李双双”、1938 年在国民党特务遍布的重庆宣誓加入中国共产党的演艺界前辈张瑞芳。她于 2012 年 6 月 28 日在上海逝世，享年 94 岁。令人们肃然起敬的是她的一生的高风亮节，尤其是在晚年。逝世前，作为有着 74 年党龄，经历过极其残酷的血雨腥风考验的老共产党员，担任过第六、七届上海市政协副主席，名副其实的省部级高官的张瑞芳前辈，不仅对党对祖国的忠贞信念始终不渝，而且，还时时、处处、事事为国家为人民精打细算，“抠门”到了极点。据一位采访过她的新华社老记者介绍，进入晚年后，张瑞芳疾病不断，住院治疗成了一件常事。但张瑞芳严于律己，往往是病情稍一好转，就出院回到家中静养。临终前的最后一次住院，也在不等病痊愈回家后，致使病情突变，不及抢救便告别了人世。在 2015 年 1 月巴金研究会换届的年会上，这位新华社老记者同我讲述这件事时，竟然动了感情，她说：“人总归是要死的，毕竟是 90 多岁的老人了，谁也不能保证她还能活多久日子，但至少病没有治愈便出院，是张瑞芳大姐很快就去世的原因之一。

此番新书《“我跟鲁迅的心是相通的”：毛泽东与鲁迅》出版，较之 2011 年出版的《追寻历史的真相：毛泽东与鲁迅》，由于经受了 1 800 多个时日的再检验，以及广大读者与学术界人士的基本认可，在保留原书基本核心内容的同时，增添了近一半的内容，史料更为翔实、健全，叙事论理辩诬更趋学术性。与此同时，鉴于1951年有关电影《武训传》上演引发的大讨论，以及随后开展的粗暴批判，特别是由于江青的介入与毛泽东采用阶级、阶级斗争的思维模式作出的不当批示引发的风波。但在实际上，从北京到上海，并没有任何一级组织对电影《武训传》的演创人员作出任何形式的处分，故而，这场表面上看似来势汹汹的批判，应当视作为是对事不对人。2011年以来，有几位研究共和国历史的学者提出建议，建议将有关电影《武训传》引发的这场风波，作一个必要而又简略的回顾与诠释，以利于教育后人，而不至于被《我亲聆毛泽东与罗稷南对话》一文不负责任的上挂下联式的描述而混淆历史。故，本文作者在走访一些老人及查阅相关史料的基础上，及阅读当年唯一在媒体上作公开自我批评并承揽责任的夏衍前辈留存的《〈武训传〉事件始末》一文之后，专门撰写了《电影〈武训传〉批判始末》一节文字，以正被蓄意扭曲了的那一段历史，以正被谬托知己误导了的大众视听。

为帮助读者深刻领会毛泽东1937年10月19日在延安陕北公学所作《论鲁迅》演讲内容的丰富内涵，及其几十年间产生的深远影响，新版书特地将鲁迅晚年关系密切，且甚为器重的三位弟子胡风、萧军、黄源生前发自肺腑的解读体会，充实进《爱屋及乌扬鲁迅》这一章节的论述中。其中，首推1955年被打成新中国文坛头号“反革命”而受尽折磨的胡风先生，于晚年时分获得自由后展露的高风亮节：他不记前隙，高度评价毛泽东传承鲁迅精神的阐释；其次是那个在新中国成立前夕被打成“三反分子”达三十年之久，近些年来被一些戴着有色眼镜擅长历史虚无化描绘手艺的学界精英，炒作哄抬为专向共产党毛泽东闹对立的所谓“头号造反英雄好汉”的萧军，在其尚未获得平反，但真理回归华夏大地的1978年（含去见恩师鲁迅前的1987年12月8日的那个冬日，同交往九年的笔者围炉座谈时的谆谆告诫），就高瞻远瞩地预见到日后会有人蓄意抹黑，乃至全盘否定毛泽东对鲁迅、鲁迅精神的正确定位与崇高评价，以及对他一些言行举止恣意曲解的历史虚无主义者们的痛斥文字；再有1957年被莫须有划为右派，1938年日寇发动“八·一三”南中国战火后，一度身兼国民党《中央日报》和共产党《新华日报》双重特派记者身份的黄源，概因写了一篇题为《打着鲁迅的旗帜前进，打回钱塘江去》的战地述评，立马被撤掉了《中央日报》特派记者的资格。黄源由此进一步认清了国民党的真实面目，及与共产党之间差异的根本所在。于回顾鲁迅生前引领自己和左翼文学运动同仁们英勇反击国民党实施“文化围剿”政策的伟大斗争，和同中国共产党之间存在着的那种血浓于水的情谊之后，黄源毅然决然地投身于中国共产党领导并指挥的新四军抗日队伍。本新书以黄源同志担任新四军、华东野战军文化战线干部11年间亲见亲闻，对以毛泽东同志为代表的中国共产党、人民军队众多高层领导人对鲁迅的认识，特别是全面传承、弘扬鲁迅精神的一系列举措，有着颇为到位的描述。

本书新版之新及精华所在，在于党的十八大以来，以习近平同志为核心的党中央，进一步加大了对鲁迅精神弘扬与传承的力度。习近平同志的这个弘扬与传承，既承继了以毛泽东同志为代表的我党老一辈革命家学用结合融会贯通民族魂内涵的优良传统，又有着其独到的高屋建瓴的时代鲜明特征。习近平同志熟谙鲁迅著作，对鲁迅的一些观点与主张的评析恰到好处。在他所作的一系列相关重要讲话中，习近平同志一再提及鲁迅并且将鲁迅精神同整个中华民族的命运，亦即中国梦的实现，当代十三亿中国人民的命运和风云际会的时代命运，深深地结合在了一起。他的这些有关鲁迅、鲁迅作品、鲁迅精神的阐释，亲切、随和，由此及彼，由表及里，由浅及深，如同和你面对面地聊家常一样:循循善诱，循序渐进，且又紧密联系实际，一针见血，贬斥时弊。故在本书下篇《毛泽东与鲁迅》中，特设第七章《开启全面传承民族魂的崭新里程碑》，以飨读者。

此外，于上篇《追踪“毛罗对话”的历史真相》之尾，增设第八章《赵丹为什么未被获准出演周总理》的内容。

实事求是地解读历史:当年赵丹之所以未被获准出演电影《大河奔流》的周恩来形象一事，近四十年来，是一个众所周知本不该成问题的问题。然而，随着所谓毛泽东在1957年反右高潮中，说过要将“假如活着”且“不听话”的鲁迅关入新中国班房的“亲聆”之说的高调登场，以及随后持续数年的火爆炒作，谎言重复一千遍即被演绎成“真理”的不正常情况下，“亲聆者”黄宗英纵说历史横点江山的热情也跟着水涨船高。同所谓的“赵丹遗言”被反复炒作一样，有关粉碎“四人帮”之后，赵丹未被获准出演周总理一事，在“毛罗对话”抛出后的七八年间，其高调炒作及由此所产生的不良社会影响，也在持续升温。而且，其矛头所向，也有当初黄宗英女士亲口所说的“在旧社会演员之间即使……”（系黄宗英女士对丈夫赵丹的劝慰之言。赵丹去世后，复又对为她、为赵丹作传的传记作者的复述之词——详见本书上篇附设的第八章内容）的不当传言，然而，最终却指向了笼罩在云山雾海中的所谓“高层人士”，而且越炒越离奇。

然而，虚假的谎言，无论怎么炒作，怎么重复，怎么升温，但它毕竟是谎言！

历史上真实发生过的一幕，定格在真理标准大讨论日趋明朗，且为越来越多的国人接受的1978～1979年。这就是与周恩来并肩作战、朝夕相处近一个甲子的邓颖超同志关于“赵丹饰演恩来不合适”的明确表态；还有时任国家文化部部长的老一辈革命家黄镇同志根据邓颖超同志的明确表态，同有关演艺方所作的说明。对此，当年的赵丹黄宗英夫妇俩是心知肚明，且一清二楚的。故而，经多方访查考证，笔者以邓颖超同志的鲜明态度为准绳，以还原历史为唯一目的，专门设置了黄宗英女士1980年代初的亲述资料在内的相关史料组成的辩诬文字，作为第七章列入新版书上篇中，以尊重历史的事实与魂魄。

面对新世纪出现的这股来势汹汹且愈演愈烈貌似不可一世，但在有心人锲而不舍的实践检验面前最终落荒而逃的历史虚无化歪风，不由得使我想起了距今168年前的两位巨人、科学社会主义学说的奠基人马克思、恩格斯，在其不朽经典著作《共产党宣言》中写下的至今让人读后振聋发聩的一段话：

> 为了拉拢人民，贵族们把无产阶级的乞食袋当做旗帜来挥舞。但是每当人民跟着他们走的时候，都会发现他们的臀部带着旧的封建纹章，于是就哈哈大笑，一哄而散。

本书还新收录了本人首次质疑“毛罗对话”真伪，发表在2002年9月17日中国作家协会主办的《文艺报》上的《爱护鲁迅是我们共同的道义——质疑周海婴著〈鲁迅与我七十年〉》的万字书评文章，以示笔者早在本书成稿多年前，且早在黄宗英女士高调推出的由她撰写的《我亲聆毛泽东与罗稷南对话》一文三个月前，就清醒地意识到了这个被一些好事之徒狂热炒作为“爆炸性话题”，是一个历史虚无主义的说法，存在着很大的欺骗性。从而为时隔一个月后——2003 年 1 月 22 日开始的为时长达 14 年自费寻踪考证所谓“毛罗对话”真伪的旅程，做了一个铺垫。是为历史见证，亦为对读者的一个交代吧！

与此同时，本书也收录了文史界最早质疑“毛罗对话”虚无主义说法的两位著名学者公开发表的文章：中共中央文献研究室毛泽东文化思想研究专家陈晋同志撰写的《“鲁迅活着会怎样”？——罗稷南 1957 年在上海和毛泽东“秘密对话”质疑》，以及独立文化学者、今厦门大学中文系特聘教授、时任山西作协《黄河》杂志主编谢泳同志撰写的《辨析一个历史细节——对“鲁迅如果活着会如何”的理解》一文。

之所以将本世纪初最早质疑鲁迅之子周海婴所著《鲁迅与我七十年》一书存在的大量错讹，特别是从源头上澄清那个引发全社会乃至整个华人世界震荡的所谓“毛罗对话”历史真相的三篇文章收入本书，原因有三：

其一，早在 2010 年 9 月笔者持《追寻历史的真相：毛泽东与鲁迅》初版清样自费进京预审时就决定了的，为此，陈晋同志、谢泳同志很快从各自工作所在地的北京、厦门两地，专门用挂号寄来了授权书，而其电子文本早在多年前就发给了笔者。但最终却一直给延搁了下来。对此，7 年来，我一直心存愧疚与不安。这次，征得各方支持，终将其收入到这部名为《“毛罗对话”历史真相特别调查报告》的新版书中。自然，这也是我的本意，或者叫做初心更为合适一些。要知道，在 14 年前，以及随后的两三年中，面对拙文发表后扑天盖地而至的一片围剿声浪——什么“两个凡是的习惯势力”呀等等。而正是上述两位专家、学者撰写的质疑文章，给了我多么大的信心和勇气啊！尽管我是在撰写完本名为《周海婴先生，您告诉了我们些什么？——质疑〈鲁迅与我七十年〉》的长篇批评文章后，才拜读了上述两位崇尚严谨求证、反历史虚无化且学术氛围浓厚的学者的文章的。之后不久，在首都北京，在位于和平里南口东土城路 25 号的中国作家协会驻地，在西四北某处大院，我们以文会友，相识相交相知了。自那时以来，在我上下求索，所进行的追踪“毛罗对话”历史其相 14 年的漫长而又艰巨的过程中，每每有新史料、新证据的发现，每每确立一个新的观点，我都会及时地向两位科班出身的学者通报并取得共识。而他们两位也都会给予必要的指点、帮助与鼓励，为下一步新的探索与求证奠定行之有效的良好基础。这种同志式的友谊，学者之间，上层专业学者与业余基层学者之间的真诚交往与切磋，一延续，便到了十多年后的今天。诚如 2016 年 11 月 30 日上午，习近平总书记在中国文联十大、中国作协九大开幕式上所作的重要讲话中号召“广大文艺工作者要有‘板凳坐得十年冷’的艺术定力，有‘语不惊人死不休’的执着追求”的那样，才能够修成正果。在党的文艺路线的指引下，只要我们“牢记文化责任和社会担当，正确把握艺术个性和社会道德的关系，始终把社会效益放在首位”，笔者相信，在不远的将来，我们三人一定能够在某个弘扬主旋律、坚持为人民为国家核心价值观的学术场合相聚在一堂。

其二，也是更为重要的一点是，重新刊发 14 年前三地学者不约而同地质疑同一个荒谬问题与观点，但又风格迥异以史为鉴的书评文章之主要目的，本意是让本书读者从源头上读懂周海婴先生所写的那本冠之以《鲁迅与我七十年》的书，读懂周海婴先生 16 年前为什么要在这部书快要收尾时，会别出心裁地单设《再说几句》这一特别章节文字内容的良苦用心所在？同时结合其书中存在的那么多的严重错讹，包括将几代中国人家喻户晓的红军史无前例的二万五千里长征，与进驻肤施——延安的时间，会出现提前三四年这么明显、严重的错讹？……最终弄明白什么是“那不过是一种情景相像罢了”（原始提供者贺圣模教授对周海婴版“毛罗对话”一针见血的评语）的历史虚无化作品？……

现在，14 年的时间过去了，作为特邀代表的我，有幸坐在隆重举行中国文联十大、中国作协九大的首都人民大会堂一楼会议大厅里，聆听习近平总书记的重要讲话，特别是他在讲话中强调的关于“引导人民树立正确的历史观、民族观、国家观、文化观，绝不做亵渎祖先、亵渎经典、亵渎英雄的事情”，以及“不能用无端的想象去描写历史，更不能使历史虚无化”的论述，使我倍感振奋：这么多年来我的所做所为，是符合党的教导的，也是符合国家和人民利益的。今后，我仍将义无反顾地同形形色色的虚无主义斗争到底。

其三，重新刊登本世纪初最早质疑“毛罗对话”三位有着共同信仰、目标，崇尚求是求实宗旨学者文章的另一个本意是：通过解读，进而追思 1978 年那场震撼世界，席卷全中国的真理标准大讨论所产生的深远历史意义，准确诠释华夏历史上那些有影响力的人物及其留下的精神遗产，厘清名人与其后代之间的辩证关系，无疑是大有裨益的。

此外，将最早由鲁迅之子周海婴凭仅听说杜撰的“毛罗对话”，直至最后由以所谓“我是历史现场见证人”身份的电影演员黄宗英“一锤定音”在内的总共五个版本的“毛罗对话”，交由读者比对，以明辨是非，进而弄清楚这个被炒得沸沸扬扬的“毛罗对话”，究竟是些什么货色？究竟哪路神仙提供的才是正品？

为让广大读者体验1957年7月7日夜晚上海中苏友好大厦咖啡厅的座谈会的真实历史现场，经征得毛泽东摄影师的徐大刚先生全体家人的同意与大力支持，对原《追寻历史的真相：毛泽东与鲁迅》一书正文前的插页作了重大调整，删去了一些作用不太明显的内容，增添了战争年代出身的新中国新闻摄影前辈、新四军老战士徐大刚先生于1957年7月7日晚历史现场拍摄的多幅近景照片，尤其是时年32岁的黄宗英女士灿若旭日东升时葵花向阳般笑容的在场照片。相信读者们在观摩到这些照片后会有一个全新的视角，以及准确解读黄宗英女士2002年12月5～7日发表于《炎黄春秋》《南方周末》及《文汇读书周报》上《我亲聆毛泽东与罗稷南对话》一文，与笔者历时14年，自费70余次寻踪考证完成的这部书稿。

由于不及获得访谈过的现已故世的历史现场亲历者的授权，以及有关部门对历史档案查询的严格规定，无法更为全面披露半个多世纪前的一些资料，是为说明。

令人郁闷且捉摸不透，然却又是那样无奈，发生在人们面前的一个活生生的现实是：这么多年来，各地报刊、高校及科研机构的学术刊物，刊登的数万篇有关“毛罗对话”的所谓争鸣文章，那么多的学者、专家、教授，竟然没有一个人愿意迈动双腿，走向实践，走向“毛罗对话”源发地的上海，去探寻个一二。至今（以“亲聆者”黄宗英女士在京、沪、穗三地同步高调抛出的《我亲聆毛泽东与罗稷南对话》一文的2002年12月为基准），整整一十四年的时间过去了，还是有一些知名度甚高的资深学者、专家、教授一类的人物，整日躲在书斋里，冥思苦想地书写着有关这一类题材内容的所谓“论文”“论著”。依然手持周海婴先生生前凭借“听说”和自己头脑中的情景想象架构的那个“毛罗对话”，在无休无止的发挥着自己头脑中的丰富想象力。其发挥所产生的"成果",甚至远远超出了其引用的周海婴的那个"听说"的内容——不但替周海婴引用他人的话时不曾加注的引号内容,给添加了言之凿凿的引号,而且还进一步给演绎成了似是铁板钉钉的文字内容。有关钱理群教授的这个"成果",在今年广为流传的微信、微博和众多的网络上,给发挥到了极致:所谓"毛泽东必然会讲的"论点、论文,在不断地发酵,不断地刷新着,并且被那些历史虚无化的学者们,以及不明真相不知所里被误导了的后学与读者们追捧不休。

然而,我这个被学术界的那些戴着有色眼镜的权威大佬们不屑一顾,视之为"没有见过大世面,登不了大舞台"的小字辈和草根的业余基层学者,却做到了!而且,这一做,就是14年。从正当年气血旺盛的56岁,一直做到了两鬓斑白古稀之年的70岁。唯此一点,我自豪!我骄傲!

要问动力何在?因为我有一颗始终不离不弃的初心:从1954年9月上社会主义新中国小学起逐步确立的对中国共产党对伟大祖国的坚定信仰。再有一个就是感恩。感恩是老祖宗传承给我的宝贵财富。我感恩中国共产党领导的人民解放大军,将我这个世代贫困家庭出生的孩子,从奄奄一息的死亡线上引领进了人民当家作主衣食无愁的新中国。从小学到初中,直到中专毕业,一直享受免费上学。五年中专生活("文革"滞后一年毕业),还享受全额免费就餐,成为这个世代贫困家庭的第一个识字人,第一个文化人,直至最终成长为一名始终铭记党的教诲,不忘自己肩负的社会担当,为人民、为民族、为祖国不断鼓与呼的新中国新闻工作者和第二代"鲁门小弟子",同时又是有着一定成果的,被学术界认可的以鲁迅为代表的左翼文学研究和中国近现代史研究专家。

"为历史做一份生动真实的证词",这话,是在17年前的新旧世纪交替之际,已故著名文艺理论家,1955年那个"胡风反革命集团"案中,比胡风还要死不认罪的骨干分子贾植芳先生,同我最初交往时语重心长的叮嘱。

我同已故著名文艺理论家贾植芳先生有着近十年的交往。交往中,他不止一次地告诫我说:从事学术研究是一门苦差事,一是要耐得住寂寞,对所涉的人和事,要作反复细致,严谨求证的比对,由此及彼,由表及里,去粗存精,去伪存真，尊重历史的事实与魂魄；二是一定要坚持独立的观点和立场。

值得指出的是，早在追踪“毛罗对话”历史真相的早期阶段，我就直言不讳地将我正在进行的探寻进展情况及要达到的日的，告诉了贾植芳先生。我还斩钉截铁地表示：综合毛泽东四十年如一日发自内心对鲁迅先生的推崇，他不大可能说出诸如此类的话。不管怎么样，我一定要把它搞个水落石出！我们这一代人如果不把这个问题搞清楚，那么，以后就更不能搞清楚了。或许正是因了我的执著，或许是黄宗英女士的行文过于随意而令人难以信服，尽管在某些问题上我们的观点并不那么相同，但贾植芳先生仍然满腔热情地支持我把这个问题搞出个结果来。尤其是在2006年9月，我在《作品与争鸣》杂志上发表质疑黄宗英女士文章的《“右下角一”，他不是罗稷南》的辩诬文字以后。当我告诉先生，那个“右下角一”，并非真的是罗稷南先生，而是与他同一所复旦大学原经济系的漆琪生教授时，他微微地点了点头。那一年金秋十月挂尾的一天，艳阳高照，已是九秩高龄的先生，一时来了精神，在家人的扶持下坐上了轮椅，领着我来到复旦大学邯郸校区路南，距其国顺路寓所七八百米远的步行街上。下了轮椅，他颤巍巍地拄着拐杖，一步一顿地，先是引导我参观了在复旦学子心中颇具盛名的那家民营折扣书店。尔后，从书店出来，又轻车熟路地拐入设在书店斜对面的那个名叫“绍酒香”的假二层小酒楼，款待我喝了一通我的家乡酒绍兴加饭酒……

面对当前激烈动荡的世界格局，战祸遍地的中东、非洲、阿富汗，以及恐怖袭击和金融危机双重阴影笼罩下的某些西方国家，中国却是显得格外的稳定与和谐。中国共产党作为执政党的地位，如同中流砥柱般矗立在东方！这是我们每一个中国人值得自豪值得庆幸的。有一个稳定、和谐的生存、生活环境，比什么都重要。这也是我历时14年，自费寻踪调查考证，为搞清“毛罗对话”历史真相，不辞艰辛劳顿，不懈地进行调查考证的原动力所在。

长江东去，大浪淘沙，事物的本来面目存在于真实的历史之中。同样，自2011年4月《追寻历史的真相：毛泽东与鲁迅》一书面世后的备受各方关注与好评（据了解，一些大学中文系的教授，还结合该书，向学生讲授那段时期的历史，讲授治学之道），既是对38年前的1978年，在邓小平同志、陈云同志、胡耀邦同志等老一辈革命家身体力行的推动下，全国范围内轰轰烈烈开展的“实践是检验真理的唯一标准”的大讨论，也是对 17 年前贾植芳先生为我这个基层草根学者量身定制的“为历史做一份生动真实的证词”的著述原则，一次极具历史意义和现实意义的成功实践。

最后，套用鲁迅先生 82 年前在《伪自由书·后记》中的“战斗正未有穷期，老谱将不断的袭用”那句话，以“求是正未有穷期”为题，是为本书序。

附注：几经反复与斟酌，并在认真听取各方面人士特别是学界人士意见的基础上，最终作出决定：由我自己为本书撰序。这是因为，没有人比我本人更清楚自己内心深处在想些什么：我的半个多世纪以来形成的世界观及其信仰，我的为人为文原则，追踪“毛罗对话”历史真相的动机与目的，历时 14 年调查考证及成书过程中，不断地排除“左”和右的频频干扰所遭遇的艰辛、坎坷与其他，更有本书之内涵及深远影响力所在。毋庸置疑，今后撰书，原则上，我仍将奉行由自己撰序这一原则。

秋　石

2016 年 12 月 29 日

农历丙申十二月初一

人生整七十岁寿辰之日

上　篇

追踪“毛罗对话”的历史真相

1957年7月7日晚，毛泽东在上海中苏友好大厦咖啡厅的座谈会中，真的说过如果鲁迅还活着，可能会把他关入大牢的话了吗？

长期工作在基层，业余从事左翼文学、左翼作家研究的笔者，14年来70余次自费前往上海寻访考查，先后发现除黄宗英这位在撰文时自诩为可能是唯一在世的“亲聆者”外，还有9名在世的参加过那次座谈会的现场亲历者……

那么，就鲁迅这个话题，毛泽东究竟说了些什么呢？这个话题，在1957年毛泽东又论说了几回呢？是否只有罗稷南先生一个人提出过这个话题呢？为什么出席同一个座谈会的36位各界人士，包括提出那个令黄宗英“吓得肚里娃娃儿险些蹦出来”惊天话题的翻译家罗稷南在内，竟然无一人成为右派？还有，在1957年间，被黄宗英时隔45年后反复渲染的所谓陷身于重重“风雨飘摇中”的赵丹先生，究竟是所谓右派？抑或是边缘地带的中右？还是立场坚定揭发了他人右派言行从而加入了中国共产党的左派？

第一章

“亲聆者”还有多人在世

这段“毛罗对话”，我是现场见证人，但我也想不起还有哪位活着的人也听到这段对话。我打电话给我熟悉的律师：“如果我写出自己听到的这段对话，将与海婴所说的分量不同，因为我在现场；但是，如果没有第二个人说他也当场听到，那我岂非成了孤证？若有人提出异议，我又拿不出任何旁证，那么在法律上……”那位律师说：“正因为当时在场的人如今大概多已不在人世了，你就更有责任写出来，留下来。你又不是在法庭上，你先把你看到、听到的事实写出来再说。”于是我就到处求助，希望有更多的文字资料校正我的记忆，以期尽可能准确地表述这场短暂又撼人心魄的“对话”。

——黄宗英：《我亲聆毛泽东与罗稷南对话》

摘自 2002 年 12 月 5 日《南方周末》C22 版

这段“毛罗对话”，我是现场见证人，但我也想不起有哪一位还活着的人也听到这段对话。我打电话给我熟悉的律师，简要地叙述了当时的情况后，问他：“如果我写出自己听到这段对话，将与海婴所说的分量不同，因为我在现场；如果没有第二个人说他也当场听到，那我岂非成了孤证？若有人提出异议，我又拿不出任何旁证，那么在法律上……”那位律师说：“正因为当时在场的人如今已大多不在人世，你就更应该把这件事写出来，留下来。这不是法律问题，而是涉及中国现代史的一段重要史实，你的责任和义务，就是把你所看到、听到的如实写出来，留待专家和后人去研究。”

——黄宗英：《我亲聆毛泽东与罗稷南对话》①

摘自 2002 年 12 月 6 日《文汇读书周报》5 版

① 为方便叙述起见，以下将《我亲聆毛泽东及罗稷南对话》一文简称为《亲聆》。

上述，是作为“现场见证人”的黄宗英和“我熟悉的律师”之间的一段对话内容。两文文字下方所标黑点，为引者所加，以示不同。这段对话内容十分精彩，其精彩之处在于他们将中国人固守了几千年的实事求是的传统法则，给硬生生地掰成了两截：法庭上，法庭外。

笔者之所以将分别刊于《南方周末》和《文汇读书周报》上的这段对话内容，不厌其烦地一一重复列出，盖因其同一内容，但表述却有所不同。刊在《南方周末》上的，律师强调说：“正因为当时在场的人如今大概多已不在人世了，你就更有责任写出来，留下来。你又不是在法庭上，你先把你看到、听到的事实写出来再说。”而仅仅相隔了一天——2002 年 12 月 6 日《文汇读书周报》所刊的，则又变成了“正因为当时在场的人如今已大多不在人世，你就更应该把这件事写出来，留下来。这不是法律问题，而是涉及中国现代史的一段重要史实，你的责任和义务，就是把你所看到、听到的如实写出来，留待专家和后人去研究。”

黄宗英将这段对话内容均加注了“引号”，既然加注了引号，足以表明了这段对话的真实性及可靠性，而且是不可随意加以删改或作不同表述的，除非你声明前文表达不全或有误。然而，早在 1965 年因撰写报告文学著名，成了上海市作家协会驻会专业作家的黄宗英，却不加任何说明地作了改动：由前一日《南方周末》的“如今大概多已不在人世了”，改为了次日《文汇读书周报》的“如今已大多不在人世”的用语。这让读者读后，不免对她的文中内容的真实程度产生了怀疑。如同她在 2002 年的某一个时候，先是一脸郑重地告诉《南方周末》的取稿记者：你们《南方周末》影响大，敢讲真话，“由你们首发！”过不了几天，又对上海《文汇读书周报》编辑信誓旦旦地说：我授权“由你们和《炎黄春秋》同步首发——”；①同时黄宗英还用龙飞凤舞的笔体（含签名）书写了本文题目，交给了《文汇读书周报》的取稿人员……

在黄宗英《亲聆》一文于“7 月 4 日晚上写毕”之后，黄宗英电询“我熟悉的律师”。电话征询的结果是，如同 5 个月后她在《亲聆》一文中这样写道：

① 见 2002 年 11 月 29 日《文汇读书周报》头版所发预告。

> 于是我就到处求助，希望有更多的文字资料校正我的记忆，以期尽可能准确地表述这场短暂而又撼人心魄的“对话”。

黄宗英“求助”了哪些人呢？是不是与她一起在1957年7月7日晚上海中苏友好大厦咖啡厅与毛泽东亲切笑谈的36位各界人士中的某位成员呢？遗憾的是，黄宗英女士在其文章中并没有向我们举证出她为之求助的，曾经出席过45年前那次座谈会的人的名字。

不过，有关黄宗英“求助”的人，黄宗英虽然没有在文中提及，但她还是向两位前来取稿的年轻人作了亲口叙述。在《南方周末》同一版面右侧的《听黄宗英说往事》一文中，方、齐二位取稿人向读者们作了这样的描述：

> 黄阿姨说，这篇文章能够拿出来，我给自己设了“五关”。……第五是文字关，7月4日晚上写毕，过了些日子我就把稿子交给了李普大哥(李普，新华社原副社长)。……我对李大哥说：“拙文若有语病、啰嗦、不妥之处，请放手删改、调整。”

请读者们注意了，黄宗英是将这篇“涉及中国现代史的一段重要史实”的文章全权授予李普先生“放手删改、调整”的。这就奇怪了，李普先生既非当年座谈会的出席者，亦非新华社采访这次座谈会的记者，他怎么可能因你黄宗英给予的“信任”，来充任对你的“亲聆”内容“放手删改、调整”这一重任呢？什么是妥，什么是不妥，李普先生根本无法定断，因为他并不是那次座谈会的当事者。如若李普先生真要是这样做的话，岂非是有删改、调整乃至造假历史的嫌疑了吗？

李普先生能给黄宗英女士把什么“关”？作为一个从业半个多世纪的新闻工作人员，他能把好这个他从来不曾莅临过的1957年7月7日晚上海中苏友好大厦咖啡厅有毛泽东出席的座谈会的“关”吗？答案非常明确：不能！作为一名资深编辑，他至多只能就黄宗英文中的错字、别字和语法、逻辑等作些修改而已！至于“放手删改、调整”，李普先生是根本不具备这个资格的。

纵观黄宗英女士的这些任性作为，可以将其归纳为一句话——相信读了笔者上述有理有据的论证后，读者们也会认同笔者如下这么一个认识，那就是：同鲁迅之子周海婴的充溢着“情景想象”的那个“毛罗对话”内容所产生的效果是一样的，著名电影演员黄宗英用其精湛的美国好莱坞式的蒙太奇电影演技演绎的这个“亲聆”，同样不可信！尽管她打的是“亲聆者”的旗号。“亲聆者”亲笔写给读者的内容，竟是如此一个面目全非令人匪夷所思的任性杜撰之作！

黄宗英还将稿子寄给了另一个人。这个人，黄宗英“亲聆”的文章中没有涉及，两位前来取稿的记者在《听黄宗英说往事》一文中同样没有涉及。个中缘由很简单，由于不是“亲聆”，那个人同样是无法帮助她解决任何问题的。

这个人是黄宗英女士的浙江老乡。1957 年 7 月 7 日上海中苏友好大厦咖啡厅座谈会召开之时，这个人才 17 岁，还在老家上中学。有意思的是，2006 年 5 月 9 日，上海、浙江有关部门联合举行的鲁迅学生黄源百年诞辰纪念会的前一日，这个人向人们笑谈了四年前他与黄宗英之间所经历的这一幕。聆听者有多位，笔者恰恰有幸与其紧挨着坐在一起并坦诚对话。他笑着告诉笔者：秋石，你有所不知，2002 年黄宗英写好她那篇《亲聆》文章后，在没有交给《南方周末》和《文汇读书周报》之前，还专门寄给了我一份，说是让我看看……

黄宗英的上述作为令人费解，她为什么不找一同出席当年座谈会的人去核证，而去找两个当年并不在会场的人员进行“删改、调整”或“把关”呢？由此不得不让人起疑，她信誓旦旦的那个“亲聆”之说究竟是不是“铁证”？或者换言之，是否真的是源自于毛泽东之口？

那么，在历经半个多世纪的风风雨雨之后，当年参加座谈会的 36 位“各界人士”，除黄宗英之外，是否都已不在人世了呢？

这个问题并不难搞清楚。单凭黄宗英在上海的名气和各方关系，要弄清楚这 36 位人士还有几位健在，并不需费太大的周折。可是黄宗英从撰写《亲聆》到公开发表以来的这么多年中，她从来不曾这么去做。这就更令笔者疑窦丛生：这又究竟是为什么？

据笔者多次向上海有关方面有关人士了解这方面的情况，被告知：黄宗英于 2002 年 12 月发表此文时，参加 1957 年那次座谈会者尚有 9 人健在，而且神志并不糊涂。这就直接攻破了她在《亲聆》一文中与律师对话时所云“正因为当时在场的人如今大概多已不在人世了”的这个判断。之所以笔者认为这是一个主观臆断，因为律师也好，黄宗英也好，既然能够花费大量时间“我就到处求助”，为什么不向其居住地及工作单位所在地上海的方方面面打听一下？

读了这段即时即景（在2002年7月4日“病中”动笔撰写《亲聆》一文同一时间）发生的对话，让人迷惑不解的是：在向律师作这个咨询时，黄宗英为什么不先行认真地思索一番：这世上，除了“我”之外，参加那次谈话的还有哪一些人活着？在打听清楚的基础上，哪怕是打听出一两个健在者后，是否还应当向活着的这一两个人印证一下，然后，再考虑如何发表的问题。等等。再有，从“我熟悉的律师”口中不假思索脱口而出的那句“正因为当时在场的人如今大概多已不在人世了”的话，显然是顺着黄宗英的话头而来。“正因为”这三个字十分关键，表明了黄宗英本人首先是这样认知的——她应该是现今世上唯一“历史现场”健在者，自然是唯一能够证实“毛罗对话”内容真实与否的人。

确实，在相当长的一段时间里，许多人是相信了她所说的话的。何况，还有由她一手翻检出来，一脸欣喜地拥坐在毛泽东身边的那幅照片为证。

可也正是这段对话的内容，令笔者读后不由得疑窦丛生：作为著名演员和擅长报告文学写作的作家，又是在向世人讲述如此一件惊天动地、惊吓得导致自己“肚里娃娃儿险些蹦出来”的大事，怎么能够如此轻率地不作任何调查，向包括自己的导师与好友、当年的同事在内的同一个历史现场见证人征询一字半句，就武断地认定其他“当时在场的人……大概多已不在人世了”呢？

不光是在落笔撰写文章之初，而且，于文章写毕的五个月后，《南方周末》甫一刊出，事情就起了明显的变化。原因十分简单——从前一日《南方周末》文中“如今大概多已不在人世了”的表述，变成了第二天《文汇读书周报》文中去掉“大概”二字的“如今已大多不在人世”的说法。显然，早在《亲聆》被《南方周末》记者拿去后的一段时间内，以及该文在《南方周末》发表的当日当晚，就有人（而且不在少数，且主要在“毛罗对话”的原发地上海，反响尤为强烈）为这个“大概”的表述纠正上了：明确告知，1957年7月7日晚上海中苏友好大厦咖啡厅与黄宗英一道出席同毛泽东座谈的人士中，还有多人健在！

一个令任何人都无法回避的事实，也是14年来笔者不懈地寻踪调查、考证的结果，却是板上钉钉地印证了此前笔者头脑中一直挥之不去的这个疑惑：

在已知的仍健在的9位当时在场的人中，就有黄宗英的两位前辈同事、好友在内！

从2003年1月22日开始①，笔者开始了长达14年之久寻找参加过那次座谈会仍健在者的工作。及至笔者前往上海的最后一次寻找，经过近70余次的寻踪问迹，总共寻觅到了黄宗英撰写、发表《亲聆》一文时仍健在的“历史现场”见证人，除以“亲聆者”身份撰文自居的黄宗英本人，共计9人。

他们是——

2013年去世的有1人：

著名戏剧和电影导演、理论家陈鲤庭，享年103岁，生前一直居上海；

2012年去世的有1人：

著名戏剧、电影编剧王元美，享年98岁，生前一直居上海；

在这里，需要强调的一点是，上述二人是与“亲聆者”黄宗英及其丈夫赵丹先

---

① 黄宗英《亲聆》一文最早见诸2002年12月5日报章，时笔者正有要事缠身：自2002年11月起至2003年1月上旬，97岁的鲁迅学生，也是半个世纪前因主演电影《武训传》有所牵连的赵丹等人的有力庇护者黄源先生，经历了由病危到告别人世的过程。为此，笔者多次赶赴杭州探视，并受北京有关方面委托，自始至终地与其家属一起参与了治丧工作。其时，由于已多次拜读了《亲聆》一文，知悉黄宗英文中撰有当年黄源先生抚慰她的丈夫“阿丹”的精彩传神的内容。由于黄源先生如此庇护“阿丹”，同时由于自1949年5月上海解放到1955年5月，黄源先生被任命为上海市军管会文艺处副处长、华东军政委员会文化部副部长等职的缘故，故而在其逝世后一周的治丧工作中，笔者想曾与赵丹先生一起生活了三十年的黄宗英肯定会有唁电唁函或花圈以志哀，但是在海内外大量唁电唁函中，特别是上海戏剧电影界众多老艺术家的唁电唁函中，独独不见黄宗英女士的片言只字。要知道，2003年1月2日黄源先生逝世时，距黄宗英发表《亲聆》仅28天。

有关赵丹受于伶、黄源保护一事，黄宗英在《亲聆》一文中如是说：

“……好在当时有于伶同志上门来开导，而黄源同志更常与阿丹对坐，一根接一根抽烟，黄源制服前落满了烟灰，显然领导人的思想负担比我们还沉重呢。”

黄源先生在《黄源回忆录》一书中如是写道：“拍《武训传》是在华东文化部时期，但这是夏衍他们直接领导的，我没有参加他们的制作。《武训传》的影片出来后，在华东军政委员会放映过，我邀请了赵丹和编剧(孙瑜)，同饶漱石一起看。饶漱石看过以后，他也没有说什么。我看过以后，觉得当时一个是武装斗争，一个是搞办学，戏里有这两方面的场面，觉得有一点改良主义，不是一个单纯的办学的片子。我们是从武装斗争出来的，深知办学本身当然是好；但是，要用办学来救国，来解放中国，像武训那样是不行的，而其教学内容又是宣传封建主义的。……

问题出来后，我还是去找赵丹，他很紧张。我同赵丹的关系，也是这个时候建立起来的。就这个事本身来说，夏衍为主，那时他到苏联去了，回来在北京写了一个检讨，在《人民日报》发表后才回上海来的。当时胡乔木保护了我们。在上海于伶也掩护了一下。……我虽然没有参加，但我承担了责任。不过不像以后那样搞批斗等等，还保护了编剧、演员。”

生长期过从甚密的同事及好友。陈鲤庭先生还是扶掖黄宗英走红影坛的伯乐。

2011年去世的有1人：

原中国工商业联合会常委、上海工商学院院长丁忱，享年92岁，去世前定居海外。

2008年去世的有3人：

1. 著名遗传学家、中科院院士、复旦大学教授谈家桢，2008年11月1日病逝于上海华东医院，享年99岁(时黄宗英也在该院养病)；

2. 著名经济学家、复旦大学教授蒋学模，2008年7月18日病逝于上海华东医院，享年90岁(时黄宗英也在该院养病)；

3. 原全国政协常委、上海市工商联副主委叶宝珊，2008年4月20日病逝于北京，享年89岁。

2006年去世的1人：

工商界著名人士，原全国政协委员、上海市政协常委、上海市工商联副主委、民建上海市副主委吴中一，2006年上半年在香港去世，享年96岁。

2005年去世的1人：

著名桥梁学专家、多届全国人大代表、六届上海市政协主席、原同济大学校长李国豪，2005年2月23日病逝于上海华东医院，享年92岁。

2003年去世的1人：

原全国政协常委、民建中央副主席、上海市六届人大常委会副主任、七届上海市政协副主席陈铭珊，2003年7月19日病逝于上海，享年87岁。

面对上述有名有姓的九位历史现场见证人——这尚是生活在江苏小县城能力有限的笔者发现的一些历史现场见证人，我们不禁要问黄宗英女士：为什么会在她和“我熟悉的律师”口中产生“正因为当时在场的人如今多已不在人世了”这等说法呢？

第二章

1957 年 7 月 7 日晚：历史现场相与析

在 2002 年“北京的 7 月 4 日晚也是狂风大作，电闪雷鸣”的惊恐气候中，黄宗英女士一气呵成的《我亲聆毛泽东与罗稷南对话》一文①这样写道：

> 在去年（2001 年）中国电影资料馆为庆祝党的诞辰 80 周年摄影图片展览上，我看到 1957 年夏天，赵丹和我坐在毛主席身边的中景照片；而此番动笔前查找到《光明日报》1957 年 7 月 11 日和《解放日报》1957 年 7 月 9 日刊载新华社通稿及会场全景照片，赵丹和我是坐在毛主席身后，照片右角背影是罗稷南，他坐在毛主席的斜对面，据此我依稀记起，在“毛罗对话”后，赵丹和我曾经让开了主席身边的“显赫位置”，这也是合乎情理的。我们还见到一些经常在重大聚会时见面的各界朋友（根据当时报纸记载共 36 人），上海市领导柯庆施、陈丕显、曹荻秋等也来了。

读着黄宗英的这段追述文字，我们可以得出这样一个结论：黄宗英女士为撰写《亲聆》一文，事先是做了不少准备，下了一番工夫的。这其中，既有在“此番动笔前查找到《光明日报》1957 年 7 月 11 日和《解放日报》1957 年 7 月 9 日刊载新华社通稿及会场全景照片”的劳顿举止，也有看到中国电影资料馆展出“赵丹和我坐在毛主席身边的中景照片”的回忆。与此同时，黄宗英在提及当年那个中苏友好大厦座谈会“我们还见到一些经常在重大聚会时见面的各界

---

① 见《南方周末》2002 年 12 月 5 日 C22 版右侧所刊方进玉、齐简《听黄宗英说往事》：“2002 年 11 月 12 日晚，……坐在椅子上的黄宗英阿姨戴上老花镜，执意要给我们从头至尾读一遍文章。……将近晚 11 时，我们才告辞出来，黄宗英阿姨坚持要从椅子上起身送我们，因为患有脑梗塞，她走路有些困难，但她像那个时代的所有有骨气、有风度的艺术家一样，热情而又执著地把我们送到门口。”

朋友”时,专门给加注了一个括弧:“根据当时报纸记载共36人”——这就令人深感诧异了:其一,既然黄宗英女士以77岁高龄花费了如此之多的劳顿寻找实景资料,同时又“到处求助”,为何唯独不去查询一下仍然健在的“经常在重大聚会时见面的各界朋友”,不查询不说,却又武断地和律师共同认定“当时在场的人如今已大多不在人世”;其二,她为《南方周末》亲自选定的两帧照片,其文字说明被界定为“毛主席在上海中苏友好大厦与上海文艺界人士座谈”,却又不愿引述更为精确的由权威的新华社所发的照片文字中的36人名单,是嫌落笔麻烦呢,还是顾忌到读者特别是上海的读者、36位与会者中的健在者及其至爱亲朋会站出来说:“黄宗英女士,你这样说不对! 我还活着!”或“我的老师还健在!”或“我的父亲还健在!”如果真有这等事情发生,由黄宗英女士一口所说的“亲聆”内容,其真实性和分量就要打折扣了……

值得称道的是,2002年12月6日的《文汇读书周报》,在刊登黄宗英《亲聆》一文的同时,并不采用《南方周末》所刊照片时配发的黄宗英女士自说自话拟定的文字说明,而是转发了当年《解放日报》所刊照片和新华社通稿中的全部文字,以及全部的36位出席者名单。

令人遗憾的是,无论是刊登36位出席者名单的《文汇读书周报》,还是没有刊登36人名单的《南方周末》,都不曾想到来个按图索骥,寻找一下36人中的健在者,通过与他们的对话,来印证一下黄宗英女士这个“亲聆”的内容。

为正视听,笔者将刊登黄宗英《亲聆》一文的2002年12月6日《文汇读书周报》5版(特稿版)右侧所引用的1957年7月9日《解放日报》头版的相关报道,转引如下:

毛主席接见本市文教工商界人士

在中苏友好大厦与大家亲切地围桌交谈两小时

[新华社上海8日电]毛泽东主席七日晚在上海中苏友好大厦,接见了上海科学、教育、文学、艺术和工商界的代表人士,并和他们进行了亲切的交谈。

毛泽东主席和大家围桌闲话约两小时。

参加这次谈话的有漆琪生、谈家桢、笪移今、孙怀仁、周煦良、李锐夫、殷宏章、汪猷、应云卫、沈浮、郑君里、赵丹、金焰、黄宗英、陈鲤庭、章靳以、罗稷南、丁善德、陈大燮、武和轩、钱宝钧、傅于琛、丁忱、徐子威、蒋学模、刘念义、吴中一、李国豪、王元美、黄晨、苏德隆、陈铭珊、叶宝珊、聂传贤、束世澂、史慕康共三十六人。

中共上海市委第一书记柯庆施，书记陈丕显、曹荻秋、魏文伯、马天水等也陪同参加了这次谈话，谈话后，毛泽东主席并和大家一起观看了越剧。

照片说明：毛泽东主席在中苏友好大厦接见了本市科学、教育、文学、艺术和工商界的代表人士，并与他们亲切地交谈。

新华社稿　徐大刚摄

附带在这里作一个说明，也许有读者要问：为什么没有巴金、徐铸成，以及被周海婴先生在其《鲁迅与我七十年》一书中说成"秘密对话"参与者的毛泽东"湖南老乡周谷成"[①]等全国名流？原因不是别的，这是因为，上述几位名人，正在北京出席全国人大一届四次会议。

另：1957 年 7 月 11 日《光明日报》在头版报眼醒目位置所刊照片的说明文字，也并非如黄宗英在《南方周末》所写的类似"毛主席在上海中苏友好大厦与上海文艺界人士座谈"的狭窄界定。其照片下方文字说明为：

毛主席和上海各界代表人士亲切交谈

毛泽东主席 7 月 7 日晚在上海中苏友好大厦，接见了上海科学、教育、文化、艺术和工商界的代表人士。图为毛泽东主席和他们亲切地交谈。

新华社记者　侯波摄

京沪两报刊登照片时配发的文字，其共同点在于都说明了 1957 年 7 月 7 日晚上海中苏友好大厦与毛泽东座谈的对象，是"科学、教育、文化、艺术和工

① 应为"城"，此"成"为周海婴用字。

商界的代表人士”;其不同点在于,上海《解放日报》(包括《文汇报》、《新民晚报》)刊登时,一一罗列了与之对话的36人名单;而作为全国性大报的《光明日报》,刊登时就免去了这份名单。

此外,2002年12月5日《南方周末》于刊登黄宗英《亲聆》一文时配发照片两幅:一幅为原《光明日报》所刊;另一幅系黄宗英此前一年看到的,即中国电影资料馆展出的那幅“1957年夏天,赵丹和我坐在毛主席身边的中景照片”,其配发文字皆由黄宗英撰写,且为大大缩小了的“文艺界”圈子,而非引述新华社通稿内容。

请读者们注意了:

黄宗英在其《亲聆》一文中,着重写了以下这么一段话:

> 言归正传。1957年7月7日,忽传毛主席晚上要接见我们。“反右”已风起云涌,我忐忑不安想请假不出席,怕的是会被点名发言。阿丹说:“宗英你怎么啦,虚汗淋淋的。”当时我预产期将到,我答:“孕妇可能特别敏感,我害怕……”

黄宗英的这段回忆文字十分生动,而且还冒着危及肚子里尚未出生的下一代的危险,借以衬托随后展开并加以发挥的由“毛罗对话”引发的“严重恶果”。可惜,这恐怕是黄宗英一个人的杜撰,并不真实。

何以见得?且听后来担任过全国民建中央名誉副主席、上海市人大常委会副主任的陈铭珊先生早年写的文章中的一段话:

> 市委统战部电话通知我马上去中苏友好大厦的咖啡厅。我不知道什么事情,赶到那里一看,只见灯火辉煌,已经有好多人坐着。一进门就看到毛泽东主席站在那里讲话,使我惊喜不已。我悄悄地坐在后面……①

① 见陈晋:《“鲁迅活着‘会怎样’?”——罗稷南1957年在上海和毛泽东“秘密对话”质疑》,《百年潮》2002年第9期。

也有其他人证实：市委统战部通知到他们时，只说是有一个座谈会，并没有点明是毛泽东和他们会面并座谈，这也符合以前类似会议的一贯做法，试问，黄宗英何以如此神通广大，能事先知道是毛泽东邀请座谈？

不仅仅是在这么多人所皆知的公开场合召集的有四五十人出席的座谈会，就是毛泽东约见一二个、两三个人谈话，也断不存在事先告知的问题。据谈家桢先生在其《把遗传学研究搞起来——回忆我与毛泽东主席的交往》一文中披露：

> 1958年1月4日晚，春节将临，我突然接到了上海市委的通知，说是有重要事情，要我马上去杭州，同行的还有周谷城、赵超构两位同志。我们猜想，是毛主席叫我们去，等我们上了飞机，这猜想便得到了证实。飞机座舱里的陈设，同我们见到的毛主席在飞机上工作的照片完全相同。毛主席是派了他的专机来接我们的，当时，我们真是高兴极了。

从上述谈家桢的回忆中，我们看得出来，由于事情发生突兀，又是“重要事情”“马上去杭州”“同行的还有周谷城……”，谈家桢也只是“猜想”而已！待到上了飞机，在其直观的场景与“见到的毛主席在飞机上工作的照片完全相同”后，他依然是自己得出了去杭州见毛主席的结论，而并非系专机工作人员向他们透露。

除毛泽东“恰同学少年”挚友的周谷城和谈家桢先生的回忆外，著有《中国文学发展史》和主编了《中国文学批评史》一书的古典文学研究专家刘大杰，还有著名数学家苏步青，他们与毛泽东的每一次交往，也都并不事先知晓是毛泽东约见谈话。《毛泽东在上海》一书中的众多名人学者的回忆与叙述，同样如此。当然，也有极个别人例外，目前发现的也仅此一例。他，就是上世纪初叶与毛泽东一起办过《湘江评论》的原上海市卫生局局长张维。张维自1957年高血压中风偏瘫后，每每毛泽东到上海后捎话或约见，恐其一时激动导致意外，故而不得不派人先行打招呼，让其有个思想准备——但这仅仅是个案。

由此，黄宗英的所谓在会前怕“被点名发言”，并“虚汗淋淋”之言，不过是子虚乌有罢了。

黄宗英在其《亲聆》中，还提出了令人莫名惊诧的“让座”说。黄宗英如此写道——

> ……在“毛罗对话”后，赵丹和我曾经让开了主席身边的“显赫位置”，这也是合乎情理的。

黄宗英的这个说法是否“合乎情理”，暂且不论，因为“情理”不能取代事实。

当时现场究竟是怎么一回事呢?

黄宗英此说是否又是类同周海婴先生于同一个话题中的“依照惯例请几位老乡聊聊”或“秘密对话”或“临终托付”那些个不着边际的“内容”呢?这是因为，黄宗英并没有告诉读者，她和赵丹为什么“让开了主席身边的‘显赫位置’”?他们是怎么让开的?给谁让开的?让开后他们又坐到了哪一桌上(因为每个桌上都围坐了足够的人数)等等。她一个字儿也没有提及。

论述到这里，笔者深感有必要提请读者们充分关注一个问题，即黄宗英笔下那个所谓“让开了主席身边的‘显赫位置’”的说法。这个说法，分外的重要，也分外的关键。它，关乎到黄宗英女士能不能“听到”，进而，能不能“听清楚”毛泽东与罗稷南之间有关“假如鲁迅活着会怎样?”的对话内容的问题。对此，我们不能不对有着四十年报告文学创作深厚底蕴的黄宗英女士笔下这句话隐藏的玄机，或者叫做背后的潜台词也可以来一下探索。这个玄机——潜台词十分隐蔽，一般来说，读者是不会过于注意的。这就是，当有心人一旦考证出黄宗英所坐的位置是听不到毛泽东与罗稷南的对话内容时，她的这个潜台词就会发挥出无与伦比的“历史现场效应”来。黄宗英有关此话的原文是:

> ……而此番动笔前查找到《光明日报》1957年7月11日和《解放日报》1957年7月9日刊载新华社通稿及会场全景照片，赵丹和我是坐在毛主席身后，照片右角背影是罗稷南，他坐在毛主席的斜对面，据此我依稀记起，在“毛罗对话”后，赵丹和我曾经让开了主席身边的“显赫位置”，这也是合乎情理的。

在引述完黄宗英笔下的这段“依稀记起”的文字，笔者深感有必要替黄宗英女士纠正一个事实，那就是文章中强调的关于“赵丹和我是坐在毛主席身后”的这个说法，完全不符合历史真实！确切的历史场景这一细节是：“身后”，应为“身后”那一桌！这样的提法，更能与历史真实存在保持一致。检视已知的所有的照片，包括已经公开发表的和历史上存在尚未公布于世的，尤其是已经为万千读者熟悉了的刊于1957年7月9日上海《解放日报》头版显要位置和1957年7月11日《光明日报》报眼重要位置的照片，结论是均为“身后”那一桌。只不过，《光明日报》头版由侯波老前辈拍摄的那幅，使用的是拉近了场景的镜头。无论是这幅拉近了的镜头，还是黄宗英女士不辞劳顿地从中国电影资料馆翻检出来一脸欣喜拥坐在毛泽东身边的照片，黄宗英女士和赵丹所坐的位置都是一样的：赵丹坐在黄宗英女士的右侧，纹丝不差！而当毛泽东、柯庆施莅临黄宗英女士这一桌时，黄宗英女士坐在毛泽东的右手，赵丹依然坐在她的右侧，著名电影导演应云卫则挨坐在赵丹的右旁！黄宗英女士的对面，也就是正在讲着话的毛泽东的左侧，坐的是著名电影导演郑君里的妻子、电影演员黄晨，一桌坐了两对从影的夫妻。至于黄宗英女士文中指证的那个“右角背影”、“右下角一”，笔者将在稍后一些提供详细论证——可以比较肯定地说：他不是罗稷南先生。

为什么笔者会将这个所谓的“显赫位置”的说法，谓之以“会发挥无与伦比的‘历史现场效应’”呢？这是因为黄宗英使用了“在‘毛罗对话’后”的这一含有特定时间意义的用词。作者关于“后”的这一时间概念用字，是在告诉所有关注此文的读者们：当毛泽东与罗稷南先生进行一场不过短短一两分钟，然却引发45年后开放了的中国社会和思想界、知识界剧烈震荡，有关已经死去21年的鲁迅是否会被捕入新中国班房的惊天话题时，黄宗英和赵丹，从其原本落座的那张电影人围坐的小圆桌，挪到了几近零距离的毛泽东身边，……于是，他们不但“确实能够听到”，而且还能够“听清楚毛罗之间的这段对话”。

众所周知，一张喝咖啡的小圆桌，至多也只能坐那么四五个人，如今由于毛泽东、柯庆施等人的加入，则就挤得满满囤囤的了。那么，又何来赵丹、黄宗英夫妇让开“主席身边的‘显赫位置’”的“史实”或说法呢？黄宗英唯恐读者读不懂她这么杜撰背后的故事，又特特地地给所谓的显赫位置四个字加上了独具定义的双引号。

座谈中,为着方便,也有将两张小圆桌并在一起的,但黄宗英、赵丹他们却没有这种可能,因为他们落座的电影人小圆桌,并没有和别的小圆桌并在一起。毛泽东莅临时也是如此。因此,他们还是听不到那个所谓的“毛罗对话”内容的。不过,我们倒是见到了那么一两幅近景照片上,坐在所谓罗稷南他们后一桌的后座上的赵丹先生怀着极大的好奇心,探前身子,侧歪着脑袋,满脸堆笑,且聚精会神地倾听着毛泽东和几位人士之间的对话,但黄宗英依然在远处,其目光也只是张望而已。

历史的真实也告诉了我们,罗稷南先生不是“电影界”人,与他同桌坐在一起的,也没有黄宗英女士引以为傲的“电影界”人(有多张现场照片为证)。既然黄宗英女士和丈夫赵丹并非与罗稷南先生同桌围坐,又何来在毛泽东与罗稷南先生进行惊天地泣鬼神,导致“我却吓得肚里娃娃儿险些蹦出来”的这个“对话”时,你们却坐在了“主席身边的‘显赫位置’”? 再问,你们又是如何从自己落座的“电影界”人的专桌,挪至毛泽东与罗稷南先生正谈着话的这一桌的?如果不是,又何以会出现你笔下强调的“在‘毛罗对话’后,赵丹和我曾经让开了主席身边的‘显赫位置’”这一说法?

黄宗英女士也许会这么说:呵,那文章里我还有一个“依稀记起”的词哩! ……

“依稀”,可以视作为梦幻,也可以视作为老年人脑海中似是淡忘了的渐远渐去的某种记忆。

当然,黄宗英坐在“主席身边的‘显赫位置’”的说法,在1957年7月7日的那个夜晚,也是客观存在的,但绝非是毛泽东与罗稷南对话(不管这个“对话”内容是些什么)时,而是在毛泽东莅临她和丈夫所围坐的这一张小圆桌时!

笔者在长达14年寻踪、调查和本书撰写过程中,承蒙曾经参与主编《毛泽东与上海民主人士》大型叙事画册(中央文献出版社2004年11月版)的上海市委统战部退休干部殷之俊先生的热情帮助,特别是已故新四军老战士、曾于1960年至1962年担任毛泽东专职摄影师的上海首席红色摄影师徐大刚前辈的全体家人的大力支持和授权发表,从而使得笔者有幸近距离地细细欣赏1957年7月7日晚上海中苏友好大厦咖啡厅座谈会现场摄影师徐大刚先生拍摄的多幅照片。毋庸置疑,照片是历史现场的最好见证物。这些照片,连同黄宗英女士2002年7月撰写《亲聆》一文"前不久",从中国电影资料馆专门翻检出来的她一脸惊喜拥坐在毛泽东身边的那幅满桌电影人近景照片(经核对,同样是为上海的红色摄影师徐大刚先生所拍摄),对《亲聆》一文杜撰出来的许多假象,作了最为客观公正、最具说服力的证词。当然,也是对《亲聆》一文作者所谓"显赫位置""让开"一说的证谬。

我们不妨先来分析一下黄宗英在其《亲聆》一文中的相关文字。这段文字,与她渲染的"合乎情理"的举止之描写,同属一个部分,而且在文章的前面。黄宗英写道:

> 及至我们被领进一间不太大的会场(秋石注:应为中苏友好大厦的咖啡厅),只见一张张小圆桌散散落落,一派随意祥和气氛。我们电影界的人扎堆坐在了迎中门方向的两三张小圆桌边。……我回忆不起毛主席是怎样坐到电影界桌边的……

对此,一些座谈会的参加者,在亲述回忆中作出了明白无误的回答。黄宗英发表《亲聆》一文时仍然健在的陈铭珊先生,曾这样告诉我们:

> ……咖啡厅里是分团桌坐的,毛主席讲话后,还是坐过来同大家交谈。当他坐到我所在的一桌时,有人介绍到我说:"这是陈铭珊。"毛主席说,"噢!上海有个陈铭珊,北京有个陈铭德嘛!"当时反右运动已经开始,北京陈铭德已被划为右派。我听后心中很是吃惊,不知这话是什么意思。毛主席与我们交谈了一会,临离开之前补充了句:"我刚才说北京有个陈铭德,是为了便于记忆。"他这一解释,才使我如释重负。①

同样是"惊",却有着区别。

黄宗英有惊,是先入为主的惊,未卜先知的惊,人为制造的惊,而且是让所

① 见陈晋:《"鲁迅活着'会怎样'?"——罗稷南1957年在上海和毛泽东"秘密对话"质疑》,《百年潮》2002年第9期。

有人都无法考证、探究其一二的惊——她在家中同丈夫赵丹之间的谈话中显露出来的“惊”。黄宗英的这一惊一乍之间，是为了给读者制造紧张气氛，人为地设置一个山雨欲来风满楼的悬念。

陈铭珊先生也有惊，是在与毛泽东幽默式对话后，同前期反右运动中一些人的命运联想被动的惊，但在毛泽东“临离开之前补充了一句”之后，又很快地“如释重负”了，符合当时的场景，十分自然，顺乎情理。

从陈铭珊先生数十年前的回忆文字看，除他因迟到“悄悄地坐在后面”外，其他都是事先作了安排的，黄宗英自己也是“被领进”去的。显然并不存在她所说“让开了主席身边的‘显赫位置’”这回事。如若说坐在毛泽东身边就意味着这是一席“显赫位置”，那岂不是36位各界人士都享受到了“显赫位置”的荣耀，因为毛泽东是一个圆桌一个圆桌地与大家座谈的，而且与每位人士都谈了话。

据了解，咖啡厅内每张小圆桌，仅围坐四五个人，便于毛泽东及陪伴他的上海市委主要负责人柯庆施等落座。因而，从根本上来讲，出席座谈会的大部分人——旁桌的人，是很难听清楚毛泽东说话内容的。在毛泽东和同桌的人谈话问答时，其他桌子的人，也在同样地毫无拘束地议论着，他们都有自己的话题要谈。而且，当毛泽东和这一桌子的人谈完话，起身到另一张桌子去后，这一桌子的人会自然而然地就刚才毛泽东同他们之间的谈话回味、议论上几句，其激动、兴奋之情可想而知。这为其一。其二，需要作一点说明的是，这是一个临时决定、事先并没有任何准备的座谈会。与会36位人士中，没有哪一位事先能够知道毛泽东将在这一天的晚上接见他们（据了解，有个别与会人士还是第一次来到设在上海中苏友好大厦内的这个小咖啡厅），而且，还是和他们比肩而坐，近距离地、拉家常式的对话，自然也就不清楚毛泽东会和他们聊些什么，问些什么。座谈进行中，毛泽东采用的是即兴式的，非常随和而又随意的谈话方式，且因人而异——当毛泽东见到临时应召而来的这些人士时，记性忒好的他一眼就发见了内中有他的“老朋友”，例如著名电影导演应云卫、遗传学家谈家桢等人。据说，就在那一日——1957年7月7日中午就餐时，当毛泽东关切地问起上海的有关情况包括当前正在展开的向纵深发展的反右运动时，上海“父母官”柯庆施向毛泽东汇报说，现在的人们大都人心惶惶，知识分子都不敢说话了。尤其是《人民日报》七月一日发表批判《文汇报》的社论后，人们，特别是生活、工作在上海的人们，更是噤若寒蝉，生怕一个不小心说错话便成了右派。毛泽东听后说道，那好哇！我来说一说，让大家放心。他还叮嘱道，对于任何人的发言，都不打棍子，不扣帽子，一个右派也不抓，……还说，此事宜早不宜迟，开一个座谈会，找那些有一定影响的知识分子来。会上不作记录——事实上，也不可能作什么记录。这是因为，毛泽东是一个桌子一个桌子和大家座谈的。谈话是即兴式的，内容是多领域多样化的：有针对各人工作、生活、课题的；有大家所关心的国内外形势的，自然也就包括当前正在进行的如火如荼的反右斗争和帮助共产党整风的这类热门话题的。会后，毛泽东和上海的领导们兑现了承诺：出席这次座谈会的 36 位各界著名人士，无论其发言内容如何，无论在这之前有没有发表过出格的涉右言论，总之，没有一个人成为右派。及至反右结束，有多人，特别是由于揭发话剧皇帝石挥“猖狂反对伟大领袖毛主席的右派罪行”，建树了特殊贡献的赵丹，还被光荣地批准加入了中国共产党。还有的，因为出席了这一次座谈会，与毛泽东对了话，甚至在这之前已经被上级或单位内定为“右派”的，却因此而绝处逢生，逃过了一劫。

在 1957 年 6 月以后风狂雨骤的反右斗争浪潮中，我们必须正视的一个历史事实，同时也是笔者在长达 14 年对“毛罗对话”的寻踪调查考证后得出的结论：即所有出席上海中苏友好大厦咖啡厅团桌座谈会的人士。无有一人沦为右派，或陷于那种推一推成为敌我矛盾，其命运掌握在当权者手中的“中右”性质的边缘分子。没有一个人沦为右派，不等于说这些人全都夹着尾巴，战战兢兢地游离于反右斗争之外。其实，他们中有不少人也是提过在当权者眼中看似反党反人民反社会主义一类过激的意见。如复旦大学的谈家桢教授，在反右前期，乃至在人民日报发表含有整肃、反击转向的社论《文汇报的资产阶级方向应当批判》之后几天，因积极“帮助党整风”，将矛头直指新中国成立七八年以来教育上全盘照搬苏联模式的弊端，对无法开设遗传学课程和正常开展遗传学研究，以及强行推行违背自然辩证法规律的苏联李森科学派，展开了极其尖锐的批评，以至于被手中握有右派定性的关键人物内定为了右派，只待择日宣布。但因相隔不几天，谈家桢教授被钦点出席了与“老朋友”毛泽东亲切对话的这个 45 年后被人杜撰的风声鹤唳的团桌座谈会，最终得以幸免于难。

自 2003 年 1 月 22 日下午，笔者从居住的江苏昆山小城赴“毛罗对话”的源发地上海进行首轮寻踪考证，至2016年9月19日中午上海市文史研究馆，于相识整20年的老友，副馆长兼《世纪》杂志主编沈飞德先生手中，接过首批五位该馆老馆员系列口述丛书止，在此前14年寻踪考证的漫长过程中，为彻底搞清楚“亲聆者”黄宗英信誓旦旦推出的那个“毛罗对话”的版本，究竟符不符合历史真相，笔者不止一次于源发地上海听到过受访对象时有提及的一个重要情况，即在1957年7月以后划分右派的过程中，上海市曾经下达过一个划分右派标准的内部规定，即凡是在这一年受到毛泽东接见或参加过毛泽东召集的座谈会的人士，如无特别出格的公开“恶攻”语言，“民愤”又不大的，原则上一概不划为右派。类似上述谈家桢先生由于参加了同毛泽东的互动，而从敌我矛盾的泥沼回到人民革命队伍的命运大逆转的例子，在上海大有人在。据上海市文史研究馆馆员、2009年11月在上影厂成立60周年纪念大会上，与张瑞芳、秦怡、王丹凤、仲星火、徐桑楚、黄准、吕其明等7人一同被授予“杰出电影艺术家”的耄耋老人沈寂先生(历史上参加过新四军，冒着生命危险为地下党传递过情报与运送药品；还促成《红色娘子军》《珊瑚岛上的死光》《三毛学生意》等一大批名著改编成电影并火爆上映，以及创作了《双喜临门》等好评如潮电影的著名作家、编剧。沈寂先生已于2016年5月去世，其口述历史于逝世前一二年，由上海文史研究馆委派专人实录。实录内容整理完毕后，又复经沈寂老人过目认可，方才付诸于出版。该书于2015年10月上海书店出版社出版。其口述内容为我们留下了极为珍贵的史料，也为我此前的长达14年对“毛罗对话”的考证，提供了新以史为鉴的依据，从而为本书的最终顺利出版，画上了一个圆满的句号)，在其《沈寂口述历史》一书p.186页，向我们回顾了当年上海市电影局划分右派的荒唐一幕。沈寂先生这样写道：

……不久，局里召开民主党派大会，我也参加的。局领导说，民盟成员打成右派的，有九个人。刚开会时，名单还未宣布，坐在我旁边的林彬问我右派是哪几个人？我说：“你放心，不会有你我的。”因为不久前我还参加《大风浪小故事》的创作。可是名单送到市电影局后，局领导说，不对，应云卫和上官云珠(秋石注：经查证，上官云珠是在1957年7月13日，毛泽东会见上海的专家、教授、科学家、教育家、作家、医生、演员、编辑等各界代表时,受到毛泽东的亲切接见与合影的。另据了解,1961年5月,毛泽东又一次来到上海,上官云珠和王丹凤、白杨、徐玉兰等四位著名演员一起,受到了毛泽东的亲切接见。巧的是,这次接见,也是在中苏友好大厦咖啡厅举行的毛泽东同各界人士会面的团桌座谈会上)不能划成右派。因为,几天前毛主席在上海刚接见过他俩。那么还少两个人怎么办呢?于是就加到杨华和我头上。他们先翻阅了五次座谈会的记录,看到杨华发言说,因为自己不能参加中国共产党,就以加入民盟来代替了,被人说成"以盟代党"。我没有参加座谈会,但他们知道我是"五花社"成员,该社被划为"反党小组",当然可以定罪。就这样,我顶替上官云珠,杨华顶替应云卫当了右派。

由于是莫名其妙的"顶替右派","罪行"比较轻,"民愤"又不大,故而,待遇尤其是政治待遇,与真正的右派大不相同。于是,便有了晚年时分的沈寂以下实话实说的回顾:

这件事我自己并不知道,我是代替别人当了右派,莫名其妙当上"替罪羊",可是有的领导知道内情,所以并不把我当成右派看待。反右运动结束了,我编写的反右影片《此路不通》还公开放映,影片上还署我的名字。还让我参加民兵组织,参加大炼钢铁,参加人民公社,另外还派我到各区去指挥群众创作。当时,长宁区负责宣传工作的是赵丹的前太太,后来为杜宣太太的叶露茜。我去长宁区指导群众创作时,介绍信上写我的名字是"沈寂同志"。反右结束时,局里一位姓迟的干部通知我和杨华,说反右时你们有错误言论,情节很轻,不作处理,照常工作。这正说明我们只是在反右前后犯有右派言行的错误。

不久,支内开始,三个电影厂抽出许多人,到新成立的外地电影厂。杨华到江西,如果真是右派是不会调过去的。此时,江南电影制片厂撤销了,厂长应云卫调到天马厂当了导演。反右之后厂里还组织导演、演员到宝山农村去劳动锻炼一个月,有王丹凤、蒋君超、上官云珠、贺路(上官云珠的丈夫),还有我等一批人。结束时,上面表扬我劳动积极。

不仅如此，相隔七年之后，沈寂先生还是上影厂首批派往郊区崇明县搞“四清”运动的工作队员呢！这，可谓是当年全中国闻所未闻的当权派严重丧失阶级立场，与党唱反调，重用右派坏分子的特大恶性事例呢！

退一万步讲，即使1957年鼎鼎大名的左派加反右英雄赵丹同志真有什么出格的“反党反人民反社会主义”的言行的话，按照当时上海市里那个划分右派的内部规定，可也断断不会被划入右派行列的。这是因为，我们的赵丹同志两次出席了毛泽东亲自主持并唱主角的小范围座谈会。例如，他与钟惦棐联合发表了《电影的锣鼓》的时评文章，钟惦棐受到了猛烈的攻击，可他赵丹没有挨批；又如他与吴茵、石挥、吴永刚等三人在《文汇报》上发表了批评上影厂领导不重视内行要官僚主义的《我们建议……》的文章，吴茵首当其冲成了右派，不久，石挥也被打入了右派行列，吴永刚也抵达了右派的边缘而受到严厉批评，可赵丹依然岿然不动；再如，在话剧皇帝石挥含冤投海自尽三个月后，其肿胀腐烂的尸体刚被确认，赵丹又与瞿白音一起写了一篇火力威猛用词尖刻揭发石挥反党反社会主义反人民反对伟大领袖毛主席罪行，长达5 500字题为《石挥的“滚”的哲学和他的“才能”》的大批判文章，连续两天刊登在改过自新的《文汇报》上。但不久瞿白音也成了右派，而我们的赵丹同志却被光荣批准为伟大、光荣、正确的中国共产党队伍中的一员……

行文至此，笔者还要强调的一点是：为什么36位“亲聆者”中，赵丹、黄宗英这一对演员夫妇能够获此殊荣出席与毛泽东对话的座谈会呢？原因不为别的，而是毛泽东对这对演员夫妇厚爱有加。就在此次座谈会举行几个月前，文化部举办了1949—1955年的优秀电影评奖活动。由于评选过程中出现了对私营企业拍摄的影片不够重视的情形，故而，至评选结果公布，由赵丹、黄宗英加盟、备受观众欢迎的《乌鸦与麻雀》一片，只得了一个二等奖。①恰恰毛泽东和周恩来等也曾观摩过此片，且欣赏有加。在获知《乌鸦与麻雀》仅获二等奖后，他们表达了不满，迅速地进行了干预。而此举最大的受益者，正是影片《乌鸦与麻雀》，以及42岁的影片主角赵丹、32岁的影片配角黄宗英。上述这个

① 上世纪50年代亦即新中国成立初的各类评奖是相当纯洁、公正的，很少存在猫腻和看人下菜碟、抱团搞宗派的坏作风。

逆转，发生在赵丹、黄宗英有幸在上海中苏友好大厦咖啡厅与毛泽东一起座谈聊天的两个月前，即1957年的5月。鉴于“对私营电影评价过低”，文化部负责人通过向新华社记者谈话的方式，向外界正式宣布：“决定补发《乌鸦与麻雀》一等奖。”与此同时，赵丹凭借在该片中饰演的“小广播”肖老板的出色表演，荣获了个人一等奖；而黄宗英则因在影片中扮演国民党小官僚的姘妇余小英一角同获个人一等奖。写到这里，笔者想要提醒黄宗英女士，请再好好地想一想，然后向广大读者说一说当年自己内心的真实感受：毛泽东对你对赵丹厚爱不厚爱？[①]此为一。其二，照片是最为有力的现场见证，更何况这幅照片正是黄宗英女士从中国电影资料馆翻寻出来，并交给《南方周末》公开发表的。其三，在那样的场合，当毛泽东坐到你们这一张小圆桌时，你们会舍得让开这千载难逢的“毛主席身边的‘显赫位置’”吗？即使舍得，这其中还有一个礼貌的问题。甭说作为领袖的毛泽东了，就是一个朋友，来到你们这一桌时，你们好意思走开吗？这是一个起码的待人接物的礼仪啊！其四，就算你们想“成人之美”，有意“让开”，但对你们这对演员夫妇欣赏有加的毛泽东来说，恐怕也不会让

① 关于毛泽东、周恩来干预新中国首届优秀电影评奖活动（也是唯一的一次），鼎力提升民营电影《乌鸦与麻雀》奖级一事，有黄宗英的亲口讲述为证。上世纪80年代至本世纪初，黄宗英女士对为她撰写《雁南飞——黄宗英传》（上海文艺出版社1996年10月出版）和修订本《黄宗英画传——属云的人》（浙江文艺出版社2005年8月出版）的姜金城先生（在相当长一段时间里，姜先生与黄宗英女士为上海文艺出版社同事，其间，姜金城先生对黄宗英女士进行了长时间的跟踪采访，并进行了数十次谈话及印证）回顾了获奖及改奖的全过程。《乌鸦与麻雀》拍摄完毕后，于1950年1月在全国各大城市上映，受到了广大观众的热烈欢迎。

1955年，北京举行了新中国优秀影片的评选。其中，《乌鸦与麻雀》获得二等奖，主创人员也因此获得了一枚铸有工农兵形象浮雕的银质奖章。尽管时光已经流逝了三十多年，但黄宗英依然是那样的记忆清晰，且神往地说道：我们第一次得到中华人民共和国文化部的奖章，欣慰感奋之至。没想到，这件事引起了周总理的注意，他在为大会做报告时，出乎我们意料地说道：“为什么《乌鸦与麻雀》不能获得一等奖呢？为什么不看到国统区的电影工作者是在什么条件下工作的呢？国统区的电影工作者们，在反动派白色恐怖的高压下，拍摄出了揭露蒋家王朝末日的影片，我们认为是应该授予一等奖的。”……周总理说到这里，全场热烈鼓掌，我含着泪花把手都拍红了。我们国家的领导人，我们的党，对我们的劳动给予如此的尊重，欣慰喜悦的泪水怎能不激动地流淌呢。我们的银质奖章被大会收回了，重新授予光彩熠熠的金质奖章（即一等奖——秋石注）。后来，毛主席接见电影工作者时，曾亲切地问我们：“听说，本来不肯给你们一等奖啊？”我们正不知怎样回答，周总理说：“我打了个抱不平，向政治局打了个报告。”毛主席笑着说：“这个抱不平打得好！应该打！”我们的工作，得到了党和领袖的关心和称赞，感到无比的温暖、激动，心里充满了阳光。如今，我们演员，是革命集体中的一员，是共同战斗、呼吸与共的浩浩荡荡的党的文艺队伍的有机组成部分。我们在党和人民热切关怀下，焕发着艺术的青春。

你们离去吧！实际上，也根本不存在“让开”的必要！因为毛泽东在每一张圆桌前都落过座，都与在座的每一个人打过招呼讲过话，只不过话语有多有少、内容因人而异、时间或长或短而已，所谓“让开”之说，恐怕又是一个纯属子虚乌有。

黄宗英可以为了“亲聆”——寄希望的那个“亲聆”内容的需要，坐实最早由周海婴先生凭听说加“情景想象”抛出的那个假如鲁迅活着，毛泽东欲将其抛进大牢的说法(或曰基本内容)，随意制造出一个又一个夺人眼球的焦点、秀点来；也可以凭借“亲聆者”的这个特殊身份，误导不知情的读者们。但是事实蒙不了知情人——并非被黄宗英女士枉判为已“不在人世”的那些参加过1957年7月7日晚在上海中苏友好大厦咖啡厅团桌座谈会的健在者们，也蒙不了内行人——熟悉那一段历史的学者、专家。

而正是由黄宗英自己亲手精心挑选出来的她和赵丹满脸幸福拥坐在毛泽东身边的这张照片，又一次让她的说法陷入矛盾。说到头，没有的事是不能硬说为有的。

黄宗英还在《亲聆》一文中写下了这样的一笔：

> 毛主席对照名单扫视会场，欣喜地发现了罗稷南，罗稷南迎上一步与主席握手，就像久别重逢的老朋友。他俩一个湘音一个滇腔，我听出有“苏区一别”的意思。

无论是陈铭珊先生、别的一些历史现场见证人尤其是著名遗传学家谈家桢先生等人的回忆亲述，还是黄宗英时而这时而那的“说明”文字，无不证明了1957年7月7日晚发生在上海中苏友好大厦咖啡厅内的事实：毛泽东在作完开场白后，是一个小圆桌(或者叫做团桌)一个小圆桌地与各界人士座谈的。比照黄宗英的这段文字，我们不清楚毛泽东是坐在哪一桌上，罗稷南又是从哪一桌上站起来“迎上一步与主席握手”的。一般说来，毛泽东坐在哪一桌，就会同那一桌的人士谈天说地——陈铭珊先生在其回忆中已经向我们解释得很清楚了，又怎么会冒出黄宗英的如此说法呢？抑或是为呼应周海婴先生的那个“秘密对话”？尽管上世纪50年代中期，还不像今天，每个桌子上放上事先打印好的与会者姓名的纸壳牌牌，但毛泽东每到一桌，都会有陪同的人员介绍这一桌每个人的姓名及其身份的。陈铭珊先生就是这样被人介绍同毛泽东认识并交谈的。这是事实，一些当事人的回忆都证实了这一点，与黄宗英的说法迥异。至于“他俩一个湘音一个滇腔”的说法，更是与史实相悖。无疑，这又是一个周海婴说法的翻版。只不过，周海婴自说自话地把罗稷南给框进了毛泽东“湖南老乡聚会”的小范围，同时冠之以“秘密对话”“临终托付”等词眼，着意渲染了一番。而黄宗英基于已经有人批评周海婴说法靠不住，于是便以“亲聆者”身份臆造出“一个湘音一个滇腔”。

就在刊发黄宗英《亲聆》一文的《南方周末》同日同版的左侧，刊登了曾于上世纪90年代向周海婴先生提供“毛罗对话”第一个版本的作者的更正文章《“孤证”提供人的发言》。这位作者是罗稷南先生的学生贺圣谟教授。笔者曾与贺教授有过交往，那是在2003年9月25日由上海鲁迅纪念馆、北京人民文学出版社共同举办的冯雪峰百年诞辰学术研讨会上。次日由上海到浙江义乌冯雪峰故乡的大巴车上，我有幸与贺圣谟先生坐在了一起，一路相谈甚欢。彼此观点的不同，并不影响我们之间的关系，既没有形成对立，也没有产生隔阂。学术讨论也好，史实探究、考证也好，有分歧都是很正常的。就我个人的认识，贺圣谟教授无论为文，还是为人，皆正派实在。有一说一，说一不二，听恩师说就是听说，决不掺杂任何私假水分，而且对造假行为深恶痛绝。

鉴于周海婴的《鲁迅与我七十年》一书出版后，在读者中引发了长时间的争议——因为他是鲁迅先生唯一的儿子，故而谁也不会相信周海婴先生的书中有什么不妥、不实，乃至有造假之处。于是，境内外各路媒体给大大炒作了一番，转载、连载不亦乐乎，一时洛阳纸贵。然而，不久便出现了问题，不同的声音纷至沓来。这里，且不说其书中出现了那么多的史实、史料错讹：人名、地名，红军长征及毛泽东、张闻天、周恩来等领导人进入延安的日期，其父原著日记记载，对冯雪峰的不实指责等……都被其弄了个面目全非；也不说他在二十年前有关宋庆龄重金资助鲁迅丧葬问题上，“亲历亲见”“敬爱的宋妈妈”对他们周家无微不至关怀和巨大金钱投入的亲撰，以及对所谓鲁迅被谋害说的认真表态，二十年后又在其书中不加任何说明地来了个全盘推翻；光就其一时心血来潮海阔天空整合出来的那个特设的《再说几句》章节中，“湖南老乡小聚秘密级”的“毛罗对话”，不少学者一下就考证出了几十处错讹——小至替罗稷南先生更改籍贯和出生地、工作单位、死亡时间，等等，更甚的是将另一位大名鼎鼎的周谷城先生，从正在出席一次重要会议的北京会场，给生拉硬拽地塞进由他一手编织而成的上海一个不知什么场所举行的"秘密对话"中来……由于他在文章中明确点出他的这个说法，系由罗稷南先生的学生转告，于是，外界又有不少人开始寻找起罗稷南先生的这位弟子，以探究周海婴口中冒出来的这个"秘密对话"之一二。

于是，为正视听，贺圣谟教授适时地站了出来。

先说明一下，据了解，贺圣谟先生的这篇题为《"孤证"提供人的发言》的更正文字，发表在与刊登黄宗英《亲聆》一文同日同版的《南方周末》上。这，也许是一个巧合——因为早在一年前的2001年岁末，贺圣谟先生就将此文发给了《南方周末》，以期引起各界人士注意到他的这一实事求是的纠错举措。但不知为什么，该版编辑竟然将其压了一年多。而且，《南方周末》并非是此文的"首发"媒体：距此一年多前的2001年11月2日的《宁波教育报》、11月6日的《宁波晚报》，以及2001年第48期上海的《新民周刊》均予刊载过。在这里，需要指出的是，《南方周末》在刊登时作了一些删节。删节最为严重也颇为关键的一处，亦是原文对周海婴编撰水分颇大表示强烈不满的一处（系贺圣谟教授当面向笔者提及——秋石注），其文字如下：

> 三、我最不能同意的地方是，毛泽东讲话之后。"罗稷南惊出了一身冷汗"。罗稷南的性格，耿直倔强，与在座的人相比，辈分高，资历长。他若会"出冷汗"就不会问这个问题；他敢于问这个问题，他就决不会"出冷汗"。那是一种"情景想像"了。①

---

① 此处贺圣谟教授对罗稷南性格、人格的认知与评析，笔者以为，与罗稷南先生生前的一贯言行举止是相吻合的。据笔者前些年在上海考证调查时，于老前辈口中获知：在1960年上海市作家协会召开的长达49天的马拉松式会员大会上，针对会议决策者提出的反文学中的修正主义，批判乃至全面否定文学作品中的"人道主义"、"人性论"等做法，罗稷南先生不止一次地在会上亮明自己的观点，认为不该对人道主义一概否定。他还语重心长地劝导负有特殊使命到会助阵的华东师范大学毕业班学生戴厚英：不要对人道主义一概否定，不该对自己的导师钱谷融教授实施粗暴的批判。……

另据已故上海市著名文史学者、鲁迅研究专家倪墨炎先生在《翻译家罗稷南》一文中指出，"文革"中，面对同为翻译同行王科一的含冤自杀这一突发事件，尚在"牛棚"中的罗稷南很不以为然。他丝毫也不理会造反派要他们划线表态的一再吼叫，以及由此带来对他上纲上线进一步批斗的严重后果，而是来了一个针锋相对的掰扯："蚂蚁尚且贪生，人为什么要自杀呢？遇到挫折，应该挺住。自杀是弱者的表现。"

这之后，笔者在上海鲁迅纪念馆主办的冯雪峰（2003年9月）、黄源（2006年5月）百年诞辰纪念研讨会上，还有绍兴举行的首届（2005年10月）、二届（2007年9月）鲁迅文化节上，曾不止一次听人提及：对贺圣谟先生的这个更正性说明，周海婴在多个场合表示过强烈的不满。这是因为，贺圣谟先生的更正文字一经公开发表，人们的眼睛顿时亮堂了许多：有关内容究竟是不是涉嫌蓄意造假，谁在造假，读者读后，自可一目了然。

在周海婴《鲁迅与我七十年》一书出版一年后，面对纷纷扬扬争论不休的“毛罗对话”、“秘密对话”说，作为1957年7月7日晚上海中苏友好大厦咖啡厅小圆桌前落座的“亲聆者”黄宗英女士发话了，由于是“亲聆”，她的表态分量自然是非同小可。

黄宗英女士回忆“亲聆”的经过，传神形象，尽管是在时光流逝了四十五年后，伟大领袖和“伟岸挺拔”的大翻译家之间，其举手投足，彼此间用不同的“乡音”对话，竟是如此清晰，栩栩如生。

好一个出神入化的“他俩一个湘音一个滇腔”！

鉴于此前有了周海婴先生在“听说”基础上掺杂有众多水分戏说“毛罗对话”的前车之鉴，黄宗英女士老成持重多了，云：“一个湘音一个滇腔。”

这“滇腔”的说法，等于是黄宗英女士在告诉读者诸君，我在这里追述的，可没有像周海婴那样替罗稷南更改籍贯和乡音呀，在我的笔下，罗稷南可是地地道道的云南人呀！

然而，黄宗英在“逼真”地绘出“一个湘音一个滇腔”人物嗓音素描的时候，和罗稷南几乎没有攀谈过的她，却忘记了一个事实：几十年间，在公众场合下罗稷南说话口音的事实。

感谢《南方周末》的编辑将压了整整一年多的贺圣谟教授的那篇《“孤证”提供人的发言》，恰到好处地刊登在了黄宗英大作的同一日同一个版面上。在该文中，贺圣谟教授这样明白无误地告诉我们：

> 二、……海婴书中说罗……“一口浓重的湖南口音，声音低沉，若不用心不易听懂。……”也不准确。罗老在北大读书六年，以后又在哈尔滨工作过，他的普通话是说得很不错的，声音洪亮，口齿清晰。

看了贺圣谟先生的这个更正,黄宗英在《亲聆》中“一个湘音一个滇腔”的说法是真是假,读者当能自辨。

不仅是曾与罗稷南先生有过较为密切来往的贺圣谟教授如此说,而且,在过去的近 14 年间,笔者数十次前往上海调查考证时,一些熟悉罗稷南先生的前辈,与罗稷南先生有过往来的文化人,也是这样介绍的:在上海,于一些公开场合与人谈话时,罗稷南先生操的是一口通顺流畅的普通话,更不用说是在同久违了的操一口浓重湘音(人所共知!唯此一点,不用加工或伪造)的毛泽东会面交谈的那种正式场合了。

至于黄宗英女士为什么会如此这般向读者描述,笔者认为,一切都是为她的“亲聆”之说服务的。这只能说明,黄宗英女士在向后人追述往事时,不曾想过要遵循历史的本来面目。之所以可以这样说,还在于我们还掌握了同样颇为关键的一个证据,那就是:在 1957 年 7 月 7 日晚的那个特定场合,时为电影演员的黄宗英根本就听不懂“滇腔”为何“腔”何物。

这,又是一个由她自己亲口提供的证据,证明黄宗英文中所云的“滇腔”纯属虚构。请看黄宗英女士对《南方周末》两位取稿人员谈话时的举动(仍见同日同版《南方周末》刊登于《亲聆》一文右侧的《听黄宗英说往事》一文):

> 黄阿姨朗诵功底颇深,通篇稿件的基础部分,她都用普通话来读,碰到她和赵丹对话,她会用上海话读;碰到毛主席讲话,她会用湖南方言读;碰到罗稷南说话,她又尽力模仿云南口音,她说:“云南话我学不像,只是为写闻一多电影剧本去昆明,接触过一些从云南过来的朋友,跟他们学了几句。”她一边朗读文章,还一边给我们作解释。

因为“写闻一多电影剧本”,跟“从云南过来的朋友”“学了几句”,仅此而已!而且,这个“我学不像”的云南话,是在距所谓“毛罗对话”过去了 22 年之后——1979 年,她为赵丹“量身定做”写《闻一多》电影剧本的时候!那么黄宗英于 1957 年 7 月 7 日晚,又是如何能分辨出罗稷南先生从不在公众场合下显露出的“滇腔”的?还有紧随“他俩一个湘音一个滇腔”之后的那个“我听出有‘苏区一别’的意思”……

显然，有关“苏区一别”的说法，又是一股空穴来风。好莱坞式的蒙太奇手法！

很清楚，擅长报告文学笔法的作家黄宗英，在这里犯了一个大忌：行文缺乏前后连贯的缜密。

1957年7月7日晚置身于上海中苏友好大厦咖啡厅内的青年电影演员黄宗英，并不知晓——也可以说是一点儿也不知晓二十多年前罗稷南与毛泽东之间有什么特殊的交往经历。这是因为，在同一篇文章中，于“苏区一别”文字的下一行，黄宗英向读者们不由自主地托出了她是在相隔四十五年之后，才知道的历史上毛泽东与罗稷南之间确实有过这么一段交往的。黄宗英写道(笔者完全相信，以下这段文字才是黄宗英《亲聆》一文中最坦诚也最真实的表白)：

> 还是此番为写此稿查资料时我方得知，罗稷南(原名陈小航)曾任十九路军总指挥蔡廷锴的秘书，在十九路军被调到福建筹建“革命政府”时，他曾被派赴瑞金，与红军将领张云逸签订共同反蒋抗日协定，并向被封锁的苏区供应急需的布匹、食盐、医疗设备和药品，当年毛泽东曾设宴款待过陈小航。罗稷南有这番军旅经历，怪不得我以前总感觉到这位勤于笔耕的翻译家身上有一股军人的英武阳刚之气。

黄宗英的笔，真不愧是一支神来之笔。

2002年7月“此番为写此稿查资料时我方得知”罗稷南与毛泽东于1933年有过交往，可黄宗英女士硬是将这个相隔45年后才查阅到的资料，放到了1957年7月7日“亲聆”场景中那个并没有出现过的“滇腔”之口，云“苏区一别”。

熟悉那段历史的人们知道，罗稷南先生的“军旅经历”，并不单单在福建事变时。早在蒋介石背叛孙中山先生倡导的“联俄，联共，扶助农工”三大革命政策前的北伐时，罗稷南就已经投笔从戎，担任了国民革命军第四军第101师政治部宣传科科长，以后还任过第三军第28师师部秘书等职。上海“一·二八”淞沪抗战前后，他已经是十九路军总指挥、抗日名将蔡廷锴的秘书了。

令读者大跌眼镜的是，黄宗英在查资料时，竟然将罗稷南“1932年5月，在上海抗击日军的十九路军被蒋介石调到福建从事反共内战。1933年11月十九路军将领蔡廷锴、陈铭枢、蒋光鼐联合国民党内李济深等反蒋派，在福州成立反蒋抗日的中华共和国人民革命政府。1934年1月在蒋介石进攻下失败”一说，给荒唐地演变成了“在十九路军被调到福建筹建‘革命政府’……”

蒋介石竟然如此豁达大度：把异己军阀“调到福建”去“筹建”与自己分庭抗礼的政权。这真是民国史上闻所未闻的奇闻！

作为演员、作家，黄宗英充沛的想象力在其《亲聆》一文中发挥得淋漓尽致。在写到“毛罗对话”甫一落地，黄宗英用了“真仿佛巨雷就在眼前炸裂”诸如这般惊恐万分的语句之后，又丝毫不顾会场的真实情景，如此写道：

> 记不清远一点儿的圆桌旁的哪一位站起来又说些什么，也记不清座谈会是怎么继续的，我只偷空儿悄悄问坐在身边不远处的应云卫：“应家伯伯，侬阿听清爽要关勒监牢里?”应云卫对我滑头滑脑笑：“清爽勿清爽，当伊呒介事。”他嘻嘻哈哈跟别桌的老朋友搭讪去了，满堂宾客他仿佛没有不认得的。

在结束这段文字时，黄宗英给她心仪的“应家伯伯”做了一个长长的注脚，强调指出：“直到1979年彻底平反时，电影圈内的人才知道他竟是1935年单线发展的中共秘密党员。”笔者在此不得不再强调一遍：据多位现场见证人的回忆讲述，毛泽东在作完开场白之后，是一个小圆桌一个小圆桌与各界人士座谈的。换言之，大家都是坐着发言及与毛泽东主席平等地对话的。这是因为发言者或紧挨着（如由黄宗英本人向《南方周末》提供的照片中明示的她自己那样），或面对面（如在新华社配发的照片中被她指鹿为马为罗稷南先生而实为漆琪生教授那样）地与毛泽东坐在一起，无须站立起来向全场作演说性的发言。那么，黄宗英又为什么要这么写？是“个案”吗？还是为了烘托“毛罗对话”后所产生的被黄宗英视之为异常惊恐的气氛？

不过，我们还需要探究明白的是，既是气氛如此惊恐，那么，又何来下文的轻松自如和自由散漫？一是“我只有偷空儿悄悄问坐在身边不远处的应云卫……”请问黄宗英女士，怎么个“偷空”法？又怎么个“问”法？“不远处”，不远处是一个什么样的概念？是隔着人？还是隔着桌？显然不是紧挨着坐在一起。那，处在“惊恐万状”中的你，又是怎么向你的“应家伯伯”问的话？倘若真的问话，又如何能“悄悄”呢？你是著名报告文学作家，当年——上世纪60年代初的一篇《小丫扛大旗》，时为初中二年级学生的笔者见证了你的文学功力、文字风采，用字用词造句是分外讲究的，现在又怎么变得如此天马行空不着边际了呢？其二，按照你给“应家伯伯”下的注脚：早在1935年应云卫就是“单线发展的中共秘密党员”了。具有22年秘密党龄的地下党员，按理说，其城府是相当深相当深的。处变不惊，以不变应万变，是任何一位秘密党员必备的心理素质。何况，其时正处在反右的非常气候中，处在有毛泽东和上海市领导人物到场座谈对话的场合中，老革命、老地下共产党人应云卫，居然会无所顾忌地隔着人乃至隔着桌子“对我滑头滑脑笑”和说话？即使你们不把这个会场应有的气氛和纪律当作一回事，那么别人呢？别人又是如何看待你黄宗英满脸惊恐万状地向“不远处”的应云卫随意发问与对话？黄宗英女士如此这般的描述，稍加思索，就足以令人疑窦丛生。其三，“秘密党员”出身的名导演应云卫，在回答完黄宗英隔着人或隔着桌子的问话后，居然还能够旁若无人地“嘻嘻哈哈跟别桌的老朋友搭讪去了”。不仅如此，居然“满堂的宾客他仿佛没有不认识的”。

须知，座谈会不是联谊会、联欢会、团拜会，何况还是领袖毛泽东到场唱主角的团桌小范围座谈会，除电影界人士外，还有科学、教育、文学与工商界的人士呢！且不说敢不敢、能不能随处走动，会场的气氛还是要顾及的吧，会场的纪律总还是要遵守的吧，旁人在对话，也还是要尊重的吧！可在黄宗英的笔下，有着22年秘密党龄的应云卫先生，竟然能够“嘻嘻哈哈”地在会场里随处走动、与人搭讪，竟然能够隔着桌子，也不怕别人“告密”揭发，说些不咸不甜满不在乎且对伟大领袖大为不恭的话？这种气氛显然“和谐”得有点离谱了。而且还是在全国范围都进入反右斗争的非常气候中！

令人深感疑惑的还有，会场里，黄宗英怀着差点蹦出“肚里的娃娃儿”的满腹惊恐，可以再冒风险与隔人或隔桌的“应家伯伯”打问对方的感受，却又为何不与同一圆桌紧挨着坐在一起的丈夫赵丹（秋石注：此时，所谓“毛罗对话”中的两位主角在另一张桌上，有黄宗英自己选定的场景实照为证）攀谈，岂不更好、更“悄悄”、更安全一些？不知黄宗英为何没有这么去做，相反，却来了一个舍近取远，全然不顾旁人的注目与隔人或隔桌的应云卫对话。不仅如此，当天深夜，在夫妇俩步出中苏友好大厦回家的途中，乃至在私密度高之又高的家中，两人也没有谈及"毛罗对话"的话题。直到过去好多天后，作为孕妇妻子的黄宗英，才"又禁不住怯怯地问阿丹"……

作为身兼著名演员与报告文学作家的黄宗英，写文章回忆历史还是蛮有一套的：妙笔生花之余，常常能够挥洒自如地创造出一些能吊起读者胃口的话语和情节来。

在"毛罗对话"这个问题上，黄宗英下的功夫可真是到位的。《亲聆》在渲染之余，屡屡扯到律师扯到法律，以示自己"亲聆"的内容可靠可信。但依笔者之拙见，黄女士不谈法律犹可，而当她庄重地谈起法律，就会令人们，特别是从 20 世纪 80 年代的万花筒世界走过来的一代人，情不自禁地回想起令整个华人世界都沸沸扬扬的一桩官司，这就是已故著名演员周璇遗产案。在辨别了有关黄宗英"我亲聆毛泽东与罗稷南对话"之说法的那么多的疑点之后，再回过头来探究一下周璇遗产案，似乎有着特别的意义。

周璇遗产案的被告，正是黄宗英。作为 1957 年 9 月 22 日去世的周璇临终托孤承担起养母责任的黄宗英，由于没有处理好同养子周伟的关系，由于面对事实仍然一意孤行，最终被养子告上了法庭。事实终归是事实，无论你怎样辩护说：没有这回事，忘记了，或者说是记不清了……可最终法庭经过审理，很快梳理清楚了事实的真相，在确认周伟确系周璇亲生之子的前提下，并在扣除黄宗英给付另一养子周民六年生活费人民币 14 083.99 元之后，判决黄宗英归还养子周伟人民币 72 426.30 元。与此同时，上海市高级人民法院终审法庭还驳回了黄宗英等人的其他上诉要求——"不予支持。"

可见，当事人有时的所作所为也会不牢靠。当事人的"亲聆"与回忆，也会派生出掺假的成分。这样的当事人说的话自然是不可信，到了法庭上，法庭也是不予采信的。现在看来，黄宗英的"亲聆"内容，由于经不起推敲而破绽百出，同样难以令人相信。

于是，便有了底气严重不足的作者与其律师对话中那种对历史对后人极不严肃极不负责任的"正因为当时在场的人大概多已不在人世了……你又不是在法庭上……"之类的轻飘飘说法。

作为黄宗英女士《亲聆》一文的读者，作为在“亲聆”一说上持怀疑态度的笔者，同许多心存诸多纳闷但又异常关心此说的人一样，尤其关注一个至关重要的问题，亦是黄宗英女士在《亲聆》一文中纹丝不曾触及的内容：即当毛泽东来到你们落座的那个圆桌时，毛泽东和你们说了些什么？你们又回答了些什么？提问了些什么？总不会一句话、一个字儿也没有吧！哪怕是简单的互致问候也中。但黄宗英女士却在这个问题上惜墨如金，显得十分吝啬，一字半句都不曾讲述。这跟她好向媒体撰文爆料的作风不相符合。

这个问题是个要害，是和“亲聆”之说大相径庭的要害！所以才会在黄宗英笔下衍生出一个“赵丹和我曾经让开了主席身边的‘显赫位置’”这一根本站不住脚的说法。

笔者此前已经论证过了，其实，在当时的现场，于情于理，都不会出现如此高风亮节、众目睽睽下的举动——有黄宗英自己提供的现场照片为证。

从上世纪 90 年代出版的《雁南飞——黄宗英传》，到 2005 年 8 月出自于同一作者手笔的全新修订、增补本《黄宗英画传——属云的人》，作者于其书后记中介绍道，在增添了 190 多张照片的同时，还增补了不少“新颖”的内容。统览全书后，笔者以为，画传中，颇为引人注目的有三大部分。其一，实录了发生在上世纪 80 年代为整个华人世界热议，长达四年之久的周璇遗产案的全部审理过程；①其二，是黄宗英女士与她的“二哥”、著名作家冯亦代先生之间的黄

① 据姜金城先生在其专为黄宗英量身定制的《黄宗英画传——属云的人》传记一书第 15 章《被告》(浙江文艺出版社 2005 年 8 月出版，见该书 P223～237 页）中，经传主黄宗英本人审核同意，对于法院审理的这起周璇遗产案，作了如下回归历史真实的披露：

先是在 1989 年 9 月 5 日由上海市中级人民法院作出一审判决后，在黄宗英等人提出上诉后，经过长达一年左右时间的调查取证，上海市高级人民法院依法组成合议庭，公开审理这起旷日持久的周璇遗产纠纷案，从而作出了上述终审判决。无论是中院还是高院，均在审理前就已查明：“1952 年 8 月 30 日周璇生周伟时，黄宗英在场”这样一个事实。上海市高级人民法院认为：“原审法院确认周伟是周璇所生之子，有事实依据和合法有效的证明文书佐证；原审法院确认黄宗英的行为侵犯了周伟的财产所有权，应承担由此而产生的民事责任是正确的。”

为什么一审中院、终审高院于判决前要首先确认周伟确系周璇亲生之子一事呢？皆因 1986 年周伟起诉后，其同母异父长兄周民和养母黄宗英对周伟是否系周璇亲生这一事实提出了质疑。抚养周伟长达十余年之久的黄宗英，却一改初衷，在委托律师向法庭提交的应诉状中，首先要求对周伟的身份进行核实。黄宗英认为：

当年，我收养了周民，后来又受组织委托收养周伟，并保管周璇遗款，用以抚养周璇遗孤。在抚养周民和周伟期间，基本上没有动用此款。在他们成年后，因周民一直不承认周伟确是（转下页）

昏热恋；其三，是黄宗英心中的那座西藏高原的小木屋情结。

上述三部分，第三宗，多年来为人们称颂。第二宗，从其多年来不断公开的两人来往信件，人们早已有所了解。而论及第一宗，由于涉及名人官司，又系养子养母对簿公堂，其影响力远比后两宗要大得多。

然而，令读者诧异的是，于2005年8月出版的这部长达315页的画传中，却鲜见发生在1957年，同样涉及黄宗英女士，远比周璇遗产案还要轰动的有关“毛罗对话”的历史事件。不仅如此，这部画传呈跳跃式的，竟然越过了谁也不能忘却的1957年，几乎一个字的描写也没有！

这是怎么一回事？

是遗忘了，还是另有隐衷？

距《黄宗英画传》出版两年零八个月前的2002年的12月，黄宗英写了一篇题为《我亲聆毛泽东与罗稷南对话》的“纪实”，一时间，令海内外媒体为之躁动，成千上万篇为之呼应、评说、论战的各类文章应运而生。乃至该文发表十三四年后的今天，仍有一些精英学者拿此文说事解文，评点江山。试想，如此一段呼风唤雨的历史，怎么可能在专为“纪念中国电影诞生一百周年”之际隆重推出的这部画传中杳无踪影呢？“毛罗对话”如此，还有发生在1957年的特殊岁月里，令黄宗英女士等引以为傲的她的阿丹特邀赴京出席由毛泽东亲自主持召开的中国共产党全国宣传工作会议，毛泽东近距离地与赵丹作互动；赵丹、黄宗英夫妇双双被特邀出席与毛主席拥坐在一起的零距离座谈与对话；作为优秀共产党员和党的积极分子，赵丹、黄宗英夫妇积极投身于反右斗争前列，猛揭痛批身边的“大右派”、“极右派”，以及赵丹在这之后不久被批准加入

（接上页）周璇之子，故无法处理周璇遗款。后为妥善保管才将该款转移至一个安全的地方，主观上没有侵吞的故意，周伟也没有受损害的事实，所以不构成侵权。现周伟要求归还此款，应首先确认周伟是周璇之子，才能将钱款分割归还，但应扣除其领养期间所支出的教养费用及利息。如果周伟不能出示他确实是周璇遗孤之法律证明，也许到某一天，忽然又冒出另一个周璇遗孤来，我将何以作答？……（引自姜金城著《黄宗英画传》第229页）

法庭经过调查取证，不但查明：“1952年8月30日周璇生周伟时，黄宗英在场”这一不可动摇的基本事实，而且还查明：“1957年，黄宗英书面向上海市公证处申请公证称：‘被继承人周贞（即周璇）是继承人周民、周伟的母亲……’”及“1958年11月20日，上海市公证处出具公证证明，确认周民、周伟是周璇的儿子和合法继承人……1959年11月26日，上海市高级人民法院再次公证确认，周璇遗产由其两个儿子周民、周伟继承……”这一毋庸置疑的根本事实。

中国共产党等诸多事情，同样一件也不见踪影。

上述这一切，在这部《画传》中竟无一个字的介绍，令人们在迷惘、遗憾之余，不禁要问：这，究竟是怎么一回事？

整部《画传》，有关1957年的历史，仅仅剩下了一张传主本人一脸欣喜地与夫君赵丹一道拥坐在伟大领袖毛主席身边的照片。

从《亲聆》一文的见报，到《黄宗英画传——属云的人》一书的出版，前后不过近三年的时间，但有关1957年的“毛罗对话”的那段历史，《画传》中给隐去了。抹去1957年发生的一切，意味着什么呢？

难不成，那个曾经在普天下人面前一再信誓旦旦宣告的“我亲聆”的内容，有着严重的讹误？

抑或，《亲聆》中透露的所谓“毛罗对话”，在失却市场青睐的同时，遭到了知情者，特别是被其无端宣判为“多已去世”，而今又“活”了过来的多位历史现场亲历者的质疑？

《黄宗英画传》在论及传主丈夫赵丹先生“文革”中遭专政机关囚禁一事时，引述（重复）了三四十年前坊间流传的一些说法，即江青与赵丹之间在上世纪30年代旧上海有染之类（见该书第113页及第115页）的所谓“绯闻”。既然，诸如此类极易越传越糊涂、越传越离奇，而且源自于小市民口中的说法，《画传》都毫不加避讳地引述了，驳斥了，那么，于两年多前引发全国上下一片热议的《我亲聆毛泽东与罗稷南对话》，为什么就不让其在书中占有一席之地呢？哪怕是一个篇名、一个说明也中。

也许有人会说，涉及伟人言行的记述，是要报审的，但同样是在这部《画传》中，却有不少涉及毛泽东、周恩来等中共中央和新中国领导人的言谈举止，例如毛泽东为赵丹、黄宗英他们参演的民营电影《乌鸦与麻雀》公开鸣不平；毛泽东、周恩来联手干预电影评奖，将《乌鸦与麻雀》一片由原评奖级二等（银质）擢提为一等（金质）；周恩来总理在表彰奖励大会上的讲话与说明，还有随后毛泽东在接见获奖电影工作者时的讲话，等等（见该书第53—54页）。

更有甚者，《画传》中自第65页至第70页，用了7 000字的篇幅，评述了丝毫也不亚于所谓“毛罗对话”内容社会效果的电影《武训传》的批判风波。其中，多处引用了毛泽东的批判言词，以及赵丹（波及其妻黄宗英）、孙瑜等人的极度不理解与异常惊恐的心理:“啊,多么惊心动魄的抨击,多么令人胆寒的结论。黄宗英和赵丹读了《人民日报》社论,完全惊愕了。仿佛是在晴朗的天空下,突然遭到了暴风雨的袭击,变得蒙头转向了。”(该书第66页)

显然,在《画传》中,让写什么,不让写什么,黄宗英女士是很清醒的。她虽然没有告诉读者,但读者作这样的推测想来也不会大错,那就是:批判《武训传》等内容是因为传主本人心中没有什么可惧的——是历史的真实存在。而由她提供的所谓“毛罗对话”的内容,却经受不起历史的考验,因为它是虚假的。这大概才是所谓“毛罗对话”——两年零八个月前轰轰烈烈登场至今余震仍在,却不予放入《画传》的原因所在。

而有关1957年那些与传主及其丈夫息息相关的历史事件,之所以不予放入这部《画传》,恐怕还有另外的彰显其重要也是令传主本人尴尬的因素,在牢牢地钳制着她,使其不能也无法再随心所欲地说什么了。否则的话,那些健在而又正直的历史见证人们就要站出来说话了。

真的假不了,假的真不了!

在《亲聆》一文中,黄宗英只字不提赵丹与她同毛泽东之间的交谈内容,哪怕是一个简单的问候。而且,令人深感诧异的是,毛泽东与罗稷南之间的对话,在她的笔下,似乎成了只有一个简短的问候,一个关乎“鲁迅假如活着”的话题了。事实究竟如何,在其笔下,既没有“且听下回分解”之类的托辞,也没有我们不可得知的当事人“烂在肚里”的事儿。在此,笔者向《文汇读书周报》的编辑们深深道上一个谢:在刊发黄宗英《我亲聆毛泽东与罗稷南对话》一文时,没有采用黄宗英于提供的照片下方撰写的所谓“毛主席……与上海文艺界人士座谈”(见2002年12月5日《南方周末》C22版)的照片说明,而是原封不动采用当年《光明日报》所刊原图片之说明文字:“毛主席……接见了上海科学、教育、文学、艺术和工商界的代表人士。”黄宗英之所以将其照片说明限定在“上海文艺界人士”这般狭窄的范围,是因为有关鲁迅的话题,对于科学、教育、工商界代表人士来说,是很难有多大兴趣的,尤其是在难得与毛泽东面对面座谈的场合中。他们更不会提出死去21年的鲁迅是否还能活过来,而“假如活着”,又是否会和新的执政党及其领袖分庭抗礼等话题的。

于《南方周末》首发的前一周,亦即2002年的11月29日,头版标注有“黄宗英授权本报与《炎黄春秋》同步首发”预告字样的《文汇读书周报》，于该日第十六版推出了著名文史学家和鲁迅研究专家倪墨炎先生撰写的《翻译家罗稷南》一文。倪先生行文严谨，考证精细，故而向我们提供的史料也比较真实、可信。据其在文中介绍，他在撰写《翻译家罗稷南》一文时，还特地向那些熟悉罗稷南并有过来往的文艺界、出版界、翻译界的多位人士了解过有关罗稷南先生的一些情况。倪先生在文中这样告诉我们：“据说 1957 年毛泽东与罗稷南见面时，毛泽东就为他翻译出版这部传记（指德国共产党创建人之一的弗·梅林所著的《马克思传》全译本。罗稷南先生的这个译本，也是《马克思传》在中国的第一个全译本，上海骆驼书店 1945、1946 年出版——秋石注）表示感谢。”

读毕倪墨炎先生的《翻译家罗稷南》一文，回过头来，再来拜读黄宗英女士的《我亲聆毛泽东与罗稷南对话》，不由得让人又生出一个疑问来：既然这不是一个仅限“假如活着的鲁迅”的话题的“毛罗对话”，其内容也自然还有一些其他方面，此为一。其二，毛罗晤面相谈，又系相隔二十多年后的老朋友重逢，处在这样一个其乐融融极具亲和力的场合中（见 1957 年 7 月 12 日《文汇报》第 2、3 版所刊包括黄宗英、罗稷南等人在内的 7 月 7 日晚座谈会亲历者回忆畅谈文字），说到“假如活着的鲁迅”的话题，毛泽东会“异常激动”得一下子拔高说话的声浪，有这个必要吗？甭说毛泽东这样的领袖了，就是作为一个普通人士也不会这样做的呀！那么，又何以只有黄宗英“亲聆”中的独一个“假如鲁迅活着”的话题呢？有其他对话内容与之相映生辉，岂不更佳？遗憾的是，黄宗英女士向我们刻意隐去了“毛罗对话”中的其他内容，如同她刻意隐瞒（而且是只字不提！）毛泽东莅临她和赵丹所坐的圆桌时，与她、与赵丹相谈甚欢的内容，尤其是对他们嘘寒问暖、关怀备至的那些话语！

偏信则暗，兼听则明。感谢《文汇读书周报》的编辑们在刊发黄宗英女士这篇文章的同时，也刊登了倪墨炎先生经长年多方考证撰写而成的文章，从而为我们进一步明辨是非真伪提供了有力可信的佐证。

说一千，道一万，黄宗英再怎么绕，也绕不开这些事实：即毛泽东对他们夫妇可以说是关怀备至的。在 1957 年的春夏之际，正是由于毛泽东等领导人的干预，先是让《乌鸦与麻雀》奖级提升，赵丹、黄宗英双双荣获个人一等奖；接着，在36位有幸与毛泽东握手并座谈的上海名流中，作为全场两对夫妇中的一对（另一对是郑君里、黄晨夫妇），得以双双出席这个于非常时期召开的座谈会——出席这个得以与毛泽东平等对话的座谈会，这就无疑有了一个坚硬如铁的保护壳：直到反右最终结束，36位“亲聆者”无一成为右派！试想，当毛泽东主席来到他们就座的圆桌时，能对他们视而不见吗？能不和他们亲切握手吗？能不对他们暖人心肠地问候上几句吗：从《乌鸦与麻雀》中的出色表演，到影片拍摄结束后两人收获新的一份爱情、组建起新的家庭，到日常生活……这也是人之常情嘛！可黄宗英女士却对此缄口默语，坚不吐露一个字。要知道，你和赵丹先生与毛泽东之间的对话，远比你们坐在毛泽东罗稷南的大后方听那个“假如鲁迅活着”的对话要清晰真切得多，应当不会跑调走样了！

问题的要害，在于一旦将毛泽东对他们夫妇俩的关怀与勉励的对话内容公诸天下，那么，由她在《亲聆》文中营造的那种恐怖惊悚气氛，即刻就会在读者眼中烟消云散！

行文至此，相信广大读者心中所想的，就是急于弄明白两个问题：第一，当毛泽东依次来到赵丹、黄宗英夫妇落座的这张圆桌时，究竟讲了些什么？包括同这对明星夫妇的对话内容。当时的气氛是人人自危的恐怖呢？还是“一派随意祥和气氛”（有关这个“一派随意祥和气氛”八个字的表述，是黄宗英女士发表于广州《南方周末》上《我亲聆毛泽东与罗稷南对话》一文之第九小节用语。而刊登在次日上海《文汇读书周报》上同一标题的文章，则为其中第七小节用语。附带在这里向读者们作一个说明：两报所刊同一文的结构有所不同。文字及字数也有所不同——相对《南方周末》所刊，《文汇读书周报》字数大约要少二百余字。其他，如语句、标点符号的使用，以及加了引号的人物对话内容等，如前述黄宗英女士同她“信得过”的那位律师之间表态、斟酌，等等，总共有七八十处不尽相同——秋石注）？第二，在与毛泽东当面座谈回到家中，及至这以后的数日内，赵丹、黄宗英夫妇之间，进行了哪些对话？是真的如同相隔四十五年后黄宗英回忆中反复提及的那般惊吓得连“肚里的娃娃儿险些蹦出来”呢？还是真实地沉浸在前所未有的巨大幸福中——伟大领袖毛主席对她、对她的阿丹施之以无微不至的关怀与厚爱的幸福之中，并且从内心深处将此化为前进的动力，积极、全身心地投入到本单位揭发、批判他人“右派言行”的斗争中去?!

对此，另一位与黄宗英有过多次深入长谈的记者型作家，向我们提供了由当事人向他讲述的那一段真实历史。

这位记者型作家名叫倪振良。据其简历介绍，他“先后在国家教委《人民教育》社、中国《民主与法制》社、香港《大公报》社、《中国老年报》社、香港《文汇报》社等供职。”曾于1985年出版了《赵丹传》，2008年1月，又在团结出版社出版了32万字的修订本《赵丹传》。其在《后记》中这样写道：“……在蛇口荔园，在京中宾馆、在我家斗室，宗英先后与我倾谈了5次，向我提供了大量珍贵素材。”

倪振良先生是在上世纪80年代初始考虑撰写这部传记作品并着手收集资料的。其时，赵丹先生已于一年前逝世。因此，我们有理由相信，以下引用的文字，特别是有关1957年7月7日晚上在上海中苏友好大厦咖啡厅毛泽东的讲话，以及在家中黄宗英同赵丹之间的对话、亲热嬉戏的话语与相关动作，均出自于黄宗英本人的亲口讲述，更是出自她内心肺腑还原历史现场的真实表述。

在2008年团结版《赵丹传》第四十五章中，有这样的叙述：

> 赵丹还十分清楚地记得，就在《海魂》摄制期间，毛泽东主席来到了上海。
>
> 赵丹与黄宗英应邀前往中苏友好大厦，和上海科教、文艺、工商界知名人士一起，接受毛主席的接见。那是1957年7月7日，正值全党“组织力量反击右派分子的猖狂进攻”，《人民日报》发表了社论《文汇报的资产阶级方向应当批判》之际。
>
> 毛主席来到了电影工作者代表中间，紧挨赵丹、黄宗英坐了下来，旁边有沈浮、黄晨、郑君里、应云卫等。毛主席和大家亲切交谈。他说：我相信，我们中国人多数是好人，我们中华民族是好民族。我希望造成这么一种局面，就是又集中统一，又生动活泼；就是又有集中，又有民主，又有纪律，又有自由，应当提倡讲话，应当是生动活泼的。凡是

善意提出批评意见的,言者无畏,不管你怎么尖锐,怎么痛骂一顿,没有罪,不受整,不给你小鞋穿。小鞋子那个东西穿了不舒服……

说得大家都笑了。

毛主席又说,学校教育,文学艺术,都属于意识形态领域,都是上层建筑,都是有阶级性。为了建设社会主义,工人阶级必须有自己的技术干部的队伍,必须有自己的教授、教员、科学家、新闻记者、文学家、艺术家和马克思主义理论家的队伍。这是一个宏大的队伍,人少了是不成的。愿同志们都加入这个队伍!……

听了毛主席的这一番话,赵丹的心情难于平静。近期来,赵丹一直在摄影棚里奔忙,很少关心政治斗争。他只知道继章伯钧、罗隆基、章乃器后,上海的不少知名人士也被点名批判,成了"向党进攻"的右派,连与赵丹合作过的,担任上海剧影协会妇委会主任的吴茵,也成了"反党干将",后被划为右派分子;还有与内兄黄宗江合写《海魂》的沈默君,也是如此……赵丹是党外人士,对党的整风等事,本来就不闻不问,现在更噤若寒蝉了。不想,毛主席接见了他们,请大家提批评意见,还说是言者无罪,不给穿小鞋。足见毛主席对赵丹及周围的同志们还是信任的(文中着重点为引者所加)。

自从1945年在重庆,赵丹第一次与毛主席相见相识至今已过去12年了。10余年来,国际国内形势发生了翻天覆地的变化,不少当年的同仁已做了行政领导,赵丹却还是一个演员,执著地在艺海中沉浮、探求。他不会当官,也不愿当官,只想做一个正直的,有所建树的艺术家。可是,人民还是给了他不少荣誉。他被选为全国人民代表大会代表,中国电影家协会和中国戏剧家协会常务理事,中国影协上海分会副主席等。对这一切,赵丹却并不在意,他孜孜以求的是尽可能多创造一些典型的银幕形象,流传于世。

……

时值盛夏,天气异常闷热,黄昏时分,树上的蝉仍然热得知知直叫。赵丹刚洗过浴,身上又汗沁沁的了。他摇着扇子,走到阳台上,见院子里、马路上,到处是赤身露臂的纳凉的男女。他家的书房里却还亮着灯，宗英正孤灯独掌，伏案走笔呢。

赵丹心里感到美滋滋的。这些年来，宗英进步还真快。1950 年她去波兰参加世界和平代表大会后，又参加了第二次全国青年代表大会。随后，连续出版了《和平列车向前进》、《爱的故事》、《一个女孩子》等三本散文集。1953 年年底至 1954 年年初，她的第一个产假期间，还创作了个电影剧本《在平凡的岗位上》(拍摄时定名为《在祖国需要的岗位上》)。紧接着，她参加了中央电影创作讲习班，同学有李准、白桦等。宗英已在文学家的行列中奋进了。与此同时，她还主演了故事片《为孩子们祝福》、《家》等。去年(此处指 1956 年——秋石注)，宗英又加入了中国共产党。妻子宗英，堪称是女中的强者，这全仗着她的聪明与勤奋。不过，赵丹实在怕她累着了，宗英怀的第二个孩子分娩在即，一旦累出个什么毛病来，可怎么得了。

赵丹摇着扇子，从阳台走到屋里进了书房，说：“宗英，这么热的天，你还闷在房里写什么呢?”

即将分娩的宗英一面直着身子在那里写，一面说：“今儿毛主席说，日后要转入和风细雨的党内整风呢，我写点断想。”

赵丹一听，想到自己还不是个党员，心里不是滋味，就说：“宗英，你可算加入了工人阶级的文学家、艺术家队伍了，可我呢，还是个李鼎铭(党外人士)先生。”

“那也一样可以做革命的文学家、艺术家。鲁迅先生不就是党外布尔什维克吗?”

“我也一直这样想来着，不过，大伙都入了党，就我在党外，总不是个事吧。”

“那你就努力呗!”

赵丹笑道：“请夫人多多关照。”

宗英抽手打了他一下。正在这当儿，一个身材丰腴的女子悄然从敞开着的房门走了进来，恰见阿丹与宗英打打闹闹，扑哧一声笑道：“唷，还真热乎。”

赵丹与宗英被这冷不防的来人吓了一跳，定神瞧，她穿深色绣花旗袍，一头乌发披散在脑后，正冲着他俩在甜甜地笑，"周璇，璇子！"赵丹与宗英喜出望外，一齐喊出来。

读着《赵丹传》中上述传神的描写，比对一下笔者此前多年来进行的大量细致调查考证的结果，笔者以为，上述描写基本上是可信的。其中，有两处显得弥足珍贵。而正是这两处弥足珍贵的叙述，从根本上帮助我们澄清了时隔45年后由同一当事人黄宗英所撰写的《亲聆》一文中刻意回避的两个问题。一个是当毛泽东莅临赵丹、黄宗英夫妇这一桌时，所进行的语重心长的谈话内容。另一个，则是夫妇俩在家中体味毛泽东谈话后感恩戴德、相互勉励的对话与场景。从中，读者看到的是新婚燕尔般年轻夫妻之间的亲昵举止，轻松、欢快、和谐，沉浸在巨大的幸福之中。再有，"卟哧一声笑道"，身"穿深色绣花旗袍，一头乌发披散在脑后，正冲着他俩甜甜地笑"的金嗓子周璇，冷不丁加盟于亲昵笑闹的恩爱夫妻中间……若非当事人黄宗英的亲口描绘，作为《赵丹传》一书作者的倪振良先生，再怎么调集起大脑神经中枢的全部细胞，再怎么妙笔生花，也是断断写不出这等栩栩如生，细腻有加的非凡温馨场景的。何况，倪振良先生从来不曾与金嗓子周璇会过面，也无从知晓赵丹黄宗英夫妇与周璇做过同一层楼房的邻居。这里丝毫看不出女主人有什么惊恐，以及有可能导致肚里娃娃儿流产的焦虑心境。那么，又何以有其《亲聆》一文中因听了毛泽东将鲁迅"关在牢里"的话"惊动了胎气"而请了"三四天"保胎假这一说呢？又何来作为妻子的她"禁不住怯怯地问阿丹：'没听到批判罗（稷南）老的提问吗？'"以及"阿丹神色严厉地瞪了我一眼：'侬笨伐？格事体摊出来啥影响？'"的粗暴训斥呢？！

读着《赵丹传》中有关黄宗英赵丹夫妇俩，在自己家中这个极为私密环境中的言行举止的传神描写，令人不禁想起流传了两千来年我们老祖宗的一个成语，叫做：以己之矛，攻己之盾！

下面，我们不妨再来回味一下刊登在2002年12月5日《南方周末》C22版，黄宗英亲笔撰写的《我亲聆毛泽东与罗稷南对话》这篇宏文右侧，由该报两位取稿人员方进玉、齐简撰写的《听黄宗英说往事》中的一段实录：

1957年，我只有7月7日这一天见到了毛主席[1]，可是，在反右斗争如火如荼展开的时候，报纸上把我们笑逐颜开簇拥着毛主席、有说有笑的照片刊登在那里，旁边配发的却是反右社论和文章，我当时就有不同看法：文艺界的多数人对反右斗争并不理解，我们的内心深处，其实没有照片上的那种好心情。

唉，黄宗英前辈啊黄宗英，比对您说这番话的20年前，您同为您的逝去不多久的丈夫阿丹作传的倪振亮先生深情回忆讲述的那一切：在1957年7月7日与毛主席比肩座谈的次日夜间的家中，在没有人给您提示或安排的情况下，您冒着江南三伏酷暑天特有的闷热，挥汗如雨赶写接受毛主席接见的“断想”，更有您勉励您的丈夫阿丹赶快加入中国共产党的“那你就努力吧！”的深情嘱托与殷殷期盼，让吾等后辈，也让所有拜读您相隔20年后对《南方周末》两位取稿编辑所说的这番话的广大读者，又该作何判断，作何“断想”呢？在您的两个不同“亲述”面

---

① 确实，1957年后，黄宗英女士仍有过同毛泽东主席近距离的交往机会。据稼耘在其《中秋月圆夜》一文（见1993年中共党史出版社出版的《毛泽东在上海》一书第228—229页）中这样回忆道：

1958年9月，正是秋高气爽的时节。27日那天上午，市委宣传部石西民部长忽然把我找去，要我立即开列一个文艺界名演员的名单，要通知他们当晚去锦江饭店对面的文化俱乐部集中。

……

时钟正指着（晚）十二点，突然幽暗的舞厅亮堂起来，一个高大魁梧而又熟悉的身影出现在我们面前，大家被这突如其来的喜悦惊呆了，在屏息呼吸的一刹那寂静后，闪电般地爆发出一阵欢跃声：“啊，毛主席！”

陪同者请毛主席在第一号茶座就坐，此时音乐已徐徐奏起，毛主席站起来，向文艺工作者致意，并邀请跳舞，第一个被邀请的是上海人民沪剧团的副团长陈荣兰，陈荣兰格外地高兴，谦虚的朗朗笑着，随即把身边的沪剧著名演员丁是娥介绍给主席，两人谦让了一番，毛主席就邀请丁是娥走进舞池。丁是娥怀着尊敬的幸福的神情，小心翼翼地随着主席，亦步亦趋地跨开舞步，生怕踩着主席的脚，显得不那么自在。

……

还有谁陪伴主席跳舞，已记不清了。印象最深的是电影演员黄宗英陪伴主席又跳舞又交谈，黄宗英合着主席的脚步轻快起舞，转了一圈又一圈，跳得潇洒自如，谈得也饶有兴味，遗憾的是我看得见，却听不见。

时钟已指向凌晨一点，整整一个钟头过去了，当主持者宣布主席还要到正在挑灯夜战的上钢一厂去视察，舞会到此结束时，大家很不过瘾，恋恋不舍，当主席步向出口处时，场内的许多文艺工作者一哄而上，争相和老人家握手道别。

归途中，夜深人静，我仍沉醉在刚才舞会的情景之中，抬头只见圆月凌空，分外皎洁，分外晶莹，此时此刻才恍然，啊！今天是中秋节！

前,不知所措的我,真不知道您说的哪一番话,才是历史上真实发生过的?

在同一篇《听黄宗英说往事》的实录文章中,方进玉、齐简二位由《南方周末》派出的取稿编辑,还专门向我们提供了这样的一段实录文字:

> 黄阿姨还强调说:
>
> ——1950年代的演艺界,对领袖接见并不感觉十分突然,知道毛主席要来,也不会挤到门口去夹道欢迎。尊敬(毛主席)是肯定的,但还没有出现1966年那样的崇拜,得知毛主席要来看望大家,大家在高兴的同时,又觉得是一件平常事。

黄宗英前辈,真的如您言之凿凿所说的历史上存在过"1950年代的演艺界……知道毛主席要来,也不会挤到门口去夹道欢迎"的这种心态与状况吗?

笔者无意,也不需要拿"1950年代"同一时期发生的人民群众对毛泽东同志热烈拥戴的众多场景实录(据笔者了解,在徐大刚前辈珍藏的1950年代毛泽东在上海视察、座谈时拍摄下的成千上万张历史照片中,就有数百个上海各界群众夹道欢迎并争先恐后与毛泽东握手的珍贵历史瞬间),来和您在新世纪伊始高调张扬的说法作些什么比对,从而辨出个子午卯酉来。因为,那样的场景实在太多太多了!从那个古稀年龄的新疆维吾尔族翻身农民老汉库尔班大叔要骑着毛驴上北京去见毛主席(最终反映到中央,这位维吾尔族老汉由新疆自治区政府派专人坐火车送到北京,并被安排到中南海与毛泽东亲切会面。那张老汉满脸喜气洋溢,饱含真情,仰面凝望,双手紧握毛泽东手的照片,为那个时期的亿万群众所瞩目,并成为1950年代全国各族人民群众对伟大领袖毛泽东主席无比拥戴的象征)的照片,到上海市的那些德高望重的各界前辈与毛泽东会面的热烈场景——有《毛泽东在上海》一书中的大量感人回忆与叙述为证。甭说毛泽东了,就连周恩来总理1950年代来到上海,不也屡屡出现与会人士自觉的夹道欢迎,争先恐后地与之热烈握手的场面吗?!

下面,我们不妨来个以史为鉴,共同观摩一下一个真实的历史现场。

依然是上海市首席红色摄影师徐大刚前辈为我们精心保存下来的一个历史瞬间:这张珍贵的照片,据徐大刚前辈生前亲笔标注,拍摄于1957年7月的一个夜晚，也许就是7月7日夜晚中苏友好大厦咖啡厅团桌座谈会举行前的那一刻实景。同本书正文前页提供的由同一个徐大刚前辈拍摄的4幅团桌座谈照片一样，照片上，两旁夹道欢迎的人群中，绝大多数与会者身着炎夏天气中的白色短袖夏装，还有毛泽东手中或握着或高举在半空中的同一柄黑色骨柄的折扇……

徐大刚前辈为这帧珍贵照片亲笔标注的说明文字是：

毛主席受到与会同志们的热烈欢迎（1957年7月）。

在见到这帧称得上是真实历史现场，而且是您黄宗英前辈亲历过的，堪称“夹道欢迎”的照片后，笔者不禁要向您黄宗英前辈请教一个问题，一个至为关键的问题：您究竟哪个时间段所说的话，才是您的内心的真实表达呢？

论述至此，笔者愿意与您黄宗英前辈重温一遍：您自己在1957年写下的有关您和您的丈夫阿丹，在接受新中国第一届优秀影片评选时经毛泽东、周恩来两位伟人插手干预后，破格授予你们一等金质奖章感受亲笔写下的一段文字。而正是您黄宗英前辈早年留存下来的这些文字,再好不过地证明了您黄宗英前辈当年对伟大领袖毛主席的真实感情:无比感恩戴德:

> 我们第一次得到中华人民共和国文化部的奖章,欣慰感奋之至。没想到,这件事引起了周总理的注意,他在为大会做报告时,出乎我们意料地说道:"为什么《乌鸦与麻雀》不能获得一等奖呢?为什么不看到国统区的电影工作者是在什么条件下工作的呢?国统区的电影工作者们,在反动派白色恐怖的高压下,拍摄出了揭露蒋家王朝末日的影片,我们认为是应该授予一等奖的。"……周总理说到这里,全场热烈鼓掌,我含着泪花把手都拍红了。我们国家的领导人,我们的党,对我们的劳动给予如此的尊重,欣慰喜悦的泪水怎能不激动地流淌呢。我们的银质奖章被大会收回了,重新授予光彩熠熠的金质奖章(即一等奖——秋石注)。后来,毛主席接见电影工作者时,曾亲切地问我们:"听说,本来不肯给你们一等奖啊?"我们正不知怎样回答,周总理说:"我打了个抱不平,向政治局打了个报告。"毛主席笑着说:"这个抱不平打得好!应该打!"我们的工作,得到了党和领袖的关心和称赞,感到无比的温暖、激动,心里充满了阳光。如今,我们演员,是革命集体中的一员,是共同战斗、呼吸与共的浩浩荡荡的党的文艺队伍的有机组成部分。我们在党和人民热切关怀下,焕发着艺术的青春。

在《亲聆》一文中,作者写有一段令读者读后回味无穷的话:"作为经历过旧社会的演员,我曾在黑暗中憧憬、追索、企盼、等待,并一厢情愿就全心全意跟定了共产党,哪怕肝脑涂地也在所不惜。"确确实实,自人民解放军进入上海那一日起,至上世纪八九十年代,黄宗英就是这么认识并这么加以付之实践的。她于1956年加入中国共产党,虽说在次年——1957年经历了"雨声暴雷向我袭来,光的闪裂,雷的撞击。一切似乎被吞噬了"的反右斗争,然而黄宗英不改初衷,坚定地跟着党一往无前!上世纪60年代初,她全然不顾家中幼儿,一次次深入燕赵大地采访,并和人民公社社员同吃同住同劳动,用自己那颗火热的心,用手中那支真诚的笔,写出了反映邢燕子、侯隽等一系列建设社会主义新农村的知青典型。及至进入80年代,六旬左右的黄宗英,为响应党的号召,风尘仆仆地奔走于秦岭山脉和世界屋脊，写出了新时期科学家们为我国现代化事业无私奉献的《大雁情》、《小木屋》等一系列脍炙人口的优秀作品，受到了广大读者的好评。尤是在缺氧少医的西藏高原，她全然不顾自己年事已高及严重的心血管疾病，一次次奔走于雪域高原的崇山峻岭，艰苦跋涉于科考第一线。

下面，请读者们阅读一下黄宗英在20世纪80年代亲笔写下的感人至深的两封信。

第一封，写于1982年10月3日，内容如下。

上海文艺出版社党委①：

此行多艰险，万一发生意外，作为共产党员，是无憾的。一个党员作家，首先要有热情把自己献给美好的、有希望的、有利于人民和祖国的事业。

作为母亲和妻子，有几件家务事，请求组织照顾，并协助安排：

……

黄宗英匆匆含笑留言

1982.10.3 拉萨②

第二封，在半年后的北京，写于其创作的报告文学《小木屋》颁奖之际。信，是写给上海市电影局领导的：

强迫你们当我的《小木屋》的第一批读者……

我祈祷我的《小木屋》能感动你们：……我还有写纪录片解说词的履历——党的培养也。

……

宗英 1983.3.18③

---

① 其时的黄宗英，编制在上海文艺出版社，且临近退休之年。

② 见姜金城：《黄宗英画传》，第150页。

③ 见姜金城：《黄宗英画传》，第156页。

上述两封信,写于距1957年所谓“毛罗对话”发生25年后。这两封信,无一不显现出黄宗英作为一名优秀共产党员和祖国优秀儿女特具的赤诚情怀。然而,我们难以理解的是,在又过去了20年后的新世纪初,在同一作者笔下,又何以会滋生出“天地幽纷,忽明忽暗,疾电炸雷,交错撼震”的那种惊恐场景与其阴暗的心理呢?!

此外,需要在这里作一个说明。

为什么2005年8月浙江版《黄宗英画传——属云的人》,跳跃式地越过了风云突变的1957年历史,而且连一个字的记述也没有,更甭说那个“毛罗对话”了,其真实原因在于这本书是写她黄宗英本人的。由于底气不足,更可能是由于质疑的声音纷至沓来——尤其是那些健在者的不满情绪,使她愧对于人。于是,便来了一个能避则避,一舍了之。故而,对于相隔九年后出修订版的黄宗英传记,显然,处于同城的作者是与黄宗英本人仔细商量过的——这可以从其《后记》中窥出一二。对1957年的历史尤其是石破天惊的那个“毛罗对话”,传主本人采取了忍痛割爱的态度——大概是基于上述原因。

而2008年1月团结版的《赵丹传》则另当别论了。作者与黄宗英会面恳谈的时间是在上世纪80年代初。从其后记看,所作的文字——即书中涉及的重要的人和事,其出处也均出自于那时恳谈的原始记录,况且还有录音。到了新世纪他不曾再与黄宗英恳谈,他可以完全不顾忌此时黄宗英的心里在想些什么,自然也不用忌讳些什么,此为其一。其二,这本书写的是赵丹,作者落笔的重点也是放在赵丹身上。又何况2002年12月黄宗英的宏文是如此之石破天惊。这么一桩大事如若不写进书中(或者叫做“拾遗补缺”也可),实在是一件天大的憾事。于是,作者仍然沿用上世纪80年代初同黄宗英会面时,由黄宗英本人提供的原始说法。这,足以说明:至少,当年毛泽东是无微不至地关怀赵丹、黄宗英等与会36位各界人士的。这是一个不容置疑的历史事实!

至此,笔者深感有必要再一次提醒一下黄宗英女士,同时也借此提醒一下所有关注“毛罗对话”的广大读者和各方人士,无论是黄宗英在其《亲聆》一文中向我们介绍的,还有其他出席者几十年前加以撰文说明的,一个不容任何人更改的历史真实场景是:1957年7月7日晚于上海中苏友好大厦咖啡厅举行的这个座谈会,毛泽东是在作完开场白之后,一个小圆桌一个小圆桌地与36位各界人士座谈的。这也就是说，毛泽东落座后，无论是毛泽东本人，还是与之对话的各界人士，以及陪同的上海党政各位负责人，都无须大声说话，更无须趾高气扬或诚惶诚恐地站立起来问话或答话。如果64岁的毛泽东每到一桌，都要大声地与在座的人问话与答话，那岂不是太累太累了呀！何况，作为领袖的毛泽东大声说话，那又岂不是全场所有桌子坐着的人都得鸦雀无声、洗耳恭听了？那岂不是压根儿不存在所谓“毛罗对话”之后电影演员黄宗英“悄悄问”隔人或隔桌她的当电影导演的“应家伯伯”，以及“应家伯伯”不识时务的“清爽勿清爽，当伊呒介事”的“滑头滑脑”的回话了？……整个会场气氛祥和、活跃而又随意，在毛泽东与他落座的这一桌子人士谈话时，其余各桌的人也都在随意叙谈着。因此，人们很难想象出：当毛泽东与其所落座的这一桌人谈话聊天时，其他各桌坐着的人能够听得见，或者能够听清楚毛泽东与某位人士之间的具体对话内容。

这里，还有一个必须要弄明白的关键问题，即黄宗英提供的这个“毛罗对话”内容，其真实程度究竟有多少？是不是真的如她信誓旦旦所说的那样，纯粹系她本人亲耳听到并且听清楚了，而决非事后乃至几十年后为迎合他人的需要凭想象杜撰而致。

首先是一个有关我们能够见到的《光明日报》所刊那幅现场照片及黄宗英确切指认罗稷南座席的问题。

在方进玉、齐简二位撰写的《听黄宗英说往事》一文中，有那么一段直录的黄宗英口述文字：

> 第三是辩驳关，就是说，我要能回答其他人的质疑，假如有人说：“你那天站的位置，不可能听见毛主席和罗稷南对话！”那我要拿出证据，证明我所处的位置确实能够听到、听清楚毛罗之间的这段对话。

黄宗英女士的这段表述，很有显得铿锵有力，意在表明她的叙述是经得起任何人的质疑的，也等于在说，她的叙述是可信的。

黄宗英之所以能够理直气壮地向二位媒体记者说出上述一番话，因为她找到了赖以支持自己“亲聆”一说的“证据”。这个“证据”，就是刊登在1957年7月11日《光明日报》头版右上角那幅《毛主席与上海各界代表人士亲切交谈》的照片。

在刊发《亲聆》一文的同时,《南方周末》配发了经扫描移植的1957年7月11日《光明日报》头版右上角的那幅大照片。并且,经黄宗英本人指认,并且亲手操刀,为之重新作了一段文字说明。这段文字说明是这样写的:

> 1957年7月7日,毛主席在上海中苏友好大厦与上海文艺界人士座谈[①]。毛主席身后左一为黄宗英,左二为赵丹,左四为应云卫,照片右下角一为罗稷南。原刊1957年7月11日《光明日报》。侯波摄。

之所以黄宗英选择这幅照片及作新的文字说明,目的十分明确,这里有一个"位置"问题,就如黄宗英本人口述的那样:"那我就要拿出证据,证明我所处的位置确实能够听到、听清楚毛罗之间的这段对话。"

真的如黄宗英指认的,该"照片右下角一为罗稷南"吗?

黄宗英女士有没有认错?

看来,要通过这个"辩驳关",黄宗英女士有点儿玄。

先说一句,36人中,戴眼镜、上岁数的人并不在少数。

这些年来,有人经过仔细辨认,认为这"照片右下角一"不是罗稷南。

至今,这个辨认更加确切了。

那么,这个"右下角一"又是谁呢?

他的名字叫漆琪生,位列1957年7月9日《解放日报》头版所刊《毛主席接见本市文教工商界人士》新华社特供稿所列36人名单之首。

漆琪生为我国著名经济学家,时任复旦大学经济系教授。凑巧的是,1933年11月,风华正茂满怀一腔报国热血的他,与罗稷南先生一道参加了由国民党爱国将领发起成立的抗日联共倒蒋的福建人民政府。

---

① 这里也许是为了突出黄宗英及其"亲聆"一说而这么写,这显然是有违历史事实,真实的说明应为"上海市文教工商界人士"。参加1957年7月7日中苏友好大厦座谈会的36人中,有相当一部分并非是"文艺界人士",如漆琪生、谈家桢、李国豪、陈铭珊等人,都是沪上著名的各界人士,而且当时他们的知名度都在黄宗英之上。

这个仔细辨认，是曾与漆先生长期朝夕相处的学生所作出的。

还有另一些人，也多次指出黄宗英女士这个指证的失误。

而恰恰是这张照片，是黄宗英女士用来“证明我所处的位置确实能够听到、听清楚毛罗之间的这段对话”。

请问黄宗英女士，面对漆琪生教授的学生(他是我国著名社会学家)的指认，你还能“证明”些什么？此外，在重新撰写的照片文字中，关于“毛主席身后左一为黄宗英，左二为赵丹”的说法，也不甚准确，应该是：“毛主席身后第二排左一为黄宗英……”

如今，被黄宗英女士指认的“照片右下角一”已经“替换”了角色，“替换”回到了本来的角色，黄女士“所处的位置确实能够听到”的又是些什么呢？漆琪生教授可并没有和毛泽东进行过类似的对话！①

2011年9月28日下午，在上海社会科学院举行的以“历史记忆与城市精神”为主题的敬老崇文论坛上，著名社会学家、十届全国政协常委、上海大学社会学系教授邓伟志先生，作了题为《真实是回忆录的生命》的演讲。演讲列举的例子中，第一个就是有关黄宗英女士杜撰的“毛罗对话”中的严重错讹。邓伟志先生指出：

> 亲历者所历、亲闻者所闻、目睹者所睹，应当是真实的，但实际上也未必都是准确的。因为，人一般说只能是立于一个方位。一个方位不等于全方位。不是全方位就容易有局限性、片面性。前些日子盛传毛泽东讲鲁迅在今天会坐班房的说法。有位当事人硬是讲，毛泽东是对坐在当事人斜对面的罗稷南讲的。可是拿照片一查，坐在当事人斜对

---

① 上述文字见诸2006年9月北京出版的《作品与争鸣》杂志。形成文字前，笔者进行了多轮调查印证。最早，系由一位列席全国政协常委会议的知名学者向笔者转述。后笔者又按图索骥地在上海向上海鲁迅纪念馆、上海外国语大学曾经当面听取当事人讲述的多位学者求证，得到了进一步的印证。笔者还于本书成稿前向原始考证提供者进行了印证。发表于2006年第9期《作品与争鸣》杂志的此文题为《“右下角一”，他不是罗稷南！》，全文约8 000字。据了解，仅在上海一地，就有包括已故著名文艺理论家贾植芳先生，已故杂文家、批评家何满子先生等上百位关注此事的学者、作家及相关人士进行了传阅。

原始考证提供者为一位一直在上海生活、工作的著名学者、社会活动家，他的名字叫邓伟志，曾从师于漆琪生教授。

面的不是身材高大微胖的罗稷南,而是一位身材瘦小的经济学家。从这位经济学家的性格和专业追求上分析,他是不会提这类同专业相关系数比较小的问题的。看错人,听错话,只能说明那当事人是"不识庐山真面目,只缘身在此山中"。再说,参与了的更不等于就是充分理解了的。对不理解的人和事、言与行完全可能做出不那么准确的描述。至于道听途说的,更会演化为"眼睛一眨,老母鸡变鸭"。

这里作一个说明,邓伟志先生演讲中所指"一位身材瘦小的经济学家",系指时为复旦大学经济系教授的漆琪生先生,邓伟志先生曾师从漆琪生教授。2006年9月北京出版的《作品与争鸣》杂志发表的由本人执笔的《"右下角一",他不是罗稷南!》一文,正是依据邓伟志先生在多个公开场合的指认与解读撰写而成。先后两次,邓伟志先生或在电话中,或与我会面时当场,均极其爽朗地予以了印证。

当然,罗稷南先生是确实到了会的,和其他35位出席者一样,他和毛泽东也是对了话的。

关于毛泽东和罗稷南之间的对话内容,早在1957年9月12日出版的《文汇报》上有所发表。但是,有一点是必须明确的,这就是他们之间有关鲁迅的话题,黄宗英不是清楚不清楚的问题,而是压根儿没有听着! 这是因为你在当年现场中"所处的位置",只能够依稀"听见"漆琪生教授与毛泽东之间的并非鲁迅话题的对话内容,仅此而已!

据此,我们可以这么认为,当周海婴先生以鲁迅唯一儿子的特定身份,公布掺杂有很多水分的那个所谓"毛罗对话"而备受各方质疑时,黄宗英便"适时"地站了出来。因为她确实是出席了1957年7月7日晚上海中苏友好大厦咖啡厅举行的与毛泽东近距离或零距离谈笑风生对话的36位各界人士的座谈会。在读者的心目中,黄宗英以当事人的身份所作的"证明"应该是可信的。可惜,正是这位现场当事人,令许许多多不明真相但又无法去考证的读者走入"信以为真"的误区。

至于黄宗英在"懵懂中瞥见罗稷南与赵丹对了对默契的眼神"的场景,看来,这是一个电影镜头中常用的蒙太奇手法。这里,且不说,黄宗英和赵丹坐在毛泽东身后第二排，也且不论那个“照片右下角一”是罗稷南还是漆琪生，这个“右下角一”若要和赵丹对一个眼神儿，却是很困难很困难的，其障碍何其之大！大就大在赵丹的前面、“照片右下角一”的对面，绵亘着两个高大的身躯：左一为毛泽东，左二为黄宗英文中推崇备至的“应家伯伯”应云卫。这个“照片右下角一”怎么和毛泽东、应云卫背后的赵丹对眼神儿？而且，从照片上看，赵丹倾前大半个身子，黄宗英女士是怎么“瞥见罗稷南与赵丹对了对默契的眼神”？不仅如此，在赵丹背后半个身子的黄女士，又怎么将他俩的眼神儿辨析得如此清晰：“他俩倒坦然理解了……”

真是玄之又玄了！

此外，于《南方周末》所刊《亲聆》一文的右侧的《听黄宗英说往事》中，有着一段又一段的“鲜活”文字。这些“鲜活”的文字，无一不是为了巩固由她一手杜撰的那个“毛罗对话”核心内容的。不但成了她须臾不离口的话题，而且还是“前后呼应”的。

两位取稿人员引述的第一段话是：

> “也巧了，当年在上海新康花园写回忆阿丹的文章，入夜后也是风雨交加。这一次写文章回忆罗稷南，北京的 7 月 4 日晚上也是狂风大作，电闪雷鸣。”坐在椅子上的黄宗英阿姨戴上老花镜，执意要给我们从头至尾读一遍文章（即交付给《南方周末》的待发稿《我亲聆毛泽东与罗稷南对话》——秋石注）。

在该文结尾，两位取稿人员还作了如下说明：

> 将近晚 11 时，我们才告辞出来，黄宗英阿姨坚持要从椅子上起身送我们，因为患有脑梗塞，她走路有些困难……

读到这里，请读者们注意以下一个事实：黄宗英女士撰写《亲聆》一文时的“北京 7 月 4 日晚上也是狂风大作，电闪雷鸣”，在这样一个恶劣天气的夜晚，患有严重脑梗塞的高龄老人黄宗英，就是这样不顾一切地奋笔疾书，真是奋不顾身了！另据姜金城先生在前后两部《黄宗英传》中证实:早在20世纪80年代,黄宗英就已经患上了心脏左束支传导阻滞这一高危病症,且伴有神经性偏头痛,长期以来,不断住院治疗。试想,患有如此之对老年人有严重杀伤力的危险病症,且为近八旬老人,其奋笔疾书的,又是在心头萦绕了45年之久的莫名惊恐话题,安能在“狂风大作,电闪雷鸣”的夜晚不受干扰地书写出一篇能让社会、知识界、思想界连续震荡数年的惊世之作？究竟是什么原因,又是何种动力,在驱使着她要冒自个儿的生命危险去博这个弈？……

两位取稿人员引述的另一段话是:

> 黄阿姨作了解释:……罗稷南在1957年“反右”的节骨眼上,当着毛主席的面提出这个问题,……阿丹和罗稷南有相似处,我早就对阿丹说过:“你不要逆反心理太重!”他不承认。等到“文革”爆发,阿丹悲愤对我说:“侬看看,侬看看,我担心的坏事真的发生了呀!”……在这个问题上,阿丹再次猜对了。在政治上,罗稷南、阿丹他们比我成熟……

读了上述这段话,笔者却有着截然不同的看法。笔者以为,赵丹与罗稷南先生之间不存在可比性。在新中国成立以来的历次政治运动中,罗稷南先生始终保持着中国知识分子的独立个性与傲然风骨,他从没对人施之以揭发、批判,相反,还屡屡挺身而出,仗义执言,尤其是在“左”的干扰与迫害来临之际,表现得更为突出。正是因为如此,罗稷南先生才会在与久别重逢的毛泽东面前提出类似的话题。这里面不存在“斗胆”的说法,而是由他的性格决定的。

至于说到在反右斗争中因揭发、批判话剧皇帝石挥等人反党反人民反社会主义右派言行有杰出表现的赵丹,早在1957年就“高瞻远瞩”地预见到十年后会爆发“文革”,这更是一个天方夜谭了。之所以黄宗英女士给丈夫赵丹以这个“火眼金睛”的美誉,乃是为了突出加固由她一手杜撰的那个“毛罗对话”的。且不论赵丹先生具备不具备这种“高瞻远瞩”的政治家战略头脑,就连一手发动以“反修防修,巩固无产阶级专政”为终极目标的毛泽东本人,也无法预见到这场“横扫一切”“触及人们灵魂的大革命”何时爆发。

第三章

2002 年 7 月 4 日夜晚，天气实报

> 此刻，已是“毛罗对话”的 45 年之后，是 2002 年 7 月 4 日的丑时。窗外雨声暴雷接连向我奔来，光的闪裂，雷的撞击，一切似乎被吞噬了。
>
> “也巧了，当年在上海新康花园写回忆阿丹的文章，入夜后也是风雨交加。这一次写文章回忆罗稷南，北京的 7 月 4 日晚上也是狂风大作，电闪雷鸣。”

读了上述黄宗英对外一再强调的这个说法，我们不禁要问一个问题：2002 年 7 月 4 日晚间北京城区的真实气象，包括黄宗英特别强调的丑时，真的是这样令人揪心可怖吗？

下面，辑录刊登在 2002 年 12 月 5 日《南方周末》上黄宗英女士所撰《亲聆》一文中的两段“实话实说”。

其一，为《亲聆》一文的最后结尾，黄宗英女士亲笔向我们描绘了如此一个恐怖场景：

> 此刻，已是“毛罗对话”的 45 年之后，是 2002 年 7 月 4 日的丑时。窗外雨声暴雷接连向我奔来，光的闪裂，雷的撞击，一切似乎被吞噬了。
>
> 天与地汲存了此时此象，“对话”被刻入宇宙文化之砾石。

其二，刊登在同一日报纸同一版面，黄宗英所撰《亲聆》一文的右侧，题为《听黄宗英说往事》，由《南方周末》派出的两位取稿人员方进玉、齐简所写的亲笔实录。该实录分外的形象、传神，内含黄宗英女士向他们亲口讲述的有关她

2002年7月4日夜晚撰写《亲聆》一文时对当晚天气状况的描述。《听黄宗英说往事》一文给予了黄宗英女士极高的评价,称其为“有骨气,有风度的艺术家”。现将《听黄宗英说往事》一文的头三节文字辑录如下:

> 2002年11月12日晚,我们去黄宗英阿姨家取稿件——一篇1957年毛主席评价鲁迅的重要稿件。
>
> 高挑的身材,优雅的风度。说话字正腔圆,朗诵绘声绘色。红色毛衣,黑色裤子,白色长筒袜,蓝白色手工编织的细毛线帽子歪歪地扣在头上,脖子上挂着一支随时可以启用的圆珠笔——电影表演艺术家、中国作家协会理事黄宗英,就坐在我们对面。
>
> “也巧了,当年在上海新康花园写回忆阿丹的文章,入夜后也是风雨交加。这一次写文章回忆罗稷南,北京的7月4日晚上也是狂风大作,电闪雷鸣。”坐在椅子上的黄宗英阿姨戴上老花镜,执意要给我们从头至尾读一遍文章。

在这里,首先请读者们注意一个事实:无论是黄宗英女士亲笔撰写的《亲聆》一文,还是《南方周末》派出的两位取稿人员实录的《听黄宗英说往事》,所提及黄宗英撰写《亲聆》一文的时间,均言之凿凿,明确指出为2002年7月4日的夜晚。因为这一天的夜晚,有使黄宗英女士在过去了半个世纪后仍然心惊胆颤的“狂风大作,电闪雷鸣”的“雨声暴雷”……

2002年7月4日,尤其是黄宗英女士重点提及的当日夜晚,北京究竟是一个什么样的天气状况,这是我们要弄清楚的一个问题,也是这几年来本书作者脑海中挥之不去的一个问题。

下面,让我们钻入到历史的故纸堆中去作一番探寻。

2002年7月4日,星期四,农历壬午年五月廿四。

《人民日报》头版所刊“北京地区天气预报”实录:

> 白天:阴间多云有阵雨,降水概率60%,风向偏南,风力二、三级
>
> 夜间:阴转多云,降水概率40%,风向南转北,风力一、二级,温度

28℃/21℃

《北京日报》头版所刊“天气预报”(与人民日报完全一致,只是文字表述略有不同)实录:

白天:阴间多云有阵雨,降水概率60%,偏南二三级,高温28℃
夜间:阴转多云,降水概率40%,南转北风一二级,低温21℃

北京晚报头版所刊“天气预报”实录:

今夜:阴有阵雨,降水概率60%,南转北一二级,最低气温21℃
明天:多云转阴,降水概率40%,北转南二三级,最高气温30℃

上述首都三报所刊实时气象预报,系由笔者出席第10届巴金国际学术研讨会暨巴金故居纪念馆开馆仪式之际,于2011年11月30日下午3时许,冒雨前往上海图书馆查询获得。

在这之前,通过在中国作家协会系统工作的老友寒小风,经多方设法,代为联系上了国家气象部门的专家。复经专家查询到:2002年7月4日夜晚根本不曾出现过黄宗英女士笔下浓墨重彩描绘的诸如“光的闪裂,雷的撞击”,“风雨交加”,“狂风大作,电闪雷鸣”等这一类的自然界恐怖场景(2011年11月28日11时23分15秒短信回复)。

有关2002年7月4日夜晚的北京天气实况是:虽说有一定的降水概率,但为阴转多云。后半夜,亦即7月5日凌晨至天放亮,还时不时出现放晴迹象。7月5日午后出版的北京晚报头版刊出的天气预报为:晴。

为示郑重,对历史负责,对亲历者黄宗英女士负责,对《听黄宗英说往事》一文的原创者、《南方周末》两位取稿人员方进玉、齐简负责,更是对本书广大读者负责,以及对笔者撰写本书所奉行的以史为鉴的宗旨负责,笔者于2016年11月28日~12月4日赴京出席中国文联十大、中国作协九大盛会之后,经征得所在江苏作协代表团负责同志同意,特地滞京数日。12月6日上午10

时 20 分许，笔者持中国作家协会开具的采访证明，在老友寒小风的陪同下，前往位于海淀区紫竹园路 44 号的北京气象局专业台，作进一步核实 2002 年 7 月 4 日夜晚北京城区的实时气象状况的考证工作。由于不及事先沟通，又由于年代相隔久远，彼时一时难以查阅。该专业台气象科技服务中心信息部一位年轻女工作人员慨然允诺：一周内一定给予反馈。12 月 13 日上午 10 时 04 分，该同志兑现承诺，致电已回到寓居地昆山的笔者，通报了经查询后的准确实时信息。经查：2002 年 7 月 4 日夜晚 18 时～5 日晨 6 时，北京城区无有“狂风大作，电闪雷鸣”的突发气象状况出现。

我们还应当注意到，在 2002 年的 7 月，被黄宗英女士亲昵地呼之为二哥的她的最后一任丈夫，九秩高龄的著名老作家冯亦代先生，正处在生命的最后关头，与冯亦代先生一样患有脑梗塞症的 77 岁黄宗英女士，会否？能否？在这“雨声暴雷接连向我奔来”的恐怖夜晚，沉住气，静下心，一气呵成这么一篇有关 1957 年的人和事如此栩栩如生且故事情节迭出，引发社会强烈反响的回忆与纪实？

附带补充说明一下，从能够查阅到的人民日报、光明日报、北京日报、北京晚报所刊的气象预报信息，表明：在 2002 年的 7 月上旬，北京地区不曾出现过一天雷阵雨，或者更严重一些的雷暴天气。上半月有两天，发生在 12 日和 15 日两天，而且这两天的白天天气均为晴日，雷阵雨也都是发生在“傍晚”。

众所周知——连粗懂气象的小学生也知道，一二级风是产生不了狂风暴雨的。

2011 年 12 月 2 日上午，本书作者在第 10 届巴金国际学术研讨会上作《巴金与萧红萧军》主题演讲，捎带宣布这一查询结果后，对于这一赤裸裸的天气造假现象，几位高校学者为之概括出以下三个特征，叫做：小说家笔下泻出的情景想象，影视剧编写中的特有构思技巧，散文家的拟人笔调。

第四章

毛泽东和蔼可亲：黄宗英等亲聆者说

天地幽纷，忽明忽暗，疾电炸雷，交错撼震。我猛地惊醒，不知是梦是真？我又见到银发萧萧、伟岸不群的大翻译家罗稷南先生，他昂首健步向我走来……

我永远忘不了当时“对话”给我的震颤，提起这件事，我血液循环也要失常。

1957年7月7日，忽传毛主席晚上要见我们。“反右”已风起云涌，我忐忑不安想请假不出席，怕的是会被点名发言。阿丹说：“宗英你怎么啦，虚汗淋淋的。”当时我预产期将到，我答：“孕妇可能特别敏感，我害怕……”

“鲁迅么——”毛主席不过微微动了动身子，爽朗地答道：“要么被关在牢里继续写他的，要么一句话也不说。”呀，不发脾气的脾气，真仿佛巨雷就在眼前炸裂。我懵懂中瞥见罗稷南和赵丹对了对默契的眼神，他俩倒坦然理解了，我却吓得肚里娃娃儿险些蹦出来……

那天晚上回家，我疲惫得几乎晕厥，只觉得腹中胎儿在伸胳膊踢腿，我担心已惊动了胎气。作为母亲，我怕自己的精神负担影响到即将出世的宝宝。我请假休息了三四天，剧团里还等着我们（所有党员和积极分子）“洗手洗澡，轻装上阵”哩。报上大标题的反右社论、通讯一篇比一篇“结棍”……

几十年来，几乎没跟人谈起1957年之夏，震撼心灵的一瞬间——发生于短短一分钟时间里的“毛罗对话”。

此刻已是“毛罗对话”的四十五年之后，是7月4日的丑时。窗外接连雨声暴雷向我奔来。

光的闪裂。雷的撞击。一切似乎被吞噬了。①

上述是黄宗英女士在其《我亲聆毛泽东与罗稷南对话》一文中的片断。无论是这些片断也好，还是3 400字的全文也好，在她的笔下，在1957年7月7日晚上上海中苏友好大厦咖啡厅那个座谈会上所弥漫的，竟然是如此恐怖而且是要出人命的紧张氛围：似乎整个座谈会（主题）都被沉甸甸地压在令人们惊恐万分的毛泽东要将鲁迅抛将进监牢的那个“毛罗对话”上，似乎除去“反右”，毛泽东再也没有什么要同与会者们说了，连简单的互致问候也消失得一干二净……

然而，无论黄宗英怎么架构她所需要的带有轰动性的文字，不容篡改的历史，却向我们展开了其真实的一面。

1957年7月10日的下午，也就是时年32岁的黄宗英女士因被毛泽东一番话惊吓而向组织申请的那个所谓三四天“保胎假”中间的一天下午，也就是所谓“毛罗对话”结束后的第三天下午，文汇报社邀请部分参加7月7日晚上与毛泽东会见的人士进行座谈。又过去了两天，1957年7月12日出版的《文汇报》，以一个半版的篇幅展示了出席7月7日晚中苏友好大厦咖啡厅座谈会13位人士的内心感受，其中就有45年后撰写《亲聆》一文的作者黄宗英。

以下撷取其中几位人士的感受发言。

我们先听一下黄宗英的内心感受。黄宗英开门见山地说道：

我对毛主席印象特别深的一点是：毛主席非常关心每个人的工作和生活。有的以前见过的，他一看见就叫得出名字，知道在搞什么工作；有的初见，但在临别一一握手时，主席都叫得出姓名了。

---

① 以上文字引自黄宗英：《我亲聆毛泽东与罗稷南对话》，见2002年12月6日《文汇读书周报》。文字与刊登于2002年12月5日《南方周末》上的基本一致；其中第二段文字则较后者约多出一倍。

毛主席和我们坐在一起，问起每个人的情况，有时说一些自己的意见。他的谈话是这样亲切简单而有力。在谈到反右派斗争问题时，他说右派给我们上了一课。毛主席并说，自己也受到了教育。又说，右派把整风搞乱了。把反右派斗争搞彻底以后，回头还要搞反官僚主义……

发言结束时，深受毛主席接见谈话鼓舞的黄宗英，既兴高采烈，又踌躇满怀，她说：

毛主席这次到上海来，对上海人民是很大的鼓舞，很多人知道我们见到毛主席，纷纷问起毛主席的健康，毛主席谈了些什么？

……他们也希望多从报上知道毛主席的消息。我和赵丹在七·七晚上见过毛主席后，第二天一清早，就把这大喜事告诉了我们的孩子，孩子也高兴极了，问我们：“毛主席为什么找你们谈话啊，你们是劳动模范吗？”我们听了很惭愧，我们对孩子说：“我们不是，是毛主席要我们好好工作，为人民做更多的事情。”毛主席的召见，对我们将永远是最有力的鼓舞，最严格的督促。①

读了黄宗英的上述内心感受，我们还能说些什么呢?！当年“第二天一清早”，她和赵丹是把同毛泽东的这次会面谈话当作一件“大喜事”向包括“我们的孩子”在内的世人宣告的，其喜悦之情，溢于言表。从“第二天一清早，就把这大喜事告诉了我们的孩子”和“毛主席要我们好好工作，好好学习，为人民做更多的事情”的表述来看，那么又何来时隔45年后那个“几乎晕厥”、“怕自己的精神负担影响到即将出世的宝宝。我请假休息了三四天”的事情呢？如果黄宗英女士真的“请假休息了三四天”那么又是如何去赴第三天在文汇报社举行的座谈会，又如何畅谈出这一番惊喜交加的内心感受的呢？难道，“毛主席

① 见1957年7月12日《文汇报》所刊《和毛主席一次亲切会见——上海市科学教育文学艺术界人士应本报邀请座谈感想》，下同。黄宗英发言的题目为《反右派斗争给我们上了一课　希望文汇报真正成为知识分子的良师益友》。

的召见,对我们将永远是最有力的鼓舞,最严格的督促”的结果,却是“惊动了胎气”“影响到即将出世的宝宝”,从而,不得已“请假休息了三四天”?

黄宗英的“第二天一清早,就把这件大喜事告诉了我们的孩子”,以及她与丈夫赵丹同“我们的孩子”之间的兴高采烈的对话,从根本上,而且直接地攻破了相隔 45 年后她在寓所同前来取稿的两位《南方周末》记者关于“50 年代的演艺界,对领袖接见并不感觉十分突然,知道毛主席要来,也不会挤到门口去夹道欢迎。尊敬(毛主席)是肯定的,但还没有出现 1966 年那样的崇拜,得知毛主席要来看望大家,大家在高兴的同时,又觉得这是一件平常事”的表述。

古人说得好:皮之不存,毛将焉附?

既然,令她“肚子里娃娃险些蹦出”的因素没有产生,有的只是次日一早主动地“就把这大喜事告诉了我们的孩子”,那么,如此说来,自然也不存在她的“亲聆”的“毛罗对话”的那个内容了。

对于这个问题,我们更有一个属于“铁证”的史实瞬间,比什么都更具有说服力。

这是一个十分珍贵的历史瞬间的留影。

时间,于毛泽东同 36 位各界人士围桌座谈结束之后。

地点,从中苏友好大厦咖啡厅步向大厦另一端的演出剧场的宽敞通道上。

毛泽东主席与刚刚结束对话的 36 位各界人士,以及陪同对话的上海市党政领导干部一起步出咖啡厅,前往大厦剧场观看经典越剧《追鱼》。

这是一张仍然由上海首席红色摄影师徐大刚同志亲手拍摄的珍贵照片,场景恢宏。

照片中,走在头排的共五个人,在他们后面的是大队人马。

头排从左至右依次是:中共上海市委第一书记柯庆施,居中者为怡然自得头微抬手执折扇的毛泽东主席。毛泽东右侧(中隔一人距离),是与会 36 位各界人士中仅有的三位女性,而且为清一色的演艺界人士。依次是 43 岁面容端庄且微笑,目光平视前方,不卑不亢,双手握着花布拎包的著名影剧编剧王元美(2012 年去世,居上海),紧挨着王元美的,是与她同庚且同样高挑身材的郑君里夫人、著名电影演员黄晨,黄晨身旁紧挨在一起且三位女性中唯一戴手表的是 32 岁的著名电影演员黄宗英。黄晨、黄宗英双双侧转身,放怀地笑着,脸向着王元美另一侧的毛泽东主席。黄宗英笑得尤为灿烂,以致露出了一口白牙……这足以说明一切了！如果真的如同相隔45年后黄宗英本人在其《亲聆》一文中描绘的那样：于前一刻的咖啡厅座谈会上，被毛泽东一句“要么被关在牢里继续写他的文章”惊“吓得肚里娃娃儿险些蹦出来”的话，那么，此时此刻，她极为显赫极为幸福地与毛泽东主席一起走在最前列，而且脸上露出的如同葵花向阳一般的极其灿烂的清纯笑容，试想，将会给我们这些不曾亲历过历史现场的人们带来什么样的启示呢？

再出类拔萃的演员，何况是一个身怀六甲的女演员，也难于在经受了“巨雷就在眼前炸裂”的满身颤栗、满心惊恐中，装扮出一副葵花向阳般的无比清纯的笑容来！……

还有那个所谓的“洗手洗澡，轻装上阵”的说法，从上世纪60年代过来的成年人都清楚，这本是1964—1965年刘少奇推行“四清”运动前期处理人民内部矛盾的提法，可黄宗英女士却来了一个移花接木，硬是给提前了七八年，让人感觉这个口号是有意在配合她一手杜撰出来的那个“毛罗对话”的说法！

被黄宗英在《亲聆》一文中描绘成“滑头滑脑”像一介市侩小民的“应家伯伯”应云卫先生，也在《文汇报》举行的这个座谈会上，作了那个夜晚他同毛主席之间关于往事谈话极为难忘感怀的细节描述。他发言的主题是：《十七八年前的事还记在心里　说话风趣教育意义很大》。发言甫一开始，应云卫就满怀对毛泽东主席的敬仰之情，滔滔不绝地讲开了他同毛泽东之间的几次交往。应云卫介绍道：

> 由于党的信任和关怀，这次能见到毛主席。我在开电影联谊会时也见到过主席，但这次更亲切，在一起谈家常，非常兴奋。我从出院以来好久没吃安眠药了，这次回去后吃了安眠药才睡。
>
> 主席身体很好，头发白的很少，精神奕奕。我尤其钦佩他的记忆力，上次在北京见面时，就对我说：你到过延安。那是1946年到内蒙去拍《塞上风云》。那天晚上，他又说我到过延安，还说到榆林去拍电影，这是十七八年前的事。对我这些渺小的事情都还记得，说明主席对文艺事业的关心。
>
> 这次与主席在一起谈心，谈得非常亲切。我们向他介绍分厂的

事，他说知道了，很好。谈到江南、海燕、天马三个厂名，他说名字很好。他问我们厂长做了多少时间，我们说是三个月。他说还好，三年后就有官僚主义了。他说一年小整一次，三年大整一次，官僚主义一定要整。主席说话很风趣，但教育意义很大。

应云卫最后表明了自己的态度：

毛主席见到我，我觉得就好像在问我改造好了没有。主席这样亲切，一方面鼓励我们要好好工作生产，一方面要我们好好改造。

遗传学家谈家桢教授作了《毛主席非常关切科学家　他和我只见过一次面就记得了》为题的发言，一开始他就兴奋地谈开了：

我是第二次见到毛主席。

第一个印象是亲切，很感动。毛主席对我说，谈先生老朋友，这说明他对知识分子很关心！主席工作非常忙，只在上次中央宣传工作会议上和我见过一次面。他就记得了。他非常关切科学家。在上次宣传工作会议上，他还对我说，你们青岛遗传学会议开得很好。这又说明主席的关切，党的确是把知识分子当作宝贝的。

数学家，时任华东师范大学副校长的李锐夫教授说道：

我很荣幸，前几天会见了毛主席。毛主席的谈话轻松诚恳而又庄严，谈话时间虽短，但给我们以许多原则性的指示，他也非常关心我们知识分子。毛主席的知识范围很广，他碰到苏德隆先生，就谈血吸虫病问题，碰到谈家桢先生，就谈生物学问题。毛主席胸襟伟大，给我们莫大的鼓舞。①

① 李锐夫教授的发言题目为：《谈话轻松诚恳而又庄严　给了我们莫大的鼓舞》。

经济学家，来自复旦大学经济系的漆琪生教授（即被黄宗英误指为罗稷南先生的那个“右下角一”），则比较详细地介绍了毛泽东来到他们所坐的一桌时的一些对话内容。

> 毛主席谈到反右派斗争时，虽不是从正面讲，而是从侧面谈，但却正确扼要，轻松愉快、妙语横生。主席说，右派分子是造不成反的，他们猖狂了二星期，等到人民认识清楚站起来之后，就把他们彻底粉碎了。主席问我：复旦大学贴大字报多不多？我回答说：没有华东师大多。毛主席就风趣地说，你们的成绩赶不上。他又问柯老，你们对大字报是否感到紧张？柯老回答得好，有主席在这里，我们就不紧张了。真的，有他老人家在，我们和右派分子斗争的勇气和信心就更加无比壮大的发扬起来了。
>
> ……
>
> 毛主席分析任何问题都极其正确而灵活的运用了辩证法。如他和一位研究血吸虫病的医学家谈话时，他问黄浦江有没有血吸虫？主席想游泳横渡黄浦江。那位医学家说黄浦江有伤寒病菌，劝主席不要在黄浦江游泳。主席笑着说，医生的小心固然是好，但我们还得要大胆，二者结合起来考虑就全面了。主席的小心和大胆比喻，就是一个活生生的矛盾与统一的辩证关系。亦即指出了我们和右派分子斗争时，必须小心和大胆结合起来，工作就做得更好。
>
> 听到毛主席话的人都有这样一个感觉，主席讲话的态度既慈爱又庄严，使我们肃然起敬。主席对知识分子的思想情况很熟悉，他不仅了解每个人的工作情况，他又非常关心每个人的生活状态。他说曾看过我写的文章，使我又兴奋，又惭愧。总的一句话，毛主席对我们如此关怀，我们怎么能不听毛主席的话，不跟毛主席走呢！①

复旦大学世界经济系教授笪移今说：

---

① 漆琪生教授的发言题为：《听了短短一席话　得到了无穷的力量》。

我和毛主席谈话这次已经是第二次了。主席的话永远活在我的心里，是推动我前进的动力。主席的谈话一贯是那样轻松而富有生命力。但他的谈话中处处抓住革命和工作两个主要问题。主席态度谦虚、亲切、诚恳，真使人感动得无以言喻，对人的启发和帮助很大。的确，人民是选对了自己所敬爱的领袖。①

八年后挺身而出反击姚文元《评新编历史剧〈海瑞罢官〉》因而惨遭迫害、时为华东师范大学中国古代史教授的束世澂先生，也是在发言一开始就作了深情的描述。在1957年，束世澂教授先后两次参加有毛泽东临场的座谈会：

这次我能看到毛主席，我与毛主席见面还是第一次。我也没有想到我竟然能有这样的光荣。看到毛主席后，我有这样几点感想。

从去年起我看到好几次主席的照片，总觉得他显得有些苍老，我一直怀念他老人家这几年是太辛苦了。但见面后，觉得他比照片上年轻很多，身体非常健壮，他说还要横渡浦江。看到主席这样精神，真是我莫大的安慰。想来大家都会因此而高兴。

主席对大家非常关心。他看到我头发已经斑白，他问我现在还上课不？我说还在上。毛主席说可以不上课了，只要指导指导别人就行了，其实我的年纪比主席小，他还在日理万机为人民操劳，却要我休息了。而主席的谈话又是如此亲切，真是像老朋友一样。这怎能不叫人感动？②

著名医学教育家，血吸虫病防治专家，来自上海第一医学院的苏德隆教授，详细地介绍了毛泽东和他的谈话内容，尤其是毛泽东异常关心血吸虫病的

---

①　笪移今教授的发言题为：《毛主席每一句话发人深思　投入反右派斗争是自我改造的最好机会》。

在此次座谈会一个月前，笪移今先生在6月6日的《文汇报》上发表了题为《知识分子应怎样对待整风》的专论文章。次日，即6月7日，毛泽东就《人民日报》转载笪移今的这篇专论作出批示："此文很好，可以转载在显著位置。"

②　束世澂教授的发言题为：《在这次斗争中要好好学习　对右派谬论必须全面的系统的驳斥》。

防治工作。这也就印证了一年后，毛泽东读《人民日报》欣闻江西“余江县消灭了血吸虫”后，会兴奋得“浮想联翩夜不能寐”，毛泽东真是时时刻刻牵挂着人民群众的健康安全啊！于是，“夜不能寐”的毛泽东于旭日冉冉升起时刻写下了那首著名的《七律二首·送瘟神》的诗作。

苏德隆教授说道：

看到毛主席，他身体很健康，我很兴奋。因为我是医生，我的责任是要大家健康，看到他老人家身体这样好，觉得很安心，也很愉快。

在我服务的单位里也有右派分子，当我们同右派分子展开积极斗争的时候主席来了，给我们增加了极大的力量。主席是我们革命力量的源泉。主席告诉我们，整风和反右派是我国当前的两件大事，这两件事做好了，中国就面目一新。右派分子隐藏在群众中间已久，戴着假面具，披着虚伪的外衣，干的是反人民、反社会主义的勾当。右派分子的人数比例虽不大，但此股恶势力如果让其潜孳暗长，发展下去，对社会主义建设是极其有害的。现在右派分子已经顽强的表现了他们自己，这从社会主义建设的长远利益看来是好事，因为莠草铲除之后，庄稼就能长得更快更好，革命的队伍纯洁之后，社会主义建设事业就更加突飞猛进，气象一新。这就是毛主席说的“坏事也可以转变为好事”。

主席问到我的工作，其实我的工作算不了什么，主席却对我，特别是对消灭血吸虫病的工作很关心。因为他经常到农村去，亲自看到了血吸虫病对广大农民的危害性，是他第一个提出了限期消灭血吸虫的要求，这使我们医务界，特别使我很兴奋。血吸虫病在中国是由来已久的病，但只有党和毛主席才这样关心，这在旧时代是完全不可能的。解放前在这方面我们也曾做过一些工作，但无人关心，得不到支持，因而一事无成，这才使血吸虫病发展到解放后这样严重。目前世界上对这种病还没有很好的防治办法，还有待科学界作进一步研究。过去在中国对此病的研究很少，只有今天在党的领导下才能进行有系统的、大规模的研究，特别是从主席提出限期消灭的号召后,研究工作有很大的发展。我可以这样说,目前我们在血吸虫病的科学研究上的成就,不在任何国家之下,而在某些部分还跑在别的国家的前面。这一事实,充分说明右派分子所说党不能领导科学的话,是完全没有根据的。事实是:科学非党来领导不可。以中国的血吸虫病为例,如果没有党的领导,就永远没有消灭的希望。

从和主席谈话中我得到的印象是:主席对血吸虫病的问题知道得很多,这说明主席一直在关心与血吸虫病斗争的事情。这使我认识到,只要诚心诚意为人民做事,都会受到党关怀的。有了党的关怀,我们的工作就有了胜利的保证。①

有比较,才会有鉴别;有比较,人们才能够真正地做到"偏信则暗,兼听则明",从而准确地分辨出其中的黑白、是非、曲直。笔者引述上述座谈会亲历者的叙述文字的目的,想来读者诸君自能明白。

极有必要向读者们说明一个问题。

自《追寻历史的真相:毛泽东与鲁迅》初版书稿 2009 年 4 月交付出版社后,笔者又先后进行了 70 余次调研,目的在于使书稿中涉及的人和事,更进一步接近历史的真实。

关于 1957 年 7 月 12 日《文汇报》刊登的 13 位与毛泽东近距离座谈过的人士的发言,在笔者先期调查考证的一些成果交付媒体公开发表后,有不少人通过各种途径,向笔者提出了一个可以理解的问题。这就是,在 1957 年反右斗争进入高潮期的盛夏七月,存在着一个迫于社会形势与压力,人们说违心话的问题。

对此,笔者认为,这是一个永恒的社会问题。人类自有了思维和语言之后,这个问题就存在了。也可以这么说吧,没有哪一个人能够保证他一辈子不说违心话,不办违心事。但是,笔者提请人们注意一个事实,一个根本的事实,即不管是哪个朝代哪个社会,讲真话办真事的人,永远是居于多数。即使是在非正常情况和高压环境下,同样存在着大量的敢于讲真话的人,例如本书涉及

① 苏德隆教授的发言题为:《主席问到我的工作 关心与血吸虫病斗争的事情》。

的主角之一的大翻译家罗稷南先生。在1957年7月1日整风发生根本转变，反右斗争如火如荼全面展开以后的第七个晚上，罗稷南先生当众向毛泽东提出如此敏感的话题，足见其胆识过人，无私无畏。而毛泽东听后，依然神态自如，毫不回避话题的尖锐性和其特定的现实意义，迅速地作出了比较符合鲁迅性格的回答。这，就是一个异常生动的讲真话的例子。

对于包括杜撰出与史实相去甚远的“毛罗对话”内容的黄宗英在内的这13位人士的发言，笔者引用时，态度是严谨、负责任的，并经过了一番必要的调查研究，尽可能搜寻到上述发言者的相关经历，以及他们留存的一些文字资料。当然，从这13位人士的发言内容来看，几乎人人都说了一些对领袖的溢美之词，以及紧跟共产党积极开展反右斗争一类的话。但完全可以排除的是：《文汇报》当家人和版面责编既没有篡改或歪曲发言者的话，这其中，就包括对《文汇报》的批评，也没有将报纸的诉求硬塞进发言者的话中去。再有，也是极为重要的一点是，刊登在《文汇报》上的黄宗英发言内容，确系其发自内心肺腑所致。笔者引用时，既忠实于原文，但又不单纯着眼于这次发言的内容，而是经过了前后半年左右时间多轮调查印证的，这其中就有上影厂多位老人的一些回忆。其一，当年的黄宗英之亲见亲历，并不曾出现过在其时隔45年后其在《亲聆》一文中描绘的那些恐怖场景。人们所知道的是(至今记忆犹新)，也正是当年她在《文汇报》座谈会发言的那样：于毛泽东接见第二天，她就满脸喜气洋溢，早早地来到上影厂上班，而且到处奔走相告，逢人便讲她与她的阿丹见到伟大领袖毛主席并与之亲切握手、叙谈的巨大幸福。这同年长她十岁的王元美、黄晨不尽相同。王元美是编剧，不经常去厂里，与人谈话也比较温文尔雅。而黄晨的性格也远远没有黄宗英那么张扬。笔者还认为，黄宗英在《文汇报》座谈会上的发言，以及在相隔二十四五年后，向为她、为她的刚去世不久的丈夫赵丹作传的作家倪振良先生提供的大量鲜为人知的一手素材，例如在1957年7月7日受到毛泽东亲切接见及比肩座谈之后那个酷暑逼人的夜晚，她全然不顾即将临盆的身躯沉稳与否，挥汗如雨，赶写向伟大领袖毛主席效忠表态内容的感想。还有与丈夫赵丹相互勉励紧紧跟随共产党站在反右斗争前列等真实场景及其对话内容，无疑是完全一致的。当然，也是发自她内心肺腑的由衷感受。这是因为，在家中如此私密的环境下，是不存在有人向他们施压的。何况还有夫妇间亲热的那种嬉戏逗乐的情景。我们相信,对于《赵丹传》中这些场景的描写,新闻记者出身,以真实为第一要素的传记作家倪振良先生,凭主观想象是"塑造"不出一个字的。而且,倪振良先生也没有必要为之作类似小说家笔下那种"遥体人情,悬想事势"的文字架构,以"烘托"什么气氛。更何况,在这一个又一个真实动人场景的描述中,还有局外人,黄宗英、赵丹夫妇的亲密朋友,已故著名电影艺术家周璇"恰见阿丹与宗英打打闹闹,扑哧一声笑道"的加盟呢!——倘若不是传主黄宗英本人的亲口讲述,倪振良先生是断断记录不下这一动人场景的:与之远隔千山万水的他,怎么会知道恰在此时周璇会闯入黄宗英、赵丹夫妇的家中?!

至于谈及黄宗英为什么会在时隔45年后高调发布的《亲聆》一文中,妙笔生花地杜撰出如此之多在历史上、在自己身上、在丈夫阿丹身上压根儿不曾发生过的"故事情节",这无不都与黄宗英的性格使然相关。笔者在历时14年的漫长调查考证中接触过的一些人,特别是那些比较熟悉、了解她的人,特别是在半个多世纪前,一手扶掖她走红十里洋场影坛的陈鲤庭老前辈,无不这样认为,黄宗英女士是一个性情中人,行文著述,说事做人,向来比较高调,而且还比较随意:"她要这么说,这么写,任谁也没有办法的……"

第五章

1957 年：赵丹先生属于左派阵营

作为经历过旧社会的演员，我曾在黑暗中憧憬、追索、企盼、等待，并一厢情愿就全心全意跟定了共产党，哪怕肝脑涂地，也在所不惜。解放初期，我所有的工作总结，年终鉴定，第一条就是听党的话。哪怕是在某个早晨，我们突然发现报纸头版头条大标题是《应当重视电影〈武训传〉的讨论》，在全国对这部影片进行批判，把我吓懵了时，也是如此。（赵丹踏上 26 路车往徐家汇去电影厂时，售票员悄悄问他，“侬吪没进去啊?!”——我们本来还以为深受欢迎的影片可能获“毛泽东奖章”哩。……）

……

我不敢再想 7 月 7 日晚上的“毛罗对话”，更不敢想“关在牢里”。不该想的偏又想：怎么没见什么文件、简报记载此事？我知道孕妇此时应该看最美的图画，听最美的音乐，可是又禁不住怯怯地问阿丹：“没听到批判罗老的提问吗?”阿丹神色严厉地“刮”我一记：“侬笨哦?! 格事体摊出来啥影响?”（阿丹那些日子特烦躁，他正为老友钟惦棐的《电影的锣鼓》和他自己的《炉边夜话》在挂钩上纲写检查。同时还要为参加中宣部一次“扩大会议”，聆听了毛主席讲话后与石挥他们合写的一篇文章写检查。）

——黄宗英：《我亲聆毛泽东与罗稷南对话》

从黄宗英女士的上述描写中，1957 年她的丈夫赵丹先生，似乎陷入了深深的泥沼中间，他的政治性烦心事（有的还是性质十分严重的，似乎是属于推一推成反面人物，拉一拉成人民内部矛盾，但仍然是严重而又危险的问题）还倒真不少哩！第一，是从新中国成立之初延续了达五六年之久，在电影《武训传》中因饰演主角武训差一点“进去（监牢）”的问题；第二，是“为老友钟惦棐的

《电影的锣鼓》和他自己的《炉边夜话》在挂钩上纲写检查”的类似“右派”文章的问题;第三,“还要为参加中宣部一次‘扩大会议’,聆听了毛主席讲话后与石挥他们合写的一篇文章写检查”……

事实,果真如同黄宗英所说的那样吗?

答案非常明确:不是的!在这一时期发生在赵丹身上的许多事情,恰恰与黄宗英说的大相径庭。

让我们循着历史的真实踪迹,来比对、解读一下黄宗英有关发生在赵丹身上的这个“说”那个“说”吧!

其一,关于电影《武训传》及赵丹的“命运”问题:

黄宗英女士是通过自己手中的笔,一个悬念,一个悬念,配之电影史上从来没有出现过的“毛泽东奖章”的联想,把读者一步一步地引入了惊恐万分的气氛中。

于是,结合下文的“亲聆”身份和别人“多已不在世”唯自己能够“证实”的“亲聆内容”,作为“经历过旧社会的演员”,“曾在黑暗中憧憬、追索、企盼、等待,并一厢情愿就全心全意跟定了共产党,哪怕肝脑涂地也在所不惜”的艺人黄宗英,似乎对此要产生动摇了。

在这里,半个多世纪前26路电车售票员关于赵丹进不进(监牢)的神秘兮兮的问话,是真还是假,黄宗英本人是否会更弦易辙,我们暂且不去讨论辨别。但有一个问题,却是必须要澄清的,这就是当时赵丹先生的命运问题,他是否因主演《武训传》差点被抛入大牢?或被封杀,一蹶不振呢?

确实,电影《武训传》遭到了批判,作为主演的赵丹也因此有一段并不太长的时间没有上银幕。但赵丹是否从此永久地被搁置在一边呢?

没有。

批判《武训传》的浪头刚过,赵丹就被中央点将赴抗美援朝第一线慰问志愿军将士。这说明,党和政府对赵丹是信任有加的。

更重要的是,周恩来亲自出面保护并帮助了赵丹。不久,趁着纪念“世界文化名人屈原”这一机遇,多年来一直关怀着赵丹的周恩来,指示将赵丹从上海调到北京,主演了由郭沫若主持的历史名剧《屈原》。①

① 周总理此举,是通过时任中国艺术剧院院长金山邀请赵丹出演郭沫若创作的话剧《屈原》的主角。除赵丹外,剧组还特别邀请陈鲤庭出任导演。此外,演员阵营特别强大,有白杨、顾而已、谢添、魏鹤龄、王蓓等著名演艺界人士,因而,造成的影响也特别大。而且,由于赵丹出演的是一号主角屈原,其地位、影响,远在其他演员之上。

由于这是公演，又是纪念“世界文化名人屈原”，又是在共和国首都最大的戏院舞台上大张旗鼓地亮相，加上报纸连篇累牍的宣传和评论，最高领袖毛泽东不可能不知道此事。崇尚民族气节，对两千年前的那个屈原情有独钟的毛泽东，并没有阻拦或者反对曾演过武训的赵丹主演民族英雄、历史伟人屈原。也许，周恩来此举，是事先得到毛泽东首肯的。

于是，从1954年到1964年，十年间，赵丹在银幕上频频亮相，先后主演了《为了和平》、《李时珍》、《海魂》、《林则徐》、《聂耳》、《青山恋》、《烈火中永生》等影片。这十年，也是赵丹一生表演艺术的巅峰时期。

更能说明问题的是，同周恩来一样，毛泽东也在时刻关怀着赵丹。他并不因为赵丹主演了武训，而将其一棍子打死。笔者于前文所述的私营公司影片《乌鸦与麻雀》奖级的提升，以及赵丹、黄宗英双双荣获一等奖，就有毛泽东的关怀和帮助在内。而且，作为出席1957年7月7日晚上海中苏友好大厦咖啡厅那个36人座谈会中的两对夫妇中的一对，也很能说明问题，赵丹从来不是毛泽东眼中的另类。

更何况，在经历了1957年反右的“大风大浪”后，表现尤为突出的赵丹还被批准加入了中国共产党。继1954年当选为第一届全国人民代表大会代表后，赵丹又于1959年、1964年连续当选为第二、第三届全国人民代表大会代表，并频频出国访问。

那么，又何来因电影《武训传》引发出黄宗英女士那么多的惊恐乃至被“吓懵了”呢？

在这里，笔者可以肯定地断言：始于1951年5月20日的对电影《武训传》的批判，毛泽东并没有因赵丹是《武训传》的主角而将他视之为永世不得翻身的“反革命”或者“反动角色”。

在由电影《武训传》引发的批判浪潮过去后，除由周恩来出面将赵丹调到首都北京，出演大型历史剧《屈原》的主角屈原；毛泽东、周恩来插手《乌鸦与麻雀》一片的评奖，以及对赵丹、黄宗英这对夫妇演员双双得到大奖（这是新中国60年的电影史上仅有的一次）外，最重要也最能说明问题的是：于反右前夕，党中央点将安排党外人士赵丹来到北京，出席在中南海怀仁堂召开的中国共产党全国宣传工作会议。毋庸置疑，这是一件十分露脸和荣耀的事情——这有毛泽东 1957 年 3 月 8 日同文艺界部分代表的谈话为证。在这个后来公开发表的题为《同文艺界代表的谈话》中，毛泽东还当众与赵丹作了互动式的对话，而且还是毛泽东亲切地主动询问赵丹。

包括与赵丹之间的互动式对话内容在内的毛泽东的这个谈话，先是收入人民出版社 1999 年出版的《毛泽东文集》第 7 卷，后又为纪念延安文艺座谈会召开 60 周年，收入由中央文献出版社 2002 年 4 月出版的《毛泽东文艺论集》中，均早于黄宗英撰写她那个《我亲聆毛泽东与罗稷南对话》的时间(2002 年 7 月)。黄宗英想必不会视而不见毛泽东与赵丹之间的这个互动式对话内容吧！

1957 年 3 月 8 日，在同文艺界代表的谈话时，当谈及电影界的现状时，毛泽东极为不平地指出："去年，我们一年摄制三十多部故事片，太少了。日本八千多万人口，去年出三百多部故事片。中国六亿人口，才出三十多部，你们最好也出他三百多部。"①

接下去，毛泽东分外关切地向在座的赵丹询问道："赵丹，孙瑜没有安排好吧？你是和他合作过的。"②

赵丹回答：他有病，养了一些日子，写了一个电影剧本，现在正导演一部片子。③

毛泽东在这里向赵丹询问的孙瑜，就是六年前受到毛泽东非难和批判的电影《武训传》的编剧与导演。所言之"合作"，即指电影《武训传》，以及赵丹与孙瑜同在上海电影制片厂工作。毛泽东在听到赵丹的回答之后，欣慰地说道：

---

①② 见《毛泽东文艺论集》，中央文献出版社 2002 年版，第 175 页。

③ 陈晋：《文人毛泽东》，上海人民出版社 1997 年 12 月版，第 315 页。

秋石添注：据新披露的史料(见 2011 年 6 月 10 日上海《东方早报》所刊老夏著《郑君里：不该尘封的往事》一文)证实：此处赵丹所言孙瑜"现在正导演一部片子"，为《宋景诗》。孙瑜与郑君里共同执导这部电影，恰恰是江青所为。据说，在为批判《武训传》而赴山东"调研"的过程中，江青发现了曾率"黑旗军"造反的宋景诗的资料。为了用农民革命的事例来批判"向封建势力下跪"的武训，郑君里和孙瑜受命共同执导《宋景诗》。然而，此片好景不长，经短暂放映后旋又被打入冷宫。入库封存的原因，是因为真实史料明明记载着宋景诗造反造到最后还是归顺了大清皇朝。历史表明，一度是揭竿而起的农民领袖的宋景诗，远比一个行乞办学的乡村农民武训影响大，且是直接"向封建势力下跪"的投降派。

另据倪振良先生所著《赵丹传》第 265 页披露，当初，《宋景诗》一片在选择男主角时，导演郑君里曾经力主赵丹出演，但被赵丹拒绝了，不过，赵丹拒绝的原因在于他读完《宋景诗》剧本后认为：宋景诗其人体魄高大魁梧，崔嵬的气质、风貌与其接近。于是，赵丹乃贵有自知之明地道出了原委："君里，饰宋景诗，我演不过崔嵬，还是去请老崔吧！"

“有了安排那就很好。”毛泽东还极为大度地安慰、勉励赵丹道：“你们两个合作搞的电影《武训传》，曾受到批评，那没有什么，一个作品写得不好，就再写嘛，总该写好它。”①

读了毛泽东这个极富人情味和长者风范与赵丹的互动式对话内容，再来看看黄宗英在其《亲聆》一文中重笔浓墨渲染的赵丹因饰演武训引发的逆境，以及26路电车售票员的关于赵丹进不进“监牢”的问话，我们还能说些什么呢?!

值得一提的是，当年对电影《武训传》的批判，同以后发生的历次政治运动，特别是反右和“文革”，有着天壤之别：声势虽然浩大，表面也怪吓人的，但实际上却是雷声大，雨点小，如同湿了地面的一层表皮而已！因为这次运动，并没有涉及对任何人的处理。

而且，我们可以想象得到的是，当年，赵丹先生出席完中国共产党全国宣传工作会议回到上海后，必定会心情舒畅地向妻子黄宗英通报毛泽东在会上关怀、勉励他和孙瑜的对话内容的。那么，当黄宗英在提及五十年前有关电影《武训传》的风波和赵丹的处境时，是否也可以向读者介绍一下赵丹受到毛泽东关怀的这个动人情节呢?!

就在3月8日晚上的这个座谈会上，毛泽东不但谈到了电影《武训传》的批判，和赵丹作了极为亲切随和的对话，勉励他们演更好的电影，其间，还数度亲切地回答了巴金先生等人的问题，而且是以鲁迅为楷模的话题。

巴金在发言中说：描写官僚主义，大家都觉得难办，写谁，谁不高兴。还有杂文，有人说要全面，有人说杂文就不能全面，鲁迅的杂文就只讲一件事。

毛泽东回答道：

> 党内提过批评主观主义、官僚主义、宗派主义，现在还没有展开。中央委员会要开一次会，发一个指示，今年准备，明年开始，这也要有一个酝酿时期。决议要在今年上半年做出来。现在党内还没有统一思想，什么是官僚主义，如何批评，认识还不一致。整风开展起来，那

---

① 见《毛泽东文艺论集》，第175—176页。

> 时候就好批评了。现在刚刚批评一下,陈其通等就发表文章,无非是来阻止百花齐放、百家争鸣。①

针对巴金所提的鲁迅杂文问题,毛泽东紧接着又回答道:

> 鲁迅不是共产党员,他是了解马克思主义世界观的。他用了一番功夫研究,又经过自己的实践,相信马克思主义是真理。特别是他后期的杂文,很有力量。他的杂文有力量,就在于有了马克思主义世界观。我看鲁迅在世还会写杂文,小说恐怕写不动了,大概是文联主席,开会的时候讲一讲。这三十三个题目,他一讲或者写出杂文来,就解决问题。他一定有话讲,他一定会讲的,而且是很勇敢的。②

上述,是在 1957 年的早春气候里毛泽东讲的有关鲁迅活着的话题。毛泽东的“他一定有话讲,他一定会讲的,而且是很勇敢的”的论述,是基于他对鲁迅深刻的了解所作出的断言,也是对鲁迅活着会不会“勇敢的”写杂文,写针砭时弊的杂文,写讲真话的杂文的最好的诠释。因此,也断不存在如同黄宗英女士笔下的那种所谓“要么被关在牢里继续写他的,要么一句话也不说”的表述。无论关不关进牢房,鲁迅都要讲真话,也都会讲真话,其秉性是不会改变的,谁也无法使他改变。

在这次全国宣传工作会议上,毛泽东有关鲁迅的话题,先后表述了三次,3 月 10 日及 3 月 12 日的论述,基本上都沿袭了他于 3 月 8 日回答巴金所提的问题的说法,而且用鲁迅当时所处的年代就是坐班房的年代这样的说法来诠释,更是说明了毛泽东对鲁迅一以贯之的讲真话精神的钦佩。

在这次同部分文艺界代表历时四个小时的座谈会上,毛泽东还对巴金、老舍等人反映的另一个迫切需要解决的问题,及时地给予了回应:

---

① 《毛泽东文艺论集》,第 166—167 页。
② 同上,第 171—172 页。

大家反映作家职业化后，有些书因纸张缺乏印得很慢或印不出来，影响作家的生活。作家协会能不能自己搞个印刷厂？拨一些机器给你们，再搞些原料。教授、科学家的著作，一时不能印出来，他们还有大学和科学院发的薪金可以维持生活。作家则不同，他们是靠版税稿费生活，若是书籍杂志没有纸张印不出来，他们没有稿费收入，就无法生活。我说作协自己办一个印刷厂，当然不是要老舍、巴金先生去办，而是周扬、沈雁冰他们筹划去办。

其二，钟惦棐先生的《电影的锣鼓》确实受到了批判，但与赵丹无任何关联。

其三，关于赵丹“聆听了毛主席讲话后与石挥他们合写的一篇文章写检查”的问题。在出席完中国共产党全国宣传工作会议，自北京回到上海后，由于在会上受到了毛泽东的特别关怀和重视，为落实会议精神，贯彻毛泽东强调的“百花齐放、百家争鸣”的方针，切实改善电影界发展滞后的现状，由赵丹串联石挥、吴茵、吴永刚四人联名写了一篇题为《我们建议……》的响应文章，原文大约2 000字，发表时编辑作了一定的删节（据了解，因版面的关系，栏目是“电影问题讨论”，文章为一组，赵丹、石挥等四人的文章为其中一篇，刊出时为1 155字），发表在1957年3月24日的《文汇报》2版上。

应当说，赵丹、石挥他们四人的文章，是很及时的。中国共产党全国宣传工作会议刚一结束，《文汇报》就开展了讨论、争鸣。

《我们建议……》，针对上海电影制片厂的现状，有肯定，也有批评和建议，要求发挥演员的主观能动性，是一篇没有什么要害或涉及严重政治问题的文章。为方便广大读者了解事实真相，笔者在此撷取几段。

文章一开始这样写道：

最近上海电影制片厂进行了一系列的改革工作，领导上尊重艺术家的愿望，让导演们自愿组织了若干创作合作小组，这是好事；在这个基础上进行了分厂工作，这也是好事。我们相信，电影工作今后会得到较大发展的。

我们对上海电影制片厂过去的工作不满意，因为我们认为就现有的干部力量来看,它应该做出比今天更大的成绩来。我们对行政领导代替艺术领导,对老的创作人员未予一定的尊重,对他们工作安排不妥善,对有些问题不能及时解决,对某些人割断历史、不研究与重视电影传统,是有意见的;对长期得不到艺术实践则有更大的意见。

看得出来,赵丹他们行文是比较严谨的,留有一定余地,如在谈到“我们厂里”情况时,文章坚持一分为二的观点,批评“不健康情绪”,褒扬“绝大多数同志”的向上的正确的“热情希望”:

在我们厂里,不满意的人及提意见的人很多,他们喊过,也哭过。在这些人中间,有偏激的,有不冷静的,有倚老卖老的,也有不健康情绪的;但是绝大多数的同志是以极大的热情希望把电影事业搞得更好,以满足人民的需要。这种巨大的要求电影事业改进的呼声,是最主要的。

文章最后提出的五条建议,既没有指向党委和领导,也没有使用任何过激不当的言辞,诚恳而又符合实际,让决策者听后也比较顺耳和切实可行:

建议上影厂分厂以后要提倡沟通互助,反对关门割据,否则会产生很多问题。

建议分厂以后加强思想教育,加强自我改造,给予创作工作者参加各种社会生活的便利。

建议扩大对电影老艺人的安排照顾范围。有些老演员如严月娴、柳金玉,应给予照顾。

建议成立几个专门学术小组,分别对电影的历史传统,史坦尼斯拉夫斯基表演体系在电影上的运用,电影的民族形式等问题,展开争鸣与研究。

上海电影界的潜力是雄厚的,希望在百花齐放百家争鸣的方针下,让他们各展所长。

在此说明一下，赵丹等人发表在《文汇报》上的这篇对电影厂管理工作有批评有肯定的文章，是在参加了1957年3月8日毛泽东同他们座谈后精心撰写的，符合毛泽东关于“好的肯定，不好的批评”要求精神的。自然，由《文汇报》组织的这场关于电影事业的讨论，同样由此而来。

1957年3月8日晚上，毛泽东在中南海怀仁堂与出席中国共产党全国宣传工作会议的部分文艺界代表进行了座谈。他们是：北京的茅盾、老舍、钱俊瑞，上海的巴金、周信芳、赵丹，广州的周钢鸣，以及来自天津的方纪等。其中，作家占了一多半，电影界人士仅赵丹一人，足见毛泽东对赵丹是厚爱有加的，并不存在黄宗英百般渲染的因其出演《武训传》主角以来五六年间，赵丹一直处于人生低潮及演艺逆境的说法。①

出席在毛泽东居住地中南海怀仁堂召集的这次小范围座谈会的中央领导

① 自电影《武训传》被粗暴批判至1957年前后，赵丹先生是一直处在“风雨飘摇”中呢，还是进入到了一个演艺事业高峰、个人影响大增的大好局面？笔者依据史实列出一个简单的明细表加以说明：

1.《武训传》的批判尚未落下帷幕，赵丹就被作为中央慰问团的成员派赴朝鲜前线，慰问志愿军战士。试想，若他有什么重大政治问题，他能去抗美援朝前线吗？

2.如前所述，1954年，借着纪念世界文化名人年这一千载难逢的特定契机，经周恩来总理提名，赵丹被选调到北京，在首都大舞台上主演了大型历史话剧《屈原》，引发了巨大的轰动。而正是由于前些年对电影《武训传》的批判，赵丹这次出演屈原，其意义更是非同寻常，影响也更深远。

3.更多的荣誉与喜讯一起降临到了人民演员赵丹头上：同样是在1954年，赵丹同志收到了参加社会主义新中国第一届全国人民代表大会代表的大红请柬。此后，于1959年、1964年，赵丹同志又当选为第二、第三届全国人民代表大会代表，一直延续到12年后的1966年“文化大革命”的猝然爆发……

4.1955年，在上海电影制片厂拍摄的《为了和平》一片中，赵丹饰演男主角——为反抗日本侵略和国民党反动统治惨遭关押、杀害的大学教授江浩。

5.1956年，在上海电影制片厂拍摄的历史题材片《李时珍》中赵丹饰演了李时珍。该片除在国内各地上演外，还于1957年、1979年及80年代初在英国、西班牙、美国、法国等举办的国际电影节上放映，备受好评。

6.在上海海燕电影制片厂1956—1957年拍摄的反映国民党水兵起义的《海魂》中赵丹饰演主角。该片同样备受好评。1959年，在捷克斯洛伐克举办的第10届劳动人民电影节上获“为世界和平而斗争”二等奖。1981年又在法国第9届拉罗歇尔国际电影节上展映。在拍摄《海魂》期间，尚非共产党员的赵丹，先是被中央点将赴京出席了中国共产党全国宣传工作会议。期间还作为文艺界的代表，出席了由毛泽东召集的小范围专项座谈会。会上，毛泽东亲切地慰勉了赵丹并与之互动对话，鼓励他饰演更多更好的角色。相隔仅仅不过三个来月，赵丹又与妻子黄宗英一道，双双出席了毛泽东在上海召集的小范围座谈会，与毛泽东比肩而坐，亲切对话。不久，赵丹被批准加入了中国共产党。

7.1959年，赵丹主演了上海海燕电影制片厂拍摄的爱国主义历史人物题材片《林则徐》中的林则徐。自1960年之后，《林则徐》先后在英国、日本、埃及、澳大利亚、厄瓜多尔、美国、西班牙、突尼斯、印度、联邦德国、法国等国参加国际电影节的展映活动。（转下页）

同志，除主讲毛泽东外，还有彭真、康生、陆定一、胡乔木，以及主管文化艺术工作的中宣部常务副部长周扬等人。

会上，当有人谈到电影局的领导和管理问题不少，报刊上也有讨论(从16天后赵丹联合石挥、吴茵、吴永刚四人撰写、发表在《文汇报》上的那篇《我们建议……》的文章内容来看，显然，赵丹在3月8日晚中南海怀仁堂的座谈会上向毛泽东作了当面陈述——秋石注)，毛泽东同意了这种说法。他说：我看许多批评是对的，应当根据事实来处理。两天后，毛泽东在同新闻出版界代表座谈时，又专门谈到了这个问题。毛泽东说，这次对电影工作的讨论中提出的批评很有益，但是电影局开门不够，他们的文章有肯定一切的倾向，人家一批评，又把门关得死死的。我看大多数批评文章提出的问题，对于改进我们的电影工作是有益的。现在的电影，我就不喜欢看，当然也有好的，不要否定一切。批评凡是符合事实的，电影局必须接受。你们报上发表的文章，第一个时期批评的多，第二个时期肯定的多，现在可以组织文章把它统一起来，好的肯定，不好的批评。电影局不理是不对的。这次争论暴露了问题，对电影局和写文章的人都有好处。听说要撤钟惦棐的职是不是，我看不要撤。电影的问题本来就很多，老演员、老导演本来就一肚子气，应该让他们发泄发泄。①

综上所述，从毛泽东的讲话精神中，读者们也就明白了个八九不离十：就

(接上页)7. 依然是在1959年，赵丹主演了海燕制片厂拍摄的《聂耳》中的聂耳。该片先后在捷克斯洛伐克、英国、法国等参加国际电影节的展映活动，并在第12届卡拉维发利国际电影节上获“传记片奖”。

值得一提的是：1959年，为庆祝中华人民共和国成立十周年，文化部隆重推出了十部佳片向国庆十周年献礼，其中，就有赵丹主演的《林则徐》、《聂耳》。不仅如此，由赵丹长女赵青主演的《宝莲灯》也在这十佳之中。这样，由赵丹赵青父女主演的影片就占了十佳之三成。这在新中国电影史上堪称空前。为此，赵青还随中国艺术代表团出访智利、巴西、阿根廷、乌拉圭等南美诸国。女儿回国之日，赵丹在著名的京城八大饭庄之一的丰泽园饭庄举办了一场有数十桌的盛大宴会兼女儿拜师会：夏衍、田汉、梅兰芳、萧长华、裘盛戎、吴祖光、新凤霞、李少春等国内一流文化、戏剧、电影艺术大师出席并接受赵青的拜师之礼。请问：自古至今，尤其是在新中国，有谁能有此拜师盛会的殊荣?！若赵丹一直处于“风雨飘摇”中，又何能如此大张旗鼓地为女儿举办这样顶尖的拜师盛会?

8. 自1960年起至1964年，赵丹还先后主演了由上海天马、海燕两电影制片厂拍摄的《风流人物数今朝》、《青山恋》等反映社会主义建设新人物的影片；以及由北京电影制片厂拍摄的《烈火中永生》的主角、地下党领导人许云峰。

试想，在20世纪五六十年代大讲特讲阶级斗争、突出个人政治表现且看重家庭成分的特殊年月，若赵丹有什么政治问题，他能够连续出演这些烙有时代鲜明印记的正面人物典型的主角吗?

① 陈晋：《文人毛泽东》，第415页。

是说，在这次座谈会举行两个月后，毛泽东缘何会断然插手干预新中国的首届电影奖评选工作。毋庸置疑，在否决专业评委们的评审投票结果后，不但《乌鸦与麻雀》一片由原来评定的二等奖，擢升为最高等级的一等奖；与此同时，作为该片主演的赵丹，与饰演配角的黄宗英，夫妇俩双双荣获一等奖，从而成为新中国首届电影奖的最大赢家！在同一部影片中，夫妇同获一等奖，不仅在中国的电影史上是唯一的，而且在世界电影史上也堪称为一大奇观——尽管是违规干预的结果。这难道不值得黄宗英女士为之浓墨重彩地书上一笔，让读者们也跟着兴奋一下吗？

笔者相信，任何人读了这么一篇有肯定，有批评（温和），有建议的短文，都是不会产生异议的，那么，又怎么会有黄宗英笔下的“检查”之说呢?!

实际上，这篇文章根本没有受到任何一级领导或者别有用心的人的批评、批判、为难。更遑论说赵丹为此写什么“检查”了！

之所以这样说，笔者是有史料证据的，而这个证据，黄宗英应是清楚的，她不应当忘记，也不应当回避，这就是刊登在1957年7月12日《文汇报》2版上在有黄宗英亲身出席的一次座谈会上（黄宗英也发了言，发言的题目是《反右派斗争给我们上了一课　希望文汇报真正成为知识分子的良师益友》）的相关报道。

1957年7月10日，由于“毛主席这次亲临上海，并且会见了一部分文教界与工商界人士，进行了亲切的会谈”，同时也是为了“本报前一时期犯了十分严重的政治错误。……我们决心改正错误”的需要，由《文汇报》社副社长兼代总编辑陈虞孙主持，邀请了13位出席7月7日晚与毛泽东座谈的同志谈感想。7月12日，《文汇报》以一个半版的篇幅刊登了13位同志的发言。通栏大字主标题是:《和毛主席一次亲切的会见》。其中，与赵丹、黄宗英夫妇同属上海电影制片厂的著名电影导演郑君里，在题为《看到了毛主席　我有两种心情　是我们的元帅又是我们的慈母》的发言中，专门提到了赵丹、石挥、吴永刚、吴茵等四人的那篇文章。郑君里指出：

再举一件事，吴永刚、赵丹、石挥等同志和吴茵到北京参加中央召开的宣传会议后，四人联名写了一篇文章交给文汇报，其中有很长一段是肯定解放后电影事业的成就的，但发表时这一段给删去了，赵丹同志为了这件事连续给文汇报写了好几次信，都没有答复。

请读者们看清楚了，郑君里先生在评点赵丹等人的文章时，是带着充分肯定的口气，并且是为赵丹他们鸣不平的：因为《文汇报》在发表上述四人联名撰写的文章时，将“其中有很长一段是肯定解放后电影事业的成就的”这一节文字“给删去了”。“肯定解放后电影事业的成就”，当然是肯定中国共产党领导下的社会主义新中国的“电影事业的成就”的。为此，赵丹“连续给文汇报写了好几次信，都没有答复。”言下之意，也就是给已成为全国家喻户晓的大右派、著名报人徐铸成先生“把持下”的《文汇报》增添了一条新的“反党反社会主义”的罪名。要知道，郑君里的这次发言，是在赵丹等四人的文章发表近四个月后，也是在《文汇报》受到毛泽东严厉批评，徐铸成、浦熙修等人被当作全国共讨之的大右派“揪出”来之后，自然，赵丹他们的文章是属于左派之作了。那么，还存在黄宗英时隔45年后所说的赵丹当年为“与石挥他们合写的一篇文章写检查”的事情吗？相信读者自能作出判断。

而且，当郑君里在发言中提及这档子事时，老红军出身，刚由《人民日报》编委调任《文汇报》社党的负责人的钦本立，当即明确表示要对此事进行追查，以还赵丹他们一个清白。

关于钦本立的这个明确表态，《文汇报》在报道时加注了括号，以示重视和区别于郑君里的发言：“（钦本立同志插话，这事情正在查，要查清究竟是姚芳藻同志①删的，还是浦熙修②删的。）”

附带说明一下，郑君里先生在发言中称吴永刚、赵丹、石挥等三人为“同志”，而另一名该文合写者吴茵却没称“同志”，这是因为此时的吴茵在上影厂正大会小会挨批斗，实际上也沦为了“右派”。而石挥的“同志”这一称谓，没过几天也消失了，他也成为大会小会批斗且遭到上海三大报及《光明日报》等大型报刊的点名批判，最终，在沦为“右派”之后纵身投向了大海……

---

① 姚芳藻，时为赵丹、石挥四人文章的发稿编辑，即版面责编。

② 浦熙修，时为签发赵丹、石挥四人文章的文汇报值班编委。但在四个月后的1957年7月，浦熙修已遭人民日报公开点名，成为全国共讨之的大右派。故而，钦本立提及时，没有给予当时盛行的“同志”这一亲切称谓。

同一篇文章的四位作者，两位成了“右派”，但赵丹是左派。

笔者之所以认定赵丹是左派，他在1957年并没有如同黄宗英在45年后一再渲染的赵丹身上存在着诸多“烦心事”儿，除上述外，笔者还有一个证据可以证明。这个证据依然取自于《文汇报》。

在1957年12月19日、20日两天的《文汇报》2版上，分上、下两篇，刊登了赵丹和另一位上影厂人士瞿白音合作撰写的揭发、批判有“话剧皇帝”之誉的著名演员、导演石挥“堕落”为“反党反社会主义反人民”的“大右派”的文章，全文5 500余字，立题为《石挥的“滚”的哲学和他的“才能”》。

这篇文章，在当时的反右文章中，是一篇火力威猛用词尖刻的批判文章。上篇，将石挥归之于反动社会“滚”出来而与新社会又格格不入的名演员。文章指出：

> ……那样的社会，确是给予了石挥以成名的条件的，他是有所谓“创作自由”的，是有剥削人和发财的“自由”的，是有随便玩弄女性、侮辱女性的自由的，是有任意的骑在劳苦大众的头上任意的打骂人的自由的。他当然是感恩反动统治阶级的。可是正在他的个人主义的美梦要达到饱和点的时候，全国解放了！于是他带着他的未竟完成的欲望和他自以为的资本——“才能”，滚到我们的新社会里来了。解放后，党耐心的教育他，争取他，给他重要的创作任务，如《鸡毛信》、《天仙配》等等影片的导演，对他给予应有的信任。可是他的欲壑难填，大声的叫嚣“党埋没人才”，“不尊重传统”，“扼杀创作意志，没有自由”，“新社会只叫人说假话”，“青年人不能言志”，“谁有才能谁就是领导”，他到处放火，到处造谣诬蔑，挑拨离间，向我们党和人民猖狂进攻。

为了将石挥打翻在地，且永世不得翻身，该文还揭发石挥“嘲笑我们劳动人民，挖苦我们的党和干部，污蔑我们社会主义”，并将石挥就有关“双百方针”及如何发扬民主的一些看法，其中也包括同赵丹之间私密性很强的交谈，演绎成石挥“甚至胆敢污蔑我们的伟大领袖！”的罪行。

在下篇中，以“石挥的道路是堕落的道路”为中心进行综合批判，从上篇个人道德的所谓“堕落”到“舞台道德的败坏”，全面剖析、批判、斥责“石挥表演的特点：1. 卖弄低级趣味；2. 充满没落阶级感情；3. 歪曲人物形象。”从而给了石挥以最后的致命一击：将其艺术道路和表演技巧全盘否定。对于一个从影从剧整整二十年且已为广大观众知晓、热爱的艺术家来讲，剥夺其在影坛剧坛生存和展现才华的权利，意味着什么？即使不是外力将其杀害，他自己也会走向绝路的。

对于赵丹在 1957 年的真实处境，是不是如同黄宗英渲染的处在那种边缘境地，笔者套用黄宗英在其《亲聆》一文中的上海话用词，顶“结棍”顶“结棍”的证明是：1957 年，在声浪日日高的反右斗争中，赵丹同志紧跟毛主席、党中央的战略部署，亲笔赶写声讨右派的大字报，在上影厂举行的批判右派大会上，当场面对面地揭发已经揪出或正待揪出的右派“罪行”，在上海市委主管的一流大报上发表点名批判右派的长篇文章……在此值得一提的是，正是经受了党所领导的反右斗争严峻考验的赵丹同志，光荣地加入了梦寐以求的中国共产党。比对 1957 年的赵丹的“左”的出色表现，难道我们还能一意孤行地愣说赵丹是右派或者右派边缘的危险分子吗？

第六章
关于“毛罗对话”等情况的通报

自2002年12月5日《南方周末》C22版(往事版),以及次日标注为“黄宗英授权本报及《炎黄春秋》杂志首发”,12月6日上海出版的《文汇读书周报》、12月4日北京出刊的《炎黄春秋》杂志(到读者手中实为6、7日),刊登由著名作家、演员黄宗英以现场当事人身份撰写的《我亲聆毛泽东与罗稷南对话》一文起,至2006年5月9日上海鲁迅纪念馆主办的“黄源先生百年诞辰纪念会”报到日的上海天鹅饭店午餐时止,在长达三年六个月的时间内,笔者先后37次从居住地的江苏昆山,自费前往当年催生“毛罗对话”惊世话题的上海,其间还三赴北京,在同各方学者、专家印证的同时,作了颇为艰难曲折的前期调查。其调查考证所得的结果,与黄宗英女士的“亲聆”之说大相径庭。据了解,在罗稷南先生信口提出相关话题后(在罗稷南先生之前,亦即1957年的早春时分,已有多人——可能还有巴金先生、徐铸成先生等,聆听了对鲁迅有着入木三分理解的毛泽东类似话题的诠释),毛泽东面带微笑,回答时的口吻随意而又中肯,完完全全是站在他心中的圣人生前一贯作为的角度上,给出了一个比较符合历史符合逻辑的回答。这个诠释,亦与毛泽东本人于同年3月北京召开的中国共产党全国宣传工作会议期间多次诠释的精神大体相符,而断非黄宗英女士在其“亲聆”一文中向我们告示的那种杀气四溢的“要么被关在牢里继续写他的,要么一句话也不说”的表述。

经多方调查、考证(未经审阅)①,毛泽东的这个诠释是:

---

① 此“未经审阅”(下文引及,一并),笔者于拙文《“右下角一”,他不是罗稷南》发表前后(全文见2006年第9期《作品与争鸣》杂志),先后于纪念黄源百年诞辰座谈会(2006年5月上海、杭州)、北京鲁迅博物馆、上海鲁迅纪念馆(2006—2007年)等处,丁玲国际学术研讨会(2007年8月,上海)、冰心国际学术研讨会(2008年8月)、巴金国际学术研讨会(2009年11月)期间,同上百位各地学者、专家及美国、韩国、澳大利亚、日本等国学者提及。需要作一说明的是,此“未经审阅”,系笔者于调查考证初期的2003年早些时候获知,距黄宗英女士在京、沪、穗三地高调发布《我亲聆毛泽东与罗稷南对话》(转下页)

依我看，依鲁迅的性格，即使坐进了班房，他也还是要说、要写的……

以下是1957年毛泽东谈鲁迅的有关内容：

1957年3月8日：《同文艺界代表的谈话》

鲁迅不是共产党员，他是了解马克思主义世界观的。他用了一番功夫研究，又经过自己的实践，相信马克思主义是真理。特别是他后期的杂文，很有力量。他的杂文有力量，就在于有了马克思主义世界观。我看鲁迅在世还会写杂文，小说恐怕写不动了，大概是文联主席，开会的时候讲一讲。这三十三个题目（秋石注：指此前中宣部办公室印发的《有关思想工作的一些问题的汇集》的会议材料，其中编入了33个人们关心的问题），他一讲或者写出杂文来，就解决问题。他一定有话讲，他一定会讲的，而且是很勇敢的。①

1957年3月10日：《同新闻出版界代表的谈话》

你们赞成不赞成鲁迅？鲁迅的文章就不太软，但也不太硬，不难看。有人说杂文难写，难就难在这里。有人问，鲁迅现在活着会怎样？我看鲁迅活着，他敢写也不敢写。在不正常的空气下面，他也会不写的，但更多的可能是会写。俗话说得好："舍得一身剐，敢把皇帝拉下马。"鲁迅是真正的马克思主义者，是彻底的唯物论者。真正的马克思主义者，彻底的唯物论者，是无所畏惧的，所以他会写。现在有些作家不敢写，有两种情况：一种情况，是我们没有为他们创造敢写的环境，他们怕挨整；还有一种情况，就是他们本身唯物论没有学通。是彻底的唯物论者就敢写。鲁迅的时代，挨整就是坐班房和杀头，但是鲁迅也不怕。现在的杂文怎样写，还没有经验，我看把鲁迅

(接上页)一文时间较近。后经多年考证比对，综合毛泽东在同一问题上的多次诠释。唯遗憾的是，由于种种不如意的原因，加之当事人很快去世……

① 《毛泽东文艺论集》，第171—172页；又见《毛泽东文集》第七卷，第253—254页。

搬出来,大家向他学习,好好研究一下。①

1957年3月12日:《在中国共产党全国宣传工作会议上的讲话》

鲁迅后期的杂文最深刻有力,并没有片面性,就是因为这时候他学会了辩证法。……鲁迅的杂文绝大部分是对敌人的,列宁的杂文既有对敌人的,也有对同志的。鲁迅式的杂文可不可以用来对付人民内部的错误和缺点呢? 我看也可以。当然要分清敌我,不能站在敌对的立场用对待敌人的态度来对待同志。必须是满腔热情地用保护人民事业和提高人民觉悟的态度来说话,而不能用嘲笑和攻击的态度来说话。②

2007年8月17日至19日,由中国丁玲研究会、上海市作家协会和同济大学联合举办的第十届丁玲国际学术研讨会,借座同济大学举行。

笔者是在研讨会召开前夕获悉的信息。鉴于笔者非科班无学历,原拟作为旁听者列席。然而,当笔者提出参加会议的要求后,本届研讨会负责人之一的同济大学中国文学中心常务副主任黄昌勇教授迅速将我列入正式出席者名单。由此可见百年同济不以学历论贵贱的学术氛围。

8月18日,是一整天的大会发言。

上午,来自北京大学严家炎教授的发言引起了笔者的注意。会前,他提交的论文题目为《关于丁玲延安创作思想》。发言前夕,会议主持人也是这么宣布的。然而,发言不几句,他忽地抛却主题,谈论并发挥起所谓半个世纪前假如活着的鲁迅会被毛泽东抛进大牢的“毛罗对话”这一几年前被搅得沸沸扬扬的话题来。

笔者,以及其他一些会议出席者认为,此话题且不说与其向大会提交的论文内容明显不相符,同时,也有悖于本届学术研讨会的宗旨。而有关丁玲当年被打成右派一案,亦与所谓“毛罗对话”不搭界。在1955年周扬等人制造的“丁、陈(企霞)反党小集团”错案中,毛泽东事先并不知情——这是历史,亦是

① 《毛泽东文集》第七卷,第263页。

② 《毛泽东文艺论集》,第182页。

自首届丁玲学术研讨会以来为广大学者、专家认可的事实。①

鉴于在此前五年中我对黄宗英杜撰的《我亲聆毛泽东与罗稷南对话》一文进行了全面质疑，由我本人调查考证并撰写的《“右下角一”，他不是罗稷南！》的澄清文章，业已刊发在北京出版的2006年第9期《作品与争鸣》杂志上，因而，我认为极有必要向大会说明有关历史真相。

我于上午11时申请发言。

下午4时许我被告知：可获10分钟时间的发言。

下午5时许，大会行将结束时，我就电影演员黄宗英《亲聆》一文中诸多疑点及不实之处，依据我的调查、考证结果，一一予以澄清。

我不足十分钟的发言结束后，站在过道上的北大严家炎教授，在与我友好握手后再度上台发言。在无法解释我提出的对黄宗英“亲聆”之说的诸多疑点的情况下，他只得另举了他所读到的罗稷南侄子、学生等人在内的转述文章。

我恪守“10分钟”之大会规定，不再与之论辩。

不再与之论辩的原因还在于：

1. 严家炎教授并没有就我依据考证对黄宗英《亲聆》的质疑作出对应的回答。

2. 罗稷南先生侄子等人的转述文章均系二手，没有向读者提供可资考证的时间、地点、人员等要素，令人无法辨其真伪。

3. 有关鲁迅之子周海婴先生在其《鲁迅与我七十年》一书中特设的《再说几句》一节中引述罗稷南学生的话，当事人贺圣谟教授已以《“孤证”提供人的发言》为题进行了必要的澄清。

贺圣谟教授的“补正”如下：

---

① 自1955年起，丁玲就已经被剥夺了说话的权利，她还能在1957年的反右中“鸣放”什么?! 另一个确凿的史实更能说明问题，这就是：1979年后，当党中央决定为丁玲平反时，当年将丁玲打成右派及“丁、陈反党集团”盟主的始作俑者、原中共中央宣传部部长陆定一偕原中宣部常务副部长周扬，都拒绝在其平反结论上签字。因而推迟了对丁玲的平反过程。

另据当年的一些知情人士回忆：1956年5月26日，中宣部部长陆定一在中南海怀仁堂作《百花齐放，百家争鸣》讲话时，向在《红楼梦研究》中受到粗暴批判的俞平伯老先生表示了歉意。讲话稿在征求意见时，有人提出是否也讲一下前一年对丁、陈的批评和处理有些过火，但此意见遭到了陆定一、周扬的坚决否决。

> 一、……海婴书中说:"他(罗稷南)把这事埋在心里,对谁也不透露。一直到罗老先生病重,觉得很有必要把几十年前的这段秘密对话公开于世,不该带进棺材,遂向一位他信得过的学生全盘托出。"这样的表述是不准确的。罗老告诉我这件事早在他逝世前六年而不是重病之时……他和毛的对话是在座谈会上,不能说是"秘密对话"。①
>
> 二、海婴书中所说的毛"依照惯例请几位老乡聊聊"的说法也不准确。罗稷南是云南顺宁人,不是毛泽东的"湖南老友"。海婴书中……说他"一口浓重的湖南口音,声音低沉,若不用心不易听懂。新中国成立后,他受聘于华东师范大学任教,直至退休。九十年代罗老去世……"也不准确。罗老在北大读书六年,以后又在哈尔滨工作过。他的普通话是说得很不错的,声音洪亮,口齿清晰。解放后他曾被任命为西南军政委员会委员,并要他出任云南大学校长。他告诉我,他认为自己没有行政才能,没有去昆明上任。我不知道他曾否受聘于华东师大,只知道上海译文出版社每月给他发120元"车马费",平时不用去上班……他逝世于1971年,不是海婴所说的"九十年代"。②

除贺圣谟先生澄清的谬误外,周海婴还在书中将当时压根不在上海的周谷城先生,给纳入了想象中的"依照惯例请几位老乡聊聊"的所谓"秘密对话"中。

---

① 据上海文汇出版社2003年8月出版的《假如鲁迅活着》一书收入的贺圣谟先生的《"孤证"提供人的补正:对周海婴先生所记述的毛泽东同罗稷南关于鲁迅的谈话的若干补充》一文指出:于上述"他和毛的对话是在座谈会上,不能说是'秘密对话'"之后,被《南方周末》删去的贺圣谟原文,还有"罗老当时告诉我,那天谈话时巴金、白杨等人也在场"的表述内容。据贺圣谟先生回忆,罗稷南同他说这话的具体时间,是在1965年的7月31日,距毛泽东1957年7月7日上海中苏友好大厦咖啡厅团桌座谈会所谈,才不过八年的光景,但时年67岁的罗稷南先生的回忆已经出现了偏差。这是因为,巴金、白杨二位并不是出席那次团桌座谈会的现场亲历者。可见老年人的记忆力也会时不时地出现一些失误与偏差,更何况对话的具体内容了。然而,笔者要强调指出的一点是,有关罗稷南先生1965年7月31日同25岁的杭州大学生贺圣谟的回忆讲述中出现的这个失误或偏差,同黄宗英女士涉嫌故弄玄虚炮制出来的那个打着"亲聆"旗号的"毛罗对话",有着本质上的区别。

② 见2002年12月5日《南方周末》C22版左侧。

下面，极有必要向读者们追述一下距今9年前的丁玲国际研讨会上，我与严家炎教授对垒后发生的后续事情。

有关在2007年8月18日第十届丁玲国际研讨会上，北大著名教授严家炎先生，置研讨会主题与他自己会前准备好并向大会预告的关于丁玲延安创作思想的论文于一边，大谈特谈黄宗英女士五年前抛出的那个破绽百出的“毛罗对话”一事，国统区地下党员和学运骨干出身的老红军、丁玲老伴、延安文艺前辈陈明同志的态度，却是十分鲜明的，虽说那一天因身体原因他不在会上。但时隔半个月后他的反应，真真实实地表明了他的一以贯之的正确立场，和作为一名入党71年的老共产党人的高风亮节。

“文不对题，牛头不对马嘴嘛！”

在上海同济大学会议中心举行的第十届丁玲国际研讨会结束半个月之后，同年9月3日晚上，在北京复外大街22号楼，20多年来我去往过无数次的丁玲生前接待过到访客人的客厅里，与丁玲相濡以沫半个世纪的老红军、延安文艺前辈陈明，谈起在上海丁玲研讨会上曾经发生过的这一幕，如是批评道。他说他事先是知道严家炎教授向本次研讨会提交的论文真实内容，是有关丁玲延安文艺创作的主题，根本没有涉及“毛罗对话”这类不着边际的话题。他说他事后听人说起过会议结束时我与严家炎教授之间发生的冲突（那天下午，91岁的他因过度疲惫待在宾馆客房内休息，没有到会），他为此感到惊讶而无法理解：为什么会发生这档子与会议主题根本不相符的事情。陈明前辈说，若丁玲在世，是绝对不会同意的。因为丁玲对毛主席的感情是很深很深的，她也绝不会赞同“毛罗对话”这种说法的。记得在这次谈话结束时，陈明前辈说他注意到了一年前我发表在《求是》杂志上的那篇含有抨击“毛罗对话”内容，题为《鲁迅精神是中华民族精神的结晶》的学术论文。为此，他勉励我把追踪“毛罗对话”历史真相的调查考证进行到底，“直至搞他个水落石出！还一个真实的历史现场，还毛主席一个清白，最终还一个读者们的明白！”说完这话，当他了解到我是在刚刚出席完北大举行的海伦·斯诺百年诞辰追思会，便直接来到他这里时，当即起身，从书架上取出一册1978年出版的创刊号《新文学史料》送予了我。陈明前辈意味深长地对我说道：看看外国友人他们是怎么看待鲁迅，看待中国左翼文学运动，看待中国共产党和中国革命，以及如何高瞻远瞩预见到中国的未来命运的，特别是他们是如何评价毛主席的。从他手中接过这册《新文学史料》创刊号，我翻开一看，顿时惊喜交加：原来这本创刊号上刊有埃德加·斯诺与海伦·福斯特·斯诺夫妇编撰的《活的中国》的相关资料，特别是尼姆·威尔士（即海伦·福斯特·斯诺）在丈夫埃德加·斯诺，以及包括鲁迅在内的众多中国左翼作家的鼎力帮助下，经过一定时日的调查研究与比对考证，下大气力撰写完成有关鲁迅和中国特质的左翼文学研究的《现代中国文学运动》的近2万字长篇论文，更是弥足珍贵得很！这本创刊号《新文学史料》，在这之后的相当一段时间里，为我的新一轮左翼文学研究起到了相当于指南针的重要作用。现在仍然如此。

说起来，陈明前辈还是力挺我文史研究反虚无化的引导者呢！

1994年1月10日、12日，台湾《中央日报》以两个整版的篇幅，发表了一个名叫李家的人写的《萧红和她的四个男人》的长文。这篇以莫须有编织的花边新闻架构的地摊式“纪实”，对鲁迅，以及萧红、萧军、骆宾基、端木蕻良等大陆左翼作家极尽污蔑、攻击与抹黑。不仅如此，如此下流低俗、且政治倾向与动机十分明显的污文，竟然为福建的《港台信息报》和发行量很大的北京《作家文摘》报改头换面地转载、摘选，从而在社会上产生了极为严重的负面影响。此时已回到南方工作的我，读到后深感震惊与愤怒，遂以与萧军有过9年忘年交友谊，且与众多萧红萧军各个时期友好、历史现场见证人交往叙谈过的后辈身份，依托史料，花费一个来月的时间，针锋相对地撰写了《史实岂容歪曲——驳台湾〈中央日报〉所刊李家〈萧红和她的四个男人〉，兼与〈作家文摘〉〈港台信息报〉商榷》的檄文。然而，四处投稿的结果，愣是无一家愿意刊登。无人接稿的原因，固然因为我是无名小卒的缘故，但究其根本的原因，却是在于他们“不想惹麻烦”。而与《作家文摘》报的一次次交涉，对方却一股劲地打起了太极拳：不是百般推托，便是“研究研究再说”这类不着边际永无下文的话。在一次与陈明前辈的通话中，我无奈而又气愤地将此事的全部交涉经过告诉了他，他听后十分爽快地对我说道：你把稿子寄给我，我看完后交给《文艺报》处理！就这样，仅仅过了十来天，《文艺报》负责人就给我寄来了“将很快刊用”及订正个别错别字、地名与病句的书面通知。三个月后，《文艺报》以较大篇幅刊登了我的这篇檄文。不日，迫于各方压力，《作家文摘》在头版醒目位置介绍了我文扼要内容，及作为作者的我的相关信息。再往后，《作家文摘》终于公开作出检讨。再往后，福建的那家《港台信息报》，以转载《文艺报》所刊我文全文的方式，以示纠正他们的以往过错。也正是这一次在陈明前辈的强劲引领下，我从原先喜爱并且已有定论的小说创作，全面转向了以鲁迅为代表的左翼文学研究和中国近现代史研究，最终成长为一名以史为鉴，不信邪，不服硬，敢向腐恶叫板，反虚无化著称的基层业余文史学者。

2002 年 5 月 20 日，由陈明前辈领衔的延安文艺学会、延安精神研究会和解放区文艺研究会，在首都人民大会堂新疆厅举行纪念毛泽东在延安文艺座谈会上的讲话发表 60 周年大型座谈会。为让我承继延安精神，进一步接受革命传统教育，陈明前辈亲自给我寄来了由他亲笔填写的出席这次座谈会的大红请柬，使我得以与 200 多位老红军、老八路、延安文艺老战士和延安后代聚集一堂，出席这次规模空前的座谈会。座谈会上，我分别同魏巍、贺敬之两位前辈大家，以及曾克、吕远、韦莹、孟于等延安文艺老战士叙谈，并合影留念。会上，包括年届九旬高龄、参加过长征的红四方面军女战士王定国在内的多位革命老前辈，针对新世纪之初社会上出现的一些与共产党人和革命者崇尚的信仰、理想格格不入的纷杂乱象，适时地提出了反历史虚无化的话题，呼吁以实际行动捍卫“讲话”精神和延安革命传统。此外，还有两位延安文艺前辈和多位延安后代、学者在同我的叙谈中，针对鲁迅之子周海婴一年前在南海出版社出版的《鲁迅与我七十年》一书中存在的空穴来风式描述，提出了强烈的质疑与批评。会后，正是依据这次座谈会上老前辈们开展反历史虚无化斗争的呼吁，我历时 44 天，遍查史料，并在同 50 余位前辈、学界同行沟通的基础上，撰写了质疑含有“毛罗对话”内容在内，且与鲁迅书信日记及众多历史见证者生前留存文字不相符，存有不少严重错讹的《鲁迅与我七十年》一书的《周海婴先生，您告诉了我们些什么?》的万余字批评文章。2002 年 9 月 17 日出版的《文艺报》，冠题为《爱护鲁迅是我们共同的道义》以整版篇幅推出。在北京寓所的陈明前辈读到后，在电话中旗帜鲜明地予以了支持。之后，相隔不过 20 天，陈明前辈于南下途中来到昆山，并在我居住的香樟园寓所里与我朝夕相处了三天。在这难忘的三天相处中，他不忘对我进行了新一轮的延安精神与革命传统教育。他在又一次力挺我反虚无化斗争的同时，同此前梅志、牛汉等前辈对我毫不留情予以直率批评的一模一样，还就多年来我在萧红萧军研究中过于站在萧军一边，所存在的“扬军抑红”的错误倾向，提出了严肃的批评和纠正。

对于陈明这位早在红军时期就参加革命并加入中国共产党的延安文艺前辈，在这之前，我们已经交往了有 20 多年。记得是在上世纪 80 年代末，我的人生一度跌落低谷，心情自是郁闷得很。在京向有关部门反映情况时，我经常去他家坐坐，诉说一下胸中挥之不去的烦恼。再后来，我由东北齐齐哈尔返回江南姑苏调动工作时，也曾一度入住团结湖那边丁玲陈明他们早期住过的小两居室简陋寓所。见我郁郁寡欢一时难以释怀，陈明前辈在帮我向上反映的同时，不忘一再同我促膝谈心。他以上世纪 50 年代中叶丁玲和自己被打成莫须有的右派和反革命，乃至被开除党籍、流落到遥远寒冷的北大荒农村务农、养鸡，“文革”中惨遭批斗，直至关进京郊秦城监狱的漫长岁月的非人道遭遇为例，对我循循善诱地进行开导：面对长期遭遇的厄运与非人道逆境，他和丁玲始终牢记延安时期毛主席、陈云同志、李富春同志等老一辈革命家对他们的真诚关怀与理解，一直没有忘记在当年血雨腥风的残酷岁月里，入党时举起右手庄严宣誓的那神圣一刻，始终没有动摇对党对毛主席的信仰。在木樨地复外大街 22 号楼的丁宅里，在矗立着真人一般大小，1938 年西安八路军办事处门前一身八路军戎装丁玲像的宽大客厅里，在革命前辈陈明老人永葆革命青春，不忘初心继续革命精神一次又一次的熏陶下，我也一次又一次地接受了如何在当下物欲横流、各种思想意识泛滥的错综复杂年代，忘掉小我，个人利益的小圈里拔出腿来，认清认准前进的方向，铁心跟党走革命传统再教育的洗礼，从而从源头上进一步坚定了对党对伟大祖国的忠贞信仰。

第七章
与黄宗英商榷：此遗言，非彼遗言

2008年9月22日，《中国新闻周刊》刊登了该刊记者李扬采访黄宗英的文章，记叙了“赵丹遗言”的来龙去脉。同年10月6日，上海出版的《报刊文摘》，以《黄宗英谈赵丹的“临终遗言”》为题予以摘登。

黄宗英说道：

> 1980年9月，《人民日报》文艺版开展了“改善党对文艺的领导，把文艺事业搞活”的讨论。赵丹的文章，就是这场讨论中的一篇。
>
> 赵丹在文章中写道，“《人民日报》正开展‘改善党对文艺的领导，把文艺事业搞活’的讨论。看到‘改善’‘搞活’的标题，颇喜；看到‘编者按’中‘党对文艺工作的领导必须改善，通过改善来达到加强，在这方面我们是坚定不移的’，又忧心忡忡。”
>
> 赵丹还说到“外行领导内行”问题，提出“为什么要死死拽住那么多非艺术干部来管住艺术家们呢？有些非艺术干部在别的工作岗位上也许会有所作为的。可是，如今那么多‘游泳健将’都挤到一个‘游泳池’里，就只能‘插蜡烛’了。”
>
> 赵丹以自己筹拍《鲁迅》为例说，1960年试镜头，反反复复，胡须留了又剃，剃了又留，历时20年，最终还是没拍成①。赵丹还指出，文艺创作是最有个性的，文艺创作不能搞举手通过！可以评论、可以批评、可以鼓励、可以叫好。从一个历史年代来说，文艺是不受限制、也限制不了的。
>
> 10月10日，赵丹去世。赵丹去世前两天在《人民日报》上发表的文

① 在14年对“毛罗对话”的漫长考证中，笔者曾稍带着赵丹为什么没有拍成由他饰演主角的《鲁迅》电影一事，向京城一些学者求证过。据了解，大约是在“文革”前的1964、1965年间，鲁迅遗孀许广平就曾经作出过回应：不同意赵丹出演鲁迅的银幕形象。其个中说法、理由，笔者姑且不在这里赘述。

章，被人们称作“赵丹遗言”。

文章发表后，文艺界一片叫好声。然而不久，《人民日报》报社领导告知袁鹰，上面有话了，一个领导说，“赵丹临死还放了个屁。”袁鹰说，报社领导受到压力。

黄宗英最后说道：

再次被提到赵丹的遗言，那是在2006年11月13日。中国文联第八次全国代表大会、中国作协第七次全国代表大会在北京召开，中共中央政治局常委、国务院总理温家宝在会上作了《同文学艺术家谈心》的讲话，提到了赵丹的遗言。温家宝说：“他的遗言和他的艺术一样，长存人们心中。”

毫无疑问，赵丹先生的上述想法，是有他一定道理的。记得笔者当年刚进入文学创作和研究领域，在读到赵丹先生刊于《人民日报》上的那篇文章时，也是有同感的。他的这个见解，基本上是遵循一年前邓小平同志在全国第四次文代会上所作的《祝词》精神的。

邓小平同志指出：

党对文艺工作的领导，不是发号施令，不是要求文学艺术从属于临时的、具体的、直接的政治任务，而是根据文学艺术的特征和发展规律，帮助文艺工作者获得条件来不断繁荣文学艺术事业，提高文学艺术水平，创作出无愧于我们伟大人民、伟大时代的优秀的文学艺术作品和表演艺术成果。……我们提倡领导者同文艺工作者平等地交换意见；……在文艺创作、文艺批评领域的行政命令必须废止。……文艺这种复杂的精神劳动，非常需要文艺家发挥个人的创造精神。写什么和怎样写，只能由文艺家在艺术实践中去探索和逐步求得解决。在这方面，不要横加干涉。①

① 见《邓小平文选》第2卷，人民出版社1993年版，第207—214页，下同。

邓小平在《祝词》中还进一步指出：

> 我们的文艺属于人民。我们的人民勤劳勇敢，坚韧不拔，有智慧，有理想，热爱祖国，热爱社会主义，顾大局，守纪律。……文艺创作必须充分表现我们人民的优秀品质，赞美人民在革命和建设中、在同各种敌人和各种困难的斗争中所取得的伟大胜利。
>
> 我们的文艺，应当在描写和培养社会主义新人方面付出更大的努力，取得更丰硕的成果。……要通过这些新人的形象，来激发广大群众的社会主义积极性，推动他们从事四个现代化建设的历史性创造活动。
>
> ……
>
> 我们要继续坚持毛泽东同志提出的文艺为最广大的人民群众、首先为工农兵服务的方向，坚持百花齐放、推陈出新、洋为中用、古为今用的方针，在艺术创作上提倡不同形式和风格的自由发展，在艺术理论上提倡不同观点和学派的自由讨论……

以上是邓小平同志三十多年前论述的关于文学艺术创作的精神要点，自然，到今天也不过时。因此，赵丹的“临终遗言”中的一些内容并无什么大错。

笔者要同黄宗英女士商榷的一个内容，就是关于温家宝总理提及“赵丹遗言”的事。黄宗英在同《中国新闻周刊》记者谈话时，核心谈的是关于党的领导与文艺家们的关系，而非其他。但黄宗英女士在接受采访时，却用了一个模糊提法，“再次提到赵丹的遗言，那是 2006 年 11 月 13 日。……温家宝说：‘他的遗言和他的艺术一样，长存人们心中’。”这样的引用，好像是说温家宝在《谈心》中提及的“赵丹遗言”，就是黄宗英回答《中国新闻周刊》记者时一再重复的那个党不要干预文艺太多的话题。

实际上，并不然。

温家宝同志在 2006 年 11 月 13 日中国文联“八大”和中国作协“七大”上所作的《同文学艺术家谈心》的发言中，确实是提到了赵丹的“遗言”，但他谈及的内容，却非黄宗英两年后向记者提及的内容，温家宝是这样说的：

> ……赵丹在他的遗言中有这样的一句话，“人活着，或者死了，都不要给别人增添忧愁。艺术家在任何时候，都要给人以美、以真、以幸福。”他的遗言和他的艺术一样，长存在人们心中。

如此而已，别无他哉！——温家宝提及的就是这么一句话，他欣赏的也正是赵丹的这么一句“遗言”！

附带在这里说明一下，赵丹先生的这个临终遗言的内容，并非是赵丹先生一个人的“专利”，而是他在 1957 年 3 月 12 日出席中国共产党全国宣传工作会议时聆听毛泽东的讲话演绎而来。毛泽东的原话为：“人们历来不是讲真善美吗？……”（见《毛泽东文艺论集》186 页）

此外，温家宝在同一个《同文学艺术家谈心》讲话中还指出：

> 文学艺术家要对国家、人民和社会有强烈的责任感。这种责任感最重要的表现，是他们的作品应该促进国家变革创新和社会开放包容，鼓舞人们刚健自强、艰苦奋斗，给人以真善美的启迪和享受；应该反映社会的现实、人民的意愿，歌颂先进事物，鞭挞丑恶现象，鼓励人们团结向上，把国家建设好。

温家宝在发言中还着重引用了我国两位当代著名作家、艺术家生前说过的话，一位是当年在法国留过学的诗人艾青；另一位系从海外生活多年后毅然回归祖国的舞蹈家戴爱莲。

温家宝向大家引述的“是艾青 1938 年写的诗句”：

> 为什么我的眼里常含泪水，因为我对这土地爱得深沉。

温家宝在会上向作家、艺术家们介绍了他在戴爱莲病危时两人相见的情形：

就在今年（系指2006年——引者注）春节前夕，她病危了。我赶到协和医院的时候，她神志还清醒。因为她的英文比中文还好，所以她一会儿说英文，一会儿说中文。我拉着她的手，她本来就非常清瘦，疾病折磨后，显得更瘦弱了。她的声音依然很大。她说，中国这么大，人口太多，需要共产党的领导。我知道，就在前几天，她在病房里举行了入党宣誓。

上述，引自2006年11月29日的《人民日报》2版，经核对无误。

无论是哪一个人，作讲演也好、作报告也好，都是有连贯性的。如同赵丹的那个“临终遗言”，既有改善文艺现状的要求，也有如同温家宝引用的“给人以美、以真、以幸福”的心愿。故而，在引用他人的话或文字时，一定要实事求是，既不要断章取义，为我所用，也不要采用模糊手法，似是而非，误导他人。

2011年8月，任教于南昌大学中文系的李洪华副教授，对黄宗英杜撰的“毛罗对话”作出了这样的评析：

不管是亲历者的回忆还是质疑者的辨析，五十多年前的“毛罗对话”都是在当下现时的思想活动中复苏并获得它的历史性的。然而，当亲历者跨越超过半个世纪的风烟重回那个短暂的瞬间时，经历了多年世道沧桑和人情冷暖的冲刷与改塑，此“亲历者”已非彼“亲聆者”，更何况追忆时又如此感性，书写时竟那般修辞。因此，“亲历者”的回忆遭遇“追寻者”的质疑应在情理之中。

文学以虚构想象取胜，史家凭客观事实说话。假若是文学者，以自身经历“遥体人情，悬想事势”，本无可厚非。然而，“这场短暂而又撼人心魄的‘对话’”偏又涉及“一段中国现代史的重要史实”，关乎两个对社会历史进程和民族精神指向举足轻重的伟大人物，因而，即便是“亲历”或“亲聆”都应该以史家实录精神“析理居正”，“文疑则阙”。因为有时即便是亲历者回忆亲历事也总免不了受各种因素的影响而有意或无意地“虚其美，隐其恶”。

记得上世纪80年代，罗尔纲在《关于胡适的点滴》一文中，记述了1930年11月28日与胡适一起自上海迁北京在火车站时的场景。根据他的回忆,“广交游”的胡适在离别上海时孤寂凄凉,几乎没有一个朋友来送行。作为胡适得意弟子的罗尔纲纳闷不已:“为什么亲朋满上海的胡适今天却一个人都不来送行呢?”

但是,学者余英时却在胡适当天的日记中读到:“今早七点起床,八点全家出发,九点开车。到车站来送别者,有梦旦、拔可、小芳、孟邹、原放、乃刚、新六夫妇、孟录、洪开等几十人。”于是,余英时在确认了并非罗尔纲记忆不好之后,感慨道:“我不愿去猜测他的动机,但是我敢断言,这是他想以浓墨刻画出一种极其恐怖的气氛,所以才虚构出这样一篇绘声绘影的绝妙文字来。我不能不佩服他想象力之丰富,但是如果胡适这一天的日记不幸遗失,罗先生的虚构便将被后人当成实录了。”

史学大家尚且如此,可见,个人回忆录的史料价值的确值得审慎。①

读罢上述评析,比对黄宗英女士有关温总理讲话的引用,以及那个曾经“撼动”成千上万读者心灵的《亲聆》,我们不难得出结论:历史是冷酷无情的,竟然有着如此惊人的相似之处。虽说集演员、作家于一身的黄宗英远非史学大家罗尔纲先生可比,但有一点是相同的,这就是:他们在叙事论史时,都采用了漠视史实的虚构手法。然而,黄宗英女士走得更远,其夸张虚构的手法,更是有过之而无不及。

黄宗英对《中国新闻周刊》发表谈话,距温总理在八届文代大会和七届作代大会作《同文学艺术家谈心》的讲话,才一年零十个月。而且,温总理的这个讲话全文,就刊登在首都各大媒体和全国31个省、市、自治区的党报上。按理,引用现任总理的讲话是不会出现任何差错的,可黄宗英女士愣是来了一个移花接木,随心所欲地给发挥成了另一个模样。尔后,经包括在全国发行量位

① 见2011年8月29日《光明日报》14版——文学评论版所刊李洪华《当“亲历者”遭遇“追寻者”》一文,又见中国作家网。

居前列的《报刊文摘》在内的不少媒体广而告之，其影响自是不可估量。“引用”近期且家喻户晓的总理讲话，尚且如此误导读者，而发生在半个世纪前的人们并不知晓的那档子事情，由于有了“亲聆者”这个特殊身份出现在媒体和受众面前，其随意性更是发挥到了极致。在其笔下诞生的“毛罗对话”，则形象逼真地“以浓墨刻画出一种极其恐怖的气氛”来——而且，这个“极其恐怖的氛围”，比当年罗尔纲笔下对恩师胡适先生“离别上海时孤寂凄凉”的描绘还要甚之：“天地幽纷，忽明忽暗，疾电炸雷，交错撼震”，“一切似乎被吞噬了”，“我却吓得肚里娃娃儿险些蹦出来”……当我们读着这些恐怖情景的描述文字时，深切而又本能地感受到，这个以“亲聆者”身份作证的人，已远非 1957 年 7 月 7 日晚那个一脸欣喜肩挨肩坐在毛泽东身边的“亲历者”了。

故而，当我们在 2010 年 3 月 1 日读到温家宝总理回复张瑞芳、汤晓丹、王丹凤、吕其明、黄准、顾也鲁、舒适、秦怡等八位耄耋之年的老电影人（内中一位于温总理回信前夕去世）就上影厂建厂 60 年巨大变迁上书总理的信后①，从中我们也就明白了一二。

① 见 2010 年 3 月 1 日《解放日报》所刊《温家宝给上海老电影人回信：我也是看你们拍的电影长大》的报道，又见东方网。

第八章

赵丹为什么未被获准出演周总理

2008年10月31日，上海出版的《文汇读书周报》于其5版“特稿”栏中，刊登了一篇题为《听黄宗英老人谈往事》的文章。文内有这么一段话：

> “‘文革’结束后，按说，赵丹应该很开心，但是他的心情越来越坏，由于接连遇到许多不如意事，渐渐变为抑郁、苦闷以致愤懑。他曾经被邀请在一部以黄河沧桑为题材的新片中（秋石注：系指影片《大河奔流》）饰演周恩来总理，为此他作了许多准备，拍了许多化装演周恩来的照片，不知为何有高层人士无意中说了：‘赵丹演总理合适吗？’结果就因这一句话被黄了，使他一片真情成了虚愿。……”

黄宗英在述说这段历史时，从上述文字来看，语调还算是比较平缓的：“不知为何有高层人士无意中说了：……”但演绎到最后，似乎又在替死去28年的赵丹发泄“愤懑”了。

行文至此，被蒙在鼓里的人们也许会问：黄宗英在《谈往事》一文中，所指的“高层人士”是谁？

虽然有人指的是“一位将军”——系指经历了二万五千里长征的红军老战士、时任文化部部长的黄镇同志（秋石注：1955年，中国人民解放军授衔时，黄镇同志正担任着中华人民共和国驻东欧社会主义兄弟国家匈牙利人民民主共和国的特命全权大使，因此，没有被授衔。然而，由于他的长征经历，和1946年国共和谈期间所担任的军调部执行小组共产党方面的少将首席谈判代表，故而，长期以来，在外交界、民间，流传着“将军大使”的誉称）。① 其实大家心

---

① 黄镇（1909～1989），杰出的外交家，著名的“将军大使”，著名书画艺术家，安徽桐城（转下页）

中都很清楚：在黄镇“将军”这话的背后，是周恩来夫人邓颖超的真实表述。她自然拥有这个发言权和决定权，毕竟她当时还健在，也确实是党和国家的“高层人士”。“四人帮”粉碎后，邓颖超同志担任了全国人大常委会副委员长，三中全会后又进入了中央政治局。据了解，邓颖超同志当时对此事所抱的态度十分的明朗，表态时也并非“无意”，而是相当的有意，且是态度一点也不含糊的一锤定音：

赵丹饰演恩来不合适！

试想，周恩来是一种什么性格，赵丹又是一种什么性格。即使邓颖超同志不说，任何外人特别是熟悉赵丹本人性格及演艺风格的人，都可以得出这么一个结论来。如果赵丹的性格远不是那样的易怒易暴，处处外露，锋芒毕露，其演艺风格，特别是后期的演艺风格清高肃冷脸谱化，而是与周恩来那种忍辱负重且又荣辱不惊，有理有节且又包容万千，顾全大局且又柔中有刚，以及待人接物平易近人极具亲和力的气质风貌相近，则又当别论了。试想当年，连独夫民贼蒋介石也不由得为之感慨万分：偌大一个国民党，怎么就留不住一个周恩来（秋石注：第一次国共合作时期，周恩来为蒋介石任校长的广州黄埔军校政治部主任）？国民党文武百官，怎么就产生不了一个周恩来？还有那场“文化大革命”，如若没有周恩来中流砥般的抵御在第一线，以江青为首的“四人帮”的兴风作浪还会更加狂妄、凶残与肆无忌惮。因而，整个中华民族遭受的磨难与损失远要深重得多！

由此可见，周恩来在中国高层政坛，在亿万人民心目中的魅力所在。

（接上页）（今枞阳）人。1927 年毕业于新华艺术大学。1931 年参加宁都起义，并参加中国工农红军。1932 年加入中国共产党。曾任红五军团政治部宣传科科长。1934 年随中央红军参加长征。历任中央军委直属队政治部宣传科科长，红十五军团政治部宣传部副部长和民运部部长。抗日战争时期，历任晋冀豫军区政委，八路军 129 师政治部副主任，太行军区副政委兼政治部主任。曾于 1945 年日寇投降前率部指挥攻剿日寇的清道战役，收复大片国土。1946 年国共和谈期间，任军调部执行小组少将衔首席谈判代表。解放战争时期，任晋冀鲁豫野战军九纵队政委，中央军委总政治部第一室主任。中华人民共和国建立后，历任驻匈牙利大使、驻马来西亚大使，外交部副部长，驻法国大使（首任），驻美国联络处主任（相当于驻美大使，首任）等职（因其已从事外交事务工作，1955 年授衔时未授军衔）。“文革”结束后，担任中共中央宣传部第一副部长，文化部部长，对外文化联络委员会主任等职。黄镇同志还是第三届全国人大代表、第五届全国政协常委，中共第九、十、十一届中央委员，第十二届中央顾问委员会委员，第十三届中央顾问委员会常委。

众所周知，几十年来，赵丹与周总理的关系比较密切，总理也比较欣赏赵丹的演艺。如果单凭“一位将军”——黄镇“将军”的否定意见，性格倔强非要演周恩来的赵丹，是断断不会善罢甘休的，他肯定会向熟悉他而且会过面的邓颖超邓大姐求助的——当然，前提是邓颖超与“一位将军”的意见相左。

而在实际上，时任文化部部长的黄镇同志，就将“已经请示过邓大姐”的话，向赵丹本人原原本本传达了的。虽然只有“已经请示过邓大姐”的寥寥八个字的答复，因为并没有“同意”二字的下文，其中的含义是再也明白不过了的。

诚如1945年抗战胜利前夜，在大后方的昆明，已经嫁与中共地下党员、著名剧作家杜宣（本名桂苍凌）的赵丹前妻叶露茜，面对从新疆监狱死里逃生的赵丹苦苦哀求破镜重圆肝肠寸断的三岔路口，周恩来副主席闻讯后，托人自重庆捎来的“你更适合杜宣！”的一句肺腑之言忠告，同30多年后邓颖超同志关于赵丹不适合演周总理的表态，是有着同样的寓意的。①

---

① 深受叶露茜如同对待亲生子女关爱成长起来的传记作家、编剧、导演江浩先生，在为《叶露茜：风雨百年仍旧绽放》一书，所作的题为《叶露茜：上海滩最后的玫瑰》的序中披露道：当年叶露茜的丈夫赵丹被新疆军阀盛世才关进监狱，叶露茜携抱幼儿千方百计救夫，几经波折，得知丈夫死在监狱，而叶露茜本人则被盛世才派兵羁押到兰州。周恩来得到消息后，即请人汇款给叶露茜，帮助她回到重庆。后又亲自批准了杜宣和叶露茜的婚礼。

数年后，民怨沸腾的人世间活阎王盛世才被蒋介石调离新疆，赵丹这才死里逃生，活着从新疆监狱出来，辗转来到久违了的大后方重庆，继而，又寻踪觅迹地从重庆赶至昆明，站在了已为他人妇的叶露茜面前……此时此刻，处于左右两难的叶露茜，经再三思考与衡量，向赵丹诚恳地表示：她已破损了一个家庭，不能再破损第二个！赵丹是个豪情千尺激情万丈的男子，死里逃生千里寻妻，岂能接受这等人生戏剧结构，又怎能轻信叶露茜的两句台词，让出主角地位，黯然退出舞台？赵丹认为只要自己坚守，不放弃追寻，失落的爱情一定会在戏剧转折中回归，自己仍然是叶露茜生命与爱情中的当然主角！

此时，民国各家报纸的花边新闻铺天盖地，从重庆到昆明，乃至十里洋场的上海滩，叶露茜无疑成了中华民国舞台上的悲喜剧主角！半个封建社会半个公民社会混杂着各种阶层的人，茶余饭后都在关注着此事。此时，周恩来闻讯捎来一句话：“你更适合杜宣”！

于是，本意“不能再破损第二个”已决的叶露茜，乘势婉拒了等待破镜重圆的赵丹，开始建设和杜宣的爱情生活。他们的第一个孩子桂未明的如期降生，巩固了永恒的不变！

叶露茜与1932年入党的老党员、“左联”及新四军战士杜宣再婚后，就参与了党的地下情报工作。并在周恩来的亲自安排下，临危受命，互相掩护，悄然离开昆明，秘密潜入香港，开始了中共红色谍报生涯。抗战胜利后，1945年秋，她随丈夫杜宣来到香港。在中共地下港澳工委的领导下筹备成立港九妇女联合会，并担任主席，团结港九上层妇女，做了许多实际工作。

1947年2月，她由中共隐蔽战线领导人潘汉年和杜宣介绍，在香港加入中共地下党。1948年，在解放战争前夕，她担任党的沪港交通员，负责潘汉年和上海地下党书记刘晓之间的联系。1948年底回到上海继续担任刘晓的掩护工作，直至解放。叶露茜人品一世之高洁，为世人敬重。

应当说，在我们的赵丹同志饰演不饰演周总理银幕形象的问题上，有关邓颖超同志的明确表态，这是一个不争的事实，而并非黄宗英在其文中似是而非杜撰的“不知为何有高层人士无意中说了……”的那种虚无主义的说法。然而，由于有黄宗英女士信誓旦旦语出惊人，震惊四野的那个以“亲聆者”身份推出的“毛罗对话”，有她以当事人妻子身份，翻来覆去一再炒作的“赵丹遗言”受非议受“批判”在先，故而，这个所谓“不知为何有高层人士无意中说了……”的虚无主义说法，在似是而非的口口相传中，也就赋予了它的新的含义、新的定义：党不尊重、不信任老艺术家！如此而已！毋庸置疑，这，又是一个好莱坞式的蒙太奇演技手法。

下面，请读者们读一段文字，这段文字系黄宗英本人向她昔日的同事，亦即为她写传的作者姜金城先生原汁原味的讲述。

在2005年8月浙江文艺出版社出版的《黄宗英画传——属云的人》一书第115页，姜金城先生先是向他的读者作了如下告白：

> ……北京电影制片厂拍摄《大河奔流》，特约赵丹扮演周恩来总理。于是，黄宗英陪着赵丹来到了北京。
>
> 《大河奔流》中，有关周总理的戏不多，可赵丹为了在银幕上创造好周总理的形象，花了不少心血。样片拍出来时，不但形似，而且神似。摄制组的演职员都说赵丹演绝了。
>
> 可是，影片正式开拍时，又不让赵丹扮演周总理了。
>
> 赵丹简直气得要发疯了。他满腔怒火责问有关的负责人：“你们请我来演周总理，为什么又不让演了？”
>
> 回答的都是一些莫名其妙的理由，让人啼笑皆非。
>
> 后来，好心的同志把真实原因悄悄告诉了黄宗英，她气得浑身发抖，泪水在眼眶里直滚……

紧接着上文，姜金城先生同样原汁原味地转述了他的传主黄宗英女士的亲口讲述（请读者们注意了，下文中的“我”，系指讲述赵丹演不成周总理形象缘由的黄宗英本人）：

回到住处,我仍在生气。

可在阿丹面前,我又不愿意表露出来。为了叫阿丹知道不让他演周总理的真正原因,我反复考虑了很久,最后还是决定告诉他。

“阿丹,我知道不让你演周总理的原因啦。”我异常平静地说。

“你怎么知道的?”阿丹有些惊愕,“快告诉我……”

“那你不要生气。”

“好,不生气。”

“阿丹,因为有人提出你和江青的关系,说赵丹演周总理合适吗?……”我停了一下接着说,“真没想到,现在还有人提出这样荒唐的问题……”

阿丹气愤地骂道:“简直是混蛋!”

“这种无中生有的谣言,竟然有这样大的威力。其实,在旧社会演员之间即使……”

“为什么‘即使’,根本没有这个‘即使’!”阿丹怒不可遏地打断了我的话,大声地咆哮着,“这是污蔑!这是污蔑!”

我发现阿丹气得脸色变青了,便安慰他说:“阿丹,冷静点,你不是答应不生气吗?……”

阿丹沉默了,在痛苦的沉默中,他流泪了……

综上所述,黄宗英女士是完全清楚赵丹为什么不能出演为万众敬仰的周总理这一光辉形象个中缘由的。那为什么在过去了二三十年后,黄宗英乘着她一手杜撰的“毛罗对话”的机会,会重拾起这个早已被事实证明是不成问题的问题呢?这个中缘由,想必读者们略经一番思索后,自然会清楚一二的。

须知,饰演周总理,不是饰演一个什么主角的简单问题,断非儿戏。周恩来这个形象是特定的,在大众心目中早已定了位的,也可以说是永存的。即或是“高层人士”认可“合适”了,还有全国亿万观众的眼睛和心呢!如后来饰演周总理的王铁成,他不止一次进出中南海西花厅,而进出中南海西花厅,也不仅仅是为了演戏,但他把周恩来演活了,不仅得到了多少双“高层人士”眼睛的认可,而且更是赢得了亿万观众的青睐和发自内心的认同。为此,邓颖超同志还亲切地会见了他，并与他一起来到总理生前百忙疲惫之余常驻足的西花厅门前的海棠花树下合影。又如，以多年来主演周恩来的天职演员刘劲为例，从1995年的32岁那一年在电影《遵义会议》中主演周总理开始，到前些日子首都舞台上唯一一部纪念长征胜利80周年的大型话剧《从湘江到遵义》，21年来，他相继在《长征》《周恩来在上海》《周恩来在重庆》《建国大业》等影视剧中，塑造了将近70次不同时期的周恩来形象。他扮演的周恩来刻画之真似，数量之多，堪称同类演员中的佼佼者。而观众们在观摩到刘劲在荧屏上扮演周总理的形象后，对他的那个一丝不苟的认真劲儿，那个一举一动的气质风度，以及事后回味无穷的"真像!"发出的由衷赞叹，无不为之动容与从心底里认可。他之所以被广大观众喜爱与认可，源自于他出生于当年红军长征经过的地方——四川省阿坝藏族羌族自治州的原动力所在。诚如刘劲对媒体记者所说："我出生的地方，就在红军长征的路上。"刘劲还说，自己从小就听说，当年红军途经家乡，从不占用老百姓的民房，从领袖到士兵，都在树下把马一拴便休息。据了解，拍摄电视剧《长征》的时候，刘劲便带领剧组来到领袖拴马的"三棵树"下，祭拜英烈，以此作为开机的仪式。"过草地时，周恩来深受少数民族同胞的照顾，允诺新中国成立后建立'红原县'以为报答。"刘劲一边解说，还一边不无自豪地说，"现在，我就是红原县的形象大使。"

综上所述，我们可以这么认为：并不因为你是一名功勋老演员，就一定能够演好人民的好总理这个角色的。再有一个原因，十分重要；那就是作为一名人民的演员，在经历过长达数十年漫长演艺生涯的浸淫之后，存在着一个为人为文为戏表里一致的问题，即为天下人也为邓颖超同志都认可的问题。所谓"高层人士无意中说了'赵丹演总理合适吗?'"这句话的寓意，就是这个道理，这么一回事。"文革"前夕，横遭戏霸江青之流批判的电影《舞台姐妹》中，有一句主角的台词说得十分的贴切、形象，叫做：清清白白做人，认认真真演戏。

人的一生，不可能事事遂你自己的心愿，也不可能处处攀高拔尖。真情是一回事，事实又是一回事。世界上，并不是你一个人对人民的好总理具有真情。试问，普天下，有几个从那个年头走过来的人，不从心底深处热爱周总理?回想起1976年1月11日的薄暮时分，京城十里长街两侧上百万群众冒着三九严寒，自发地为人民的好总理送行；三个月后的丙辰清明，持续数天，数以百万计的首都人民，还有来自全国各地的群众，全然不顾“四人帮”的淫威和自身安全，不惧殴打，不怕丢饭碗，不怕坐牢，不怕杀头，一拨又一拨，一群又一群，潮水般地涌向天安门广场，聚集在当年由人民总理亲手奠基、题词的人民英雄纪念碑前……毋庸置疑，正是亿万人民群众的真情，见证了这一空前悲壮，撼动中国，同时也为世界各大媒体及大大小小政治家为之聚焦的历史时刻。有否“真情”，同饰演一名合格的总理，一名与人们心目中接近的周恩来形象，并没有必然的联系，更是不能混为一谈。

试想，倘若有人现在提议拍一部反映赵丹生平、经历的纪实类故事片，投资方制片方和编导千挑万选，最后选出了一名“合适”的演员，比如深受人民欢迎、饰演过鲁迅的中年演员濮存昕，来饰演赵丹这位主角。编导看了，认为不错，演员自我感觉亦甚良好，并且进入了角色，而到了由你黄宗英女士“把关”的时候——作为曾经与赵丹朝夕相处30多年的妻子，一旦表示出须许不满意：诸如气质啦，风貌啦，道德人品啦，还有演艺风格的嗓音、手势啦，口型啦，等等，直至最终予以“否决”。尽管大家为此感到遗憾，但亦无奈于你的“一票否决制”——尊重逝者原型，尊重逝者至爱亲朋的感受，恐怕还是会得到理解和重视的——这跟自持艺高胆大自我感觉良好想饰演伟人形象的经典主角，恐怕没有多大关系。

在此，恕我这个不知天高地厚从不畏名人，也从不“淘糨糊”的晚辈直言相告一两句：为人行路，著文说事，最重要好最基本的一条，是要端正心态，实事求是，对读者负责，对历史负责。而不是我想发泄些什么，就可以无视历史的真实存在，随心所欲地杜撰些什么。

至于不甘寂寞处处作秀凑热闹旨在拔高自己的作派，更是不可取。

附录

参加1957年7月7日座谈会的各界人士简介

以下是出席1957年7月7日晚在上海中苏友好大厦咖啡厅与毛泽东座谈的36位各界人士之简单介绍(按1957年7月9日《解放日报》所刊新华社通稿36人名单)。

漆琪生(1904—1986),教授。四川江津人。1929年毕业于日本京都帝国大学经济学部。曾任暨南大学、中山大学教授。1944年后,历任复旦大学教授、经济系主任,全国《资本论》研究会副会长,中国民主建国会第四届中央常委。20世纪30年代起研究《资本论》。著有《〈资本论〉大纲》(三卷)、《资本的循环和周转》。

谈家桢(1909—2008),遗传学家、教育家。浙江宁波人。1926年7月入苏州东吴大学主修生物学。1930年8月至燕京大学攻读硕士学位。1934年至1937年赴美国加利福尼亚理工学院攻读博士学位,师从现代遗传学奠基人摩尔根。1937年8月回国,任浙江大学生物系教授。1951年任浙江大学理学院院长。1952年院系调整后,任复旦大学生物系主任。1961年任复旦大学副校长。在复旦大学建立了全国第一个遗传学专业、第一个遗传学研究所、第一个生命科学学院。1978年后,先后担任中国遗传学会副会长、会长和名誉会长。1980年当选为中国科学院生物学部委员、院士。1985年当选为美国国家科学院外籍院士及第三世界科学院院士。1987年当选为意大利国家科学院外籍院士。1999年当选为纽约科学院名誉终身院士,并受聘于联合国工业发展组织国际遗传工程和生物技术中心任科学顾问。同年,经国际相关组织正式批准,国际编号为3542号的小行星被命名为“谈家桢星”。早在1948年,39岁的谈家桢作为中国遗传学界的唯一代表出席在瑞典斯德哥尔摩召开的第八届国际遗传学会议,并被推选为国际遗传学会常务理事。他还是第十五届(1983年,印度)、十六届(1988年,加拿大)、十七届(1993年,英国)国际遗传学大会副会长,及1998年在中国北京举行的第十八届国际遗传学大会会长。在国内,谈家桢先生还担任过第五届至第九届全国政协常委;上海市人大常委会第八届至第十届副主任，政协上海市第五届副主席；民盟中央第五届至第七届副主席、第八届名誉副主席，民盟上海市委第七届至第十届主委。著有《谈摩尔根遗传学》、《原子时代的遗传学》、《谈家桢论文集》、《谈家桢文选》等。

笪移今（1909—1998），教授。江苏句容人。曾参与发起组织九三学社，为第一届理事会理事。1950年后，历任上海政法学院、上海学院教授、院长，复旦大学世界经济系教授，九三学社第四届至第六届中央委员、第七届中央常委和中央参议委员会副主任，是第五届至第七届全国政协委员。长期从事世界经济的教学与研究。撰有《节制资本的再认识》、《新民主主义革命的本质》等论文。

孙怀仁（1909—1992），浙江杭州人。1928年赴日本早稻田大学学习政治经济学。1932年回国，进上海申报馆申报年鉴社任经济部分主编。1933年受聘上海法学院任教授、经济系主任。1935年与沈钧儒等发起筹建上海文化界救国会，当选执行委员。1936年与沈钧儒、潘大逵等人发起成立上海市大学教授救国会。1937年后在暨南大学商学院兼任教授。后任暨南大学商学院教授、国际贸易系主任、代教务长。1946年任上海商学院教授、工商管理系主任，上海法学院教授、工业经济系主任。新中国成立后，1950年任上海财经学院教授、工业经济系主任。著有《资本与剩余价值》、《资本的循环与周转》、《资本主义再生产》、《社会主义再生产》、《上海社会主义经济建设发展简史》等。

周煦良（1905—1984），教授、翻译家。字舟斋，安徽东至人。1926年毕业于上海光华大学化学系。1932年在英国爱丁堡大学毕业，获文科硕士学位。1935年后，历任上海暨南大学、四川大学、上海光华大学、武汉大学教授。任教期间，支持进步学生的爱国活动。1945年底，参加马叙伦、王绍鏊等人发起组织的中国民主促进会。新中国成立后，曾历任华东师范大学外文系教授、系主任，著译甚多，译有[英]《福尔赛世家》三部曲、[英]《美学三讲》、[意]《关于托勒密和哥白尼两大世界体系的对话》、[英]《刀锋》等。主编全国高等学校教材《外国文学作品选》。

李锐夫（1903—1987），教授。原名蕃，字以行，浙江平阳项桥乡李家车村（今苍南钱库镇）人，自幼熟读经史，擅长书法。1925年考入南京东南大学数学系。毕业后获学士学位，在江苏省立常州中学等校任数学教师。1934 年起先后任广西大学、山东大学数学系讲师。1937 年起任重庆大学数学系教授。1942 年调任贵阳师范学院数学系主任、教授。1945 年，赴英国剑桥大学深造，从英国著名数学家李德伍特研究复变函数论，专攻整函数。回国后，任复旦大学、暨南大学数学教授。1952 年院系调整，从复旦大学调至华东师范大学，历任教授、副教务长、副校长。1962 年起，兼任上海市高等教育局副局长。

殷宏章(1908—1992)，植物生理学家。1929 年南开大学生物系毕业，留校任助教。1935 年考取清华大学留美公费，赴美国加利福尼亚理工学院留学，1937 年取得博士学位，在该校生物物理研究室和生物遗传研究室作光合作用和遗传方面的研究。1938 年回国，任西南联大教授，讲授植物生理学课程。1946 年任北京大学教授。1948 年 12 月赴印度新德里任联合国教科文组织南亚科学合作馆科学官员。1951 年回国，任中国科学院实验生物所研究员。1953 年任中国科学院植物生理研究所副所长，1978 年后任所长，1983 年后任名誉所长。是第二届全国人大代表，第五、第六届全国政协委员。1955 年当选为中国科学院院士(学部委员)。

汪　猷(1910—1997)，化学家。浙江杭州人。1931 年毕业于金陵大学工业化学系。1937 年获德国慕尼黑大学博士学位。历任中国科学院上海有机化学研究所研究员、所长、名誉所长、国务院学位委员会委员、中国科学院上海分院副院长等职。早期从事十四乙酰藏红素的全合成以及性激素、抗生素和碳水化合物化学等研究。是中国抗生素研究的奠基人之一，系统研究了链霉素和金霉素的分离、提纯以及结构和合成化学。参加领导并直接参加了人工合成胰岛素的研究。在淀粉化学方面，创制了新型血浆代用品。所建立的石油发酵研究组，当时在国际上居于前列，做出多项成果。1955 年 6 月当选为中国科学院学部委员，1994 年 1 月改称院士。曾当选为法国科学院、德国巴伐利亚科学院外籍院士。是中国有机化学界先驱者之一。

应云卫(1904—1967)，戏剧、电影导演。浙江慈溪人。30 年代初在上海从事左翼戏剧电影运动，执导话剧《怒吼吧！中国》和影片《桃李劫》、《生死同心》。抗战期间执导影片《八百壮士》、《塞上风云》等，并组织中华剧艺社，演出话剧《屈原》、

《大地回春》等。解放战争期间，在上海导演揭露国民党政府黑暗统治的影片《无名氏》。新中国成立后任江南电影制片厂厂长，执导《宋士杰》、《武松》、《追鱼》等戏曲片。

沈　浮（1905—1994），戏剧、电影导演。原名沈哀鸿，又名百宁。天津人。1924年入天津渤海影片公司任演员。1933年在上海加入联华影业公司，曾任《联华画报》编辑，后任编导。所作电影剧本《狼山喋血记》被认为是较优秀的国防电影作品。抗日战争爆发后，与陈白尘、白杨等组织上海影人剧团，辗转至重庆，导演舞台剧《日出》、《雷雨》、《雾重庆》、《群魔乱舞》等。抗战胜利后在上海加入昆仑影业公司。先后编导影片《万家灯火》、《希望在人间》等。还参与编写电影剧本《乌鸦与麻雀》。新中国成立后，任上海电影制片厂导演。先后导演《李时珍》、《老兵新传》、《万紫千红总是春》、《北国江南》、《曙光》等影片。曾任上海海燕电影制片厂厂长，中国影协上海分会主席，上海市电影局艺术委员会主任等职。

郑君里（1911—1969），电影演员、导演。生于上海，原籍广东中山。早年考入南国艺术学院戏剧科学习。1931年参加左翼戏剧家联盟。1932年，加入联华影业公司为演员，先后在《火山情血》、《奋斗》、《大路》、《新女性》、《迷途的羔羊》等影片中担任角色。抗战爆发后，任上海救亡演剧三队队长。1940年，在重庆加入中国电影制片厂，任新闻影片部主任，历时两年，赴西北、西南地区拍摄各兄弟民族团结抗战的长纪录片《民族万岁》。抗战胜利后回到上海，任昆仑影业公司编导委员会委员。1947年，与蔡楚生合作编导《一江春水向东流》。翌年，参加了电影剧本《乌鸦与麻雀》的集体创作，并单独执导了该片。新中国成立后，先后导演了《宋景诗》（与孙瑜合导）、《林则徐》、《聂耳》、《枯木逢春》等影片。论著有《角色的诞生》、《画外音》，译著有杰希·波里斯拉夫斯基的《演讲六技》、斯坦尼斯拉夫斯基的《演员自我修养》等。“文革”中被迫害死于监狱。是全国政协第三、第四届委员，中国影协、剧协常务理事，上海影协常务理事。

赵　丹（1915—1980），电影表演艺术家。山东肥城人。早年考入上海美术专科学校，学习国画。其间参加了美专剧团、新地剧社和拓声剧社，并积极参与“左翼剧联”的活动。1932年参加明星影片公司，先后参加拍摄了《上海二十四小时》、

《时代的女儿》、《三姐妹》、《到西北去》、《空谷兰》(1934)、《落花时节》(1935)、《热血忠魂》(1935)、《清明时节》等二十多部影片。1933年，加入中国左翼戏剧家联盟。1936—1937年，因主演影片《十字街头》和《马路天使》，受到广泛赞许。抗日战争爆发后，加入抗日救亡演剧三队，辗转各地，宣传抗日，1939年参加影片《中华儿女》的拍摄。同年6月，与徐韬、王为一等前往新疆开拓进步戏剧工作，后被盛世才监禁五年。抗日战争胜利后回到上海，继续从事演艺工作。1948年后，主演了《关不住的春光》、《丽人行》、《乌鸦与麻雀》等影片。其中《乌鸦与麻雀》1957年获文化部1949—1955年优秀影片一等奖，而由他在片中饰演的"小广播"肖老板，则获个人一等奖。新中国成立后，先后主演了《为了和平》、《李时珍》、《海魂》、《林则徐》、《聂耳》、《烈火中永生》等影片，创造了李时珍、聂耳、林则徐、许云峰等银幕形象，代表了新中国50—60年代电影表演艺术最高水准。著有《银幕形象创造》和《地狱之门》等。

金　焰(1910—1983)，电影表演艺术家。原名金德麟，朝鲜人，生于汉城(今首尔)。1921年举家迁至中国，定居吉林通化并加入中国国籍。1927年赴上海加入民新影片公司当学员，1928年入南国艺术剧社任演员。1930年，入联华影业公司当演员，主演影片《野草闲花》，始受关注。之后，主演《恋爱与义务》、《桃花泣血记》、《三个摩登女性》、《野玫瑰》、《大路》、《浪淘沙》、《壮志凌云》等影片。1934年，在一家电影刊物组织的观众评选中，获"电影皇帝"殊荣。新中国成立后，在上海电影制片厂工作，先后在《大地重光》、《伟大的起点》、《母亲》、《暴风雨中的雄鹰》等影片中扮演主要或重要角色。

黄宗英(1925—　)，演员、作家。原籍浙江瑞安，生于北京。天津南开中学肄业。1941年到上海，先后在上海职业剧团、同华剧社、北平南北剧社任演员，因主演喜剧《甜姐儿》而知名。1946年开始发表作品。1947年从影。先后在北平中电三厂，上海中电一厂、二厂，昆仑等影业公司主演《追》、《幸福狂想曲》(由著名电影导演陈鲤庭一手提携，黄宗英因饰演该片女主角、年轻寡妇张月华而名声大噪)、《丽人行》等影片，因在《乌鸦与麻雀》一片中扮演国民党小官僚的姘妇余小瑛，1957年在文化部1949—1955年优秀影片评奖中获一等奖。新中国成立后任上海电影制片厂演员，拍摄《家》、《聂耳》等影片。1954年创作电影剧本《平凡的事业》。

1965 年后在中国作协上海分会专事创作，是中国作协第四届理事。

历史上，黄宗英先后三次见到毛泽东主席。第一次，在 1957 年 5 月赴京出席文化部举行的新中国首届优秀影片获奖大会上。这一次她见到了毛泽东，但似是没有能够面对面地交谈，也有距离。第二次，在 1957 年 7 月 7 日晚上上海中苏友好大厦咖啡厅 36 位各界人士的座谈会上。黄宗英与毛泽东比肩而坐，亲切对话。第三次，在 1958 年 9 月 27 日夜晚毛泽东与上海文艺界代表共度中秋佳节的锦江饭店的舞会上。据当时在上海市委宣传部供职且奉命安排这次欢聚的稼耘同志撰写的《中秋月圆夜》一文①中写道：“印象最深的是电影演员黄宗英陪伴主席又跳舞又交谈，黄宗英合着主席的脚步轻快起舞，转了一圈又一圈，跳得潇洒自如，谈得也饶有兴味，遗憾的是我看得见，却听不见。时针已指向凌晨一点，整整一个钟头过去了……”

陈鲤庭（1910—2013），戏剧和电影导演、理论家。上海人。1931 年在大夏大学高等师范系读书并创作剧本《放下你的鞭子》。1933 年在上海组织“骆驼演剧队”从事进步剧目的演出，同时参与左翼电影运动。八·一三事变后，离开上海赴四川，沿途进行抗日宣传、慰劳伤兵活动，先后担任第四救亡演剧队队长、旅川上海业余剧人协会理事兼导演、第二战区“文抗”话剧队队长等职。1941 年在重庆先后受聘中国电影制片厂和中央电影摄影场任编导委员。在此期间，导演了《钦差大臣》、《复活》、《屈原》等著名剧目。编译《电影艺术理论史略》，编著《电影规范》等著作。1947 年导演影片《遥远的爱》。新中国成立后，主要从事上海电影界的行政领导工作。1957 年到 1966 年任上海天马电影制片厂厂长。是全国政协第三、第四届委员。

章靳以（1909—1959），天津人。早年就读于复旦大学，积极参加新文学运动。1933 年在北京与郑振铎合编《文学季刊》，并担任《水星月刊》编委。1935 年开始在上海与巴金合编《文季月刊》、《文丛》等杂志及烽火抗日小丛书。1938 年任内迁重庆的复旦大学国文系教授。1941 年到福建师范专科学校任教，编辑《现代文艺》、《奴隶的花果》、《最初的蜜》等杂志。创作了短篇小说《众神》和《生存》。1944 年回

① 见《毛泽东在上海》，中共党史出版社 1993 年 10 月版，第 228—229 页。

重庆复旦大学执教。1946年夏随校迁回上海，任国文系主任，并编辑《大公报·星期文艺》，还与叶圣陶等合编《中国作家》。新中国成立后继续从事创作和编辑工作。曾担任作协上海分会副主席。主持大型文学刊物《收获》的编辑工作。

罗稷南（1898—1971），翻译家。原名陈小航。云南顺宁人。1923年毕业于北京大学哲学系。曾任国民革命军第四军101师政治部宣传科科长，十九路军总指挥部秘书，福建人民革命政府闽西善后委员会办公厅主任，读书生活出版社经理，西南军政委员会委员，中国作协上海分会书记处书记。1922年开始发表作品。1952年加入中国作家协会。精通英语、俄语。译著有《萨木金的一生》、《没落》、《暴风雨》、《双城记》、《马克思传》、《有产者》等长短篇小说、戏剧、论文、传记20余种。

丁善德（1911—1995），作曲家、钢琴家、音乐教育家。江苏昆山人。1928年入上海国立音乐总院（后改为国立音专）钢琴系。抗战以后，筹办上海音乐馆，从事音乐教育活动。1947年赴法国巴黎音乐学院学习作曲。1949年回国后，长期在上海音乐学院执教，历任副院长兼作曲系主任。先后担任柏林国际舒曼钢琴比赛（1956年）、波兰国际肖邦第六届钢琴比赛（1960年）、比利时伊丽莎白皇后国际钢琴比赛（1964年）评委。在国内多次举行个人钢琴独奏会。主要作品有大型器乐曲《长征交响曲》、《新中国交响组合》，大合唱《黄浦江颂》等。

陈大燮（1903—1978），热力工程学家。字理卿。浙江海盐人。1925年毕业于南洋公学机械科，赴美国留学，获机械工程硕士学位。1927年回国，任浙江大学副教授。1934年到中央大学任教授兼机械系主任。抗日战争爆发后，随中央大学由南京迁到重庆。1943年任交通大学机械系教授。抗战胜利后随交大迁回上海，任机械系主任，代教务长。新中国成立后，任交大教务长。1957年下半年随交通大学内迁西安。1959年，任西安交通大学副校长。

武和轩（1902—1986），原名肇煦，山西文水人。早年毕业于日本东京帝国大学。回国后，在国民党中央党部和蒙藏委员会任职多年。因反对蒋介石的专制独裁，一度被开除国民党党籍。抗战期间，任国民参政员和国民参政会驻会委员，与中共方面参政员多有来往，对中共的提案常签名联署，积极支持。抗战胜利后，曾公开抨击蒋介石发动内战的反动政策。1949 年拒绝去台，毅然留沪，并与其他 52 位立法委员联名发表《原国民党立法委员脱离国民党反动派宣言》，宣布起义。新中国成立后，当选为民革中央委员。1959 年起，任第三届至第六届全国政协委员。

钱宝钧(1907—1996)，科学家、教育家。1929 年毕业于南京私立金陵大学理学院。1935 年赴英国曼彻斯特理工学院纺织化学系深造。获理工硕士学位。1938 年回国后历任成都金陵大学、铭贤农工专科学校化工系主任、教授，上海公益纺织研究所研究员。1947—1949 年任上海交通大学纺织系兼职教授。1951 年参加华东纺织工学院筹建工作，并任副院长、院长和名誉院(校)长。他是中国民主同盟中央委员，全国人民代表大会第三、第五届代表。1996 年获首届中国工程科技奖。

傅于琛(1909—1983)，四川双流人。我国马克思主义政治学奠基人之一，著有《马克思主义政治学教程》、《大众政治学》等。1926 年考入北京大学预科。蒋介石发动“四一二”反革命政变后，傅于琛于 1927 年 7 月加入中国共产党，曾任北大地下党支部工作及北京文化大同盟大会主席。1936 年担任上海救国会宣传干事。历史上，由于党组织遭破坏、“皖南事变”等突发原因，两次失去组织关系，但都经受了严峻考验，先后三次入党。解放前夕，在上海地下党的领导下，积极参加同国民党反动派的斗争。新中国成立初，任上海政法学院、上海高专政治教师，并任华东军政委员会参事。1955 年大区撤销，调任上海市房管局副局长。1983 年 8 月 18 日因肺癌晚期去世，终年 74 岁。

丁　忱(1919—2011)，字宝恂，江苏无锡人。1939 年上海交通大学毕业。1941 年赴美攻读。1945 年哈佛大学经济系毕业，获博士学位。回国后任资源委员会经济研究所研究员。1947 年 8 月在上海申新二厂、五厂任职。新中国成立后，任上海市工商业联合会副处长、处长、副秘书长。他是上海市工商联第四、五、六、七届副主任委员兼秘书长，第八届副主任委员。1985 年任上海工商学院院长。历任上海市政协委员，中华全国工商业联合会第四、五、六届常委，全国政协委员。

徐子威(1904—1998),曾用名徐尔仪,江苏金坛人。九三学社社员,中国共产党党员。1930年毕业于南京中央大学化学系。曾在上海中学执教,获得上海中学校史上十大名师之一的荣誉称号。1954年后,历任上海师范大学前身上海师范专科学校、上海第二师范学院、上海师范学院的化学系系主任、校工会主席,并兼任上海化学化工学会副理事长。1993年获国务院颁发的政府特殊津贴。是上海市第二、三、四届政协委员。

蒋学模(1918—2008),著名经济学家。我国马克思主义经济学奠基人,有“马克思主义经济学在中国传播第一人”之称誉。由其主编且不断精心修订的我国高等学校通用教材《政治经济学》,自改革开放起至其逝世的三十年间,连出14版,印行达2 000万册。他还是外国经典小说大仲马《基度山伯爵》一书的中文版初译者,发行持续达60余年。1936年至1937年,在苏州东吴大学经济系求学。1941年毕业于四川大学经济系。曾在香港《财政评论》杂志社、复旦大学文摘社等处担任编辑和负责编译工作。新中国成立后,在复旦大学经济系从事政治经济学的教学和科研工作,任教授、博士生导师。他是上海市第二、第三届政协委员,第四、五、六届常委。国务院学位委员会第二届经济学科评审组成员,《中国大百科全书》经济学卷编委,《辞海》编委兼政治经济学分科主编。

2008年5月,蒋学模先生因患肠癌住入华东医院,尽管病情严重,但躺在病床上的他得知四川地震灾情后,当即委托保姆从自己的养老金中取出1 000元捐到经济学院。之后不久,他又一次委托保姆交了500元特殊党费。这也是蒋学模先生为社会留下的最后一份贡献。

刘念义(1910—1967),实业家。浙江定海人。著名民族企业家刘鸿生次子。英国剑桥大学毕业。1937年回国。1941年,任大中华火柴公司总经理。先后兼任上海永丰房地产公司董事、永业房地产公司董事长、上海炽昌兴牛皮胶公司总经理、青岛火柴公司总经理和香港大中华火柴公司总经理。新中国成立后,被推选为上海市工商业联合会筹备会常务委员,并去香港陪伴其父刘鸿生返回祖国,受到周恩来的接见。多次申请将他的企业实行公私合营。1956年8月,被任命为公私合营的上海火柴公司经理,旋任上海市火柴塑料工业公司经理。1965年任上海市日用化学工业公司经理兼华光火柴厂经理。他是第一届至第五届上海市人民代表,中国民主建国会中央常务委员，第二届全国政协委员和第二、第三届全国人大代表。

吴中一(1910—2006)，著名工商业实业家。江苏无锡人。1936 年毕业于英国波尔顿大学纺织系。归国后曾任中国纺织工学院副院长、教授。新中国成立后曾任公私合营中华第一针织厂经理、申新总管理处副总经理兼申新九厂厂长、上海市棉纺织工业公司副经理，以及香港伟纶纺织公司董事长，全国政协委员，第二、第三、第四届上海市政协常委，中国民主建国会上海市委副主任。

李国豪(1913—2005)，科学家。1936 年同济大学毕业。1938 年赴德国达姆施培特工业大学留学，1940 年获得双博士学位。1946 年 6 月回国，任工务局工程师，参与了上海都市计划的制定等工作。1948 年，任同济大学工学院院长。新中国成立后任同济大学副校长。1955 年当选为中国科学院技术科学部学部委员。1957 年任国家科委力学、建筑学科组组长。1977 年任同济大学校长。1983 年 4 月当选为上海市第六届政协主席。他是第三届、第五届全国人大代表，我国第一批桥梁专家之一。

王元美(1914—2012)，湖北武汉人。民盟盟员。1936 年毕业于北平燕京大学国文系。1936 年后历任武汉培华女中教师，四川省立剧校川剧研究班教师，国立剧专中英文讲师，上海师专英文系教授，苏北军区文训班教师，上海人民艺术剧院编剧，上海电影厂剧本创作所编剧，上海戏剧艺术中心编剧。民盟上海市委会妇委会副主委，燕京大学校友会副会长。1984 年加入中国作家协会。

值得一提的是，令人尊敬的王元美前辈，多年来坚持一个月向所在党组织递交一封入党申请书的执著追求，于 2006 年 92 岁高龄时光荣地加入了中国共产党。

黄　晨(1914—1994)，1931 年毕业于上海启秀女中。1937 年参加抗敌演剧四队。1939 年在延安陕北公学学习。后赴西安、重庆等地，在中国电影制片厂、中国艺术剧社等团体任演员。1947 年任上海昆仑影业公司演员，拍摄过《八千里路云和月》、《关不住的春光》、《柳浪闻莺》、《希望在人间》、《三毛流浪记》、《武训传》等影片。1952 年任上海电影制片厂演员。1977 年后在上海电影家协会工作。

苏德隆(1906—1985),江苏南京人。公共卫生学家、医学教育家。中国流行病学奠基人之一。1927 年考入中央大学医预科,后转入上海医学院读本科。1935 年毕业。1944 年留学美国约翰斯・霍普金斯大学卫生学院,获公共卫生硕士学位。1945 年在英国牛津大学留学,发现了一种具有强力抗菌作用的抗生素微球菌素。获哲学博士学位,并被接受为英国皇家统计学会、微生物学会会员。新中国成立前夕回国。后历任上海第一医学院公共卫生系主任、副院长,一级教授、博士生导师;全国血吸虫病研究委员会副主任委员,中华医学会流行病学会主任委员,中华医学会上海分会副会长,国际流行病协会名誉委员等职。是我国预防医学先驱者之一。

陈铭珊(1916—2003),浙江萧山人。实业家。上海雷士德工学院肄业。曾任南洋药房、万国药房副经理。1942 年后,任上海信谊药厂副经理、经理、总经理。新中国成立后,任民建上海分会秘书长、副主任委员,上海市工商联第六届副主任委员,民建第一、第二届中央委员和第三届中央常委,上海市第十届人大常委会副主任、第七届政协副主席,民建第五届中央副主席、上海市委主任委员。是第三届全国人大代表,第五届全国政协委员,第六、第七届全国政协常委。在其逝世时,有关方面发布的讣告,称其为"中国共产党的挚友"。

叶宝珊(1919—2008),浙江慈溪人。1937 年毕业于上海邮务函授学校。先后在上海中华书局、上海万康酿造厂任职员。1950 年后,历任上海万主录酿造厂经理,中国油脂公司上海市公司经理,上海市黄浦区副区长,民建上海市委副主任委员、中央委员,全国工商联副秘书长、常委副主任,1988 年当选为全国工商联第六届执委会副主席。叶宝珊是中国人民政治协商会议第三、四、五、六、七、九届全国委员会委员,中国人民政治协商会议第八届全国委员会常务委员、文史资料委员会委员。

聂传贤(1907—1981)医学教育家,著名眼科教授,中华医学会全国眼科学会副主任委员、中华医学会上海分会副会长。1956 年加入中国共产党。1938 年毕业于上海震旦大学医学院后任广慈医院眼科医生、主任。新中国成立后任广慈医院副院长、震旦大学工会主席、震旦大学医学院副院长;1953 年院系调整后任上海第二医学院教务长、医疗系第二主任、医师进修部主任、院党委常委兼副院长,"文革"后任学院顾问等。聂传贤早在中学时代就参加了“五卅”运动，抗战时期，他参加救护伤员，同情支持受迫害的中国教授。新中国成立后，他积极参与社会主义新中国的卫生事业与医学教育事业，并为收回震旦大学与广慈医院的主权作出了积极贡献。他亲率医疗队下农村、部队治疗血吸虫病，被部队评为二等功，并被评为上海市医务劳动模范。抗美援朝时，他组织参加赴朝前线医疗队，为抢救伤病员成绩显著。作为著名的眼科专家，他治学严谨，对医疗技术精益求精，勇于创新，在眼科外伤、眼球内异物吸出术、鼻泪道吻合手术、视网膜剥离手术改进等均有独创。长期以来，他为上海第二医学院的创建与教学质量的不断提高，为培养高质量的医学人才，为人民解除病痛，作出了应有的贡献。

束世澂(1896—1978)，历史学家。字天民，号秋涛，芜湖人。幼入私塾，熟读经书。1911 年入安徽法政学堂，毕业后，在芜湖任私塾教师。1920 年考取南京高等师范学校为特别生，次年正式录取文史地部。1924 年 7 月后，曾在南京金陵大学、中央大学执教。抗战时期为四川大学教授，安徽大学教授、历史系主任，安徽政治学院教授。治学严谨，有强烈的爱国心。新中国成立后，执教于上海华东师范大学。曾任第三、第四届上海市政协常委，第三届全国政协委员。

史慕康(1918—1963)，实业家。上海市川沙县人。1928 年进入葡商苏沙洋行当练习生，后升会计员。1935 年，进英商万泰洋行做栈务兼会计。后与人合资开办悦康电料行，任协理。1945 年开办德成五金厂，任厂长。所生产的时代牌唱机，由于质量好，性能稳定，成为全国名牌。抗战胜利后，他创办万国进出口商行，任经理和董事。并在伦敦设分行，纽约设办事处，香港、台湾等地设联络机构，营业盛极一时，是当时上海电料行业中实力最强的一家。新中国成立后，他先后担任公私合营上联电工器材厂经理、上海普陀区副区长、上海市工商联副主任、上海电器同业公会副主任和第二届上海市政协委员，第一、第二届上海市人大代表，第二届全国人大代表和中华全国商业联合会执行委员等职。

为历史瞬间留影的徐大刚先生

于2011年8月12日去世的徐大刚先生，他就是刊登在1957年7月9日《解放日报》头版那幅极为珍贵的《毛主席接见本市文教工商界人士：在中苏友好大厦与大家亲切地围桌交谈两小时》的摄影师，他是又一位历史现场见证者。

除36位与毛泽东亲切交谈的科学、教育、文学、艺术和工商界的代表人士，在1957年7月7日晚的上海中苏友好大厦咖啡厅现场，还有两位自始至终忙碌个不停，活跃在每一个圆桌前，近距离拍摄下一个又一个历史瞬间的摄影记者。一位，是在相当长时间内跟随毛泽东主席出访、视察活动的著名摄影师、半个多世纪来已为人们耳熟能详的新华社记者侯波前辈。另一位，就是当年南下时，跟随陈毅司令员率领的华东野战军进入大上海的徐大刚先生。

徐大刚，1926年11月出生于浙江宁波，1945年3月投笔从戎，经上海进入淮南解放区参加了新四军。抗战胜利后，他随军北上，途中还参加了解放淮安城的战役。到达鲁南后，徐大刚进入山东大学新闻系学习，毕业后即从事新闻工作。先后在《大众日报》、《鲁中南报》、《农村大众报》，以及上海《沪郊农民报》任记者、采访组长、摄影组副组长等职。1952年起，调上海市人民政府新闻处任专职摄影记者，负责中央领导在上海及上海市历届党政主要负责人活动的新闻照片统发工作。在1960年后的两年中，他又奉调中南海任摄影记者。1962年调回上海，任上海市对外文化联络处摄影科副科长、新华通讯社上海分社摄影部副主任（兼）。1978年起任上海《文汇报》摄影记者、组长、摄影美术部主任等职。1988年4月，徐大刚离职休养。

早在解放战争时期，为保护报社印刷器材，徐大刚荣立两次二等功，三次三等功。他还是1960年第三届、1979年第四届全国文学艺术工作者代表大会的代表，先后当选为中国新闻摄影学会的常务理事，上海市摄影学会主席，上海市第四届社会科学联合会理事。

在以往的新闻摄影生涯中，徐大刚拍摄了大量的重大政治活动及党和国家领导人活动的新闻照片，其中不少入选全国和上海的摄影展并获奖。如那幅著名的毛主席与大家亲切围桌交谈的照片，在1957年上海市举办的第一届摄影艺术展上获奖；另一幅《周总理与下放大学生谈话》，在次年即1958年举办的全国第二届摄影艺术展上获奖……

1958年,徐大刚编辑出版了大型画册《孙中山故居》。

1997年,上海为其举办了新闻摄影作品展,并出版了作品选集《历史瞬间》,以纪念他从事摄影工作50周年。

在徐大刚的摄影生涯中,还有一段鲜为人知的插曲:辅导江青学习摄影艺术。

那是1960年江青来上海养病期间,由市委第二书记陈丕显介绍,徐大刚担任江青的摄影指导老师——这可能也是其不日调往中南海担任摄影师的原因之一。这期间,江青最为得意的一幅照片“庐山仙人洞”,正是在徐大刚的精心指导下拍摄完成的。为此,毛泽东欣赏之余,于1961年9月9日欣然挥毫写下了那首在“文革”中高调弹唱,为亿万人们耳熟能详的《七绝·为李进同志题所摄庐山仙人洞照》(此诗最早发表于人民文学出版社1963年12月出版的《毛主席诗词》一书。诗中所指“李进”,乃江青)。

七绝诗曰:

暮色苍茫看劲松,乱云飞渡仍从容。
天生一个仙人洞,无限风光在险峰。

在写下这首“无限风光”的七绝之后,毛泽东还不忘与“李进”的指导老师、随行摄影记者徐大刚,于庐山寓所门口合了一个影。至其逝世,徐大刚先生一直珍藏着这幅照片。

然而,祸兮福所倚。

“文革”一来,江青迅速蹿红。在大肆炫耀自己一贯紧跟和作为“文革”旗手及这幅由毛泽东亲笔题诗的至尊照片“精湛摄影艺术技巧”的同时,为防当年拍摄这幅照片受徐大刚精心指导的真实内幕外泄,她恩将仇报,将精心指导自己拍摄的老师徐大刚诬为“反革命”,并令上海爪牙王洪文于1971年将徐大刚抓捕入狱,罪名是“反对江青同志的反革命”。

有趣的是,在上海市第一看守所遭关押期间,徐大刚还得了一个“防扩散”的外号。所谓“防扩散”,意即是防止他扩散“攻击中央首长江青同志”的言论。然而,这样一来,徐大刚倒是获得了一个相对安全的环境,没有人敢批他斗他,也没有人敢信口审问他的“罪状”,生怕他说出什么不利于江青的话来。这其中的症结,正是出在那张“无限风光在险峰”的仙人洞照上：既然江青现在成了“文化大革命”的唯一旗手，旗手自然是要具备天才功底的，这仙人洞照和毛泽东的七绝诗，便是最具说服力的史证……关押后期，徐大刚传奇般地获得了全看守所犯人无法获取的单人间牢门不上锁及自由自在散步的待遇，同时还享受到生活在蓝天白云下亿万人民都无法享受到的特灶：每顿都有红烧肉吃！就这样，两年多的看守所日子一晃而过。一天，他突然被放了出来，编制放在市委党校，下放长征制药厂劳动。说是劳动却又不让他上班干活，厂医务室每周给他开一周的病假条……过后不久，他才知道，他的突然被释放，原来是伟大领袖毛主席想念他了。而且，进展十分迅速：头一天，毛泽东在河南视察与当地干部合影时，突然想起了李进同志的老师，说道：哎，上海还有一个拍照的徐大刚呢！于是乎，便有了第二天徐大刚人生的一个戏剧性转折：走出了被关押八百来天的看守所大门。接着是名为“下放劳动”实是无所事事的三年“病号”生涯。每每念及这些，才会有后来徐大刚面对来访者由衷生出的无限感慨：“如果说我有背景，就是毛主席。没有他就没有我徐大刚，一点不假。”

度完三载“病号”生涯，适逢祸国殃民的“四人帮”被粉碎，十年内乱结束了，他回到了新华社上海分社，之后不久，他与新四军老干部马达等人一起进驻“文革”重灾区文汇报社。

在“文革”中，面对飞来横祸和所处逆境，徐大刚冒着生命危险，妥善地珍藏了“文革”前他为毛泽东、刘少奇、周恩来、朱德、陈云、邓小平、陈毅、贺龙等老一辈无产阶级革命家精心拍摄的照片。“四人帮”粉碎后，特别是在1978年党的十一届三中全会胜利召开之后，徐大刚将部分从未刊用过的照片，先后于《文汇报》发表了《毛主席，上海人民永远怀念您》、《刘少奇同志在上海》、《周恩来同志在上海》、《宋庆龄同志在上海》等四个画刊。

秋石附注：斯人已逝，原本已拟好于辛卯年中秋月圆夜去探望徐大刚前辈的计划，由于他的突然离去，给永久地搁了浅。这是一件分外遗憾而又痛楚的事情。

老革命、在烽火连天的抗日战场和解放战争战场磨砺诞生的著名摄影师徐大刚先生，在其生前为我们留下了大量而又宝贵的历史瞬间，尤其是那数十幅有关1957年7月7日晚，上海中苏友好大厦咖啡厅由毛泽东唱主角的圆桌座谈会照片。这些照片，对于我们准确解读历史现场，显得弥足珍贵。

在中苏友好大厦咖啡厅拍摄毛泽东主席与上海市科学、教育、文学、艺术和工商界代表同桌座谈，是徐大刚先生拍摄毛泽东行踪照片的第二次。其第一次，也就是在这之前的一天，1957年7月6日晚上在兴国宾馆拍摄毛泽东接见印尼朋友。令他终生难忘的是，那晚拍摄结束后，毛泽东面带微笑，两次主动向他走来，与他亲切地握手、交谈，并且很快记住了他的名字。

于黄宗英高调发布《亲聆》一文的次年，面对大型叙事画册《毛泽东与上海民主人士》编纂人员的问询，徐大刚先生坦然作答：无论是在那日晚间，还是在事后，他都没有听说黄宗英信誓旦旦所说的这个“亲聆”内容。

在其拍摄的毛泽东笑容满面同工商界著名人士围桌座谈的多帧照片之一隅，尚有两名著名人士在座。一位是后来“文革”中权倾一时，刚由撤销了的中共上海市委文艺工作部部长转任市委宣传部常务副部长的张春桥；另一位则是主管全市文化艺术工作，创作了四部曲长篇小说《上海的早晨》的市委宣传部副部长周而复，周而复同时兼任中国作家协会上海市分会党组书记、副主席。

毛泽东主席在江西庐山与他的摄影师徐大刚合影留念（1961年）

毛泽东与我国遗传学家谈家桢

我国遗传学奠基人谈家桢先生参加了1957年7月7日晚的座谈会，他在这次座谈会前后的经历，便是对毛泽东关怀知识分子的一个最有说服力的证明。而在座谈会后的第三天，受中共上海市委委托，由文汇报社适时地召集了其中的13位著名人士进行再座谈，畅谈毛泽东这次接见、谈话的内心感受，并且很快整理见了报。完全可以这么认为，这是秉承了毛泽东同志当初提出召集各界著名人士座谈的初衷的。其及时的向外释放，用意也是十分明显、明确的。我们还应当看到，这个再座谈，由《文汇报》社主持，而不是让党报——中共上海市委机关报《解放日报》社来进行，其目的相当之明确：一是《文汇报》系全国知识界、思想界高度关注的一张报纸，它在全国知识分子尤其是在高级知识分子的心目中，有着举足轻重的地位；二是替《文汇报》十天前突遭实由毛泽东亲自起草的《人民日报》7月1日社论严厉点名批评，挽回影响。毋庸置疑，这么做，是充分体现了毛泽东本人一贯倡导的“惩前毖后，治病救人”的方针的。

有必要提一下：1957年7月7日晚在中苏友好大厦咖啡厅举行的座谈会，并不是谈家桢先生与毛泽东的初次会面。谈家桢第一次见到毛泽东主席，是在1957年3月在北京举行的中国共产党全国宣传工作会议期间。1957年3月13日晚上8时至次日凌晨1时，毛泽东在中南海怀仁堂邀集自然科学界部分知名人士座谈。当时任中共中央宣传部部长的陆定一把谈家桢介绍给毛泽东时，毛泽东脸上漾出了亲切和蔼的微笑，说道：“哦，你就是遗传学家谈先生啊！”紧接着，毛泽东主席向谈家桢询问起有关对贯彻党的“双百”方针和对遗传学研究工作的意见。于是，谈家桢向毛主席汇报了前一年8月在海滨城市青岛举行的遗传学座谈会的情况。毛泽东耐心地倾听了谈家桢所谈的意见，他一边听，还一边不住地点头。听完谈家桢的汇报，毛泽东当即旗帜鲜明地作了表态：“你们青岛会议开得好嘛！要坚持真理，不要怕，一定要把遗传学工作搞起来。”毛泽东还一针见血地说道：“过去我们学习苏联，有些地方不对头。应该让大家搞嘛，可不要怕。”毛泽东说话时两次强调“不要怕”，给了谈家桢莫大的鼓舞，进一步解除了他思想上的负担。

我们不妨回顾一下历史，以及1956年青岛遗传学座谈会前前后后的一些情况，这对我们深刻理解毛泽东亲手制定的知识分子政策，是大有裨益的。

1934年，在美国加州理工学院读硕士的谈家桢，因其论文受到基因学说创始人摩尔根的赏识，被召至门下。也正是在摩尔根的指导下，谈家桢取得了一系列瞩目成就，成为享誉世界的遗传学家。1937年，谈家桢毅然放弃海外发展机会，回到已处于日寇掀起的侵华战争战火中的祖国。1948年，作为中国遗传学界的唯一代表，谈家桢出席了在瑞典斯德哥尔摩召开的第八届国际遗传学会议，并被推选为国际遗传学会常务理事。同年底，谈家桢婉言谢绝了西方一些国家著名研究机构和高校的力邀，再次回到处于战火中的祖国。

而就在同一年，遗传学中的摩尔根学派，在苏联农业科学院会议上遭到粗暴的批判。会议把学术问题政治化，用行政命令的办法解决遗传学中的两派争论，把"基因学说"说成是"资产阶级唯心主义的捏造"，甚至被诬蔑成"反动的"学说。不仅如此，他们还夜郎自大地把源自于苏联国内的李森科的遗传学理论封为"无产阶级遗传学"，说成是"社会主义的"。苏联国内的这个批判，随着报刊媒体的不断介绍，和新中国成立之初苏联专家来华推广讲学，在我国被广泛传播。从而导致作为摩尔根在中国的头号信徒的谈家桢，在复旦大学不能开设遗传学课程，也不能从事遗传学研究。

1956年，东欧某国一位党的负责干部的谈话记录送呈到了毛泽东的案头。这份谈话记录谈到了该国遗传学家对苏联在其国内和东欧兄弟国家内强行推行李森科学派观点的不同意见。4月18日，毛泽东仔细阅读后，将这份材料批示给了中宣部副部长张际春："此件值得注意，请中宣部讨论一下这个问题。讨论时，邀请科学院及其他有关机关负责同志参加。陆定一同志回来，请将此件给他一阅。"①

在这之后，4月25日、28日和5月2日，毛泽东在中央政治局扩大会议和最高国务会议上作了关于十大关系的讲话。他强调对外国的东西必须有分析有批判地

---

① 1956年2月，苏共二十大召开，赫鲁晓夫作了全盘否定斯大林的秘密报告。4月，来华访问的苏联生物学家齐津院士带来了"米丘林派"的代表人物李森科被解除全苏农业科学院院长职务的消息。不久，由中共中央政治局委员康生率领的中共代表团参加民主德国执政党统一社会党党代大会之后的汇报呈到了毛泽东的案头。汇报称：该党宣传部长哈格尔告诉中共代表团，该国农业科学院院长汉斯·斯多倍是摩尔根派育种专家，对国家贡献很大，但他一贯抵制李森科的观点。该国虽然鼓励他学习李森科，但也不强迫他改变观点，而且一直让他当院长。毛泽东批示下达次月，5月26日，时任中宣部部长的陆定一代表中央对科学界和思想界作了题为《百花齐放，百家争鸣》的报告。报告明确宣称，自然科学是没有阶级性的："例如说什么'米丘林的学说是社会主义的''孟德尔—摩尔根的遗传学是资本主义'之类，是错误的。"

学，不能盲目地学，对苏联经验也应当采取这样的态度。百花齐放，百家争鸣，我看这应该成为我们的方针。艺术问题上百花齐放，学术问题上百家争鸣，是有必要的。……不要拿一种学术压倒一切。“在中华人民共和国宪法范围之内，各种学术思想，正确的、错误的，让他们去说，不去干涉他们。李森科、非李森科，我们也搞不清楚，有那么多的学说，那么多的自然科学学派。就是社会科学，也有这一派，那一派，让他们去谈。在刊物上、报纸上可以说各种意见。”

正是毛泽东提出的“双百”方针，使得一度存在的教条主义和学阀作风及时得到了制止。而随后举行的青岛遗传学座谈会，就是在毛泽东主席直接支持下召开的一次具有深远历史意义与影响的大型学术会议。1956 年 8 月，中国科学院、国家高等教育部联合在中科院设在青岛的疗养院，召开了有 116 位教授、专家及相关领导出席的遗传学座谈会。这是一次贯彻“双百”方针，给摩尔根学派摘去“资本主义遗传学说”帽子的会议。会议成立了有中宣部科学处处长于光远，中科院生物学地学部副主任童第周，复旦大学遗传学科带头人、摩尔根在中国的嫡传弟子谈家桢等七人组成的领导小组。座谈会主要召集人于光远在 8 月 20 日的长篇发言中明确提出：“我主张以前给摩尔根派戴的那顶唯心论的帽子，从这个会起，从今天起，应该摘掉。我认为只有这样，才符合党的百家争鸣的方针。原来给摩尔根戴的帽子还不仅‘唯心论’，而是‘反动的唯心论’，这‘反动的’三个字更不只是哲学帽子而是政治帽子了，当然更应该优先摘掉。”谈家桢于晚年回忆说，“青岛会议是一次历史性的转折，第一次对摩尔根学说有了科学的态度，正是通过这次会议，我才卸掉了包袱，对搞遗传学重新有了信心。”也正是通过这次青岛座谈会，毛泽东进一步认识了摩尔根的这位嫡传弟子，并且不断地给予关怀、支持近 20 年，直至毛泽东临终前一年。如若没有毛泽东的力挺，中国的遗传学研究是得不到长足的发展的。

这之后，就在 1957 年 3 月 13 日晚上中南海怀仁堂，毛泽东旗帜鲜明地支持谈家桢把遗传学研究工作搞上去的表态，深深感染了在场的一些领导同志。时任中科院院长的郭沫若适时提出，为尽快地把中国遗传学研究搞上去，他想把眼前这位世界遗传学说奠基人摩尔根的嫡传弟子调来北京，主持中科院遗传学研究所的筹备工作。然而，郭沫若此话刚一出口，便遭到了在场的高等教育部部长杨秀峰的激烈反对。杨秀峰说科学院把高校的人都挖走了，高校的发展就成了问题了。

毛泽东望了望争执的双方，摆摆手，风趣地说道：“我看从现在开始挖一条‘三八线’，以后科学院不得再从高校中挖人。”毛泽东一锤定音，于是谈家桢就留在了复旦大学筹建遗传学研究室。从北京回到上海，恰好赶上鸣放，意气风发，自恃有毛泽东这棵参天大树作庇护的谈家桢，直筒子脾气得到了淋漓尽致的发挥。他毫不客气地将矛头直指新中国成立七八年以来教育上全盘照搬苏联模式的弊端，对无法开设遗传学课程和正常开展遗传学研究，及强行推行违背自然辩证法规律的苏联李森科学派展开了尖锐的批评……不久，“反右”斗争开始了，针对他的越来越“出格”的尖锐批评，有关心、爱护他的人向他打招呼，要他“看清形势”并“有所收敛”等等。这位关心、爱护他的人向他打招呼并非空穴来风，据说，握有右派定性的关键人物已将谈家桢内定为“右派”。为此，谈家桢的心里开始沉甸甸起来。正是在这个危急当口，毛泽东——谈家桢一生中的两次救星，来到了上海。这一天，谈家桢接到市里通知，要他马上赶往中苏友好大厦咖啡厅出席一个座谈会。令谈家桢未曾想到的是，日理万机且正忙于整风和“反右”斗争部署的毛泽东，却在众多人中间一眼认出了他，握着他的手笑呵呵地说道：“老朋友，谈先生！”还风趣地话中有话地说道：“辛苦啦，天气这么热，弦不要拉得太紧嘛！”毛泽东短短的一两句话，不但一下子把谈家桢从濒于“敌我矛盾”的泥沼边缘上给拉回到了“人民”的中间，而且，谈家桢还可以置否认基因存在说的苏联李森科学派于一边，理直气壮地在课堂上向学生们讲授他的摩尔根遗传学课程了。

说起毛泽东主席同谈家桢先生之间的友谊，可以说是风雨同舟，肝胆相照。在上海的知识分子名流中，似乎只有毛泽东的乡党、恰同学少年的周谷城先生可以与之相媲美。除1957年7月7日晚中苏友好大厦咖啡厅那个临时召集的36人座谈会外，1957年3月、1958年1月、1959年10月、1961年5月，在多个场合毛泽东同谈家桢先生进行了对话。每次谈话，毛泽东都力挺谈家桢把我国遗传学研究搞上去。其中，当数1958年1月6日晚上至7日凌晨的杭州刘庄之晤，尤为深刻。那一日傍晚，晚餐刚毕，谈家桢突然接到市委的通知，要他马上赶赴杭州。一辆轿车将他、周谷城和赵超构三人送到虹桥飞机场，在那里，毛泽东的专机正等候着哩。当他们在杭州笕桥机场下飞机后驱车抵达西子湖畔刘庄毛泽东下榻处时，已是晚上十一时过后，毛泽东竟然冒着三九凛冽寒天站在门口迎候着他们的到来。毛泽东与他们一一握手，并风趣地说道：“深夜把你们揪出来，没有耽误你们睡觉吧？”三人同声回说：“没有，没有。”随后，毛泽东亲切地将三位飞来的客人迎入客厅。客厅内陈设简单，一张方桌，四把椅子。毛泽东和三位党外朋友各据一席，品茗畅谈。

是夜，窗外水木明瑟，皓月当空。毛泽东和他们的谈话题材颇为广阔，涉及工业、农业、历史、哲学、新闻、遗传学等各个领域。毛泽东说，无论办什么事，都要从六亿五千万人民立场出发考虑问题。他希望三位党外朋友“不要老待在教室里，报馆里，应该到人民群众中去，去走走听听，去呼吸新鲜空气”。毛泽东告诫道：“知识分子一定要走出书斋，如果你不肯自己出来，将来会有人把你们揪出来的。”又说：“譬如我，我到下面去跟群众接触，就感到有了生命力。”在和谈家桢的沟通中，毛泽东向他亲切地问道：“谈先生，把遗传学搞上去，你还有什么障碍与困难？”谈家桢回答说：“‘双百’方针提出后，成立了教研室，本人也可以开课讲授了，但是有人把这些看成是‘统战’需要，是‘对高级知识分子的照顾’，在思想上并没有尊重摩尔根遗传学派，进一步开展研究工作仍然阻力重重。”“一定要把遗传学搞上去！”毛泽东语气十分坚定地再一次表态给予了他支持：“有困难，我们一起来解决嘛！”谈话结束后不多日，毛泽东还专就谈家桢反映的问题，向上海市委主要领导作了明确指示。

就在杭州刘庄同三位上海知识界朋友无拘无束品茗畅谈的当晚前些时候，毛泽东刚刚开完一次重要会议，故而连晚饭也没有顾得上吃。为此，他特地多准备了几个菜，斟上几杯酒，陪着三位学者边吃边谈。饭后复又继续畅谈，一直聊到凌晨三点，竟然谁也没有一丝困意。最终，还是毛泽东看了看表，煞住了话头，关切地对三人说：“已经三点了，你们太累了，该休息了，我们改天再谈吧！”说话的工夫，毛泽东已经披上大衣，领着大家走过一段几百米长的曲幽小径，坚持把他们送到门口的汽车旁，瞥一眼四周的湖光山色，笑着用手指指头顶上的月亮，不乏诗意地说道：“今晚的聚会，也可算得上是一段西湖佳话吧！”

谈家桢最后一次见到毛泽东，是在1961年“五一”国际劳动节的晚上。地点是锦江饭店。一见到谈家桢，毛泽东握着他的手亲切地问道：“你对把遗传学搞上去，还有什么顾虑吗？”当听到谈家桢“没有什么顾虑了”的回答后，毛泽东表态说：“好嘛，我支持你！”时在一旁的上海市委统战部部长刘述周也表态说：“我们大力支持谈先生在上海把遗传学搞上去。”毛泽东听了很高兴，说：“这样才好啊，要大胆地把遗传学搞上去！”

在毛泽东一而再、再而三的明确表态支持下，以及上海市委的大力支持，由谈家桢领衔，复旦大学把1959年成立的遗传研究室加以扩大，并于1961年底建立了遗传研究所，全所设立了动物及人体遗传学、植物及进化遗传学和微生物及生化遗传学等三个研究室，在辐射遗传、医学遗传（包括分子病）、微生物生化遗传和进化遗传等方面，展开了系统的研究。到1965年止的四年中，由谈家桢主持的复旦大学遗传研究所共发表了50余篇科研论文，出版了16种专著、译作和讨论集，位居国内同行之首，而且还是理论紧密联系实践的优秀论著。

"文革"来临，谈家桢也受到了冲击。不久，因不堪折磨，夫人于1966年7月含冤离开了人世。其后，作为复旦大学的"反动学术权威"，谈家桢被下放"五七干校"从事繁重的田间劳作。1968年11月的一天，正在田间收割的谈家桢接到了回复旦大学的通知。原来，在十多天前北京举行的中共八届十二中全会上，毛泽东一一指名，提出立即解放包括上海的谈家桢、苏步青、刘大杰、周谷城在内的"文革"中遭难的八位教授（另四位是北京的吴晗、华罗庚、翦伯赞和冯友兰）。毛泽东在中央全会上一句"谈家桢还可以搞他的遗传学嘛！"的话，便使谈家桢一举结束了长达两年多的困境。在这之后，毛泽东依然念念不忘关心谈家桢。1970年，王震同志由新疆到北京看望毛泽东。毛泽东叮嘱他多读点书，多交点知识分子朋友。毛泽东还把谈家桢作为自己的朋友介绍给王震。按照毛泽东的意见，王震转请华罗庚写信给谈家桢，约其一道到全国各地考察这几年农业育种的情况，①但由于受阻未果。1974年冬，已经沉疴在身的毛泽东，要王震去上海的时候带去他对谈家桢的问候。不日，王震抵达上海，他对谈家桢说道："毛主席很关心你，他在病中还没有忘记你。这次让我带口信给你，问这几年为什么没有见到你发表的文章？你过去写的文章，还是正确的嘛！"又说："毛主席还要我告诉你，有什么话还可以说嘛！"

毛泽东这一暖人心肠的问候，令谈家桢激动不已。他对王震同志说道："谢谢他老人家，我是要把遗传学搞上去的啊！"

回顾和毛泽东主席一次又一次的交往、谈话，以及毛泽东两次托王震转达的问候，谈家桢先生不止一次地对人说道："没有毛主席，就没有我谈家桢的今天。"②

---

① 1972—1974年，在毛泽东、周恩来的亲切关怀与安排下，数学家华罗庚在全国各地农村推广"优选法"和"统筹法"，考察土壤改良和农作物育种改良等情况。1974年1月，华罗庚在黑龙江省桦南县和勃利县农村考察，时笔者作为新闻记者陪同采访。据其随行人员介绍，华罗庚此次来黑龙江考察和推广两法，中央给予了其副总理级出访待遇。自北京至哈尔滨，由当时国内最先进的三叉戟专机运送。

② 谈家桢：《"把遗传学研究搞起来"——回忆我与毛泽东主席的交往》，见《毛泽东在上海》，中共党史出版社1993年版，第118—122页。

电影《武训传》批判始末

为什么说对电影《武训传》的批判运动(其前后不足半年)轰轰烈烈,而对人的处理却一个也没有涉及呢?

在这里,我们不妨回顾一下这场批判运动产生的前后经过。

1951年2月,《武训传》在上海和南京两地同时公演,观众反响热烈。

2月21日,《武训传》在中南海放映,观看的有周恩来、朱德等百余人。

随后,在北京和全国各大中城市公演。

据不完全统计,仅1951年的二三月间,全国各地报刊共发表了40余篇有关电影《武训传》的评论文章,其中,持肯定意见的占了绝大多数。

1951年5月20日,《人民日报》发表了经毛泽东精心修改过的社论《应当重视电影〈武训传〉的讨论》,从而揭开了批判电影《武训传》及武训办学方针的序幕。

不日,作为电影《武训传》的诞生地上海文艺界的主帅夏衍,自苏联访问归国,飞机甫一在北京落地,就被老战友、时任中宣部副部长兼文化部党组书记的周扬找了去。时隔44年后,夏衍这样回忆道:

> 就在回到北京的第二天,我正在埋头写“出访总结”,周扬打来电话,要我到他家里去,有事面谈。见面之后,既没有寒暄,也没有问我访苏情况。第一句话就是“毛主席批《武训传》的事,知道了吧? ……你赶快回上海,写一篇关于武训传问题的检讨。”对此我很意外,我说拍《武训传》这件事,与我无关。……我有点感情冲动,而周扬却非常平静。他说:你要知道问题的严重性。《人民日报》那篇文章,毛主席亲笔修改过两次,有大段文章也是他写的。……这部片子是上海拍的,你是上海文艺界的领导。①

夏衍前辈进一步回忆道:

① 见1995年第2期《战略与管理》杂志所刊夏衍著《〈武训传〉事件始末》。

1951年6月，他在访问苏联和民主德国后回到北京，敬爱的周总理在电话中对他说道："关于《武训传》的事，我已和于伶通过电话，你回上海后，要找孙瑜和赵丹谈谈，告诉他们《人民日报》的文章主要目的是希望新解放区的知识分子认真学习，提高思想水平，这件事是从《武训传》开始的，但中央是对事不对人，所以这是一个思想问题而不是政治问题，上海不要开斗争会、批判会。文化局可以邀请一些文化、电影界人士开一两次座谈会，一定要说理，不要整人。孙瑜、赵丹能作一些检讨当然好，但也不要勉强他们检讨。最后还说你方便时可以把他的意见告诉饶漱石和舒同。这个电话使我放了心。我对总理说：这件事发生在上海，我当负主要责任。我回去后一定公开作自我批评，还要对我在上海的领导工作进行一次检讨。总理又重复了一次对事不对人，要孙、赵等人安心，继续拍片、演戏。"

夏衍前辈深有感触地说道："在这里我们永远不能忘记周恩来同志对这一事件的宽广胸怀和负责态度。"

之后，夏衍前辈回到了上海，在一个由100多位文艺界人士出席的会议上作了检讨。尔后，又把这个检讨式发言整理成《从〈武训传〉的批判检讨我在上海文化艺术界的工作》一文，寄给了北京的周扬。周扬阅后即报送毛泽东。毛泽东阅后，亲笔修改并加了一段话。他还对周扬说道：检讨了就好，让夏衍放下包袱，放手工作。①

另据夏衍，以及电影《武训传》的编剧、导演孙瑜等人回忆：时为政务院总理的周恩来，因其当初批准在中南海放映，也作了自我批评。那是在次年，亦即1952年的三月间，周恩来在上海出席电影工作者的茶话会时，周恩来当场问孙瑜是否听说了他在北京就电影《武训传》问题所作的检讨（由此可见，"炮制"出电影《武训传》的最大责任人孙瑜，从来也没有被停止过工作，更枉论被剥夺什么政治权利了）。第二天，周恩来在上海举行的万人大会上作报告时再次作了检讨，并承揽了主要责任。周恩来说，1949年第一次文代会召开期间，

① 刊于1951年8月26日《人民日报》。

当孙瑜向他提出想拍(在重庆没能如愿完成的)《武训传》时,他只讲了要注意武训这个人的阶级出身问题,而没有予以制止。后来看了影片,也没有发现问题,所以对此他负有责任。也就是在这个万人大会上,周恩来强调指出:孙瑜和饰演武训的赵丹都是优秀的电影工作者,在解放前的困难时期,一直在党的领导之下,所以只是思想意识问题,千万不要追究什么个人政治责任。①

这就是历史的真实!也是对《武训传》的批判尚处在尾声时,赵丹就被派往朝鲜前线慰问我志愿军将士的真实存在!可见,饰演过武训的赵丹先生,从来不曾有过如同其妻黄宗英女士在相隔半个世纪后向人们喋喋不休地渲染的差一些"进监牢"的"危险"。而且,赵丹也压根没有因出演《武训传》主角而作过什么有分量有影响的检讨,更谈不上被剥夺其他什么政治权利了。应当说,被派往抗美援朝最前线慰问浴血奋战的志愿军将士,是一项极其神圣的使命,更是党、祖国和人民对赵丹的莫大信任!

另,当时在华北一些地方,存有不少与武训有关的纪念物,如为纪念武训设立的学校,有关纪念武训的碑文建筑、石刻、塑像、画像等。这场批判运动一来,怎样处理这些武训纪念物也就成了一个不小的问题。1951 年 7 月 2 日,中共华北局经调查汇总后,专门给中宣部打了一个报告。报告说,俟时机成熟后,与武训名字相关的学校应当更名,其他则由群众自觉拆除或涂抹掉,但武训墓和墓碑,则应予保留。不久,借审改《武训历史调查记》报告,毛泽东作了一个相当宽容的批示:"可予同意,但应着重教育解释,其他可以从容处理。"②

回顾新中国成立之初高层发动的这场对电影《武训传》批判的由来,包括 15 年后爆发的"文化大革命"中对郑君里、赵丹等电影界著名人士的残酷迫害,夏衍前辈道出了其中的真谛。他在同一篇《〈武训传〉事件始末》中一针见血地写道:"《武训传》之所以会惊动党中央和毛泽东,这和江青的插手有关。孙瑜、郑君里、赵丹这些人三十年代都在上海电影、戏剧界工作,知道江青在那一段时期的历史,这是江青的一种难以摆脱的心病。加上赵丹、郑君里等人都是自由主义者,讲话随便,容易泄露她过去的秘密,所以《武训传》就成了打击

① 见 1986 年 11 月 29 日、12 月 6 日及 13 日《中国电影时报》所刊孙渝著《影片〈武训传〉前前后后》。

② 陈晋:《文人毛泽东》第 312 页。

这些老伙伴的一个机会。这一次事件孙瑜、赵丹由于周恩来的保护而没有‘整垮’，但是江青对他们是不会甘心的。‘文革’开始，上海首当其冲的是电影界，就是郑君里和赵丹。这些具体情况在1981年特别法庭审判江青时，黄晨（郑君里夫人）揭露得很详细，当时报刊上也有记载，不详说了。”

本书作者质疑“毛罗对话”著述一览表

《爱护鲁迅是我们共同的道义——质疑〈鲁迅与我七十年〉》

海婴先生找“听说过”的王元化先生作证，这样做，是否过于轻率了一点，因为王元化先生既不是1957年毛泽东与罗稷南对话的在场者，也非亲聆过罗老先生“临危托话”的人。“听说”过类似意思的人，在中国何止王元化先生一个，可以说是成千上万，比如笔者，早在“文革”中就“听说”了。

——原刊2002年9月17日《文艺报》

《谁制造了这个误区——也谈“毛罗对话”》

然而，由于黄宗英在撰写此文时有着过多的修饰类文学语言和所描绘的玄奥紧张心境，以及在文章尚未切入正题时重点提及三年前赵丹因饰演武训，26路电车售票员对赵丹“怎么没进监牢去呀?”的让旁人无法辨其真伪的询问等，也在一定程度上削弱了有关她本人“亲聆”的“毛罗对话”内容的真实程度。据了解，当年参与毛泽东会面座谈的36人中，除黄宗英外，还有多人活着。因而，对于黄宗英的这个“引申”的准确程度究竟如何评估，还有待于当时其他在场者的进一步证实。

——原刊2003年第3期《鲁迅世界》

《“右下角一”，他不是罗稷南！——致“亲聆者”黄宗英》

那么，黄宗英“求助”了哪些人呢？是1957年7月7日晚上海中苏友好大厦与毛泽东亲切笑谈的36位各界人士中的某位成员呢，还是与此毫不相关的人众？这是一个至关重要的问题，是“亲聆”与非“亲聆”的分水岭，也是一个不容置疑的法律问题。遗憾的是，1941年16岁那年就到上海谋生的黄宗英演员，在其文章中并没有向我们举证出她向其他哪一位曾经出席过半个世纪后令她与周海婴等人至今“心有余悸”的那次座谈会的名字。

黄宗英的上述作为令人费解，也就是她为什么不找一同出席当年座谈会的人去核证，而去找两个当年并不在会场的人员进行“删改、调整”或“把关”呢？

——原刊2006年第9期《作品与争鸣》

《鲁迅精神是中华民族精神的结晶》

用远远超出学术论争范畴的假设，借鲁迅之名，行否定毛泽东和中国共产党数十年如一日为推介鲁迅和鲁迅精神所作的努力及其本意。其代表作就是“假如鲁迅活着”这一命题。抛出这一命题的人认为，假如鲁迅活到人民当家作主人的新中国，那么他的命运一定是“坐牢”，而不会是其他。说这种话的人，本身就不是站在历史唯物主义的立场上。

——原刊2006年第20期《求是》

《关于“毛罗对话”及其他》

她的亲密导师、大姐，在同一座城市长期居住、生活，在同一个部门领取离休工资，在同一所高等级医院疗病，十年前(黄文发表时)活得好好的，十年后的今天依然健在，成稿时何以不向近在咫尺的他和她求证一字半句，又何以将他们纳入疑似“不在世”的行列？被“亲聆者”黄宗英对外信誓旦旦宣称的“完全一致”，在仅相隔一天刊出的《南方周末》与《文汇读书周报》所刊同一标题同一内容的《我亲聆毛泽东与罗稷南对话》的“纪实”中，对于同一件事情同一场景的描述，竟然出现了数十处的不同文字描述，包括那些由她本人加了引号的对话内容，也是如此。

——原刊2011年第2期《粤海风》

《追寻“毛罗对话”的真相》

2011版《追寻历史的真相：毛泽东与鲁迅》节选

——原刊2011年6月7日《作家文摘》、2011年第6期《中外书摘·经典版》

《毛泽东与谈家桢》

2012版《追寻“毛罗对话”的历史真相：毛泽东与鲁迅》节选

——原刊2013年2月28日《作家文摘》头版整版

《毛泽东与鲁迅书长相随》

2015版《追寻历史的真相：毛泽东与鲁迅》节选

——原刊2016年11月18日《作家文摘》头版转7版

《赵丹为什么未被获准出演周总理》

应当说，在我们的赵丹同志饰演不饰演周总理银幕形象的问题上，有关邓颖超同志的明确表态，这是一个不争的事实，而并非黄宗英在其文中似是而非杜撰的“不知为何有高层人士无意中说了……”的那种虚无主义的说法。然而，由于有黄宗英女士信誓旦旦语出惊人，震惊四野的那个以“亲聆者”身份推出的“毛罗对话”，有她以当事人妻子身份，翻来覆去一再炒作的“赵丹遗言”受非议受“批判”在先，故而，这个所谓“不知为何有高层人士无意中说了：……”的虚无主义说法，在似是而非的口口相传中，也就赋予了它的新的含义、新的定义：党不尊重、不信任老艺术家！如此而已！毋庸置疑，这，又是一个好莱坞式的蒙太奇演技手法。

——原刊2017年第2期《世纪》杂志

民间流传的“毛罗对话”五个版本

一、最早版本:“孤证”提供人贺圣谟先生的原始说法

海婴是鲁迅的亲人,我在学院教的是中国现代文学,我们的谈话自然离不开鲁迅。谈着谈着,我问起他有没有听说过1957年毛泽东曾同罗稷南谈到鲁迅这件事。海婴说没有听说过。于是我就向他转述了罗稷南先生亲口告诉我的话:

> 1957年夏天,毛主席在上海请一些人座谈。会上我问毛主席,要是鲁迅现在还活着,会怎么样?毛主席回答说,无非是两种可能,要么是进了班房,要么是顾全大局,不说话。

罗稷南当时对我说的话就这么一些。

上述,引自2001年11月2日《宁波教育报》、11月6日《宁波晚报》,复又刊登在2002年12月5日的《南方周末》上。题:《“孤证”提供人的补正》。**《补正》还对周海婴引述其话时恣意杜撰塞入的颇多处空穴来风式人物背景材料及“情景想象”,声明与己无关并予纠正。**

二、夹杂有近十处空穴来风的周海婴先生的“引述”说法

1957年,毛主席曾前往上海小住,依照惯例请几位老乡聊聊,据说有周谷城等人。罗稷南先生也是湖南老友,参加了座谈。大家都知道此时正值“反右”,谈话的内容必然涉及对文化人在运动中处境的估计。罗稷南老先生抽个空隙,向毛主席提出了一个大胆的设想疑问:要是今天鲁迅还活着,他可能会怎样?这是一个悬浮在半空中的大胆的假设题,具有潜在的威胁性。其他文化界朋友若有同感,绝不敢如此冒昧,罗先生却直率地讲了出来。不料毛主席对此却十分认真,沉思了片刻,回答说:以我的估计,(鲁迅)要么是关在牢里还是要写,要么他识大体不做声。一个近乎悬念的询问,得到的竟是如此严峻的回答。罗稷南先生顿时惊出了一身冷汗,不敢再做声。他把这事埋在心里,对谁也不透露。

一直到罗老先生病重,觉得很有必要把十几年前的这段秘密对话公开于世,不该带进棺材,遂向一位信得过的学生全盘托出。

上述,引自周海婴著《鲁迅与我七十年》一书第370页《再说几句》一节,南海出版公司2001

年9月出版。

三、在周海婴说法基础上钱理群教授的进一步想象发挥

引用鲁迅之子周海婴凭“听说”架构不加引号的“毛罗对话”，无经任何探索与考证，仅凭推理演绎而成，不但更改了周海婴“听说”来的内容，而且还郑重其事地给所谓对话内容添加了引号，足不出书斋的北大教授钱理群更富想象力的演绎：

> 前几年，鲁迅的儿子周海婴透露：毛泽东曾经在1957年反右后期说：“要是鲁迅活到今天，他有两种可能，不是顾全大局、不说话，或者就是被关起来，但还是会写。”
>
> 这个事情引起较大的震动。也引起很多人的兴趣，很多人就开始讨论。
>
> 我怎么看毛泽东对鲁迅的如此评价？我还写了一本书叫做《远行以后》，讲鲁迅的“接受史”。我觉得毛的回答是可信的，以鲁迅和毛泽东的关系来说，也有很大的可能性。

上述，引自钱理群教授十多年前在政治大学文学院的一次演讲。而今，十多年的时间过去了，钱理群教授的这个出自于书斋闭门打磨，渐行渐远走了调的三传说法，仍然在网络、微信、微博等多媒体上，被本人及其粉丝乐此不疲地刷新、重复着。

四、呼应者罗稷南侄子陈焜先生的“证实”说法

1960年，我从北大回上海，在伯父家养病住了几个月，听伯父讲过那次接见的情况。他说，毛主席进来坐定以后，有人递了一张在座人士的名单给他。毛主席看了名单，就挑了伯父第一个和他谈话。他们先谈了一段他们以前在瑞金相见的事，毛主席又谢谢伯父翻译了《马克思传》，说他为中国人民做了一件好事。后来毛主席问伯父有没有什么问题，伯父想了一下就问，如果鲁迅现在还活着会怎么样？毛主席没有马上回答。他也想了一下以后才说，如果鲁迅现在还活着，他大概不是关在牢里，就是不说话了。

我不能说我记得的这段话一个字都没有错，但是，我记得的这些字是没有差误的。我也记得很清楚，伯父至少没有对我说过他“惊出一身冷汗，不敢再做声”这样

的话，也不是把这事“埋在心里”。他不是那样的人。他当然深知事情的分量，不过并没有紧张害怕的感觉。

上述，引自2002年第3期《北京观察》，题：《关于毛泽东答罗稷南问——致周海婴先生的一封信》。作者于文尾标注：2001年10月26日写于美国新泽西州。

五、“交错撼震”黄宗英女士的“亲聆”说法

> 我又见主席兴致勃勃地问：“你现在怎么样啊？”罗稷南答：“现在……主席，我常常琢磨一个问题，要是鲁迅今天还活着，他会怎么样？”

我的心猛一激灵，啊，若闪电驰过，我感觉空气仿佛顿时凝固了。这问题，文化人二三知己谈心时早就嘀咕过，“反胡风”时就嘀咕过；可又有哪个人公开提出？我手心冒汗了，天晓得将会发生什么，我尖起耳朵倾听：

> “鲁迅么——”毛主席不过微微动了动身子，爽朗地答道：“要么被关在牢里继续写他的，要么一句话也不说。”

呀，不发脾气的脾气，真仿佛巨雷就在眼前炸裂。我懵懂中瞥见罗稷南和赵丹对了对默契的眼神，他俩倒坦然理解了，我却吓得肚里娃娃儿险些蹦出来……

上述，引自作者、编者提前告示“首发”的2002年12月4日北京出版的《炎黄春秋》杂志、12月5日出版的广州《南方周末》和12月6日上海出版的《文汇读书周报》等。题：《我亲聆毛泽东与罗稷南对话》。

从上述各引文看，无论是贺圣谟先生也好，陈焜先生也好，作为罗稷南先生的至爱亲朋，他们在引用时全标注自己是从罗稷南先生口中听说，故而所引之话，没有一人加引号，以示慎重与接受他人检验。其二，值得一提的是，陈焜先生在其文中引述罗稷南与毛泽东1957年之间的对话时，用了两个“想了一下”：

> A. “……伯父想了一下就问……”
> B. “毛主席没有回答。他也想了一下以后才说，……”

而到了自诩为“亲聆者”的黄宗英女士口中，则演绎成了极其“爽朗”的一问一答。请看黄宗英女士在其全都标榜为“首发”，且发表日期却又全都是一日隔一日的报纸杂志所表述的情景则是：

A. 继“毛泽东兴致勃勃地问”之后，是罗稷南先生不打任何奔儿的“罗稷南答：‘……。’”

B. 罗稷南刚一提出问题，则是“毛泽东不过微微动了动身子，爽朗地答道：‘……。’”

从上述内容我们可以看出，似乎已经成竹在胸的黄宗英女士，将同样“听来”的“毛罗对话”内容，给框进了一个不容他人置疑的引号中。之所以这么做（或这样认定），诚如她在《亲聆》一文中直白强调的“我就到处求助”，在不经任何原始的查询或向专家咨询，以及无来由判定当年一同出席座谈会的知情人“如今大概多已不在世了”、求助于局外人的同时，黄宗英首先请教了奉行“你又不是在法庭上”不需求证负责任的律师。继之，在其几十年来赖以信得过的所谓请“李普大哥”大胆“放手删改、调整”之后（实际上，并没有这档子事），一个充斥着小说、散文特有春秋写法和美国好莱坞式蒙太奇演技综合而成的笔调，惊天地、泣鬼神，风风吼吼闹九州，令九泉之下心相通的毛泽东、周树人两位先哲的灵魂也失却宁静的“亲聆”说法，就这样粉墨登了场。

下　篇

“我跟鲁迅的心是相通的”

世界上，
谁对鲁迅的著作百读不厌？
谁最能深刻地理解鲁迅？
谁推崇鲁迅力度最大？
谁的心与鲁迅的心相通？
毛泽东！

如果不是毕其一生献身于创立和建设新中国的伟大事业，毋庸置疑，毛泽东一定会成为世界上最为深刻的鲁迅研究专家。

第一章
“我跟鲁迅的心是相通的”

1966年6月间，在故乡湖南韶山一个名叫滴水洞的处所，毛泽东挥毫写下了一首《七律·有所思》：

正是神都有事时，又来南国踏芳枝。
青松怒向苍天发，败叶纷随碧水驰。
一阵风雷惊世界，满街红绿走旌旗。
凭阑静听潇潇雨，故国人民有所思。①

写下此诗不过十来天的时间，1966年7月8日，毛泽东在他下榻的湖北武昌住所，给江青写下了一封颇有些烦恼的信。信中，针对50天前林彪在中央政治局扩大会议上大念特念古今中外政变经的那个长篇讲话，毛泽东写道：

> 晋朝人阮籍反对刘邦，他从洛阳走到成皋，叹道：世无英雄，遂使竖子成名。鲁迅也曾对于他的杂文说过同样的话。我跟鲁迅的心是相通的。我喜欢他那样坦率。他说，解剖自己，往往严于解剖别人。在跌了几跤之后，我亦往往如此。可是同志们往往不信。②

在这里，毛泽东说的是发自内心的实话。

毛泽东能够说出这样的话，表明他不仅熟读鲁迅的著作，而且对鲁迅著述丰富内涵的理解，到了入木三分的境界。确实，早在1937年的延安，毛泽东就

---

① 见中共中央文献研究室编：《毛泽东诗词集》，中央文献出版社1996年9月版，第217页。

② 毛泽东1966年7月8日致江青信，1971年9月13日林彪事件后曾以中央文件形式下发全党全国。此处引自陈晋：《文人毛泽东》，上海人民出版社1997年版，第647页。

尊奉鲁迅为"圣人"。在思考处理一些重大问题的时候,他常常会请出鲁迅,以求得默契的心灵交流。

鲁迅关于"时时解剖自己"的内心独白,分别写于1926年和1927年。

在1926年《写在〈坟〉后面》一文中,鲁迅这样写道:

> 我的确时时解剖别人,然而更多的是更无情面地解剖自己……①

时隔一年,1927年9月4日,他在《答有恒先生》一文中(面对蒋介石发动的"四一二"反革命政变的血腥时局,在没有任何共产党人、进步势力"引诱"或"迫使"的情况下,鲁迅以自己独特的洞察力和辨别标准,十分自然而又自觉地迈向了左翼阵营,亦即共产党人和受苦受难的革命大众的阵营。请读者们认真仔细地读一读鲁迅此文及后续相关文章的内容,笔者在此不再赘述)写道:

> 我知道我自己,我解剖自己并不比解剖别人留情面。②

印证有关毛泽东的心与鲁迅的心是相通的这一历史真实,我们还可以上溯到上世纪30年代。有一个颇具说服力的历史范例。

1930年3月2日,在中国新文学运动史上是值得书上一笔的日子。

这天下午2时许,上海虹口区窦乐安路233号(今多伦路201弄2号,现已被辟为"左联"纪念馆)中华艺术大学的一间教室里,秘密地举行了中国左翼作家联盟的成立大会。鲁迅和潘汉年、冯乃超、冯雪峰等约50位左翼作家出席。鲁迅在会上作了题为《对于左翼作家联盟的意见》的讲演。这是一篇紧密联系中国文化界当时状况的重要历史文献。后来在会见日本社会学教授园谷弘时,鲁迅强调指出:"中国,必须由中国人自己走出路来!"回过头来,再来读读鲁迅在"左联"成立大会上所作的那个《意见》,我们就可以明白其良苦用心了。据当初负责起草"左联"纲领草案的"左联"首任党团书记冯乃超回忆他在

---

① 2005年版《鲁迅全集》第一卷,第300页。

② 2005年版《鲁迅全集》第三卷,第477页。

起草“左联”的纲领草案时，冯雪峰曾把苏联的“拉普”、“十月”、“烈夫”等文学团体以及日本左翼文学团体的纲领一类资料送给他参考。起草前，虽然已经过“左联”(筹)几个负责同志讨论，但还是不懂得怎样从中国的具体实际出发，因而，冯乃超认为，当年那个“左联”纲领草案，实际上“它是把一些外国材料抄袭拼凑起来”。冯乃超回忆道，在起草的时候，为力求把话说得漂亮些，还带些刺激性语言，写上了诸如“诗人是预言家或时代先驱”，“胜利，不然就是死”等等一些不切实际的词句。1930 年 2 月 24 日，冯乃超将他起草的“左联”纲领草案拿去请鲁迅提意见(查该日鲁迅日记，记有“午后乃超来”的字样——秋石注)。在仔细地看了之后，鲁迅沉默片刻才说道：“就这样罢，这种文章不好写，我写不出来。”当时给冯乃超的感觉是：鲁迅似乎过于谦虚了些。冯乃超还认为，在随后 3 月 2 日的“左联”成立大会上，鲁迅所作的那个《对于左翼作家联盟的意见》的讲演，其主要内容“实际上就是对这个纲领的批评的意见”。

演讲一开始，鲁迅就毫不客气地向在座的左翼作家们发出了警告：

> 我以为在现在，“左翼”作家是很容易成为“右翼”作家的。为什么呢？第一，倘若不和实际的社会斗争接触，单关在玻璃窗内做文章，研究问题，那是无论怎样的激烈，“左”，都是容易办到的；然而一碰到实际，便即刻要撞碎了。关在房子里，最容易高谈彻底的主义，然而也最容易“右倾”……
>
> 第二，倘不明白革命的实际情形，也容易变成“右翼”。革命是痛苦，其中也必然混有污秽和血，决不是如诗人所想象的那般有趣，那般完美；革命尤其是现实的事，需要各种卑贱的，麻烦的工作，决不如诗人所想象的那般浪漫；革命当然有破坏，然而更需要建设，破坏是痛快的，但建设却是麻烦的事。所以对于革命抱着浪漫谛克的幻想的人，一和革命接近，一到革命进行，便容易失望。……在我们辛亥革命时也有同样的例，那时有许多文人，例如属于“南社”的人们，开初大抵是很革命的，但他们抱着一种幻想，以为只要将满洲人赶出去，便一切都恢复了“汉官威仪”，人们都穿大袖的衣服，峨冠博带，大

步地在街上走。谁知赶走满清皇帝以后，民国成立，情形却全不同，所以他们便失望，以后有些人甚至成为新的运动的反动者。但是，我们如果不明白革命的实际情形，也容易和他们一样的。[1]

鲁迅还批评了那些“以为诗人或文学家高于一切人”的“不正确的观念”，强调指出：“劳动阶级决无特别例外地优待诗人或文学家的义务。”

在谈到“今后应注意的几点”时，鲁迅谆谆告诫道：

第一，对于旧社会和旧势力的斗争，必须坚决，持久不断，而且注重实力；第二，战线应该扩大；第三，应当造出大群的新的战士，提倡“韧”。

鲁迅最后强调：

我以为联合战线是以有共同目的为必要条件的。我记得好像曾听到过这样一句话：“反动派且已经有联合战线了，而我们还没有团结起来！”其实他们也并未有有意的联合战线，只因为他们的目的相同，所以行动就一致，在我们看来就好像联合战线。而我们战线不能统一，就证明我们的目的不能一致，或者只为了小团体，或者还其实只为了个人，如果目的都在工农大众，那当然战线也就统一了。

鲁迅对“左联”纲领中不切实际的提法的批评，不仅仅是他在“左联”成立大会上所讲的那个“意见”，而且以后又多次重申了他的观点。1931 年 8 月 12 日，鲁迅在上海社会科学研究会作了题为《上海文艺之一瞥》的讲演（查鲁迅日记，这次讲演应是在 1931 年 7 月 20 日晚上，这一天日记鲁迅记有“晚往暑期学校演讲一小时，题为《上海文艺之一瞥》”。且该演讲稿发表于 1931 年 7 月 27 日和 8 月 3 日上海《文艺新闻》第二十期和二十一期。故全集此文所刊副标题“八月十二日”为错。暑期学校，即指社会科学研究会，由“左联”所办，主要培训对象为工农作者——秋石注）。鲁迅指出：

---

① 《对于左翼作家联盟的意见》一文，收入《鲁迅全集》第 4 卷《二心集》中，见该卷第 238—239 页。

到了前年,“革命文学”这名目这才旺盛起来了,主张的是从“革命策源地”回来的几个创造社元老和若干新份子。革命文学之所以旺盛起来,自然是因为由于社会的背景,一般群众,青年有了这样的要求。当从广东开始北伐的时候,一般积极的青年都跑到实际工作去了,那时还没有什么显著的革命文学运动,到了政治环境突然改变,革命遭了挫折,阶级的分化非常显明,国民党以“清党”之名,大戮共产党及革命群众,而死剩的青年们再入于被迫压的境遇,于是革命文学在上海这才有了强烈的活动。所以这革命文学的旺盛起来,在表面上和别国不同,并非由于革命的高扬,而是因为革命的挫折;虽然其中也有些是旧文人解下指挥刀来重理笔墨的旧业,有些是几个青年被从实际工作排出,只好借此谋生,但因为实在具有社会的基础,所以在新份子里,是很有极坚实正确的人存在的。但那时的革命文学运动,据我的意见,是未经好好的计划,很有些错误之处的。例如,第一,他们对于中国社会,未曾加以细密的分析,便将在苏维埃政权之下才能运用的方法,来机械地运用了。再则他们,尤其是成仿吾先生,将革命使一般人理解为非常可怕的事,摆着一种极左倾的凶恶的面貌,好似革命一到,一切非革命者就都得死,令人对革命只抱着恐怖。其实革命是并非教人死而是教人活的。这种令人“知道点革命的厉害”,只图自己说得畅快的态度,也还是中了才子+流氓的毒。①

笔者之所以在这里引用了鲁迅上述的一大段话,一是进一步说明了作为新文学运动和左翼文学力量的主帅的鲁迅注重实际,坚持从中国实际出发制定今后的行动纲领的历史事实;二是印证了作为“左联”行动纲领草案起草人冯乃超的回忆;三是说明鲁迅对开展中国革命、左翼文学运动的谨慎思考;四,也是更重要的一点,又一次证明在没有任何共产党人对其“诱导”的情形下,鲁迅是非常自觉地投身于反对国民党反动派的斗争,而且远比白区共产党决策

① 本文收入《鲁迅全集》第4卷《二心集》,见该卷第303—304页。

者们的目光远大，筹划也更加缜密周到。通过鲁迅的这个“意见”，使“左联”的决策者们时时警惕自身的缺陷，走向了正确的路线，朝着健康的方向发展。

无独有偶，于鲁迅发表《对于左翼作家联盟的意见》讲话不过两个月，1930年5月，远在井冈山深山沟里坚持武装斗争的毛泽东，写下了那篇著名的《关于调查工作》的论文。这篇文章，对当时根据地红军中存在着的脱离中国社会实际和中国革命实际的错误倾向，同样提出了尖锐的批评。毛泽东向中国革命的决策者们发出了这样的警示：

> 只有蠢人，才是他一个人，或者邀集一堆人，不作调查，而只是冥思苦索地“想办法”，“打主意”。须知这是一定不能想出什么好办法，打出什么好主意的。换一句话说，他一定要产生错办法和错主意。
>
> ……
>
> 本本主义的社会科学研究法也同样是最危险的，甚至可能走上反革命的道路，中国有许多专门从书本上讨生活的从事社会科学研究的共产党员，不是一批一批地成了反革命吗，……读过马克思主义“本本”的许多人，成了革命叛徒，那些不识字的工人常常能够很好地掌握马克思主义。①

综上所述，我们可以看出，鲁迅的关于“许多文人”由对革命的狂热，到“容易失望”“甚至成为新的运动的反动者”，毛泽东的关于“许多专门从书本上讨生活……的共产党员”“一批一批地成了反革命”的论述，两者的立场、观点竟是何等的相似！

后来，无论是在中国共产党内，还是在左翼作家内部，都出现了类似毛泽东和鲁迅笔下预言的变态变节式人物：例如对中国革命危害甚大的王明“左”倾机会主义路线；向忠发、顾顺章、李竹声一类叛徒；具有左联盟员和共产党员及特科成员三重身份的叛徒姚蓬子等。

---

① 《毛泽东著作选读》上册，人民出版社1986年版，第49—51页。《关于调查工作》（原题《调查工作》），上世纪60年代公开发表时，经毛泽东本人修订，改题为《反对本本主义》，收入人民出版社1964年出版的《毛泽东著作选读（甲种本）》和中国青年出版社出版的《毛泽东著作选读（乙种本）》。

毛泽东于1930年5月写下的这篇原题为《关于调查工作》的文章，直到30年后才找到。1961年1月找到后，毛泽东先是在同年3月11日为它写了个批语。尔后在同月召开的广州会议上，于13日和23日的讲话中两次提及，并作了解释。3月25日再度写了批语。毛泽东反复强调：这篇文章我是喜欢的；看来还有些用处，还有点道理；第六段现在还用处不少，将来也用得着，等等。1964年出版《毛泽东著作选读》甲种本和乙种本时，经毛泽东同意，收入时定名为《反对本本主义》。

同样，鲁迅也十分看重自己在“左联”成立大会上的这篇讲演。除编入《二心集》外，在美国友人伊罗生编选中国现代短篇小说集《草鞋脚》时，提出(1934年7月14日“致伊罗生”，此信系茅盾执笔，鲁迅签名，载《鲁迅全集》第14卷第309页——秋石注)：“鲁迅的论文，可用左联开会时的演说”。次年——1935年4月12日，他在致萧军的第25封信中又着重指出：“《二心集》中的那一篇，是针对那时的弊病而发的，但这些老病，现在并没有好，而且我有时还觉得加重了。现在是连说这些话的意思，我也没有了，真是倒退得可以。”

回过头来，再来看一看毛泽东对鲁迅此文的看法。

1942年5月2日，毛泽东在延安文艺座谈会上作完《引言》后，相隔十天，他特别指示《解放日报》辟出一个专栏，定名《马克思主义与文艺》，用以专门发表马克思、恩格斯、列宁等论文艺的经典论述，以及延安作家、艺术家对文艺工作的意见。自5月14日—20日一周内，于此专栏刊登的文章是：列宁《党的组织与党的文学》、《恩格斯论现实主义》(摘录)、《拉法格论作家与生活》、《列宁论文学》，以及鲁迅的《对于左翼作家联盟的意见》。

值得指出的是，鲁迅的这篇讲演文章被安排刊登在了专栏的头条位置，还专门加了一个编者按语。编者按指出：“这是1930年3月2日鲁迅先生在左翼作家联盟成立大会上的讲话。其中对左翼作家与知识分子的针砭，对于文艺战线的任务，都是说得很正确的，至今完全有用。今特重载于此，以供同志们的研究。”

据了解，这则按语，以及《马克思主义与文艺》专栏所刊登的作品，均由毛泽东办公室送交报社安排的。因此，也可以这么认为，鲁迅《对于左翼作家联盟的意见》所显现的主题，与毛泽东召开延安文艺座谈会的宗旨是吻合的。

论及毛泽东与鲁迅的心相通这一话题，笔者以为，很重要的共同点，乃是从黑暗的旧中国走出的这两位巨人，对于中国革命的由来、中国革命的性质、中国革命未来的认识，有着惊人的一致。而且，在中国共产党领导的早期革命武装尚处于一种近似以卵击石的劣势，毛泽东们被视之为“匪”，且作着“山大王”式的抗击国民党百万大军的艰危时刻，鲁迅就已经洞察到了。

请看鲁迅于1934年3月23日所作《答国际文学社问》中的一个深邃认识。鲁迅说：先前，旧社会的腐败，我是觉到了的，我希望着新的社会的起来，但不知道这“新的”该是什么；而且也不知道“新的”起来以后，是否一定就好。待到十月革命后，我才知道这“新的”社会的创造者是无产阶级，但因为资本主义各国的反宣传，对于十月革命还有些冷淡，并且怀疑。现在苏联的存在和成功，使我确切的相信无阶级社会一定要出现，不但完全扫除了怀疑，而且增加许多勇气了。①

鲁迅还进而指出：“惟新兴的无产者才有将来”。②

在此，请读者们注意一个历史事实：鲁迅作出上述认识和评价时，身边并没有任何一位共产党的要员（冯雪峰、瞿秋白已经去了江西苏区）在影响着他。他的这个认知，完全是出自于他自身对中国社会的深刻理解。这种深刻理解，源自于他长期观察、比较鉴别之后的结果——这里面有一个循序渐进的过程，而并非是一时心血来潮的界定，特别是经历了蒋介石推行的种种倒行逆施之后得出的结论。因此，鲁迅的这个认识，尤为难能可贵。而且，鲁迅的这个认识，还可以上溯到他所作《答国际文学社问》的七年前，亦即血雨腥风的1927年：为什么当年他甫抵广州，接受中山大学委员会的教授聘书，仅仅四个月就提出了辞呈呢？原因不是别的，就是在蒋介石背信弃义发动“四一二”政变，背叛孙中山先生联俄、联共、扶助农工三大政策，屠杀共产党人之后萌发的。当时，鲁迅态度十分坚决，不惜与国民党当局控制的校方展开拉锯战，终于辞去，并在三个月后离开广州北赴上海谋生，直至逝世。

几十年来，所见有关论述1927年鲁迅坚辞中山大学教职的文章，大多认

① 《鲁迅全集》第6卷，第19页。

② 《二心集·序言》，《鲁迅全集》第4卷，第195页。

为是鲁迅在厦门大学时期的“仇人”顾颉刚也来中大任教所致。从表面上看，似乎这也是事实。顾颉刚4月18日抵达中山大学，鲁迅便于3天后的21日向校方提交了辞呈。另外，自1927年4月下旬始，无论是写文章，还是给诸多友朋的信上，对于顾颉刚先生也来中山大学任教授一事，鲁迅的那种愤激之情是显而易见的，他一而再、再而三地予以了猛烈的抨击。

然而，细细分析起来，依笔者之见，这不过是一个借口，一个掩饰而已。或者，换言之，至多不过是一个加快他辞职进程的催化剂，而不是主要的原因。

重要的是，鲁迅是一名战士，一名始终瞪大着眼睛，真正而又异常优秀的战士。他不但勇猛无畏地走在反对蒋介石独裁统治、反对国民党文化围剿斗争第一线的行列中，而且在具体的斗争实践中彰显其足智多谋的特质，懂得，并且善于保护自己。他是不会直截了当地以国民党背信弃义，同室操戈，大肆屠杀共产党人和革命人民这一血淋淋的事实，来作为辞职的公开理由，告白天下以示抗议。须知，鲁迅平素是最反对赤膊上阵的。他不但自己反对赤膊上阵，而且也教导围聚在他身边的青年不要赤膊上阵。①于是，就在他营救遭国民党反动当局逮捕的共产党人和进步学生的愿望彻底落空，同时萌生去意的情况下，适逢昔日的“仇人”顾颉刚的到来，“一山不容二虎”，鲁迅便将此作为一个借口，不依不饶地与忠实于蒋介石国民党政权的校方抗衡上了，直至最终辞职，离开这血雨腥风的广州为止。

在正式提交书面辞呈的前一天晚上（1927年4月20日），鲁迅在写给好友李霁野的信上，先是简略地写了几句有愤于顾颉刚“来做教授”的话，至信尾，忽地笔锋一转，便愤怒地转到了广州国民党反动派发动“四一五”大肆搜捕和屠杀共产党人这一惨烈事件上来。鲁迅写道：“这里现大讨其赤，中大学生被捕者有四十余人，别处我不知道，报上亦不大记载。其实这里本来一点不赤……”②在这里，鲁迅对国民党反动派的滥杀无辜及对共产党人的大开杀

① 《致萧军萧红》（1934年3月13日），《鲁迅全集》第13卷，第408页。鲁迅此信中写道：“和朋友谈心，不必留心，但和敌人对面，却必须刻刻防备。我们和朋友在一起，可以脱掉衣服，但上阵要穿甲。您记得《三国志演义》上的许褚赤膊上阵么？中了好几箭。金圣叹批道：谁叫你赤膊？”1984年6月4日，在北京后海东岸一个名叫鸦儿胡同的一所危楼上，就笔者五年前在哈尔滨座谈会上所提“鲁迅当年怎样关怀你们”的话题，已是77岁高龄的萧军，向笔者重又提及先生半个世纪前对他的这个教诲。

② 《致李霁野》（1927年4月20日），《鲁迅全集》第12卷，第30页。

戒，表达了他的发自内心的极大愤慨。“其实这里本来一点也不赤”，则又显示了他对共产党人正在从事的革命事业的充分理解与衷心拥护。而对于真正背叛了孙中山背叛了革命的蒋介石国民党反动派推行的贼喊捉贼的阴谋伎俩，以及对共产党人、进步革命人民的种种污蔑攻击，鲁迅则予以了无情的揭露和驳斥。

后来，相隔不长时间，鲁迅在《怎么写》（夜记之一）一文中写道：“果然，毕磊君大约确是共产党，于四月十八日（应为四月十四日夜间被捕——秋石注）从中山大学被捕。据我的推测，他一定早已不在这世上了，这看去很是瘦小精干的湖南的青年。”①

在其后所作的仍然可以视作为广州记事的《在钟楼上》（夜记之二）中，鲁迅再次将矛头直指国民党蒋介石的“清党”大屠杀。他尖锐地指出：“只是若干已经‘正法’的人们，至今不听见有人鸣冤或冤鬼诉苦，想来一定是真的共产党罢。”②

鲁迅先生还以其极为辛辣的笔调，描绘了蒋介石之流如何背叛孙中山先生三大政策，以“清党”为名，混淆革命与反革命的界线，滥杀无辜的罪恶行径。他写道：

> 恐怕有一天总要不准穿破布衫，否则便是共产党。
>
> 革命，反革命，不革命。
>
> 革命的被杀于反革命的。反革命的被杀于革命的。不革命的或当作革命的而被杀于反革命的，或当作反革命的而被杀于革命的，或并不当作什么而被杀于革命的或反革命的。
>
> ……
>
> 凡为当局所“诛”者，皆有“罪”。③

“凡为当局所‘诛’者，皆有‘罪’”，十分形象地印证了一个历史事实：正是

① 《怎么写》，《鲁迅全集》第4卷，第21页。
② 《在钟楼上》，《鲁迅全集》第4卷，第30页。
③ 《小杂感》，《鲁迅全集》第3卷，第556—557页。

紧随蒋介石在北伐刚一胜利后的宁沪一带发动大开杀戒的“四一二”反革命政变，以戴季陶为首的广州国民党反动当局发动的“四一五”大搜捕大屠杀，特别是与鲁迅有着密切联系的青年共产党员毕磊和他的亲密战友萧楚女，遭广州国民党反动当局残忍地杀害之后，鲁迅迅即作出了辞去中山大学教职的决定，以示对国民党反动派血腥罪行的强烈抗议，和对共产党人的强有力声援。

这里，不得不说一说鲁迅与青年共产党员毕磊之间的那种血浓于水的情谊。笔者认为，鲁迅与毕磊的关系，丝毫也不亚于数年后在上海，他同另一位青年共产党员、“左联”五烈士之一的柔石之间的那种难以割舍的情谊。而柔石，恰恰也同样遭到国民党反动当局的残酷杀害。

鲁迅是于1927年1月18日抵达广州，担任中山大学中文系主任，同时兼任教务主任。抵达广州不多日，当时的中共广东区委，即委派既是中山大学学生，又担任着中共广东区委学生运动委员会副书记的毕磊，担任党与鲁迅的联络员。

1902年出生于湖南澧县的毕磊，于1922年考入广州国立高等师范学校英语部，即后来鲁迅任教职的中山大学。于1925年加入国民党并任学校特别支部委员的同时，先是加入共青团，继而于同年底转入中国共产党。他还是中山大学的学生会主席及负责宣传工作的广州革命青年联合会执行委员。1926年5月，毕磊担任中共广东区委学生运动委员会副主席，协助恽代英同志领导广东文化教育界、共青团和黄埔军校的青年工作，是广州学生运动和青年运动的著名领袖之一。受党组织委托，毕磊主编以国民党广州市党部宣传部名义发行的《广州评论》旬刊，以及一个名叫《做什么》的中共广东区委学生运动委员会主办的刊物。而论及鲁迅的态度与立场，可以说自1927年1月抵达广州，到同年10月离去，前后不足十个月的时间，鲁迅先生始终对“红中夹白”的国民党执政当局保持着高度的警惕。正是基于这一态度与立场，对于国民党方面的拉拢与诱惑，鲁迅是嗤之以鼻，不屑一顾的。鲁迅抵达广州一周后，1927年1月25日，在中大学生会出面举行的欢迎大会上，身为副校长的朱家骅也跑来参加。发言中，这位日后大发其迹，担任国民政府教育部长和国民党中央组织部长等要职的中大副校长，吹捧鲁迅为“革命家”、“战士”，等等。而鲁迅对这位顶头上司的吹捧却很不以为然，并且当场声明道：“大家很热忱，其实我是没有什么值得欢迎的，朱先生说我是‘革命家’，我这个人有什么‘革命’？我不是什么‘战士’和‘革命家’。朱先生说的那一套我不承认。”接下去，鲁迅还用辛辣无比的口吻作了还击，说道：“我在厦门时听说广东是‘革命的策源地’，是很革命的地方，‘赤化了’，‘红’的很，既然如此，我很想来看看，看看广州的革命究竟怎么样？‘红’的怎么样？是真革命，还是假革命？跑来一看，果然是‘革命’了！满街红标语，还用白粉写的字——‘红中夹白’！”

同年9月3日，鲁迅在给李小峰的信中再次予以了抨击，鲁迅无奈而又愤怒地这样评说道：

> 我到中山大学的本意，原不过是教书。然而有些青年大开其欢迎会。我知道不妙，所以首先第一回演说，就声明我不是什么“战士”，“革命家”。倘若是的，就应该在北京，厦门奋斗；但我躲到“革命后方”的广州来了，这就是并非“战士”的证据。
>
> 不料主席的某先生——他那时是委员——接着演说，说这是我太谦虚，就我过去的事实看来，确是一个战斗者，革命者。于是礼堂上劈劈拍拍一阵拍手，我的“战士”便做定了。拍手之后，大家都已走散，再向谁去推辞？我只好咬着牙关，背了“战士”的招牌走进房里去，想到敝同乡秋瑾姑娘，就是被这种劈劈拍拍的拍手拍死的。我莫非也非“阵亡”不可么？①

不仅如此，鲁迅还拒绝了国民党在广州的高官戴季陶、陈公博、孔祥熙等人的请吃，且拒绝得很是彻底：在传达室里贴上“概不赴宴”四个大字的告示作回答。

对国民党的言行不一和屠杀共产党人、革命群众的罪恶，鲁迅总会以幽默且极为辛辣的语气，施之以猛烈的抨击。但到后来，却又被反动当局那道无形的书报检查黑手给抹个影踪全无。对此，鲁迅无奈地写道：“到后来，却有些改变了，往往斗胆说几句坏话。然而有什么用呢？”他举例说道：“在一处演讲时，

---

① 《通信》，《鲁迅全集》第3卷，第465页。

我说广州的人民并无力量，所以这里可以做‘革命的策源地’，也可做反革命的策源地……当译成广东话时，我觉得这几句话似乎被删掉了。给一处做文章时，我说青天白日旗插远去，信徒一定加多。但有如大乘佛教一般，待到居士也算佛子的时候，往往戒律荡然，不知道是佛教的弘通，还是佛教的败坏？……然而终于没有印出，不知所往了……。”①

然而，与对待国民党方面的截然不同的态度，鲁迅先生对中共广东区委派来与他联络的年轻共产党员毕磊，却是异常的热情，而且不以年龄的悬殊分深浅。根据中共广东区委的指示，毕磊经常把中共主办的刊物，如《人民周刊》、《向导》、《少年先锋》、《做什么》等，送给鲁迅阅读。与此同时，他还向鲁迅先生介绍了中共对当前时局的看法。而鲁迅也总是认真、仔细地听取毕磊的介绍，时不时还谈些自己的看法。作为忘年交，两人经常在一起促膝谈心，有时，竟还秉烛作通宵达旦的长谈。逢到周末，闲暇之余，鲁迅还常与毕磊一起到书店浏览，或去公园边散步边谈话。

一天，毕磊对鲁迅说道：“中共广东区委负责同志想到这儿来拜访您。”鲁迅听后，很是高兴。他当即予以了呼应：“太好了！我也正想见见他。”出于对战友的安全计，鲁迅周全地建议道：“不过，他来这里容易惹人注意，还是我去方便些。”

毋庸置疑，鲁迅的“我去方便些”的提议，说明了两个问题。一个是尽管当时国民党蒋介石还没有彻底撕下蒙在脸上的假面具，但鲁迅先生已经从广州这个“红中夹白”的特殊环境中窥出了一些端倪——早晚，国民党是要和共产党分道扬镳的。而且，由于国民党的势力远远大于共产党，同时拥有庞大的军队，共产党届时会面临一场严峻的考验。另一个则是鲁迅对共产党从事的事业与终极目标有了较为深刻的理解，认准了他们要实现的正是中国新兴的未来。所以，他格外地关注与保护共产党人的安全。也正是从广州开始，鲁迅在其日记中隐去了所有的同共产党人交往的一切文字(公开的则不在此列，如应修人代黄埔军校方面邀请其去作演讲)，直至其逝世为止。由此足见其同共产党人那种休戚与共、血肉相连的特殊情谊。笔者以为，这，既是鲁迅的可贵之

---

① 《在钟楼上》，《鲁迅全集》第 4 卷，第 33 页。

处，也正是毛泽东在鲁迅逝世后，继给予他心中这位"中国第一等的圣人"以"伟大的文学家、伟大的思想家"的评价之后，所给予的"伟大的革命家"这一恰如其分的评价内涵所在。

在1927年的血雨腥风中，面对强大的不可一世的国民党，与手无寸铁遭屠杀的共产党人之间，鲁迅毅然选择了共产党，直至战斗到生命终结的最后一刻。——这是有他身边的许多人为之证实的。其夫人许广平、战友冯雪峰等一再与人提及，其后期弟子黄源、萧军也时时与我们这些晚辈深情地忆起。特别是鲁迅在身患重病的情况下仍然念念不忘共产党人正在从事的正义事业：从中国共产党为维护民族团结统一及抗日御侮大计提出的抗日民族统一战线政策，到为共产党领袖、在国民党枪口下英勇就义的瞿秋白烈士。为亡友瞿秋白出版遗著《海上述林》一事，自获知瞿秋白惨遭国民党杀害的消息之日起，直至其逝世的1936年10月，鲁迅整整忙碌了一年多。也可以说，为出版留存瞿秋白精神财富的《海上述林》，鲁迅先生耗干了最后一滴汗水与最后一滴心血，而且还抢在死神来临之前亲自校阅完了该卷下卷。黄源先生曾经在1936年11月写就的《鲁迅先生》一文中回忆道："他在病中常常讲起《海上述林》，我也常常看见有《海上述林》的校样在他的书桌上。他曾对许广平女士说，'这书纪念一个朋友，同时也纪念我自己。'10月7号(12天后鲁迅逝世——秋石注)我去，他把一本皮面精装的《海上述林》送我，我们翻着一同看，他看到底页上有一个皱折，要许广平女士另挑一本。他交给我时，微笑着说：'总算出版了，下卷也已校好。年内可出版。'……那天《海上述林》在内山书店卖去二十册，他非常高兴。"①

在鲁迅生命的最后十年间，鲁迅与共产党之间是一个水乳交融的关系。他对共产党的感情是真挚的，深沉的，直到逝世他也没有动摇一分。这，就是鲁迅一生中的一个最大亮点。

在1927年，来广州还不过两个月的光景，三月里的一个夜晚，在年轻共产党员毕磊的陪同下，鲁迅来到中共两广区委的秘密机关驻地，与"五四"时期老

---

① 原刊1936年11月1日出版的《文季月刊》第一卷第六期。此引文见《如果现在他还活着——后期弟子忆鲁迅》，河北教育出版社2000年12月版，第252页。

友陈独秀的长子、中共两广区委负责人陈延年亲切地会了面。通过这次与陈延年之间进行的推心置腹的长谈，加上平时与毕磊的频繁往来，鲁迅先生进一步加深了对中国共产党的认识，由此也开始了他同中国共产党人长达十年的并肩战斗。

在广州，鲁迅不但关心由共产党支持出版的刊物，而且还每月一次为之捐助经费。

这年4月8日晚，在另一位共产党人，于黄埔军校政治部供职的应修人，以及同在黄埔军校工作的应修人老乡宿荷的陪同下，鲁迅应邀来到黄埔军校出席每周五举行的特别讲演会，作了题为《革命时代的文学》的讲演。鲁迅对青年军人的教诲是：“为革命起见，要有‘革命人’，‘革命文学’倒无需急急，革命人做出东西来，才是革命文学。”①

距鲁迅在黄埔军校作《革命时代的文学》的讲演才不过4天，蒋介石终于撕破了他的伪装面具，向着中国共产党人和革命人民举起了屠刀，这就是历史上著名的发生在上海的“四一二”反革命政变。很快，这股血雨腥风就刮到了广州。这期间，毕磊不止一次冒着被抓捕被杀害的风险来看望鲁迅。1927年4月14日上午，他再一次来到鲁迅的住处探视。会面时，鲁迅很是为他的安危担心，一再劝告他不要出去。可毕磊的回答是：“我还要给同志们送个信。”不幸，果然被鲁迅猜中。当天晚间，就在中山大学校舍二楼的一间屋子里，正在执行给其他同志报信任务的毕磊，被跟踪前来的国民党军警捕获。

次日，也就是1927年4月15日，紧随蒋介石举起屠刀的广州国民党反动当局，在全城范围内展开了对共产党员和进步学生的大搜捕，仅中山大学一地，就有40余名进步学生和共产党员遭军警逮捕。鲁迅获知后，显得格外的愤怒与着急。为营救毕磊和其他共产党人、进步学生，当日下午，鲁迅冒着风雨自居住的校外白云楼寓所匆匆赶往中山大学，以中山大学教务主任的身份出面召集系主任紧急会议。会上，鲁迅慷慨陈词，抗议当局捕杀进步学生，并当场呼吁营救被捕学生。但鲁迅的这一正当要求，遭到了对学生握有生杀大权的国民党广州市清党委员会委员的朱家骅的蛮横拒绝。至此，鲁迅彻底失

① 《革命时代的文学》，《鲁迅全集》第3卷，第437页。

望了，当即愤然退出会场，以示强烈抗议。16 日，鲁迅又全然不顾自身安危，前往临时关押被捕学生的南关戏院探视慰问，还捐款大洋十元。鲁迅对当局的抗议，以及关注被捕学生的作为，一直持续到他获知毕磊确已被国民党反动当局杀害的消息为止。随后不久，鲁迅怀着极为悲愤的心情，写下了《怎么写》一文，从中寄托了他对年轻的共产党员毕磊的深切悼念。

毕磊是一位值得鲁迅引以为傲的年轻共产党员。被捕后，面对敌人的多次严刑拷打，和朱家骅、戴季陶等多名国民党要员的诱降，他始终坚贞不屈，怒斥敌人的罪恶行径。他还在狱中带领难友们同敌人展开斗争。4 月 23 日凌晨，距被捕不到九天，他和战友萧楚女等人一起，被敌人用两艘军舰押往珠江南岸的南石头“惩戒场”。敌人的手段极其残忍：用铁链将毕磊锁住，装进麻袋，丢进了珠江。就义时，毕磊才 25 岁。

在听到毕磊惨烈牺牲的消息后，在很长一段时间里，鲁迅一直处于一种极度悲愤的状态中，以至到了食之无味、夜不能寐的焦虑境地（相隔四年后，这种情形再次重现，是在青年前驱者柔石遭秘密杀害之后）。他不止一次在同住白云楼寓所的老友许寿裳面前，提及毕磊这位年轻的、“瘦小精悍”的湖南籍共产党员，异常痛楚地说道：“毕磊死了，是被铁链锁住了弄死的……”

谈起当年鲁迅缘何坚辞中山大学教职一事，相隔二十年后，许寿裳先生在其《亡友鲁迅印象记》一文中，以一名最具说服力的历史见证者的身份，道出了原委：“清党事起，学生被捕者不少，鲁迅出席各主任紧急会议，归来一语不发，我料想他快要辞职了，一问，知道营救无效。不久，他果然辞职，我也跟着辞职，他时常提起，有某人瘦小精悍，头脑清晰，常常来谈天的，而今不来了。……至此仅一年，他的生活是不安的，遭遇是创痛的。”①

从历史见证者许寿裳先生的这一回忆中，我们可以看出，鲁迅心中惦念的，正是那些遭国民党反动当局逮捕的进步学生。尤其让他牵肠挂肚的，则是他的共产党挚友、忘年交毕磊。

毋庸置疑，有关在 1927 年的 4 月中下旬，鲁迅之所以会提出辞去中山大

---

① 《亡友鲁迅印象记》，见《挚友的怀念：许寿裳忆鲁迅》，河北教育出版社 2001 年 5 月版，第 42 页。

学教职一事，其最初的，也是最根本的原因，就在于国民党蒋介石政权发动惨绝人寰地屠杀共产党人和革命人民的反革命政变所致。论及鲁迅最早萌生辞职的念头，无疑是在他主持召集4月15日中山大学的各系主任紧急会议那一日。赴会前，他曾以为校方能够多多少少地站在进步学生一边，与各系主任及名流学者商讨营救方案呢！后来，在他呼吁营救、释放毕磊等共产党人、进步学生的愿望遭到以朱家骅为首的校方拒绝。于是，他愤而退场以示抗议，同时，辞去这为虎作伥的中山大学教职的念头，也就在他的头脑中产生了。紧接着，3天后，由于顾颉刚的来中大任教，则是为鲁迅的这次辞职，找到了一个似是天衣无缝的借口。“有一天，傅孟真（其时为文学院长）来谈，说及顾某可来任教，鲁迅听了就勃然大怒，说道：‘他来，我就走’，态度异常坚决。”①

“勃然大怒”，“态度异常坚决”，这里显然指的是：面对国民党反动当局大肆搜捕、屠杀共产党人和进步学生的法西斯暴行，自己又无计可施、无力营救，处于极度焦虑、盛怒中的鲁迅，由于顾颉刚这个昔日“仇人”的到来，对他来说，不啻火上浇油，从而更加坚定了自己辞去中山大学教职的决心与信心，大大加快了辞职进程。至4月23日凌晨，毕磊、萧楚女等共产党人惨遭国民党杀害后，鲁迅为辞职一事，更是不屈不挠地与国民党控制的校方展开了拉锯战。直到6月6日“上午得中大委员会信允辞职”。②

我们可以循着鲁迅的当年日记所载，和许寿裳先生、何思源先生回忆，列出一张时间表加以分析：

一九二七年一月十八日　　鲁迅自厦门“抵黄浦（埔）”……

一月十九日　　“移入中山大学”。

一月二十八日　　“收本月薪水及库卷各二百五十”。

四月十二日　　蒋介石全面背叛革命，发动反革命政变。

四月十五日　　以戴季陶为首的广州国民党右派当局，发动紧步蒋介石后尘，大肆逮捕共产党人和革命学生的反革命政变。而包括鲁迅忘年交、年轻

---

① 《亡友鲁迅印象记》，见《挚友的怀念：许寿裳忆鲁迅》，河北教育出版社2001年5月版，第42页。

② 《日记》（1927年6月6日），《鲁迅全集》第16卷，第24页。

有关1927年鲁迅愤而辞职一事，还有一位历史现场当事者何思源先生撰写的《回忆鲁迅在中山大学的情况》一文更为直观、真实。见《鲁迅研究资料》第三辑，文物出版社1979年版。

共产党员毕磊在内的中山大学进步学生的被捕，早在前一日晚间就进行了。当日下午，鲁迅赴校主持召开有各系主任、名教授出席的紧急会议，力主营救被捕学生，但遭朱家骅等人拒绝。会议无任何结果，鲁迅愤然离去，同时萌生去意。

四月二十一日　　鲁迅向校方正式提出辞呈。

二十二日、二十三日　　中山大学委员会唯恐由此酿成风潮，连续两日，派出朱家骅及四名文科学生代表及“中大学生代表”、“中大学生会代表”多人前来挽留，但鲁迅丝毫也不为所动。

四月二十九日　　鲁迅“上午寄中山大学委员会信并还聘书，辞一切职务”。

当日　　“下午骝先来，得中山大学委员会信并聘书”。

五月三日　　又“寄中山大学委员会信并还聘书”。

五月九日　　“沈鹏飞来，不见，置中大委员会函并聘书而去”。

五月二十五日　　“上午复中大委员会信”，再次表明态度。

六月六日　　“上午得中大委员会信，允辞职”。

九月二十七日　　同许广平一道乘坐太古公司“山东船”离广州北上。

十月三日　　“午后抵上海”。

在到了上海后，经过痛苦的思考，鲁迅逐步接受了“十月革命”的现实及其共产主义理念，自觉而又坚决地步入了左翼阵营，并成为左翼文学文化亦即新文学文化运动的伟大旗手和主帅。

在鲁迅作《答国际文学社问》十五年后，1949 年 6 月 30 日，在迎接新中国成立的日子里，为阐述未来新中国的性质，各阶级在国家中的地位，以及未来新中国要推行的方针、政策，毛泽东在其《论人民民主专政》一文中，这样精辟地告诉人民：

> 十月革命一声炮响，给我们送来了马克思列宁主义。十月革命帮助了全世界的也帮助了中国的先进分子，用无产阶级的宇宙观作为观察国家命运的工具，重新考虑自己的问题，走俄国人的路——这就是结论。①

① 《毛泽东选集》第 4 卷，人民出版社 1991 年版，第 1471 页。

由此看来，在1966年6月间毛泽东说出“我跟鲁迅的心是相通的”话，并不是偶然的。诚如鲁迅当年预见的那样，我们同样可以从毛泽东的一系列经典论述中，由衷地感受到：毛泽东是真正懂鲁迅的。他不但从自己长达半个多世纪革命活动的具体实践中，悟出了历史的真谛；而且在这一过程中不断地从鲁迅的著述中汲取营养，进而转化为自己观察世界的智慧和动力。

诚然，在鲁迅作出这预见之后的第15个年头，中国革命终于获得了成功，进入了他生前一心期盼的社会主义国家的行列。60年来，社会主义的中国坚不可摧地屹立在世界的东方，而且越来越强大，越来越富有活力，拥有光辉灿烂的明天。

在中国，鲁迅享有如此之高的威望，他的著作拥有如此之多的读者，且传播又如此之广，影响如此之深，固然是由于鲁迅在中国近现代文学史上无与伦比的成就，然而，令所有人不能忽视的是，这一切，都是与毛泽东和中国共产党长期对鲁迅的推崇分不开的。

早在探索改造旧中国良方、尚未成为共产党人之前，在北京大学任图书馆助理员时，求知若渴的青年毛泽东，就把注意力投向了年龄比他大一轮的鲁迅。鲁迅的早期著作，如小说《狂人日记》（刊1918年5月《新青年》杂志第四卷第五号）、《孔乙己》（刊1919年4月《新青年》杂志第六卷第四号）、《药》（刊1919年5月《新青年》杂志第六卷第五号）等等，毛泽东皆细心研读，还将其深深地铭刻在了脑海中，成为自己观察社会、剖析社会、改造国民劣根性的一剂良药。然而，十分遗憾的是——也可以说是历史的一个莫大的缺憾：毛泽东始终没能与鲁迅见面。尽管那时的鲁迅，正在包括北京大学在内的多所北京高校任讲师。但，这并不影响毛泽东对鲁迅的认识和深入了解。此外，毛泽东1922年在湖南老家办文化书社时，还置购过鲁迅的《呐喊》等书籍。

1971年11月20日，已近耄耋之年的毛泽东不无遗憾地在一次谈话中说道：“五四时期在北京，新文学人，我见过李大钊、陈独秀、胡适、周作人，就是没有见过鲁迅。”

说到毛泽东的心是与鲁迅的心相通的这个经久不息的话题，有一个人的观察、体会尤为深刻。他就是深得鲁迅呵护与扶持，依托鲁迅为之撰序的小说《八月的乡村》一举成名的作家萧军。当年在延安，他处处以鲁迅学生自居，毛泽东也因此对他厚待有加。毛泽东除两次主动登门拜访他，10次亲笔致函于他，还多次派马派秘书、一次派汽车接他去恳谈外，桀骜不驯的萧军还经常不及事先通报，大大咧咧地直闯毛泽东住处找毛泽东谈话。故而，从他同毛泽东数十次近距离、零距离的交往叙谈中，最终形成了他同毛泽东的关系“是建立在鲁迅关系上”的一种独特而又分外有趣的理解。而作为延安和中国共产党最高领导人的毛泽东，对他信中那种不分上下尊卑及年龄的“泽东”、“泽东”的称呼，同样也坦然受之。如在“1941年7月21日　星期一”的日记中，萧军向我们实录了以下这样一些场景与对话：

> 十八日下午约一时许，乔木有信来，说毛泽东约我谈话。
>
> 我去的时候他正散步在院中，蓝布军衣，圆口布鞋，行动很缓慢。……开始是谈了一些鲁迅研究会的事以及鲁迅的事……
>
> ……接着是谈了鲁迅先生的一些生活，我也告诉他，昨夜我刚刚读完了四本书：《蒋委员长西安半月记》、《鲁迅的死》、《忆马克思》、《毛泽东自传》，我说：
>
> “偶然地看了这四本书，这是四个不同的人物……对照起来看是很有趣的……蒋介石那装腔作势外强中干的样子……有些可怜可笑……你的自传是诚朴的，我看你如果不是从事政治，倒很可以成为一个文艺作家……”他笑了。
>
> “我是很喜欢文学的……”他说。
>
> “有一次一些人问我，鲁迅先生对于我的影响怎样，我回答说，我好比一缸豆汁，鲁迅先生好比石膏或卤水，经过了他的指点，我才成了形，结了晶……混水和清水分开……”
>
> “你这比方倒很妙啊！”我们共同地笑了。在谈到鲁迅先生底清苦生活，以及一些战斗的故事，他的眼睛似乎有感动的泪！这是个人性充足的人！……①

又如写于“1942年2月10日　星期二”的日记，萧军这样写道：

① 萧军：《人与人间》，中国文联出版社2006年6月版，第345—346页。

当我提到他的讲演和洛甫、王明不同处,洛甫知识分子专门气太重,缺乏热情;王明公式气、八股气太重,不顾对象。他是比较通俗明畅,宜于教育和说服人,听者层较广。他对我的评断似乎感到一种喜悦和承认。“你和农民讲话讲不通他给你饭吃啊!”我相信,我们接近是彼此影响着,进步着。

从鲁迅先生那里我学得了坚强,从毛这里我学得了柔韧。他们全是这时代的精华。我应该承继这些长处。……

每一次我们主要谈到鲁迅,我应该像一个使徒那样传布先生的影响。“共产党如果有基督徒那样宣传精神就好了!”我补充说:“还要有行帮传授人的方法,所谓开心见胆。”

……能理解一个人是快乐的。①

而在写于“1944 年 3 月 22 日　星期三”的日记,萧军对毛泽东与鲁迅之间关系的认识,又提升到了一种新的高度。萧军写道:

继续读完《新民主主义论》——第三次读——毛的文笔轻快流利,说理明白,这是一种中国型的天才。

我把鲁迅先生和毛泽东来比较,大致有以下这些概念:

鲁迅——对于中国国民性认识底深刻性,韧性,战斗的精神,严肃性,深沉性,这和毛泽东底对于中国社会、历史、政治认识的全面性,政治学说,策略运用的灵活性,忍耐的能容的力量——正是对照的。这是表现着思想家和政治家不同的特征。鲁迅反帝反封建的思想,正被毛泽东具体而实现了。他们底关系是宽与深,灵魂与肉体,一致的,相成的,一句话:——一个新中国底两面表现。他们必须结合,将来的新中国必须这两种东西——鲁迅文化精神,毛泽东的政治制度——融而为一,才是一个新中国——这是他们的理想的结晶。而后再进入社会主义阶段。这是中国独有的特征和过程。国民精神

① 萧军:《人与人间》,第 364 页。

品质不断提高;生活不断改善——文化与政治的力量——这是辩证的关联着,因此鲁迅与毛泽东他们底一切思想和行动也是辩证的关联着。我愿为结合这力量而奋斗,在文学、精神上鲁迅先生是我唯一的先生,对于毛在政治上我也愿以他为先生,为这政治理想而战斗!但我却以兄长的地位看待他。

我要在一般政治知识上多用些工夫,学着和实际联系起来分析问题。文化、政治、军事我全要获得它们底基本知识,宁可用不到,但却要准备。我曾有这样近乎可笑的愿望:……要把鲁迅的精神和毛泽东政治理想在中国普及和完成。我将要为这目的而奋斗。①

① 萧军:《人与人间》,第420页。

第二章

在毛泽东和鲁迅之间架起桥梁

毛泽东对鲁迅生平、作品、思想、性格的进一步了解，是在他离开北京大学图书馆十多年后的江西井冈山红军反“围剿”时期。其主要的途径，是通过与曾在白区任文化战线党的负责人的冯雪峰日复一日的叙谈，来完善他对鲁迅的认识。

冯雪峰与鲁迅是忘年交。他与中共早期领导人瞿秋白一道，成为鲁迅一生中交往时间最长、影响最深的两位共产党人。冯雪峰同鲁迅的接触甚为频繁，“左联”成立后，两人的交往更是如鱼得水。1933 年 12 月，由于叛徒出卖导致身份暴露，经中共江苏省委和上海中央局决定，时任中共江苏省委宣传部长和文委书记的冯雪峰，奉调前往中央苏区，先任中央苏区党校教务主任（校长张闻天，副校长董必武），五个月后改任党校副校长（校长李维汉，教务长罗明）。

冯雪峰抵达中央苏区时，适逢毛泽东受“左”倾机会主义路线的排挤，被排除在中央领导核心之外，仅仅担任着没有实权的中华苏维埃共和国临时中央政府主席一职。正是由于这个原因，毛泽东有了较多空闲时间读书和思考问题。而冯雪峰的到来，令极具文人气质的毛泽东有了排遣心中郁闷的对象。毛泽东经常到冯雪峰的住处促膝长谈。话题最多也是毛泽东最感兴趣的是鲁迅和鲁迅的作品。

一天，毛泽东又来到冯雪峰的住处，开门见山，且十分风趣地提议道：“今晚我们约法三章：一不谈红米南瓜，二不说地主恶霸，我们不谈别的，只谈鲁迅。”

冯雪峰见毛泽东对鲁迅如此神往，于是，就把一件他在上海时听到的事情，告诉了毛泽东：有个日本人说，在中国，只有两个半人懂得中国，一个是蒋介石，一个是鲁迅，半个则是毛泽东。

听冯雪峰说完，毛泽东当即哈哈大笑起来，这是他在 1931 年 11 月的赣南会议和 1932 年 10 月的宁都会议上被排挤出苏区党和红军的领导核心之后的第一次释怀大笑。也许是许久没有这么开心的缘故，他对自己被排在蒋介石和鲁迅之后“懂得中国”，而且只算“半个”，并没有太多的在意。笑毕，他沉思了一会儿，真诚地说道：“这个日本人还真不简单，他认为鲁迅懂得中国，这是对的。”

冯雪峰自 1933 年 12 月抵达中央苏区，到 1934 年 10 月与毛泽东一道跟随中央红军进行二万五千里长征，在短短十个月的时间里，他在毛泽东和鲁迅之间架起了一座精神的桥梁。长征结束后，从红军东征前线回到苏区的冯雪峰，于 1936 年 4 月 26 日，作为中共中央派往上海国统区的特派员，自陕北保安来到上海并住入北四川路底大陆新村鲁迅寓中，至同年 10 月 19 日鲁迅因病逝世，他又在鲁迅和毛泽东之间架起了一座新的桥梁。其实，早在他同毛泽东首次谈论鲁迅的两年前，鲁迅就和冯雪峰谈论过毛泽东。

那是在 1931 年末 1932 年初的某一日。①这一天，身为中共江苏省委宣传部部长的冯雪峰，应约来到鲁迅家中议事，在座的还有另一位新文学运动的重要人物、中共建党时期的党员之一（1927 年后因遭国民党通缉失去联系后脱党）的茅盾先生。

也就是在此前后，从江西苏区传来了毛泽东、朱德领导的中央红军粉碎蒋介石亲自指挥的第三次“围剿”的胜利消息。听到这一大好消息，自柔石、殷夫、冯铿、胡也频、李伟森等五位左翼作家惨遭国民党反动当局秘密杀害以来，身处国民党文化“围剿”白色恐怖中心的鲁迅，一反一年多来的愤怒和阴郁，喜出望外地对冯雪峰说道：“国民党在报上天天喊朱毛如何如何，看来朱毛真把他们吓坏了！”说罢，又若有所思地转问在场的茅盾：“毛泽东你认识吗？”

“五卅运动前就认识了，1926 年我在广州还与他共过事呢！”

茅盾一边回答，一边将自己在大革命时期与毛泽东一起共事过的情况，向

---

① 学界有许多版本将冯雪峰与鲁迅初次谈论毛泽东的日期定在 1931 年初，这与史实不相符合。因为毛泽东指挥中央红军粉碎由蒋介石亲自指挥的三十万大军的“围剿”行动，其结束时间是在 1931 年的 9 月间。尔后，苏区中央局于 10 月 18—24 日向中央拍发了《关于第三次反围剿作战经过》的电报。见中共中央文献出版社编撰：《毛泽东传》，中共中央文献出版社 1996 年版，第 262—263 页。

鲁迅作了详细的介绍。1925 年 12 月底，以共产党员身份任国民党上海特别市党部宣传部长（党部主任委员为中共要员恽代英）的茅盾，经上海市党员大会选为代表，与恽代英等其他四人赴广州出席国民党第二次全国代表大会。会后，应正担任着国民党中央宣传部代部长的毛泽东之邀，遂留在广州担任该部秘书①。当时，毛泽东住在广州东山庙前西街 38 号楼上，而茅盾和萧楚女则住在楼下。茅盾在广州的主要工作是和萧楚女一道编《政治周报》，反击国民党右派的进攻。茅盾叙述完与毛泽东共事的这一年多经历后，对鲁迅说道："毛泽东是共产党里的大学问家，博闻强记，谈笑风生；而他的夫人杨开慧却相反，是个贤淑腼腆之人，整天不声不响，带着孩子。"鲁迅听后，由此感叹道："过去只听说毛泽东是搞农民运动的，想不到还是个学者，而且已经有了家眷。"随后，他又关切地问茅盾道："不知他有多大岁数了？"茅盾笑答："大约比我大两三岁。"顿了顿，又说道："在广州时，他给我的印象是白面书生，谁料得到现在竟能指挥千军万马！"

在中央苏区同毛泽东的有关鲁迅话题的谈话中，冯雪峰告诉毛泽东道：鲁迅曾提及过，说他的诗词中透露出来一种"山大王"的气概。这不由得引起毛泽东的又一阵大笑。

究竟是毛泽东的哪一首诗词引发了鲁迅"山大王"的感慨，两位当事人冯雪峰和鲁迅都不曾向外人明确指出过。而且鉴于当时环境的险恶，毛泽东的诗词也不可能完整地流传到国统区的中心上海，就鲁迅而言，他听到的也只是一些传闻而已。但有一点可以肯定的是，冯雪峰是在 1933 年 12 月离开上海赴苏区的，因此，鲁迅的这个评价也应当在此之前。从中共中央文献研究室编纂，中央文献出版社 1996 年出版的《毛泽东诗词集》看，有以下几首诗颇含鲁

---

① 在邀请茅盾担任此职之前，毛泽东曾经委托别人转告冯雪峰，说他希望冯到广州来协同他工作——因为冯雪峰是当时闻名全国的"湖畔四诗人"之一。上世纪 20 年代初，18 岁的冯雪峰考入设在杭州的浙江省立第一师范学校，开始写诗，并在教师朱自清、叶圣陶的指导下加入新文学团体晨光社。次年 3 月，与潘漠华、应修人、汪静之等四人组成"湖畔诗社"——湖畔，乃指西子湖畔是也，先后出版了《湖畔》诗集，内收有冯雪峰所作新诗 17 首；和续集《春的歌集》，内收有冯雪峰所作新诗 11 首，从而引起了国内诗坛的注意，对诗词情有独钟的毛泽东也读到了冯诗。冯诗中的浪漫气质和对生活的特有的洞察力与表达力引起了毛泽东的注意。正在此时，广州国民党中央宣传部恰恰又缺一位合适的秘书，于是毛泽东便想到了湖畔诗人冯雪峰，后来因联系不上作罢。也正巧茅盾自上海来到广州出席国民党代表大会，于是毛泽东就将茅盾留下来任此职。

迅所说的“山大王”气概。

第一首，写于1928年秋的《西江月·井冈山》：

山下旌旗在望，山头鼓角相闻。敌军围困万千重，我自岿然不动。　早已森严壁垒，更加众志成城。黄洋界上炮声隆，报道敌军宵遁。①

第二首，写于1929年秋的《清平乐·蒋桂战争》：

风云突变，军阀重开战。洒向人间都是怨，一枕黄粱再现。
红旗跃过汀江，直下龙岩上杭。收拾金瓯一片，分田分地真忙。②

第三首，写于1930年1月的《如梦令·元旦》：

宁化、清流、归化，路隘林深苔滑。今日向何方，直指武夷山下。
山下山下，风展红旗如画。③

除上述三首，还有稍晚些所作的四首诗词，也显露出豪迈的“山大王”气质。

第一首是作于1930年2月的《减字木兰花·广昌路上》：

漫天皆白，雪里行军情更迫。头上高山，风展红旗过大关。
此行何去？赣江风雪迷漫处。命令昨颁，十万工农下吉安。④

另一首是作于1930年7月的《蝶恋花·从汀州向长沙》：

---

① 《毛泽东诗词集》，中央文献出版社1996年版，第14页。
② 同上，第18页。
③ 同上，第24页。
④ 同上，第27页。

六月天兵征腐恶，万丈长缨要把鲲鹏缚。赣水那边红一角，偏师借重黄公略。　　百万工农齐踊跃，席卷江西直捣湘和鄂。国际悲歌歌一曲，狂飙为我从天落。①

再有两首，是毛泽东与朱德指挥红军粉碎蒋介石数倍、十倍于己兵力“围剿”后写下的。诗词中透露出的情景、气势，更是与历朝历代藐视官军合围的“山大王”打了胜仗之后相吻合。

一首是写于1931年春的《渔家傲·反第一次大“围剿”》。

自1930年10月起，蒋介石布置十万兵力进犯中央根据地，史称第一次大“围剿”。而红军在“朱毛”的精心指挥下，采用诱敌深入的方针，集中优势兵力，于1930年12月30日乘满天大雾的天时，对进入龙冈包围圈内的敌军主力张辉瓒第18师发起总攻，激战至晚，将其全部歼灭，俘获师长张辉瓒在内的官兵9 000余人。随之，红军又乘胜追击窜逃至东韶的敌军另一主力谭道源第50师，将其歼灭过半。两役共歼敌15 000余人，缴枪10 000余支，余敌逃窜，致使蒋介石亲自部署的对红军的第一次大“围剿”宣告失败。正是在这胜利形势下，毛泽东诗兴大发，豪情万丈地写下了这首词：

万木霜天红烂漫，天兵怒气冲霄汉。雾满龙冈千嶂暗，齐声唤，前头捉了张辉瓒。　　二十万军重入赣，风烟滚滚来天半。唤起工农千百万，同心干，不周山下红旗乱。②

另一首作于1931年的夏天，名《渔家傲·反第二次大“围剿”》。毛泽东这样写道：

白云山头云欲立，白云山下呼声急，枯木朽株齐努力。枪林逼，飞将军自重霄入。　　七百里驱十五日，赣水苍茫闽山碧，横扫千军

① 《毛泽东诗词集》，第29页。

② 同上，第33页。

如卷席。有人泣，为营步步嗟何及！①

“枪林逼，飞将军自重霄入”、“横扫千军如卷席”。在这首诗词中，毛泽东的绿林式的“山大王”气概更是一览无余。这是因为，较第一次反“围剿”，同样由他指挥的红军取得了更加辉煌的战果：面对蒋介石20万大军的步步“枪林逼”，红军仍然采取诱敌深入、集中优势兵力、各个击破敌人的战术。1931年5月16日，红军先对由富田向东固地区绵延达30华里进犯之敌的一个师和一个旅发起突然猛攻，经过一昼夜的激战，将其大部歼灭。尔后，红军又乘胜追击，一鼓作气向东横扫，十五天内，横贯东西700里战线，一直打到江西、福建两省的交界处。至5月31日，历时半个月的激战，前后共歼敌30 000余人，缴获各类枪支20 000余支，全面粉碎了蒋介石发动的对红军的第二次大“围剿”，其战果是粉碎第一次大“围剿”的两倍。

“山大王”的诗，是以青山为背景，最终又让青山来作证的。

在1996年版《毛泽东诗词集》所收的67首作品中，以山为题和写山的，达一半之多。

鲁迅有所不知，充溢着“山大王”豪迈气概的毛泽东诗词，还有更精彩的呢！其中有三首作于1935年10月。当时，在鲁迅所处的国统区中心上海，国民党蒋介石政权正在加紧对左翼文化运动的“围剿”，中共地下党组织遭到了严重破坏，鲁迅及其战友的自由亦日趋危险境地。此时此刻，历时一年的红军二万五千里长征已经胜利在望，已取得绝对红军指挥权，骑在马背上的毛泽东壮志满怀，气冲霄汉，一连吟诗三首，以明其志。

其一：《七律·长征》

毛泽东写道：

红军不怕远征难，万水千山只等闲。
五岭逶迤腾细浪，乌蒙磅礴走泥丸。

① 《毛泽东诗词集》，第40页。

金沙水拍云崖暖，大渡桥横铁索寒。
更喜岷山千里雪，三军过后尽开颜。①

其二：《念奴娇·昆仑》

毛泽东指点江山：

横空出世，莽昆仑，阅尽人间春色。飞起玉龙三百万，搅得周天寒彻。夏日消溶，江河横溢，人或为鱼鳖。千秋功罪，谁人曾与评说？

而今我谓昆仑：不要这高，不要这多雪。安得倚天抽宝剑，把汝裁为三截？一截遗欧，一截赠美，一截还东国。太平世界，环球同此凉热。②

其三：《清平乐·六盘山》

毛泽东写此诗时是胜券在握，运筹帷幄于未来：

天高云淡，望断南飞雁。不到长城非好汉，屈指行程二万。
六盘山上高峰，红旗漫卷西风。今日长缨在手，何时缚住苍龙？③

最能体现毛泽东较之历朝历代帝王者气魄更为远大的，是他作于1936年2月和1949年4月气势磅礴的两首诗词，也就是中央红军胜利抵达陕北保安建立稳固的根据地，及人民解放军百万雄师横渡长江占领国民党首都南京这两个特定的时间所作的诗词。

作于1936年2月的词《沁园春·雪》，是毛泽东诗词中的经典之作。已在保安居住了几个月的毛泽东，有感于红军终于拥有了一块足以与蒋介石抗衡的根据地，有感于红军建立了一个阻击日本法西斯入侵的桥头堡，诗兴大发，如此这般抒发出自己胸中的凌云壮志：

---

① 《毛泽东诗词集》，第55页。
② 同上，第60页。
③ 同上，第65页。

北国风光，千里冰封，万里雪飘。望长城内外，惟余莽莽；大河上下，顿失滔滔。山舞银蛇，原驰蜡象，欲与天公试比高。须晴日，看红装素裹，分外妖娆。　　江山如此多娇，引无数英雄竞折腰。惜秦皇汉武，略输文采；唐宗宋祖，稍逊风骚。一代天骄，成吉思汗，只识弯弓射大雕。俱往矣，数风流人物，还看今朝。①

毛泽东在重庆谈判时，于1945年10月7日，将这首词亲笔书赠南社柳亚子先生。重庆《新民晚报》于同年11月14日发表后，竟然一时洛阳纸贵，万人争相阅读品味。

1949年4月21日，人民解放军百万大军，在毛泽东和朱德的一声号令下，在西起江西境内的湖口、东至江苏境内上海近侧的江阴之间的1 000余里战线上强渡长江，并于两天后占领国民党反动政府的首都南京，此时此刻，即将定都北京的新中国国家元首毛泽东慨然赋诗道：

钟山风雨起苍黄，百万雄师过大江。
虎踞龙盘今胜昔，天翻地覆慨而慷。
宜将剩勇追穷寇，不可沽名学霸王。
天若有情天亦老，人间正道是沧桑。②

鲁迅有关毛泽东诗词中有“山大王”豪气的评价，这是他对毛泽东诗词慧眼独到的认知和理解，颇为深刻。1936年4月，冯雪峰奉中共中央使命来到上海后，经常和鲁迅畅谈红军二万五千里长征，谈中国共产党，谈毛泽东。一次，在和冯雪峰的谈话时，鲁迅横躺在床上悠闲地吸着香烟，一会儿，似是想到了什么，慢慢地从床上起来，脸上是一派平静得体的微笑，站在窗前的书桌旁，对坐在书桌另一旁的冯雪峰缓缓地说道：

① 《毛泽东诗词集》，第68页。
② 同上，第74页。

我想，我做一个小兵是还胜任的，用笔！①

鲁迅说这话时，神情是相当的严肃、庄重，表达了他对毛泽东这个“山大王”的认知和崇敬。

无独有偶，早在鲁迅表述这个认知之前，被鲁迅后来视之为“人生知己”的中共领导人瞿秋白，就以另一种形式作出了类似鲁迅口中那种“山大王”的认知。瞿秋白称毛泽东为中国的“农民运动的王”。瞿秋白的这个称谓，可以说是符合当时实际的。在中国，古往今来，历朝历代，农民起义的组织者和领导者，为了反抗当局的黑暗统治，无一不是占山为王，因而被统治当局视为“寇匪”。1927 年 9 月 19 日晚上，在湖南文家市一所名叫里仁的学校里，正在举行着一场关于农民革命武装的命运的争论：决定是否继续攻打长沙。当时，在汉口召开的党中央紧急会议（史称“八七会议”）结束才一个多月，“八七会议”确定了土地革命和武装反抗国民党反动派屠杀政策的总方针，号召全党和人民群众对国民党反动派进行针锋相对的斗争，发动农民举行秋收起义。然而，会议在纠正右倾软弱错误路线的同时，却又走向了“左”的方面，不承认当时的革命已经处于低潮，容忍和助长了冒险主义的倾向。是日晚上，当毛泽东提出放弃进攻长沙的计划，向敌人势力薄弱的山区进军时，遭到了时任工农革命军一师师长余洒度等人的质疑和反对，说毛泽东此举是想当“山大王”。毛泽东听了当即起身反驳道：历朝历代都有“山大王”凭借山势造反，官军总是很难有办法去消灭的。如果说我们要当“山大王”的话，那么这个“山大王”是历史上从来没有过的，是共产党领导的，是领导老百姓闹翻身的“山大王”。关于进攻长沙，毛泽东进而说道，我们不是不想要长沙，而是我们现在起义军的力量太弱，打不了……我们要在敌人势力最薄弱的地方去站稳脚跟，山区就是敌人势力最薄弱的地方，在那里当“山大王”！两个月后，历经艰险，毛泽东率领的工农武装起义队伍终于来到了井冈山腹地，并和已经在那里驻扎、绿林出身的两支当地农民革命武装袁文才（共产党员）和王佐部结合在了一起，真正做到了占山为王，抗衡国民党蒋介石的“官军”武装。1928 年 9 月，毛泽东和朱德率

① 《冯雪峰忆鲁迅》，河北教育出版社 2001 年 1 月版，第 98 页。

领的红军主力驻扎在原山大王王佐部所在地——井冈山中心的茨坪。一天，有人给毛泽东送来一本线装的《范文正公集》。北宋著名政治家、文学家范仲淹在这本文集中的描写涉及当时江西剿匪的一些情景。据说，毛泽东看了之后，比较古往今来的“山大王”，说道，从北宋剿匪剿到现在，“山大王”层出不穷，是剿不完的。毛泽东还笑道：蒋介石占京为王，我们是占山为王。

有关毛泽东的这番符合中国革命历史时机有感而发的“山大王”议论，鲁迅是不可能也无法知道的。但鲁迅能从民间不曾确切流传的毛泽东诗词中，窥出其中内蕴的“山大王”气概，确实体现出鲁迅独到的眼力。从这种独具慧眼中，透露出他们之间思想方法的某种内在的一致性，即所谓的“英雄所见略同”：如毛泽东能够从实际出发正视自己统领的这支红军武装的薄弱，从中国革命的长远目标和利益为出发点，反对中央提出的攻打长沙计划，而是辗转去江西井冈山“占山为王”，以求革命力量的长足发展和夺得更大的胜利。无独有偶，鲁迅也注重从实际出发来反对一些冒进计划和冒进路线。1930 年 5 月，时为中共中央实际负责人的李立三约请鲁迅会面。他在会面时反复动员鲁迅发表公开宣言，以支持他的急进冒险的主张和计划。然而，鲁迅听后，旗帜鲜明地表明了自己“不同意”的态度。他对李立三说：我不能发表你所要的这个宣言，我的看法和你不同。与毛泽东一样，鲁迅一贯认为中国革命是持久的艰巨的而主张韧性战、堑壕战，当然不会赞成“左”倾冒险主义的路线和打法，他是绝不会“赤膊上阵”的。后来，他不止一次对冯雪峰、瞿秋白、茅盾、许广平等人谈起和中共领导人李立三的这次会面和对话。鲁迅说道：我们是各人讲各人的。要我发表宣言很容易，可是对中国革命有什么好处呢？“那样一来，我在中国就住不下去，只好到外国去当‘寓公’。我留在中国，还能打一枪两枪。”

关于“山大王”一说，历史上，有两个典故可资说明。

第一个典故：1944 年 1 月 9 日，毛泽东致信杨绍萱、齐燕铭，盛赞由他们俩编导的平剧《逼上梁山》“恢复了历史的面目，从此旧剧开了新生面，所以值得庆贺”，“我想到这一点就十分高兴”。①

① 《致杨绍萱、齐燕铭》，见《毛泽东文艺论集》，中共中央文献出版社 2002 年版，第 278 页。

第二个典故：发生在 1945 年 8 月日寇投降以后。据当时随同毛泽东赴重庆参加国共谈判的秘书兼工作人员王炳南（任毛泽东与赫尔利等美方人员晤谈的英文翻译）后来回忆说，在重庆，毛泽东与二十年前在广州担任国民党中宣部代部长时结识的国民党元老陈立夫甫一会面，就提起当年国民党背信弃义，残酷屠杀共产党人的往事。毛泽东说道："我们上山打游击，是国民党剿共逼出来的，是逼上梁山。就像孙悟空大闹天宫，玉皇大帝封他为弼马温，孙悟空不服气，自己鉴定是齐天大圣。可是，你们连弼马温也不给我们做，我们只好扛枪上山了。"毛泽东这谈笑间蕴藏着犀利无比的机锋，搞得陈立夫尴尬异常。陈立夫不得不向毛泽东表示，要对这次国共和谈"尽心效力"。①

① 见中共中央文献研究室编：《毛泽东传》（1893—1949），中央文献出版社 1996 年 8 月版，第 737 页。

第三章
诗心相通　出神入化

如果说，鲁迅能从民间悄悄流传的毛泽东的一二首诗词中品味出内中的“山大王”气概，是独具慧眼，与毛泽东心相通的一个范例，那么，毛泽东对鲁迅诗词的情有独钟，一辈子的研读，以及向中外人士持续的推介，则更能说明两位巨人之间的神交达到了相契于心的程度。

1996年，鲁迅逝世六十周年、毛泽东逝世二十周年之际，由中共中央文献研究室编辑、中央文献出版社出版的《毛泽东诗词》，首次向中外读者公开了以往不曾公开发表过的毛泽东的十首诗词。其中，毛泽东作于1961年，为纪念鲁迅诞辰八十周年而作的《七绝二首·纪念鲁迅八十寿辰》，引起了读者的极大兴趣。

毛泽东写道：

博大胆识铁石坚，刀光剑影任翔旋。
龙华喋血不眠夜，犹制小诗赋管弦。①

这是“七绝二首”之第一首。

诗中所云“小诗”，系指鲁迅作于1931年春时的著名诗句：“惯于长夜过春时，挈妇将雏鬓有丝。梦里依稀慈母泪，城头变幻大王旗。忍看朋辈成新鬼，怒向刀丛觅小诗。吟罢低眉无写处，月光如水照缁衣。”

这一首诗，是毛泽东时隔整整30年后，撷取30年代国统区文化战线上国民党蒋介石反动势力对左翼文学运动的“围剿”，和左翼力量奋起反“围剿”的这一血雨腥风的殊死斗争为历史背景，对鲁迅诗作中的战斗精神及其深刻寓

① 《毛泽东诗词集》，中央文献出版社1996年版，第205页。

意的赞颂。毛泽东在诗中高度赞誉鲁迅的博大胆识，而且褒扬其精神，以及诗品之坚如磐石，似电光火闪，雷霆万钧！诗中的“龙华喋血”，是指五位青年“左联”作家柔石、胡也频、李伟森、白莽、冯铿于1931年1月17日遭国民党反动当局逮捕杀害的历史惨案。正是在这种法西斯屠杀盛行的日子里，继“左联”公开发表《中国左翼作家联盟为国民党屠杀大批革命作家宣言》、《为国民党屠杀同志致各国革命文学和文化团体及一切为人类进步而工作的著作者思想家书》和《中国左翼作家联盟为国民党屠杀大批革命作家寄给高尔基的呼吁书》后，作为新文学运动和左翼文学运动旗手的鲁迅，亲自主持出版了“左联”秘密刊物《前哨·纪念战死者专号》，并亲笔撰写了《柔石小传》、《中国无产阶级革命文学和前驱的血》、《黑暗中国的文艺界的现状》、《为了忘却的记念》等声讨国民党反动当局屠杀青年作家的一系列笔锋异常犀利的文章。鲁迅以极大的义愤和对死难烈士的深切怀念，怒不可遏地以笔作刀枪：“忍看朋辈成新鬼，怒向刀丛觅小诗”。鲁迅的这两句诗，正是时隔三十年后，毛泽东重读之后发出“犹制小诗赋管弦”感叹的历史背景。

在这里，有必要向读者交代一下当年鲁迅赋写此诗时所处的险境，以及他的心态。

1931年1月17日，柔石等五位“左联”作家被捕后，一些颇有倾向的小报制造谣言，说鲁迅也被捕了，意在暗示当局加以搜捕，并把鲁迅拖入这一政治漩涡中。鲁迅身处危险境地，为免遭意外，也为不致牵连到别人，他连夜烧掉朋友们的来信。随后，在日本朋友内山完造的相助下，1月20日全家避居花园庄。花园庄带有一点保护色，因为这是一家由日本人经营的小旅舍。它坐落在虹口公园斜对面的黄陆路上，地段较为偏僻，来往行人和住店的客人都不多，相对比较安全。由于内山完造的关系，他们一家三口被安排在辅楼楼梯下一间原由工友居住的小屋里。

鲁迅“失踪”后的次日，1月21日，在天津的《益世报》刊出一条消息云：“鲁迅被捕……传在沪任红军领袖。”

这个消息，猜疑中带着离奇的成分，然而更为离奇的是，《益世报》四天后又登出了一条似是而非的消息：“鲁迅……曾传刑讯。”

这些居心叵测的谣言满含杀机，借鲁迅避居一事做文章，图谋在左翼文坛及其“左联”队伍内制造恐慌。自然,《益世报》的“消息”来源于上海。

身处逆旅,与外界虽然不能取得联系,但是鲁迅对自己的处境并不怎么在意,却时刻关注着柔石等人的命运。反动当局出于对共产主义的极端恐惧,很快就杀害了“左联”五位青年作家以及其他三十一位革命志士。为了掩盖其血腥暴行,他们严密封锁消息,严禁大小报刊透露。鲁迅和地下党的同志们想方设法,乃至最终以金钱贿赂了行刑的刽子手,终于获悉:柔石等人已于2月7日深夜或2月8日凌晨于龙华警备司令部英勇就义。鲁迅是于2月10日才得知这一噩耗的。几天来,鲁迅沉浸在巨大悲痛中,夜阑人静时,在院子里徘徊不休。沉思中,柔石那憨厚朴实的脸庞时时在他的眼前晃动:绍介东欧文学尤其是苏俄文学;搜集外国木刻版画;编辑出版《朝花周刊》和《朝花旬刊》,哪一件柔石不为之鞍前马后,付出了极大的心血和精力,是近年来自己最好的合作者和最得力的助手。还有他那脍炙人口的小说《二月》,翻译的《浮士德与城》、《颓废》、《丹麦短篇小说集》……这是一位多么难得的好青年呀!这样的好青年,在中国实在是太少太少了呀!然而,反动当局却残暴地将他们屠杀了……暗夜中,鲁迅不由得口吟七绝一首:

惯于长夜过春时,挈妇将雏鬓有丝。
梦里依稀慈母泪,城头变幻大王旗。
眼看朋辈成新鬼,怒向刀边觅小诗。
吟罢低眉无写处,月光如水照缁衣。①

诗中充满着对国民党蒋介石反动政权屠杀优秀青年的仇恨,以及对死难者的哀悼。在当时的残酷环境下,鲁迅的这首诗是不可能公开发表的。之后,鲁迅两次将此诗写成条幅,先后赠给好友许寿裳和日本歌手山本初枝。两年后,在录入《为了忘却的记念》一文时,鲁迅对诗中的字作了修改,将“眼看”改为“忍看”,“刀边”改为“刀丛”。此二字之改,更显出全诗思想之深沉,感情之炽烈。

① 见《为了忘却的记念》一文,《鲁迅全集》第四卷《南腔北调集》,该卷第501页。

鲁迅在花园庄避难凡三十九天。这期间,鲁迅没有停止思考,也没有停止学习。有时他会走进内山书店浏览新到的书刊,汲取新的思想,了解新的情况。因之,对中国共产党人正在从事着的伟大事业,也就更加热爱。在花园庄,鲁迅结识了一位名叫长尾景和的日本进步青年。原在日本关西大学读书的长尾景和,为研究中国民俗来到上海,恰巧也住在花园庄旅馆。长尾景和同鲁迅经常在深夜促膝长谈,在鲁迅搬离花园庄住入拉摩斯公寓后,两人依然往来密切,先后进行了被长尾景和称之为"我一生中的黄金时代"的"一百数十个小时的谈话"。二十多年后,长尾景和在其撰写的《在上海"花园庄"我认识了鲁迅》的回忆中这样写道:

在一个二月的雨天,我们谈了一整天。最初,我是以朋友的身份和先生结识的,现在却以学生的心情来侍奉先生了。我一边听着淅沥的雨声,一边听着先生讲述列宁、高尔基的故事,先生谈起了克扣囚粮的中国监狱,谈起了受金钱左右的审判。对当时中国政治的腐败,先生非常愤慨。当时他肯定地说,中国一定要走向共产主义,通过社会主义来拯救中国,此外没有别的道路可走。将来中国也一定会这样的。他又谈到帝国主义的末路,谈到美国的资本主义危机。先生是非常厌恶美国资产阶级那种奢侈生活的,对当时中国民众的贫困则嗟叹不已。他说:"只看城市里的中国人,你还不能了解中国人的贫困生活。在比四川省更远僻一些的地方,人们都住在窑洞里,而且那窑洞是连门都没有的。""为什么连门都没有呢?"鲁迅先生叹口气说:"洞口如装了门,就会被强盗抢走,拿去烧火取暖。"他举出种种实例来说明贫民生活的疾苦。"他们生活的贫困,你真是难以想象!"说到这里,先生眼睛里立刻露出同情、苦闷的神情,脸上也笼罩了一层悲哀的阴影。到现在,我的眼睛里还常常浮现出先生当时的形象。①

① 本文收入《海外回想——国际友人忆鲁迅》,河北教育出版社2000年版,第139页。

鲁迅十分器重眼前这位有独立进步思想的日本青年。后来，他还专门书赠长尾景和两个条幅。一件是唐人钱起的诗，题《归雁》：

潇湘何事等闲回，水碧沙明两岸苔，二十五弦弹夜月，不胜清怨却飞来。

另一件为中日知识分子皆尊崇的中国古代哲学家、思想家老子的话，鲁迅是一气呵成：

天地不仁以万物为刍狗圣人不仁以百姓为刍狗天地之间其犹橐籥乎虚而不屈动而愈出多言数穷不如守中谷神不死是谓玄牝玄牝之门是谓天地根绵绵若存用之不勤天长地久天地所以能长且久者以其不自生故能长生是以圣人后其身而生先外其身而身存非以其无私邪故能成其私

在这里，鲁迅所书引老子之言，极富针对性，是针砭当时国民党反动当局推行的“中国历史上最黑暗”的统治的。

几天后，著名美国友人艾格尼丝·史沫特莱从菲律宾度假归来。在听到她所熟识的柔石等五位“左联”青年作家被害的噩耗后，匆匆赶到鲁迅住处。然而，她见到的鲁迅“眼睛里闪着愤激的火光，他的声音充满着一种可怕的仇恨”。见了面，鲁迅递给她一篇文稿，其标题为《黑暗中国的文艺界的现状》。同长尾景和一样，史沫特莱也有一段分外传神的描写。

“请将它译成英文，在国外发表吧！”鲁迅对史沫特莱说道。

这篇匕首式的檄文，是为揭露国民党反动当局屠杀左翼作家的暴行而作的。文章伊始，鲁迅就极为愤怒地指出：

现在，在中国，无产阶级的革命的文艺运动，其实就是惟一的文艺运动。因为这乃是荒野中的萌芽，除此之外，中国已经毫无其他文艺。属于统治阶级的所谓“文艺家”，早已腐烂到连所谓“为艺术的艺

> 术”以至“颓废”的作品也不能生产，现在来抵制左翼文艺的，只有诬蔑、压迫、囚禁和杀戮；来和左翼作家对立的，也只有流氓、侦探、走狗、刽子手了。①

鲁迅还认为：左翼文艺“好像压于大石之下的萌芽一样，在曲折地滋长。”“左翼文艺有革命的读者大众支持，‘将来’正属于这一面。”

于是，史沫特莱就和茅盾一起，将鲁迅的这篇檄文翻译成英文，连同史沫特莱与鲁迅一起拟就的告西方作家的声明（茅盾作了润色并协助史沫特莱译成英文），寄往美国左翼大众刊物《新群众》发表。发表后，世界各国仅美国一地就有50余位社会名流签名发表宣言，向中国国民党反动当局抗议屠杀作家，声援中国的左翼文学运动，产生了巨大的影响。

当时，鲁迅交给史沫特莱的檄文，除了这一篇外，还有一篇，题为《写于深夜里》。

在1945年由美国纽约阿夫列德·克诺波夫出版社出版的纪实文集《中国的战歌》一书，有关《鲁迅》这一章节中，史沫特莱记忆犹新地回忆了当年发生的一幕。

> 我急忙赶到鲁迅家里，在他书房里，我发现他面目黝黑，没有梳洗，头发散乱，两颊深陷，目光森森，锋棱逼射，语调中充满愤恨，令人生畏。
>
> “这是那天夜里我写的一篇文章。”他把一篇签有他的化名的手稿交给我说道：“我称之为《写于深夜里》，请把它译成英文在国外发表吧！”
>
> 他把文章的大意说明后，我提出警告说，文章如果发表，你会遭到杀害的。“有什么要紧？”他很愤慨地说：“总得有人出来讲话！”
>
> 离开他以前，我们两人拟好一个就屠杀作家、艺术家的事件告西

---

① 该文收入《鲁迅全集》第4卷《二心集》，见该卷第292页。鲁迅此文写于1931年3、4月间，原为美国《新群众》杂志而作，国内刊物不曾投送。

方作家的声明。我把手稿带给茅盾，由他作了润色并协助我把手稿译成英文。这篇文章引起了西方的第一个反应，有五十多名美国一流作家联合抗议国民党反动派杀害中国作家的罪行，使国民党大为震惊。

鲁迅的《写于深夜里》这篇手稿甚至在国外也未发表过，我一直把它保留在我的身边。我在中国读到的所有文章中，这篇文章给我的印象极其深刻。这是在中国历史最最黑暗的一个夜里用血泪写成的一篇豪情怒放的呐喊。文章开头写道：“野地上有一堆烧过的纸灰，旧墙上有几个画出的图画，经过的人是大抵未必注意的。然而在这些里面各各藏着一些意义，是爱，是悲哀，是愤怒，……而且往往比叫了出来的更猛烈。”

……

“今天我每当听到一个朋友或一个学生的死并且知道了谁也不知道的死法，我感到比听到他怎么死去更加悲哀。我能想象得到暗室中被屠夫们杀害的寂寞比当众处死更令人心胆发寒。当我第一次阅读但丁的《神曲》第一部地狱篇的时候，就惊异于书中设想的残酷。但到现在，阅历加多，我看但丁的设想还是过于仁厚的了。他的设想并没有达到极平常的残酷的深度。”

文章末尾他附了一封可能是自《坐牢略记》的摘录。寄信人是一个十八岁的青年和两个上海大学参加鲁迅创办的木刻研究会的学生。他们因共产主义思想罪名被捕。指控他们的罪证有一条是查出他们有一幅卢那卡斯基的木刻版画。给木刻打上共产党罪名的烙印真是荒唐透顶的逻辑推理。国民党反动派不敢逮捕鲁迅，把他的学生抓起来了。

这个青年的《坐牢略记》，以“敬爱的大师”开头，叙述他从客西马尾果园被捕蒙难那一天，到贿赂一个看守转信给鲁迅的那天夜里为止的全部经历。特别提到一个农民被告被拷打他是红军司令员的苦楚，一个指头的指甲被拔掉，鲜血直淌，面色死白，僵直无声，像一个鬼魂伏在地上。“我敬爱的大师啊！每当我一想起他们的时候，我的心冰凉发寒，毛发直立！”狱中书简呼喊道。

我和茅盾翻译到这里时，茅盾搁笔，语调低沉，细声说道：“这的确是深夜里写的。”“是的，深夜里。”我说。[①]

读者们！之所以笔者在此不厌其烦地引述长尾景和和史沫特莱两位国际友人文章的描述，乃是为了进一步印证三十年后毛泽东为纪念鲁迅诞辰八十周年时所作的诗的真正寓意。

毫无疑问，毛泽东是懂鲁迅的，而且是真懂鲁迅的。

正因为他从根本上读懂了鲁迅，所以，毛泽东 1961 年在为鲁迅诞辰八十周年作诗时，真切地回顾了 30 年代上海文化战线上左翼力量与国民党反动当局之间展开的这段“刀光剑影任翔旋”的斗争史。当年的鲁迅，正是在国民党反动派实施的残酷的文化“围剿”中成为中国文化革命的一代伟人的。而且，还具有共产党人“只有解放全人类才能最后解放自己”的博大胸怀。鲁迅不仅推动了国统区左翼文学运动和中国文化革命的深入开展，还强有力地配合了共产党和红军在湘赣闽、鄂豫皖农村根据地对蒋介石军事“围剿”的斗争。因此，作为同一年代顽强、英勇地反击国民党军事“围剿”的主要领导人，毛泽东的感受是十分深刻的，对鲁迅的诗作自然也能共鸣、交响，因此赞赏有加。

毛泽东“纪念鲁迅八十寿辰”的第二首诗是：

鉴湖越台名士乡，忧忡为国痛断肠。
剑南歌接秋风吟，一例氤氲入诗囊。[②]

如果说，毛泽东的第一首诗是重在颂扬鲁迅作为 30 年代文化革命旗手的

---

① 《中国的战歌》为四卷本《史沫特莱文集》之第一卷，由袁文、买树榛、袁岳云等三人根据美国纽约阿夫列德·克诺波夫出版社 1945 年 8 月第四版译出，中文版《史沫特莱文集》由新华出版社 1985 年 9 月出版。上述所引，为《中国的战歌》第二篇《今昔中国》（1928—1931）中的一节，冠题为《鲁迅》，见《史沫特莱文集》第一卷，第 79—82 页。

② 见《毛泽东诗词集》，第 205—206 页。

形象，那么，这第二首诗，则是从精神文化的渊源上追寻鲁迅与其故乡的先贤名人陆游、秋瑾的一脉相承，以此烘托出鲁迅诗中所具有的强烈的爱国情感基调，以及浓郁的审美意韵。熟读历代诗篇的毛泽东认为，从宋代陆游的《剑南诗稿》，到 20 世纪初秋瑾英勇就义前写下的《秋风曲》，尤其是“秋风秋雨愁煞人”的名句，再到鲁迅 1935 年 12 月 5 日为许寿裳先生“书一小幅云：‘曾惊秋肃临天下，……’”的《亥年残秋偶作》，无不贯穿着“忧忡为国痛断肠”极为深刻的爱国情结。

从毛泽东的《七绝二首・纪念鲁迅八十寿辰》的诗作中，可以再次见证毛泽东关于“我跟鲁迅的心是相通的”话，是发自其内心肺腑的表白。

毛泽东终生爱读鲁迅的著作，特别是对其诗作的熟谙和理解，堪称一绝。在 1938 年由上海复社出版的《鲁迅全集》第七卷中收入的鲁迅新旧体诗歌，毛泽东无一不用心读过，并深研之。1959 年 1 月，人民文学出版社出版了收有鲁迅诗作的《集外集》、《集外集拾遗》单行本。在读的过程中，毛泽东在其中许多诗篇的题目旁，画下了已阅的圆圈。1959 年 3 月，文物出版社刻印了一册线装本的《鲁迅诗集》，该诗集共收诗篇 47 题 54 首。这本线装本的《鲁迅诗集》的作品，毛泽东全部读过，有的还反复读过多遍，其中的不少诗篇，毛泽东都能背诵下来。

在毛泽东读过的鲁迅诗篇中，他对鲁迅 1932 年 10 月 12 日“午后为柳亚子书一条幅云：‘运交华盖欲何求，……’”的《自嘲》里的诗句好评尤甚。1942 年 5 月 23 日，毛泽东在其所作的《在延安文艺座谈会上的讲话・结论》之结束时强调指出：

> 鲁迅的两句诗，“横眉冷对千夫指，俯首甘为孺子牛”，应该成为我们的座右铭。“千夫”在这里就是说敌人，对于无论什么凶恶的敌人我们决不屈服。“孺子”在这里就是说无产阶级和人民大众。一切共产党员，一切革命家，一切革命的文艺工作者，都应该学鲁迅的榜样，做无产阶级和人民大众的“牛”，鞠躬尽瘁，死而后已。①

---

① 本文原收入《毛泽东选集》第三卷，后又收入《毛泽东文艺论集》，为 1942 年 5 月 23 日延安文艺座谈会结束时所作。见《毛泽东文艺论集》，第 82 页。

在这个问题上，毛泽东的诗词也与鲁迅诗词也有相通之处：对待权贵，毛泽东的态度是“粪土当年万户侯”（《沁园春·长沙》）、“要扫除一切害人虫”（《满江红·和郭沫若同志》）；而对于人民大众，毛泽东则是“春风杨柳万千条，六亿神州尽舜尧”（《七律二首·送瘟神》）。

在新中国成立后毛泽东所作的诗词中，有几首的寓意，或取自于鲁迅原诗作，或改自于鲁迅当年诗作。

作于1958年7月1日《七律二首·送瘟神》之第一首，就与鲁迅1934年5月30日“午后为新居格君书一幅云：‘万家墨面没蒿莱，……’”的《戌年初夏偶作》颇有相似之处。

1958年6月30日，毛泽东读《人民日报》，欣闻江西“余江县消灭了血吸虫”，遂“浮想联翩，夜不能寐”。直到次日“微风拂煦，旭日临窗。遥望南天，欣然命笔”。于是，遂有《七律二首·送瘟神》。其诗之一云：

绿水青山枉自多，华佗无奈小虫何！
千村薜荔人遗矢，万户萧疏鬼唱歌。
坐地日行八万里，巡天遥看一千河。
牛郎欲问瘟神事，一样悲欢逐逝波。①

鲁迅于二十四年前所作的《戌年初夏偶作》一诗仅四句：

万家墨面没蒿莱，敢有歌吟动地哀。
心事浩茫连广宇，于无声处听惊雷。②

先看鲁诗的头二句与毛诗的相关二句。

鲁迅的“万家墨面没蒿莱，敢有歌吟动地哀”，与毛泽东的“千村薜荔人遗矢，万户萧疏鬼唱歌”，其相似之处，一是述写国民党统治下的社会之黑暗现

① 见《毛泽东诗词集》，第104页。

② 见《鲁迅全集》第七卷，第472页。1934年5月30日鲁迅日记：“午后为新居格君书一幅云：‘万家墨面没蒿莱，……’。”诗幅后题款：“戌年初夏偶作以应新居先生雅教”。

实，一是描绘征服血吸虫之前的“华佗无奈小虫何”的农村惨相。蒋介石统治下的人民生不如死的悲惨事实，与血吸虫横行令“万户萧疏鬼唱歌”的人民痛苦景象，相映成双来反映“无声的中国”，折射出两位伟人之间诗心的相通所在。学者蔡清富教授曾在其《毛泽东与鲁迅——两颗相通的诗心》一文中这样推断道：“鲁诗‘心事浩茫连广宇，于无声处听惊雷’与毛诗‘坐地日行八万里，巡天遥看一千河’，二者表达的都是创作主体与客观世界的关系，毛句的意境可视为鲁诗‘心事浩茫连广宇’的具象化。从《戌年初夏偶作》与《送瘟神》在文脉与意象的近似或相通，我们或可推测，毛泽东有感（读报）而发创作《七律二首・送瘟神》时，自觉不自觉地受到了鲁迅《戌年初夏偶作》一诗的启发和影响。”对蔡先生的这个推断，笔者深有同感。

毛泽东与鲁迅之间诗心的相通，不仅仅在于他们的一些诗作存在着“文脉与意象的近似或相通”，还在于毛泽东善于将鲁迅诗作的内涵、意旨，借鉴到现实中来，借“鲁”讽今，如讽刺当年风头甚健的苏联领导人赫鲁晓夫。

1959 年 9 月，赫鲁晓夫访问美国，与美国总统艾森豪威尔举行了一系列会议，史称美苏“戴维营会谈”。会谈中、会谈后，赫鲁晓夫赞扬艾森豪威尔是美国和世界上的“明智派”领导人，而且是“真诚希望和平”的领导人。最后，赫鲁晓夫宣扬戴维营两个超级大国国家首脑的会晤，在“国际关系的气氛中引起了转暖的某种开端”，令“‘冷战’的冰块正在开始融化”。赫鲁晓夫这些言行，令把一切帝国主义和反动派都视之为“纸老虎”的毛泽东的不屑。毛泽东决定赋诗一首以表达中国人的看法。但他这次的诗作并非自赋独创，而是借鉴鲁迅的某一首诗来为现实服务。毛泽东这首诗的名字就叫《改鲁迅诗》，全文如下：

曾警秋肃临天下，竟遣春温上舌端。
尘海苍茫沉百感，金风萧瑟走高官。
喜攀飞翼通身暖，苦坠空云半截寒。
悚听自吹皆圣绩，起看敌焰正阑干。①

---

① 蔡清富：《毛泽东与鲁迅——两颗相通的诗心》，见 1996 年 11 月 8 日《文艺报》3 版。

毛泽东改的是鲁迅作于 1935 年 12 月 5 日赠老友许寿裳的一首七律诗，题《亥年残秋偶作》。

鲁迅诗曰：

曾惊秋萧临天下，敢遣春温上笔端。
尘海苍茫沉百感，金风萧瑟走千官。
老归大泽菰蒲尽，梦坠空云齿发寒。
竦听荒鸡偏阒寂，起看星斗正阑干。①

后来，受诗者“季市”亦即许寿裳在为《鲁迅旧诗集》所作的“跋”中，这样写道：“此诗哀民生之憔悴，状心事之浩茫，感慨百端，俯视一切，栖身无地，苦斗益坚，于悲哀孤寂之中，寓熹微之希望焉。”

忆当年，鲁迅作此诗时，鉴于其所处环境，所“临天下”，乃所系中华民族之命运之危亡。而时隔二十四年之后，毛泽东读鲁迅《亥年残秋偶作》，复又改之，系其紧密联系当时复杂的国际形势，以借抒发自己感怀。

观毛泽东之这一“改”诗，“曾警秋肃临天下，竟遣春温上舌端。”仅此一联，毛泽东即改动了鲁诗的三个字：改“惊”为“警”，易“敢”为“竟”，又置“笔”为“舌”。由于写作的针对性有异，其寓意也就有了很大的变化——正是针对前些时候赫鲁晓夫访美一事而有感而发。明摆着的当时世界是美国四处派兵，欲图称霸世界，“冷战”局面加剧，而赫鲁晓夫却偏要让人们相信“春温”来临，而非“秋肃临天下”。改“惊”为“警”，乃是警告天下，或让人们提高警惕的意思。至于毛泽东笔下的“竟”与“舌”字，则有讽刺赫氏指鹿为马、巧言令色之意。

第二联“尘海苍茫沉百感，金风萧瑟走高官”。此联只改动了一个字，改“千”为“高”一字之改，目标明确又集中，直指赫鲁晓夫的美国之行。

第三联，是全诗改动最大的一联，此联鲁迅原句为“老归大泽菰蒲尽，梦坠

① 见《鲁迅全集》第七卷，第 475 页。1935 年 12 月 5 日鲁迅日记：“为季市书一小幅云：‘曾惊秋肃临天下，……。’”诗幅后题款：“亥年残秋偶作录应季市吾兄教正。”

空云齿发寒"。而毛泽东则将其改写为"喜攀飞翼通身暖,苦坠空云半截寒"。前句系毛泽东之独创,后句则改动了三个字。"喜攀飞翼通身暖",是写赫鲁晓夫飞到美国攀附艾森豪威尔制造天下"和平"暖局的神话的。"苦坠空云半截寒",系毛泽东对赫鲁晓夫的讥讽,这一句,毛泽东改动了三个字,改"梦"为"苦",指赫鲁晓夫此行之后果,变"齿发"为"半截",保留"寒",则与上句"通身暖"相呼应。

第四联毛诗为:"悚听自吹皆圣绩,起看敌焰正阑干。"此联前句为毛泽东独创,后句变"星斗"为"敌焰",则与鲁迅原诗有了很大的且是原则性的改变。"悚听自吹皆圣绩"是毛泽东对赫鲁晓夫在美国访问会谈期间大吹大擂的讽刺。赫鲁晓夫关于苏美经济竞赛中苏联很快能战胜美国的吹嘘,关于"我们的原子破冰船'列宁号',不仅要划破海洋中的冰层,并且要划破'冷战'的冰层"的吹嘘,毛泽东改鲁诗中的"竦"为"悚",将"星斗"改为"敌焰",指的正是被自我吹嘘陶醉了的赫鲁晓夫完全忽视了的美国恣意扩充军备和竭力鼓吹冷战的嚣张气焰,从而有力地驳斥了赫鲁晓夫的所谓"国际关系有些转暖了,'冷战'的冰块在开始融化"的论调。事实上也正是如此。1959年,正是美国磨刀霍霍,在世界各地充当国际宪兵,肆意挑起侵略、干涉别国战火的年代。仅以中国周边而论,就有美国挑动印度侵犯我国领土的战争。在这场本不该发生的中印边界战争中,赫鲁晓夫也扮演了不光彩的角色,站在挑起战火的印度一边,不分青红皂白地指责中国"入侵"印度。此外,美国悍然派遣军队入驻老挝,威胁越南安全。还有,美国支持在台湾的蒋介石作所谓"反攻大陆"的"复兴"计划,美国太平洋舰队甚至一再派出侦察机在我国西沙群岛上空挑衅。"敌焰正阑干"的一系列事实,从根本上击碎了赫鲁晓夫自编自导的一枕黄粱——"春温"美梦。

新中国成立以后,毛泽东不止一次亲笔书写鲁迅的诗词,用以赠送中外宾朋。也有友人向他索字题词,而对鲁迅诗词研读甚深的毛泽东,则就常常手录鲁迅的诗句以赠之。其中,书写得最多的,当数"横眉冷对千夫指,俯首甘为孺子牛"这两句。有一段时间,毛泽东在工作之余的空闲时间里练书法,就经常书写鲁迅的诗句。在不少鲁迅的诗题旁,毛泽东都画了圈,以示他喜读的程度。一次,他在书写鲁迅诗句时,一边写,一边深有感触地对一旁的人说:"书写鲁迅的诗句，既可以进一步理解诗的内容，又可以了解鲁迅。”①

1958年12月，中共八届六中全会在武昌召开。会议期间，著名粤剧演员红线女随团应邀为全会演出。演出后，毛泽东等中央领导登台接见演艺人员。红线女便对毛泽东请求道：“毛主席，写几个字给我，我希望。”

“好吧！”毛泽东高兴地答应了下来。

当天晚上，回到住所，毛泽东即挥毫书写了鲁迅诗句“横眉冷对千夫指，俯首甘为孺子牛”。第二天，毛泽东即安排身边的工作人员转交给了红线女。晚年的红线女，每每提及毛泽东为她书写鲁迅诗句的事，心中就会久久地难以平静……②

1961年10月7日，毛泽东在中南海勤政殿会见到访的日本友人黑田寿男一行。在会见时，毛泽东将自己提前书写好的一首鲁迅诗词赠给了日本朋友。书录的鲁迅这首诗，系鲁迅于1934年5月30日为来访的日本作家、文艺批评家新居格所作诗，题《戌年初夏偶作》。曾任中央领导人保健医生的朱仲丽在其《我知道的毛泽东》一书中，对当年毛泽东书赠鲁迅诗予日本友人的起因和过程作了如下描述：

> 对日本人民当年反对美帝国主义，反对垄断资本的斗争处于低潮的情况，毛泽东说，对此不要悲观。“有高潮，有低潮，再有高潮，再有低潮，是波浪式前进的。看起来是低潮，但实际上是在酝酿一个新的高潮。尽管斗争道路是曲折的，但是日本人民前途是光明的。……最后的胜利属于人民。”
>
> 他还回顾了中国共产党的斗争历史，说，1921年共产党只有几十个党员，“开第一次党代表大会时只有十二个代表……现在剩下的，只有董必武副主席和我，还有一个李达。1921年那个时候，党员人数很少，关键问题是能否团结群众，有无正确的政治路线。”
>
> 黑田寿男站起来，扯扯自己的衣领，叙述说：“目前我们日本的形

① 引自易严：《毛泽东与鲁迅》，河北人民出版社1998年版，第193页。

② 引自孙琴安：《毛泽东与中国文学》，重庆出版社2000年版，第207—208页；易严：《毛泽东与鲁迅》，第233页。

势……还有中日友好运动，开展得很顺利……”

毛泽东说：“好！好！”他从上衣口袋里取出一张叠过的纸片，打开之后对客人说：“我没有什么东西送给你们，就把我书写的一首鲁迅的诗送给你们。鲁迅是中国黑暗时代的伟大革命战士、文学战线的领导者。他写的是一首旧体诗，有四句，原诗为：‘万家墨面没蒿莱，敢有歌吟动地哀。心事浩茫连广宇，于无声处听惊雷。’这一首诗，是鲁迅在中国黎明前最黑暗的年代里写的，说明他在完全黑暗的统治下看到了光明。”

黑田寿男站起来，接受了这一礼物。①

据另一位毛泽东身边工作人员回忆补充道：在黑田寿男接过毛泽东亲录的鲁迅诗词的纸片时，怕日本朋友一时看不懂，细心的毛泽东还特意让陪同日本朋友的郭沫若详细翻译说明了一下。

毛泽东逝世前一年——1975 年的春天，北京广安门医院的一位眼科专家，前来中南海参加医治毛泽东眼疾的会诊。当工作人员把这位眼科大夫介绍给毛泽东时，毛泽东握住大夫的手，亲切随和地问道：“你叫什么名字？”

大夫回答道：“唐由之。”

话音刚落，毛泽东脸上立刻显现出兴奋的神情，点点头说道：“这个名字好，你父亲一定是位读书人，他可能读了鲁迅的诗，为你取了个‘由之’的名字。”

毛泽东还为他的眼科手术医师唐由之书写鲁迅诗，这其中就蕴藏着一个格外动人的故事情节呢！

据详细采访过唐由之的卢春宁所著《为毛泽东做眼科手术的医生——唐由之》一书中，做了极为传神的描述：

《满江红》轻轻播放着，在场的所有人都听见了，唯独一个人例外——唐由之却一点也没听见。他的心神，全神贯注地注入视线，注入指端，运用精微的手法，在主席的眼睛上，完成了白内障针拨术。

① 朱仲丽：《我知道的毛主席》，中国青年出版社 1998 年版，第 754—755 页。

将近24日零点，手术顺利完成，心电监护仪显示：手术过程中，毛主席的心跳依然如故，始终未发生变化。唐由之暗想：主席真是位伟人呀！他的眼睛正在进行手术，竟然可以心静如水，胜似闲庭信步。

主席的手术结束后，总理还在书房外面等候。唐由之马上过去，正要详细汇报主席手术情况，总理却说："你不要说，我都看见了。你很沉着、镇静。术后要防止感染、出血。"总理稍停了一下，接着问："今晚谁值班？"

"今晚我值班，就睡在主席门外，可以随时照顾主席。"唐由之回答。

总理说："那就好。"

唐由之万万没有想到，这是他亲耳听到的敬爱的周总理生前的最后声音。他怎么能想到，此后仅仅半年，总理将在重病中沉沉地睡去……

回到卧室，主席休息了。唐由之在卧室外的走廊里守候着，值班用的那张长沙发，摆在宽敞的走廊一头，与主席的卧室只有几步之遥。大约过了一小时，唐由之听到主席说话的声音，比较含糊，他赶紧走进去，看看是不是主席的眼睛有什么情况。

主席的眼睛蒙着纱布，听见有人进来，便问：

"谁进来啦？"

张玉凤说："是唐由之大夫呀！"

主席好像在喃喃自语，唐由之认真地听着，仍听不清主席在说什么。他有些着急，直接问道："主席，你哪儿不舒服啊？你说什么啊？我听不懂。"

主席用手示意了一下，张玉凤明白，主席要写字了。她赶紧拿来笔和纸，递到主席手里。唐由之紧盯着主席的手，想尽快知道主席要表达的情况，如果是手术的眼睛不舒服，可得马上处理啊！

主席双眼隔着厚厚的纱布，摸索着，用铅笔在白纸上写开了。如同他以往的习惯，每个字都写得很大，但是，这次的"盲写"，每个字都没有按行"排队"，而是斜向一方，没写几个字，就得换一张纸。一会儿工夫，四行文字出现在他的面前：

岂有豪情似旧时，花开花落两由之。
何期泪洒江南雨，又为斯民哭健儿。

是一首诗！唐由之没有想到，一个小时前刚刚经历完手术的毛主席，念叨的不是自己眼睛的感觉，而是一首诗。他敏感地发觉：诗中有两个字和自己的名字一样——“花开花落两由之”中的“由之”。

是不是主席想到刚刚为他做手术的主刀医生叫唐由之，“由之”二字令他联想起鲁迅在这首诗里用过，便喃喃自语地念开了？不管怎样，看来，主席眼睛没有不良的反应，职业的敏感让唐由之轻轻地松了一口气，他的注意力也转到这首诗上来了。

写完这首诗的主席，依旧没有睡意，他对唐由之说开了：这是鲁迅为悼念一位叫做杨杏佛的人写的诗。杨杏佛是爱国进步人士，被国民党杀害了。鲁迅要去吊唁，为防止无谓的牺牲，许多人阻止他前往。于是，鲁迅提笔寄托哀思，写下这首诗。说到这儿，主席转向张玉凤：“你到我的左边书架第二层，拿《鲁迅全集》那卷来，翻给唐大夫看看。”唐由之没听清他说的到底是第几卷，显然，张玉凤听明白了。

张玉凤走到书架前，按照主席的指点，取书拿来一翻，果然就是这首诗。看到张玉凤递过来的书，唐由之为主席超强的记忆力震惊了：眼前这位已经82岁高龄、每天日理万机的一国领袖，知道我的名字时，已经双目失明，不可能亲自翻阅这本书。此刻，竟然因我名字中的“由之”二字生发联想，不但完整地默写出《鲁迅全集》编入的有这两个字的一首诗，还清楚地记得这卷书在书架上的确切位置。这要有怎样惊人的记忆力啊！

现在，看到张玉凤递过来的鲁迅的这首诗，唐由之以前没注意过。

见到主席用这首诗“解释”自己的名字，他能不激动吗？一种渴望已久的心愿，再也按捺不住了，对着主席写在这几张纸上的诗，他说了出来：

“主席，这个您可以送给我吗？”

其实，在主席身边的日日夜夜，主席已经习惯唐由之在他自己身边走来走去，在书房里进进出出。每当主席伏案工作时，就让唐由之随意翻看放在书架上的书籍。主席在书中的眉批，无数次地掀动着唐由之的心。主席的书法堪称绝世之笔，多少人梦寐以求，期望得到主席一字一句的真迹。自小跟着画家唐云大哥练过书法的他，更是懂得这些真迹的珍贵。但是，面对年迈体弱又双眼因白内障失明的主席，他无论如何也不敢有丝毫的非分之想。

眼前，摆着主席因自己的名字而联想并且书写的诗句，唐由之怎能不激动呢？

听了他的请求，主席笑了起来："哈哈！好！那么我给你签个字吧。"

说罢，摸索着再次提起笔，在诗的结尾处，"盲写"了三个字：毛泽东。

这时，时针指着24日凌晨3点多钟。[①]

读着上述情节，我们怎么能够不为之动容而肃然起敬呢！

让我们随同唐由之大夫的脉搏一起跃动，在脑海里留下至死也无法忘怀的一幕，那是1975年7月24日零时刚过发生的：在长达近一个小时的白内障手术刚一结束，毛泽东竟然能够完整地背诵出42年前鲁迅所作的《悼杨诠》诗。继而，依然是蒙着双眼的毛泽东用手摸索着一字不差地在白纸上默写出《悼杨诠》诗的全部诗句！而且，蒙着双眼的毛泽东竟然能够说出此诗刊于《鲁迅全集》何卷何篇章。

用出神入化来形容毛泽东对鲁迅著作鲁迅诗词的运用自如，一点儿也不为过。

毛泽东自称是"中国的第一等圣人"鲁迅的学生，这其中，没有任何的做作与违心，完全是发自肺腑的真实表白。

比对耄耋老人毛泽东的此番举动，请读者们，更请那些多年来热衷于制造、炒作所谓"毛罗对话"的文人、学者们认真地思考一个问题：毛泽东会在距这一十八年前的1957年7月7日晚上，说出"假如活着"的鲁迅会被关入社会主义新中国的牢房这等不着边际的话吗?!

从毛泽东自1937年起身体力行，不遗余力地学习推崇鲁迅的后半生40年历史分析，断无这个"假如"存在的空间！

长期以来，毛泽东给予鲁迅的评价，是最多也是最高的。他对中国历史上众多的杰出人物，自一统中国的那些帝王，到历代人民大众口口相传彪炳千秋的作家、科学家、发明家、民族英雄的评价，还从来没有一个能够与鲁迅相媲美。包括对孔夫子这个"封建社会的圣人"，在众多的评述中，毛泽东也还

---

① 节选自卢春宁：《为毛泽东做眼科手术的医生——唐由之》，人民出版社2011年1月版；又见《1975年，毛泽东盲写了一首诗》一文，刊2011年第6期《中外书摘·经典版》。

是贬多于褒。而对中国近代的巨大变革作出了无与伦比贡献的孙中山先生,毛泽东虽然一次次地给予崇高的评价,但仍然不及他对鲁迅先生的评价之高。

对于鲁迅,我们完全可以这么认为,毛泽东是倾注了他的全部情感的,无论是在抗日战争时期的延安窑洞里,还是在解放战争时期转战陕北的马背上,以及新中国成立之初的万里出访苏联,乃至随后20多年中赴大江南北各地巡视,每每出行,身边工作人员都会遵照他的嘱咐,将须臾不离手的《鲁迅全集》搬上火车,搬入住地——那张极为传神的毛泽东1961年在庐山住处站立翻阅《鲁迅全集》的照片,便是最好的说明。

对鲁迅的诗作,毛泽东钻研甚深,理解又透,不仅知其然,而且还深知其所以然。

1931年3月5日,鲁迅为日本友人松元三郎书赠一诗,题《湘灵歌》,其全诗为:

昔闻湘水碧如染,今闻湘水胭脂痕。
湘灵妆成照湘水,皎如皓月窥彤云。
高丘寂寞竦中夜,芳荃零落无馀春。
鼓完瑶瑟人不闻,太平成象盈秋门。[①]

鲁迅之所以书写此诗,是为了排遣心头的无比愤懑,揭露国民党反动派的血腥统治,滥杀革命青年,并寄托对死难烈士的哀思——时柔石、冯铿、殷夫、李伟森、胡也频等五位"左联"作家惨遭反动当局杀害尚不足一月。后来,毛泽东在细读《湘灵歌》后,轻车熟路地于该诗末句旁批注道:"从李长吉来。"李长吉即唐代著名诗人李贺,其《自昌谷到洛后门》诗云:"九天大野白,苍岑竦秋门"。毛泽东的这个批注。既说明了他对唐诗的熟谙,又说明了他对鲁迅诗作的研究之深。

---

① 见《鲁迅全集》第七卷,第150页。据鲁迅1931年3月5日日记,本诗系书赠日本友人松元三郎的。诗中"如染"原作"于染","妆成"原作"装成","皎如皓月"原作"皓如素月","零落"原作"苓落"。此诗最初发表于1931年8月10日《文艺新闻》第22号。

毛泽东生于1893年，小鲁迅(1881年生)一轮，两人生肖皆属蛇。纵观毛泽东一生对鲁迅的崇敬与热爱，对鲁迅著作的喜爱与反复研读，对鲁迅诗作的不断书写和馈赠国际友人，无不证明了1966年夏天他在给江青的信中所说的“我跟鲁迅的心是相通的”话，是完全出自于他内心的由衷之言。

第四章

与鲁迅书长相随

毛泽东的一生，极爱读鲁迅的书，有时甚至到了废寝忘食的境地。他几乎是读了一辈子鲁迅的著作。在战火纷飞的年代，在马背上、在窑洞里读；在新中国成立后的岁月里，无论是在紧张的出国访问期间，还是在全国各地视察工作、开会间隙，乃至在晚年病重、病危的日子里，他都常常读鲁迅著作。

据冯雪峰回忆，早在井冈山时期，毛泽东曾经和他谈起过鲁迅作于1921年12月的中篇小说《阿Q正传》。《阿Q正传》，亦为毛泽东引用、评论了大半辈子。但在中央苏区，以及随后进行的长征途中，由于战争环境的异常险恶，他是不可能读到鲁迅书的。

毛泽东真正开始有意识地搜寻和阅读鲁迅的著作，是在1936年10月19日鲁迅逝世以后，亦即1937年1月中共中央机关和红军总部迁往延安之后。设在延安的陕西省立第四中学，有一个相对不错的图书馆，这是全延安城里唯一可以称得上图书馆的地方。一天，闻讯而来的毛泽东，在那里翻阅书籍时，突然发现有一批鲁迅著作的选本。喜出望外的毛泽东立马借走了三本回去仔细阅读。几天后看完，他即让秘书退回，另外借了几本。到了第三次，他干脆让秘书把那里所有的鲁迅著作选本和单行本全都借了回来，供自己反复阅读。

1938年1月12日，来到延安不久，在"抗大"任教员的著名哲学家艾思奇，为了教学的方便向毛泽东借阅鲁迅著作——他是听别人说毛泽东那儿有鲁迅的书。毛泽东在回信中告诉艾思奇道："我没有《鲁迅全集》，有几本零的，《朝花夕拾》也在内，遍寻都不见了。"①从这封信来看，毛泽东并不知道《鲁迅全集》当时还没有出版。

最早的一版《鲁迅全集》，于毛泽东给艾思奇的回信发出半年多后才出版。

---

① 见《毛泽东书信选集》，人民出版社1983年版，第118页。

由“鲁迅先生纪念委员会”编辑，是中共秘密党员胡愈之领衔的“复社”，以“鲁迅全集出版社”的名义出版的，共二十卷。在出版普通本的同时，还另外印了200套带编号的“纪念本”——版权页注明是“非卖品”。《鲁迅全集》在上海一经出版，上海地下党即往延安送了一些，而毛泽东得到的是第58号纪念本——封面紫色的，书背是黑色的，每卷的封底、封面的两角都是同书背一样的黑色布料包角。应当说。这套书印装别致，做工考究，非常珍贵。

毛泽东收到这套《鲁迅全集》后，分外珍惜与爱护，一直把它放在案头，一有空闲就阅读，有时甚至通宵达旦。后来，新华社曾经发表过一张毛泽东在延安枣园窑洞里办公的照片，办公桌右上角放着的三本书，那就是《鲁迅全集》中的三卷。这是毛泽东爱读鲁迅著作的真实的历史瞬间。这套1938年版的《鲁迅全集》，后来被毛泽东完整无缺地从延安带到西柏坡，又从西柏坡带进了紫禁城。至今，它仍保存在中南海毛泽东的故居里，上面有他当年阅读时写下的不少批注。①

一次，晋察冀边区八路军政治部的一位同志回延安述职，走进杨家岭毛泽东窑洞，却见毛泽东正埋头阅读《鲁迅全集》。毛泽东抬起头来，目光中饱含着期待，深情地说道：“要读哇！光读马列的书不够，还要读鲁迅的书。不读他的书，就不晓得什么是国民性，什么是真正的革命。”毛泽东此话，给予了鲁迅甚高的评价——将鲁迅著作同马列的书相提并论。②

在毛泽东的故居里，除这套带编号的1938年的版本外，还有两种版本的《鲁迅全集》。一套是上世纪50年代中叶人民文学出版社出版的带注释的十卷本；另一套是1972年由有关部门特意根据1956年版十卷本排印的大字线装本——这是为毛泽东晚年视力衰退特地印制的。1971年，毛泽东在一场大病之后，看书时即使借用放大镜也日益感到吃力。身边的工作人员见了之后，很为毛泽东的眼睛担忧，而毛泽东又是须臾离不开他读了近四十年的鲁迅著

---

① 据了解，当年毛泽东在撤离延安时，为了方便转移，将那只装《鲁迅全集》的楠木双层书箱（书箱正面镌有蔡元培先生所书“鲁迅全集纪念本”等字样）就近埋在了枣园一带。直到1965年，这只深藏了近二十个年头的楠木书箱才被挖出，送至博物馆，成为一件珍贵的文物。20世纪70年代，这个楠木书箱还在博物馆中展览过。

② 见《毛泽东与上海民主人士》，中央文献出版社2004年11月版，第246页。

作的，于是建议将鲁迅著作印成大字本，供他阅读。但毛泽东却予以拒绝。他告诫说：国家目前还很困难，印大字本又要花不少钱。后来，有关方面经反复研究，认为印大字本有好处：其一，能使年事已高的毛泽东等老一辈领导人阅读起来方便；其二，可以馈赠到访的外宾；其三，则是便于长久地保存鲁迅著作。于是，在1972年将50年代中叶出版的十卷本《鲁迅全集》排印成一定数量的大字线装本。为了赶时间，这套大字线装本由北京、上海两地同时排印。因全书的印刷工作量大，无法一下子印刷出来。于是出版社采取每印制好一卷，就先行送给毛泽东一卷，而当时出版社并没有按照原来全集的顺序印、送，往往是哪卷印好装订好就送哪卷。由于印的是线装本，字又大，毛泽东阅读起来十分方便。常常这卷读完了，而下一卷出版社还没有送来。就这样，先后延续了好几个月，全书才一一印装完毕。待到毛泽东收到全套线装本的大字本《鲁迅全集》时，他差不多又精心地读了一遍。按照阅读习惯，在这套线装大字本好多册的封面上，毛泽东画了一些红圈圈，在书中不少处画了一些红线条。在一些封面上，毛泽东亲笔写下了“1975.8 再阅”的字样。在《三闲集》和《南腔北调集》两册的封面上，还画上两个红圈圈，这说明毛泽东于晚年至少读过两遍。在第五卷第五分册的封面上，还留有毛泽东亲笔写下的“吃烂苹果 1975.8”的字迹。而在这一年的8月，毛泽东已经重病缠身，白内障手术结束后，他仅有一目能看清东西。在手术前的一段时间里，他两眼都不能看东西。经常让工作人员为他念鲁迅的杂文。每当听到鲁迅的深刻评论和笔锋犀利之处，他总会赞不绝口地加以附和。

在《鲁迅全集》第五卷里，收有鲁迅化名洛文写于1933年9月11日的文艺批评文章，题目叫《关于翻译(下)》。鲁迅在该文中写道：

> 苹果一烂，比别的水果更不好吃，但是也有人买的，不过我们另外还有一种相反的脾气：首饰要“足赤”，人物要“完人”。一有缺点，有时就全部都不要了。爱人身上生几个疮，固然不至于就请律师离婚，但对于作者、作品、译品，却总归比较的严紧，萧伯纳坐了大船，不好；巴比塞不算第一个作家，也不好；译者是“大学教授，下职官员”，更不好。好的又不出来，怎么办呢？我想，还是请批评家用吃烂苹果

> 的方法，来救一救急罢。
>
> 我们先前的批评法，是说，这苹果有烂疤了，要不得，一下子抛掉。然而买者的金钱有限，岂不是大冤枉，何况此后还要穷下去。所以，此后似乎最好还是添几句，倘不是穿心烂，就说：这苹果有着烂疤了，然而这几处没有烂，还可以吃得。这么一办，译品的好坏是明白了，而读者的损失也可以小一点。①

在这里，鲁迅用吃烂苹果的例子来告诫人们要正确对待有缺点的人和文艺作品。对此，毛泽东格外赞同鲁迅的这一见解。1975 年夏天，病中的毛泽东让工作人员给他读这篇文章，当工作人员读到上述相关内容时，毛泽东兴奋得连连称赞说："写得妙！写得妙！"毛泽东说这个话的时候，正值邓小平全面主持党政军的工作。他在大刀阔斧地开展整顿工作的同时，果断地起用了一批被打倒或靠边站的老干部，这自然引起了江青、张春桥等"文革"新贵们的非议和阻拦。也正是这个当口，毛泽东读了鲁迅的《关于翻译（下）》的这篇评论文章，并予以了无保留的肯定。

这时，距他生命的最后终结，只有一年的时间。在毛泽东的晚年，他仍然是那样喜欢阅读鲁迅的书，还一而再、再而三地对外宣称自己是鲁迅这位"圣人"的学生。

而对于那套 1938 年复社版的精装本《鲁迅全集》，从收到后到逝世为止的三十八年间，毛泽东竟是那样的爱不释手！无论他转移、行军到哪里，他都带在身边，而且是有空就读。后来。在中南海，他在书房里阅读《鲁迅全集》，一边翻阅，一边饱含深情地对身边的工作人员说道："这套书保存下来不容易啊！当时打仗，说转移就转移，有时在转移路上还要和敌人交火。这些书都是分给战士们背着，他们又要行军，又要打仗，书能保存到今天，我首先要感谢那些曾为我背书的同志们。"

如今，这套《鲁迅全集》已保存到中央档案馆。与这套《鲁迅全集》保存在一起的，还有一部由鲁迅翻译的《死魂灵》（1936 年上海文化生活出版社出

---

① 见《鲁迅全集》第 5 卷，第 377 页。

版）。在这部译著的封面、扉页和序言页的三处，都盖有毛泽东的印章，有长方形带框的“毛氏藏书”字样的，也有手书草体“毛泽东”字样的。

新中国成立后不久，1949 年 12 月，毛泽东率领中国党政代表团出访苏联，在他随身携带的书籍中，就有他亲自挑选的这套《鲁迅全集》中的几本。在赴莫斯科横穿西伯利亚旷野的火车上，他也会读点鲁迅的著作。抵达莫斯科后，尽管外事活动频繁，可毛泽东硬是挤出零星时间来阅读鲁迅的书。一天，外事活动结束后回到住处，离开饭还有些时间，他就抓紧空闲，取出鲁迅的书认真地读了起来。很快，半个小时的时间过去了，开饭时间到了，工作人员把饭菜放在桌上，他也不抬一下头，只是埋头看书。工作人员轻声催他吃饭，他头也不抬地回道：“还有一点，看完就吃。”工作人员在一旁站着，只见毛泽东全神贯注地一边读着，一边用手中的笔在书上圈圈画画，口中还喃喃地自言自语道：“说得好！说得好！”直到把二十来页书的这一段内容看完，方才吃饭。沉浸在书中的他一边吃，一边笑着对工作人员说道：“我就是爱读鲁迅的书，鲁迅的心和我是息息相通的。我在延安，夜晚读鲁迅的书，常常忘记了睡觉。”①

对于 1956 年到 1958 年人民文学出版社出版的 10 卷本《鲁迅全集》，还有平装软封面的单卷本，毛泽东同样爱不释手。平装的单卷本由于封面软，不厚，便于在床上躺卧时举手阅读，毛泽东就将它们放在床头上，利用夜晚或零散时间阅读。对于其中的多篇文章，毛泽东则不厌其烦地反复阅读。以至于养成了这么一个习惯，每阅读一次，他就在书上画个圈儿，看两次，则画两个圈。据曾经给毛泽东管理图书报刊的工作人员逄先知的当年记录：1959 年 10 月 23 日，毛泽东离京外出前夕，指名要带走的众多书籍当中，就有包括鲁迅译文集在内的《鲁迅全集》，以及鲁迅生前赠予他的瞿秋白的《海上述林》一书。1961 年夏天，毛泽东在江西庐山居住的那段时间里，还把新版的《鲁迅全集》悉数带在了身边。毛泽东逝世后，《人民日报》、《人民画报》等报刊发表过一张他站在书柜前看书的照片，他手里正在翻看的书，就是新版《鲁迅全集》中的一卷，而这张照片正是他 1961 年夏天在庐山时拍摄的。看了这张照片，使许多人回想起他在延安窑洞里读鲁迅著作的那个专注劲。

---

① 引自易严：《毛泽东与鲁迅》，河北人民出版社 1998 年版，第 223 页。

到了上世纪 70 年代初，毛泽东已是近八十岁高龄的老人了，精力、体力、视力远不如以往了，就在这种情形下，毛泽东阅读鲁迅著作的劲头却一如既往。1972 年 9 月，北京文物出版社出版了由北京鲁迅博物馆编选的《鲁迅手稿选集三编》线装本，全本收有鲁迅手稿计 29 篇，且都是从尚未刊印的鲁迅手稿中精选出来，手稿又都是书写在极为精美的印有“语丝”的信笺上。鲁迅用毛笔书写的竖行书体，字迹清晰，运笔流畅且飘逸自如，毛泽东得到后自是喜出望外，常常不分昼夜，一有空就翻阅，同时精心欣赏鲁迅的墨迹。有时，他一边读手稿影印集，还一边时不时地用铅笔在手稿上圈圈画画。手稿选集中有的字写得太小，毛泽东就拿起放大镜，一页一页，一行一行地往下看……

毛泽东在读鲁迅作品的时候，分外重视他的写作时间及其历史背景——这是因为鲁迅的作品有着强烈的时代特征和针砭对象。对于鲁迅的作品，无论是单行本，还是文集的哪一卷，以及其中的一些文章，何时撰写，何时编纂，何时出版过，毛泽东在阅读时都很注意，在每一册鲁迅的作品上都亲手写下批注，在一些文章的标题旁也补写了年份。在上世纪 50 年代出版的单行本封面上，如《热风》，毛泽东写着写作年代“1918—1924”；《彷徨》则标为“1924—1925 年，1926 年 8 月出版”；《且介亭杂文集》写着“1934 年作，1935 年编”。在一些书的书名下，他用红铅笔画上曲线，书名前画着大圈，等等。如《二心集》中的《对于左翼作家联盟的意见》一文，原副标题只写“3 月 2 日在左翼作家联盟成立大会讲”，毛泽东阅读后，在月日前添加了“1930”的年份；《上海文艺之一瞥》，原副标题写“8 月 12 日在社会科学研究会讲”，毛泽东读后添上了“1931”的阿拉伯数字的年份①。

对于 1938 年版《鲁迅全集》中凡是有“今年”、“去年”字样的地方②，毛泽东读后必设法标明其具体年份。如该版《二心集》中的《“民族主义文学”的任务和运命》一文，没有标注具体写作日期，他提笔在标题旁标注道：“此文大约是九一八后一个月左右时间作。”毛泽东的这个标注，与当时实际相差无几。经查证，鲁迅的这篇杂文最初发表在 1931 年 10 月 23 日出版的《文学导报》第

① 1981 年版的《鲁迅全集》，凡标注年、月、日的，均改为了中国文字的年、月、日。

② 1938 年版《鲁迅全集》无注释。

一卷第六、七期合刊上。鲁迅在文中用“为王前驱”的犀利讽刺语言，抨击由潘公展、范争波、朱应鹏、傅彦长、王平陵等国民党官吏和右翼文人发起的“民族主义文学”派为蒋介石“攘外必先安内”的政策制造舆论。类似这样的标注，在1938年版的《鲁迅全集》中，毛泽东还标有多处。除此之外，对原书中文字排印颠倒、错字、漏字的地方，毛泽东在认真阅读时，凭着自己深厚的阅读功底、博览群书特别是古典文学古诗词所掌握的渊博知识，将其一一订正，包括鲁迅原作中的错字，毛泽东亦能给予纠正。如《二心集》中的《唐朝的钉梢》一文，在这篇仅500字左右针砭时弊的杂文中，鲁迅引用了晚唐词人张泌所作《浣溪纱》调十首“其九云”：“晚逐香车入凤城，东风斜揭绣帘轻，慢回娇眼笑盈盈。消息未通何计从，便须佯醉且随行，依稀闻道‘太狂生’。”观1938年版《鲁迅全集》就是这么印的。这首诗中的“消息未通何计从”的“从”字，如果仅从词义来看，谁也不会认为这是一个讹字，而且韵脚也是合适的，但从词律的音韵平仄看，却是错了。据了解，鲁迅写作时往往一气呵成，引用他人的诗文词句，往往凭记忆，难免出现错讹，这个“从”字便是。精通古诗词的毛泽东读到这儿便认定鲁迅引用的这个字错了，于是，便将“从”字改为“是”字。而观原词，据《毛泽东与鲁迅》一书著作者易严先生查出：自中华书局出版的《全唐诗》所载，确系一个“是”字。故而，根据毛泽东的这个标注，自1981年版《鲁迅全集》这一版起，鲁迅此文中的这个讹字业已改正为“是”。据说，张泌的词在唐代并不怎么引人注目。1981年版《鲁迅全集》第四卷所收该文文尾所作注极为简单，云：“张泌晚唐词人，生平不详。《花间集》中收有他的词二十七首。”故而，易严先生于1998年出版的《毛泽东与鲁迅》一书之229页中有“他的生平至今不详”的说法。现在，这个“生平不详”的问题，已经基本解决。2005年版《鲁迅全集》第四卷之339页于《唐朝的钉梢》一文文尾注[3]注道：“张泌(930—?)字子澄，淮南(治今扬州)人，五代时南唐词人。李煜时历任监察御史、中书舍人等职。《花间集》(后蜀赵承祚编的晚唐五代词人作品的选集，共十卷)中收有他的词二十七首。”

而当年在物资、图书极度贫乏的延安，毛泽东能对晚唐张泌的词作记忆这么准确，说明了毛泽东早年对唐诗是下过很大工夫的。同时，也从另一个方面说明了毛泽东阅读鲁迅的作品到了出神入化的境地。

毛泽东读鲁迅著作时，精神高度集中，其思想完全沉浸在了鲁迅著作中所写的事情和道理之中。据毛泽东身边工作人员孟锦云回忆，从1975年的5月起，到1976年9月毛泽东逝世，在这毛泽东生命的最后一年多的日子里，毛泽东的主要读物就是大字版本的《鲁迅全集》（当然还有一些其他读物，如《二十四史》、《笑林广记》等）。

毛泽东对鲁迅著作中作品的稔熟程度，脱口而出其中的内容、典故，恐怕连当今的一些鲁迅研究专家也难以与之匹敌。

1945年8月，在美国驻华大使赫尔利和国民党和谈代表张治中将军的陪同下，毛泽东自延安飞抵重庆与蒋介石谈判。重庆谈判期间的一天，在王炳南陪同下，毛泽东访问了当时的中苏文化协会。王炳南将该协会的负责人一一地向毛泽东作了介绍。当介绍到著名俄文翻译家，早年参加过北伐，后在莫斯科中山大学、列宁格勒国立大学、东方学院任教，与鲁迅过从甚密的曹靖华先生时，毛泽东问道："你是河南什么地方人？"曹靖华答道："豫西卢氏。"毛泽东又问："卢氏有位曹植甫先生，你认识吗？"曹靖华连忙回道："曹植甫就是家父。"毛泽东听了点点头道："我明白了。"曹靖华却似落了一头雾水，心想：父亲一生除年轻考秀才时到过一次陕州，其他任何地方都不曾去过，而且一生只在山区教书，毛泽东又是怎么知道他的呢？瞧着曹靖华一脸疑惑的模样，毛泽东一眼洞穿了他的心事，笑着解开了这个"谜"，说道："我是从鲁迅先生的文章中知道令尊老先生的，可惜我没到过豫西，倘若以后有机会到那里，一定去看望他。"接着，毛泽东又向曹靖华先生打听那尊"教泽碑"现在立在哪里。曹靖华回答说，由于父亲的反对，碑没有能立起来。接着，毛泽东笑笑说："这碑还是早日立起为好。"毛泽东的话，令曹靖华听了十分感动。①

毛泽东同曹靖华所说的"教泽碑"文，是鲁迅当年应曹靖华之请，作于1934年11月29日（鲁迅于同日记载曰："午后为靖华之父作教泽碑文一篇成。"），最初发表于1935年6月15日北平出版的《细流》杂志，发表时题为《曹植甫先生教泽碑碑文》，该文落款为："会稽后学鲁迅谨撰。"后收入《且介亭杂文》集，正式命题为《河南卢氏曹先生教泽碑文》。显而易见，这在鲁迅所有的

① 易严：《毛泽东与鲁迅》，第237—238页。

著述中，算不上是什么重要文章，所撰碑主曹植甫更非什么名流学者，但毛泽东读后却能够牢牢记住此碑此人，不能不令人感叹。对鲁迅的著作，毛泽东是通读、精读，且往往过目不忘，铭记在心。

毛泽东对鲁迅著作的热爱，也影响到了他的后一代。那一年，他的大儿子毛岸英，随同两名斯大林派来为毛泽东治病的苏联医生抵达延安后，毛泽东与分别十多年的儿子之间有一段对话，很能说明问题。

毛泽东关切地问儿子：“在苏联经常读中国书吗？”

毛岸英回答：“经常读。读过《红楼梦》、《水浒》，还有鲁迅先生的作品。”

听着儿子的回答，毛泽东满意地点了点头。

毛泽东晚年的护士孟锦云后来曾披露一件令所有人都为之动容的事，那是在毛泽东逝世后不多日，奉上级命令，孟锦云负责清理毛泽东的遗物。在毛泽东卧室床头的书桌上，孟锦云发现了一本厚厚的鲁迅选集。她不由得翻了几下，突然发现里面夹有一封信，这是一封没有装在信封里的信。信是毛泽东女儿李敏写的，信上写道：

爸爸：

您好，您近来身体怎样？女儿十分惦念。您让我读的这本鲁迅选集，我已经都读完了，什么时候，我想和您谈读这些杂文的看法。这本书里您画了不少符号，写了一些评注，我都仔细看了，但有些地方还是不明白什么意思，我想抽空找您问问。

祝

愉快

您的女儿李敏

1975 年 4 月 15 日①

1975 年 4 月 15 日，距毛泽东逝世还有一年多的时间。其时，毛泽东的健康已是每况愈下，精力已经所剩无几，但他还是一如既往地认真阅读鲁迅著

① 郭金荣：《走进毛泽东最后岁月》，中共党史出版社 2009 年版，第 210—211 页。

作，并且细致地引导女儿读了他做了许多圈画和批注的这本鲁迅杂文集。而女儿李敏，不但认真地阅读，而且也对父亲在书上所作的符号与评注，同样格外地予以“仔细地看了”，最后，对“有些地方还是不明白什么意思”之处，向年迈的父亲认真求索。毛泽东父女俩对鲁迅、对鲁迅著作的感情，着实令人深深感动。

这一年的12月26日，是毛泽东生前的最后一个生日，李敏终于见到了自己亲爱的父亲。但正在病中极度衰弱又极度孤独的年迈的毛泽东，已经没法和她交流学习鲁迅杂文的心得体会了。对此，朱仲丽在其书中这样向我们描述了父女相见时那令人心酸的一幕：

> 1975年即将离去，台历正翻在12月26日这一页。
>
> 毛泽东独自靠在病床上，望着窗户出神。他哪里知道，此刻他女儿李敏正在外面同警卫交涉。
>
> 李敏激动地说：“今天，我一定要看望他”。
>
> 警卫迟疑地说：“这……李敏同志，上级指示，见主席必须请示……”
>
> 李敏恳求地说：“好吧！你快去里面问问吧，今天，可不是寻常的日子……”她流下泪来，“让我见老人家一面，我不会打扰他，爸爸会高兴的。”
>
> 警卫低下头：“李敏同志，请你稍等一下，我马上请示。”
>
> 警卫急步走入警卫室，片刻后，走出警卫室对李敏说道：“请进吧……”
>
> 李敏急步走入。她经过怀仁堂，经过海边，不知不觉：“啊！我幼年时代的旧地……”
>
> 一卫士从门口迎出来。李敏急切地问道：“我爸爸……”
>
> “快进去吧，主席一定想你啦！”
>
> 李敏点点头。
>
> 室内，毛泽东依然躺着出神。
>
> 李敏出现在门口，她倚门而立，看着有病衰老的父亲，忍不住眼

眶发红。她用手绢擦去泪水，轻轻走到毛泽东身边，柔声叫道：“爸爸……”

毛泽东闻声转过头来，看到了李敏，脸上现出了笑容，喜道：“娇娇……”

“爸爸！”李敏走到床边。她的手被父亲的一只手握着，“爸爸……”

毛泽东艰难地用含糊不清的声音慢慢地说道：“娇……娇……你……好……吗？”“你爸爸……身体……不行了。”

李敏颤抖着，为父亲擦去脸上的虚汗，又替他理了一下花白的头发，轻声说：“爸爸，我很好，不要挂念……”

“我……想……你们……怎……么……不来……看……看……我……呀？”

李敏含悲道：“您身体不好，医生不让多见……”

“为什……么不……让见？那……不……应……该。”

李敏强作欢颜：“爸爸，今天是您八十三岁寿辰，祝你生日愉快，早日恢复健康！”

毛泽东孩子似的笑了。

李敏也笑了。

他父女俩的笑容是那么甜美，家庭温暖的享受又是那么短暂。①

瞧，就是在这等年迈病衰，连和亲人作一短暂会面都显得十分艰难的毛泽东，却在其人生的最后时刻，一次一次发出了“读点鲁迅”的号召！

我们还知道，就在毛泽东告别人世半年多前，他又一次郑重地向全党发出了他的指示：“我建议一二年内读点哲学，读点鲁迅。”

毛泽东的这个指示，是以中共中央正式文件的形式下发的。

我们还知道：1976 年 9 月毛泽东逝世前夕，在他老人家卧室的床上和床边的桌子上、书架上、沙发上，四处摆放着 1972 年出版的《鲁迅全集》（线装大

① 朱仲丽：《我知道的毛主席》，第 806—807 页。

字本)，有的在某一页上折了一个角，有的地方夹着纸条，有的则是摊开放着的，更多处是作了圈画和批注的……

而下面这件事，则更是能说明毛泽东对鲁迅、对鲁迅著作的一贯态度。

就在毛泽东女儿李敏给年迈的父亲写出如何深入研读鲁迅杂文求教信的同一年晚些时候，1975 年 10 月 28 日，鲁迅之子周海婴上书毛泽东，请求出版鲁迅书信集。仅仅过了三天，1975 年 11 月 1 日，刚刚动完白内障手术尚不能看书看报的毛泽东，就超乎寻常地作出了令干扰此事的江青一伙不容置疑的明确批示。毛泽东用颤抖的手，亲自提笔批示道：

> 我赞成周海婴同志的意见。请将周信印发政治局，并讨论一次，作出决定，立即实行。
>
> 毛泽东 11 月 1 日①

很快，在毛泽东的亲自安排下，他的这一批示，以中共中央办公厅的名义，迅速下发到了各相关人员。新闻界、文学艺术界和出版界的广大人士，以及大批受尽折磨刚刚复出的党政军老干部，在读到或听说毛泽东下达的这一堪称及时雨的批示之后纷纷奔走相告。与此同时，也给以江青为首的“四人帮”长期制造文化沙漠的倒行逆施一个沉重的打击。

写到这里，笔者不禁想起了毛泽东研究专家陈晋先生的长篇纪实《文人毛泽东》一书中写下的一段话：

> 毛泽东和鲁迅，两位伫立 20 世纪中国文化思想山峰上的人物，仿佛是站在不同的峰巅上，遥遥相望却心心相印。在鲁迅已逝世多年，在山头上很少看见别的东西的时候，毛泽东也只有同鲁迅的遗著对话了。在对话中，越发感到鲁迅的伟岸超拔。正是 1971 年 11 月 20 日在北京接见武汉军区和湖北省党政领导人时，他重申了自己

---

① 陈晋：《文人毛泽东》，第 625 页。原件为中共中央办公厅“一九七五年十一月一日印发”的第 264 号文件。

1937年第一次公开评价鲁迅时所做的结论：

鲁迅是中国的第一等圣人，中国的第一等圣人不是孔夫子，也不是我，我是圣人的学生。

在一片“万岁”声中，毛泽东竟说自己是鲁迅的学生，肯定令听者匪夷所思，莫名惊诧，有的人或者只是那么一听而过，不会当真。是啊，谁能去理解他呢？谁能真正沉浸下来去体会他愿做鲁迅这位“中国第一等圣人”的学生的心境呢？其实，即使在今天，我们也不能说读懂了毛泽东的这个“圣人”之论，也很不容易体会到其中的真谛。①

是的，陈晋先生的这段评述，很有一点哲理，也符合当时的实际和毛泽东的心境。今天，当我们读着毛泽东晚年时期他身边工作人员向我们描绘当时的真实情况时，尤其是毛泽东和他的女儿读鲁迅书，讨论鲁迅书中所含的真谛，最后一次明确发出“读点鲁迅”指示和关于出版鲁迅书信集的时候，我们是否还会那样固执地不加考证不加分析地认为：毛泽东会说出，如果鲁迅活着“不听话”将把他打入新中国的牢房之类的话吗？

---

① 陈晋：《文人毛泽东》，第658页。

第五章
对“阿 Q”的独特理解

毛泽东在同人谈话，或写文章的时候，经常引用《阿 Q 正传》阐述自己的见解。对《阿 Q 正传》，对《阿 Q 正传》的主人公阿 Q，毛泽东也有着自己的独特的理解，其原因盖在于毛泽东对中国社会和中国农民的本质有着入木三分的认识。

关于“五四”以来大量涌现的新小说，毛泽东读得并不多，但鲁迅的《阿 Q 正传》却是一个例外。

长期以来，不仅仅是文学界，凡是稍有一些辨析能力读过鲁迅这部小说的人，无不认为《阿 Q 正传》描写的，是一个落后的不觉悟的农民要求参加革命党而最终被杀害的一出悲剧，反映出处于中国最底层的农民自身存在的弱点与中国社会急剧变革的状况。因之，“阿 Q”也就成了中国近现代文学史上一个具有深刻社会含义的永恒的典型，以及社会精神现象的代名词。

在这里，极有必要先论及一下鲁迅自己对创作这部小说，以及对小说中主人公阿 Q 的塑造的真实意图及后续见解。

自 1921 年 12 月 4 日起，《阿 Q 正传》在北京《晨报》副刊上一章一章地连载，就时不时地有一些小政客小官僚自动对号入座，硬说是作者在借小说嘲讽他。还有不少人也都栗栗自危恐惧作者小说的后续部分(因系连载)会骂到他的头上：凡小说中写的，都以为指的是他的隐私和劣迹。直到后来，此小说被收入 1923 年出版的《呐喊》一书中，也时不时有人投书质问作者“巴人”(鲁迅先期的笔名之一，《阿 Q 正传》发表时即署此名)：你到底在骂谁呢？对此，鲁迅只能感到无奈和悲愤。时为青年批评家、创造社的成仿吾撰文批评《阿 Q 正传》是一部“浅薄的纪实的传记”；张定璜则更进一步批评鲁迅创作此作品是“看法带点病态”；而鲁迅胞弟周作人的评价，则认为是“冷嘲”。鲁迅所写的阿 Q 仅此一个，而在一千个读者眼里的阿 Q，却有一千个。一时间，纷纭众说，莫衷一是。但是不管人们有着什么样的评价，长期以来，阿Q的精神胜利法，却时时挂在人们的嘴边，出现在各式各样的文章中，成为某种情况下某个（种）类型人物的代名词。几十年间，对《阿Q正传》、对阿Q这个人物所属的特性，评论比较得体的，有两位与鲁迅交往甚深的文学家、批评家。一个是茅盾。在上世纪20年代，茅盾就有“品性典型说”的论述。茅盾认为，阿Q是中国人品性的结晶。阿Q相未必全然是中国民族所独具，但却是人类的普遍弱点的一种。另一个持论比较准确的文艺批评家是冯雪峰。冯雪峰长期与鲁迅朝夕相处，同时又是我国第一代鲁迅研究专家，因而他也更了解鲁迅，了解鲁迅作品。在写于1951年9月15日的《论〈阿Q正传〉》一文中，冯雪峰重点论述了阿Q的精神胜利法或曰“阿Q主义”的典型。冯雪峰指出：

> 《阿Q正传》，确实是把鲁迅前期的思想的特点和艺术的特点最高度地表现了出来的杰作；它有着政论家的鲁迅和战斗的启蒙主义的鲁迅的思想的充分的反映。这篇作品的思想都已经写在鲁迅在同时期所写的那些辉煌的杂文中，所以，那些杂文也都可以当作阿Q这个形象及其如何地被塑造出来的最好的注释。①

冯雪峰进一步指出：

> 但是阿Q这典型，从一方面说，与其说是一个人的典型化，那就不如说是一种精神的性格化和典型化。
>
> 阿Q这形象，作为一个流浪的雇农来看，固然也是非常性格化的，非常活生生的，然而阿Q并不完全是中国雇农的典型或流浪的雇农的典型。一个简单的证明，就是阿Q这形象的主要的特征，对于一切的阿Q主义者，一切“精神胜利法”者，一切自欺欺人者，都是非常性格化的，非常活生生的，不管他们属于哪一个阶级。
>
> 阿Q，主要的是一个思想性的典型，是阿Q主义或阿Q精神的寄

① 《冯雪峰选集·论文编》，人民文学出版社2003年6月版，第306页。

植者;这是一个集合体,在阿Q这个人物身上集合着各阶级的各色各样的阿Q主义,也就是鲁迅自己在前期所说的“国民劣根性”的体现者。①

综上所述,无论是茅盾早期持有的“品性典型说”,还是冯雪峰的“思想典型说”,这两种说法,似乎都可以从鲁迅的文章中找到根据。

现在,我们再来看一看鲁迅是怎样评析自己这部小说的。

在1925年5月26日作于北京的俄文译本《阿Q正传》序中,鲁迅指出:

要画出这样沉默的国民的魂灵来,在中国实在算一件难事,因为,已经说过,我们究竟还是未经革新的古国的人民,所以也还是各不相通,并且连自己的手也几乎不懂自己的足。我虽然竭力想摸索人们的魂灵,但时时总自憾有些隔膜。在将来,围在高墙里的一切人众,该会自己觉醒,走出,都来开口的罢,而现在还少见,所以我也只得依了自己的觉察,孤寂地姑且将这些写出,作为在我的眼里所经过的中国的人生。②

一年后,1926年12月3日,鲁迅在厦门写下了《〈阿Q正传〉的成因》一文。针对社会上、文坛上各种各样的猜测、热议及报章评论,在提及北京《晨报》编副刊的孙伏园先生约请“我写一点东西”给其新设的“开心话”专栏,而缘于自己“挤出来”写了这么一部小说之后,鲁迅这样描述道:

这样地一周一周挨下去(这里指《晨报》副刊连载《阿Q正传》——秋石注),于是乎就不免发生阿Q要做革命党的问题了。据

① 《冯雪峰选集·论文篇》,第307页。

② 见《鲁迅全集》第七卷,第84页。本文为《俄文译本〈阿Q正传〉序及著者自序传略》一文之前部,最初发表于1925年6月15日《语丝》周刊第三十一期,是应《阿Q正传》俄译者王希礼之请而写的。其中《〈阿Q正传〉序》译成俄文后,收入1929年列宁格勒激浪出版社出版的《阿Q正传》(俄文版《鲁迅短篇小说集》)一书。

> 我的意思，中国倘不革命，阿Q便不做，既然革命，就会做的。我的阿Q的运命，也只能如此，人格也恐怕并不是两个。民国元年已经过去，无可追踪了，但此后倘再有改革，我相信还会有阿Q似的革命党出现。我也很愿意如人们所说，我只写出了现在以前的或一时期，但我还恐怕我所看见的并非现代的前身，而是其后，或者竟是二三十年之后。其实这也不算辱没了革命党，阿Q究竟已经用竹筷盘上他的辫子了……
>
> 但阿Q自然还可以有各种别样的结果，不过这不是我所知道的事。
>
> 先前，我觉得我很有写得“太过”的地方，近来却不这样想了。中国现在的事，即使如实描写，在别国的人们，或将来的好中国的人们看来，也都会觉得Grotesk（德语，意即古怪的、荒诞的——秋石注）。……①

在《再保留》一文中，鲁迅说他写《阿Q正传》“是想暴露国民的弱点”；在答《戏》周刊编者的信中谈及阿Q的模样时，鲁迅指出：阿Q有农民式的质朴、愚蠢，但也很沾了些游手之徒的狡猾；在上海从洋车夫和车夫里面恐怕可以找出阿Q的影子来；在同一信中谈及“未庄”，鲁迅指出，阿Q很有“中国人几乎都有的爱护故乡、奚落别处的脾气”；在致《文学月报》编辑的信中，谈及时下笔战的方法，鲁迅直言不讳地批评有的所谓的革命文学作品其结尾的辱骂，简直是“阿Q式”的战法：骂一句爹娘，扬长而去，还自以为胜利。而在他给《阿Q正传》日译者山上正义的通信中，鲁迅建议译者可以在序文中加以说明：“在中国，作者因发表此小说而大受那些‘少爷派、阿Q派的憎恶’”等等。

鲁迅逝世后，著名美国记者埃德加·斯诺在其撰写的《鲁迅印象记》一文中，记录下了他与鲁迅之间关于阿Q的一段对话。

当斯诺提及阿Q在临刑前所说的“过了二十年又是一个（好汉）”的“戏语”时，鲁迅回答说：“民国以前，人民是奴隶。民国以后，我们变成了前奴隶的

---

① 见《鲁迅全集》第三卷，第397—399页。本篇最初发表于1926年12月18日上海《北新周刊》第十八期。

奴隶了。”

斯诺进而问道：“既然国民党已进行了第二次革命了，难道你认为现在阿 Q 依然跟以前一样多吗?”

鲁迅大笑道：“更坏，他们现在管理着国家哩。”

由此，我们可以得出这样一个结论：阿 Q 的品性及其自欺欺人的精神胜利法，为国民所共有，而阿 Q 则是阿 Q 主义或国民品性的典型。

几十年来，毛泽东除酷爱研读鲁迅那些博大精深的诗作外，其引用鲁迅的作品的次数，恐怕要数《阿 Q 正传》为多了。

毛泽东最早谈及鲁迅的这部小说，是在中央苏区与冯雪峰的一次谈话中。在这次谈话中，毛泽东对阿 Q 的评价，既有着与鲁迅相似的共性，也有同鲁迅看法不尽相同的地方。毛泽东这样评价道：

> 阿 Q 是个落后的农民，缺点很多，但他要求革命。看不到或者不理会这个要求是错误的。鲁迅对群众力量有估计不足的地方，但他看到了农民的要求，毫不留情地批评阿 Q 身上的弱点，满腔热情地将阿 Q 的革命要求写出来。我们共产党人和红军干部，许多人看不到，对群众的要求不理会，不支持，应当读一读《阿 Q 正传》。①

很显然，毛泽东和冯雪峰的这个关于阿 Q 的谈话，并不是对鲁迅的这部小说作什么单纯意义上的文学上的评论，而是紧密联系实际，针对革命队伍中的一些错误倾向作有的放矢的批评。实际上，此时此刻，被剥夺了红军指挥权的毛泽东，意在批评王明、博古等人推行的错误路线，高高在上，脱离群众，不懂得农民，看不到也不重视不理会农民的革命要求。所以最熟悉农村和农民的毛泽东会提议红军干部和共产党员“应当读一读《阿 Q 正传》”。

而与之对话的冯雪峰，又是怎样认为的呢？这，我们可以从其 1937 年 10 月 19 日在上海鲁迅逝世周年纪念会上所作的题为《鲁迅与中国民族及文学上的鲁迅主义》的讲话中得到印证。冯雪峰指出：

---

① 庶人：《在两个伟人之间》，刊 1992 年第 8 期《党史文汇》。

> 中国的民众——奴隶，是在反叛着的，奴隶的反叛，当然大都逃不出失败的命运。在这之下，就产生了奴隶主义和奴隶的失败主义——阿Q主义。阿Q主义，那精义，不过是奴隶的自欺欺人主义，阿Q的有名的精神胜利法，就是奴隶的失败主义的精华。……奴隶的被压迫史，才真是阿Q主义的产生史。……奴隶的反叛被压平了之后，更强的征服者却进来了……这时连居在奴隶之上的奴隶压迫者，也非成为被征服的奴隶不可了，但他们却有合适的地位，就是：对于残暴的征服者自然采用阿Q主义，而同时为虎作伥！……
>
> ……
>
> ……鲁迅先生以最大的爱给予大众，给予阿Q。然而他对阿Q的阿Q主义愤怒了，并且真的憎恨了，——这是最伟大的愤怒和憎恨！这是民族的和阶级的爱！奴隶应该反抗，鲁迅先生号召着，并且不但应该反抗不安稳的牛马的运命，而且应该反抗安稳的奴隶的地位……要坚决，要有自信。[①]

而在1951年9月15日写就的《论〈阿Q正传〉》一文中，冯雪峰进一步指出（印证了毛泽东18年前的那个评价）：

> ……鲁迅究竟是面向人民的，尤其是因为他敏感到当时革命的问题在于农民身上，在于农民是否觉悟和发动起来，所以这决定了他的眼光注视农村和农民。同时，鲁迅也和农民有更早和更深的因缘，这也使他的心情更关注到农民的运命……而看见农民的弱点的时候他也就要加倍的痛心和着急了。这也就是鲁迅对于阿Q为什么会那么爱与恨的感情交织着的原因了。他深厚而痛切地爱着这个被剥削、压迫、损害与愚弄的流浪的雇农……但他替这个农民的麻木着急，痛恨他的不长进，特别痛恨他的对仇人的健忘和祖传的精神胜利

① 见《冯雪峰选集·论文编》，第49—51页。此为原题，在收入《冯雪峰选集》时，编辑将其改为《鲁迅论》。冯雪峰的这个演讲，当时为一个名叫劳荣的人所记录。

> 法！鲁迅的这个态度，难道不是在挑唆和鼓动阿Q以及阿Q们起来革命的态度么？所以，他把阿Q主义——这个对于奴隶造反、人民革命最要不得的失败主义，及其菁华——精神胜利法，概括在一个雇农的身上，而认为这是人民自己的弱点中必须首先加以批判和抨击的弱点。他的这个用意是非常深刻和痛切的。①

毛泽东再次谈到阿Q，是在与冯雪峰谈论阿Q三年后，这是有具体文字记载的一次。是他同到延安访问的美国著名女作家、记者艾格尼丝·史沫特莱谈及的。

那是1937年的3月1日深夜，史沫特莱这样描述道：“我掀开悬挂在一座窑洞门口的棉门帘，跨进了一个黑暗的洞穴。就在这一片黑暗的正中心，一个制作粗糙的桌子点着一枝细长的蜡烛，烛光落在成堆的书本和纸张上。”毛泽东一手扶着桌子，站在那里欢迎她。“我们互不说话，互相打量着，他的前额宽阔而高，他是一个审美大师，且不说其他方面的造诣，他那风流倜傥的气质加上洞中阴暗的景象使我不知所措，以致当时说了什么，一句也听不清。”②

少顷，在昏暗的烛光下，两人，还有女翻译吴光伟（吴丽丽），坐下来开始了谈话。当史沫特莱谈到外国传说的中国共产党现在实行的“抗日民族统一战线政策”“是向国民党屈服、投降和悔过”时，毛泽东迅即接过了话头，说：

> 这叫做双方让步，互相团结，一致抗日。国民党中所有明智的领袖与党员，都是明白这种意义的。但国内有一部分带着阿Q精神的人，却洋洋得意地把我们的这种让步叫做“屈服、投降和悔过”。大家知道，死去不久的鲁迅，在他的一篇小说上，描写了一个叫做阿Q的人，这个阿Q，在任何时候他都是胜利的，别人则都是失败的。让他们去说吧，横直世界上是不少阿Q这类人物的。③

---

① 《冯雪峰选集·论文编》，第315—316页。
② 《史沫特莱文集》第一卷第158页第四篇：《统一战线与抗日战争》。
③ 《中日问题与西安事变》，《毛泽东文集》第一卷，第490页。

毛泽东的这一说法，就是几十年来评论家们反复评说的阿Q形象的性格核心——“精神胜利法”。

在同史沫特莱结合中国现状谈论阿Q两年后，又一位著名美国进步记者、作家闯入了延安。他就是1936年秋在保安与毛泽东相谈甚欢，写出了轰动全世界的毛泽东的首部传记《毛泽东印象记》和记叙红军及共产党人奋斗事迹的《西行漫记》的作者埃德加·斯诺。他和毛泽东算是老朋友了，不过，他是第一次来到延安。

当斯诺坐在毛泽东的杨家岭窑洞里，说到蒋介石最近的一个谈话显然是否认了共产党的合法地位，因此也就否定了统一战线，并问毛泽东怎样看待蒋介石的这个观点时，毛泽东回答说：

> 在小一部分人中间，他们也许实际上承认了统一战线，而在名义上却是不愿承认的，在他们的口头上与文字上是没有什么统一战线的。我们从前对于这些人的这样一种态度，称之为阿Q主义，因为在鲁迅先生小说中所描写的那个阿Q，就是天天说自己对、自己胜利，而人家则总是不对、总是失败的。在阿Q主义者看来，似乎是没有什么统一战线的。你不信，可以去看看鲁迅先生的《阿Q正传》。

毛泽东接着又说：

> 中国的若干阿Q主义者中间，我想很有一些可能进步的人，如果说，他们现在还不承认有所谓统一战线甚至于所谓共产党存在的话，那末，谁也不能排除，于将来的某年某月某日，他们也能在名义上、实际上都承认共产党与统一战线的存在。中国从前有一个圣人，叫做孟子，他曾说：“明足以察秋毫之末，而不见舆薪”。这句话，形容现在的阿Q主义者，是颇为适当的。①

① 《同美国记者斯诺的谈话》，《毛泽东文集》第二卷，第239—240页。

毛泽东在这里，是借阿Q的精神胜利法，来说明抗战时期国民党内的顽固派自欺欺人的心理现象。

值得指出的是，毛泽东与之对话的这两个美国人都与鲁迅保持过良好的关系，都与鲁迅有过长时间的交往，都支持中国共产党人所进行的民族解放事业，自然也都能读懂鲁迅和他的《阿Q正传》。

其实，在同两位美国记者谈话的时候，毛泽东就不止一次或在著作中，或与他人的谈话中，谈论过鲁迅的《阿Q正传》以及阿Q。

在1937年5月写的《中国共产党在抗日时期的任务》一文中，在论述抗日民族统一战线的政策时，毛泽东就旗帜鲜明地指出：

如果说这是共产党的投降，那只是阿Q主义和恶意的诬蔑。

两个月后，在7月23日撰写的《反对日本进攻的方针、办法和前途》中，毛泽东在谈到国共两党的团结时，又一次提到了阿Q主义，他指出：

> 打小算盘，弄小智术，官僚主义，阿Q主义，实际上毫无用处。这些东西，用以对付敌人都不行，用以对付同胞，简直未免可笑。①

据胡乔木回忆——

1941年3月1日，第二届国民参政会在重庆召开，共产党参政员就“皖南事变”向国民党一方提出了参加会议的先决条件。由于共产党方面所持的强硬态度，蒋介石于6日召开的参政会会议上被迫表示：保证“以后再亦决无剿共的军事”。但是，言而无信的蒋介石还是操纵会议通过了有反共内容的决议，而中共方面的参政员无一人出席。最后，会议仍不得不选举中共代表董必武为常驻委员。毛泽东于3月12日致周恩来的电报中称这是“一种阿Q主义，骂我一顿，他有面子，却借此收兵”。②

1942年5月，在中共中央政治局会议上，谈到延安文艺界的情况，毛泽东指出：现在许多作品描写的东西是小资产阶级的，对小资产阶级有同情，把自

---

① 《毛泽东选集》第二卷，第348页。

② 中共中央文献研究室编：《毛泽东传》(1893—1949)，中央文献出版社1996年8月版，第598页。

己当作小资产阶级的代表，对工农干部有恐惧心理。鲁迅的《阿Q正传》是同情工农的，与延安文艺界不同的。我们的文艺是为工农兵和小资产阶级而创作的。

在这里，毛泽东直截了当地谈到了鲁迅对笔下阿Q的情感态度，同时，也进一步表明了毛泽东对阿Q的情感态度。

1945年4月，在中国共产党第七次全国代表大会的预备会议上，毛泽东在作关于“七大”工作方针的报告时，着重谈了“治病救人”的问题，并将其同阿Q联系在一起。毛泽东在报告中，强调对犯错误的同志要有一个好的态度。接着，毛泽东极为幽默地说道：家庭里很少有开除家籍的事情。阿Q到底姓什么虽不清楚，但也没有听说他曾被开除家籍。阿Q斗争起来也算英勇。毛泽东认为阿Q的缺点是主观主义、宗派主义，加党八股，毫无自我批评精神。人家的疮疤他要揭，他的疮疤人家揭不得。关于教条主义和党八股，那厉害得很，长凳子一定要叫长凳子，不能叫条凳，叫条凳是路线错误，那样教条主义，那样党八股，但是写阿Q的作家还是喜欢阿Q的，因为反革命把他枪毙了。所以对于有缺点错误的人，我们要团结。

毛泽东的这个生动比喻，既是指在以往的革命斗争中犯了严重错误特别是“左”倾教条主义错误的同志，又教育全党要以包容的态度对待犯错误的同志。在党的“七大”上，犯过严重错误的同志，如王明等人，在毛泽东的劝说下，代表们依旧选他为中央委员，十年后的“八大”，也依然如此。

毛泽东对鲁迅的《阿Q正传》，对其主人公阿Q的精神胜利法，有着独到的深刻的理解，并时不时地糅入到日常的工作、生活中去，即使是在战火纷飞的战争年代，也是如此。最能说明问题的是，当年毛泽东对待胡宗南部队“攻占”延安所持的诙谐态度。

1947年3月，就在胡宗南军队逼近延安的一天晚上，时任中共中央书记处办公室主任的师哲请示毛泽东：可否设法保住延安不撤退？

毛泽东听了，悠然自得地点燃起一支香烟，笑眯眯地给他开导上了：

你的想法不对，不应该拦挡他们进占延安。你知道吗？蒋介石的阿Q精神十足，占领了延安，他就以为自己胜利了。但实际上只要他一占领延安，他就输掉了一切。

毛泽东的这一比喻，令师哲听后茅塞顿开。师哲后来在《从延安到北平》一书中写道，毛泽东还给他进一步分析道：首先，全国人民以至全世界就都知道了是蒋介石背信弃义，破坏和平，发动内战，祸国殃民，不得人心，这是主要的一面。不过，蒋委员长也有自己的想法：只要一占领延安，他就可以兴高采烈地向全中国、全世界宣布："共匪巢穴"、共产党总部已被捣毁，现在只留下"股匪"，而他现在是"剿匪"。这样一来，也就可以挡住任何外来的干预。毛泽东还强调指出，不过这只是蒋委员长自己的想法，是他个人的打算，并非公论。但此人的特点就在这里，他只顾想他自己的，而别人在想什么，怎么想，他一概不管。

1949 年，毛泽东再次将国民党蒋介石政权比作阿 Q 和阿 Q 主义，是针对那个有职无权，说了什么也不算的"代总统"李宗仁的。

1949 年 4 月 7 日，李宗仁就中共方面提出的关于惩办战犯、和平建国方案一事，特致电已进入北平的中共主席毛泽东。李宗仁于电报中称曰：

> 自宗仁主政以来，排除万难，决心谋和，悱恻之忱，谅贵党、各位民主人士所共亮察。……宗仁懔于战祸之残酷……更作进一步之表示：凡所谓历史错误足以妨碍和平如所谓战犯也者，纵有汤镬之刑，宗仁一身欣然受之而不辞。……宗仁何求，今日所冀，惟化干戈为玉帛，登斯民于衽席，耿耿此心，有如白水……①

毛泽东看后，遂以消息形式转交李宗仁的这个电文时，以调侃的笔法专门为此写了一个"新华社按"。"新华社按"指出：

> 李宗仁此电尚有许多阿 Q 语调，对于自己吹擂，颇饶兴趣。所谓"国共合作"，毫无界限，尤使人们感到心头有些作逆。②

---

①② 原刊于 1949 年 4 月 10 日《人民日报》头版。毛泽东收到李宗仁电报，于 1949 年 4 月 8 日起草了《复李宗仁电》。毛泽东在复电中重申："为着中国人民的解放和中华民族的独立，为着早日结束战争，恢复和平，以利在全国范围内开始生产建设的伟大工作，使国家和人民稳步地进入富强康乐之境，贵我双方亟宜早日成立和平协定。中国共产党甚愿与国内一切爱国分子携手合作，为此项伟大目标而奋斗。"见《毛泽东新闻工作文选》，第 283—285 页。

但，请读者们注意了，在对待李宗仁这个人上，毛泽东是有所区别的——区别于蒋介石这个独裁者，虽然毛泽东同样用阿Q及阿Q的精神胜利法讽喻两人。如对于不惜一切代价进攻并且非要占领延安不可，以示自己“剿匪”强悍的蒋介石，毛泽东直接指斥“蒋介石的阿Q精神十足”；而“对于自己吹擂，颇饶兴趣”的李宗仁“代总统”，毛泽东只是说他“尚有许多阿Q语调”。这是因为，从本质上来说，在中共的强大压力之下，在全国人民渴望早日结束战争建设一个新中国的强大舆论下，比起那个22年来一心要剿灭共产党及共产党领导的人民革命军队的蒋介石，对于李宗仁，毛泽东的用语是留有分寸的。毛泽东体谅到了李宗仁的难处，李宗仁要和平，但说了不算，没有蒋介石这个幕后决策人的拍板，他寸步难行。

在毛泽东为新华社写出这个按语之后，仅仅过了12天，在毛泽东、朱德的一声号令下，人民解放军百万将士一举突破被国民党蒋介石鼓吹为“固若金汤”的长江防线，并且于4月23日占领了国民党建都凡22年的南京。正如毛泽东当时所作的《七律·人民解放军占领南京》一诗中所写的“天翻地覆慨而慷”，“人间正道是沧桑”。国民党政权的八百万装备精良的军队连同其奉行的阿Q精神胜利法，最终被击得粉碎。

新中国成立以后，在毛泽东的笔下，在毛泽东诙谐的口中，与以往的讽刺蒋介石国民党政权有所不同，有关阿Q的定义，已经有了新的内容的诠释与转变，这就是：阿Q是一个落后的不觉悟的，同时又是淳朴的要革命的农民的这种提法。其中，这些议论又多为如何对待犯错误的同志而发的。对待犯错误的同志，毛泽东的原则有两条，一条是自身要多作自我批评，并且不惧别人批评自己；二条是，别人要正确对待犯错误的同志，准许其继续革命，而不要不准人家革命。所谓“文革”中“给出路”的政策，就是这种说法的具体实施。

1955年10月11日，在中国共产党第七届中央委员会第六次全体扩大会议上，毛泽东在讲话中强调指出，大多数人是愿意继续革命的，要准许别人革命。毛泽东说：

我们不要当《阿Q正传》上的假洋鬼子，他不准阿Q革命……凡

> 是不准人家革命，那是很危险的。①

毛泽东的这个表态，是针对在过去党内历次斗争中，以及自土地革命以来犯过错误包括严重错误的一些同志的。同时，他的这个说法，也是为了说服大多数同志正确对待那些历史上犯过错误的同志而发的——这是因为还将有那么一些历史上犯过这样或那样错误的同志当选为即将召开的中国共产党第八次全国代表大会的代表，乃至进入新的一届中央委员会。例如，当时正在莫斯科养病的王明（陈绍禹）后来被选为"八大"代表和八届中央委员，无不同毛泽东的这个讲话有着密切的关系。

在这之后，毛泽东引述鲁迅这部名著，谈及阿Q的话题渐渐多了起来。

于1956年所作的著名的《论十大关系》的报告中，毛泽东在提到鲁迅这部小说时，讲了比较长的一段话。毛泽东情真意切地向与会代表推荐并评论道：

> 《阿Q正传》是一篇好小说，我劝看过的同志再看一遍，没看过的同志好好地看看。鲁迅在这篇小说里面，主要是写一个落后的不觉悟的农民。他专门写了"不准革命"一章，说假洋鬼子不准阿Q革命。其实，阿Q当时的所谓革命，不过是想跟别人一样拿点东西而已。可是，这样的革命假洋鬼子也还是不准。我看在这点上，有些人很有点像假洋鬼子。他们不准犯错误的人革命……②

据薄一波晚年在其撰写的《若干重大决策与事件的回忆》一书中披露，就在讲述十大关系的过程中，于口头报告谈及是非关系时，毛泽东还说过如下一段话，是关于斯大林所犯严重错误的，毛泽东谆谆告诫全党道：

> 我看在这一点上，斯大林有点像赵太爷，犯了错误就杀掉，错误

① 《农业合作化的一场辩论和当前的阶级斗争》之四：《关于思想斗争》。

② 《毛泽东文集》第七卷，第39—40页。

与反革命界限不分，错杀了很多人。我们要记住这个教训。①

1958年5月，在八大二次会议上的第二次讲话中，毛泽东说道：

对"观潮派"、"秋后算账派"要斗争，但目的是要团结，不是不叫革命。阿Q最伤心的事是不准他革命，不帮助人家改造，一味批评不好。

毛泽东说这话是语重心长的，也就是把重点放在教育团结大多数人包括犯了错误愿意改正的人身上，同时，这也是他后期继续革命理论的一个内容。

1959年，在庐山，毛泽东三次谈到阿Q。其中两次是在党的八届八中全会上，还有一次是在随后召开的中共中央军委扩大会议和外事会议上。

八届八中全会前期，毛泽东找各大区书记谈话，说要印发《阿Q正传》，意在启发大家，不要自己的缺点毛病说不得，像阿Q一样，一触即跳。毛泽东此时的思路是清晰的，针对大跃进、人民公社运动中出现的一些问题进行纠错，意即批"左"，要求全党同志正确对待发生的问题、错误，正确对待来自各方面的批评。

八届八中全会后期，由于彭德怀等人在会上直言不讳的批评，包括指名道姓批评毛泽东的好大喜功的冒进政策，于是，在批判彭德怀的同时，毛泽东对阿Q的形象的引用角度又发生了变化。毛泽东于8月16日召开的会议上指出：人总是要给一个出路。我常说阿Q不满意，就是赵太爷、假洋鬼子不让人家革命。阿Q的缺点是不能作自我批评，自己是癞痢头，不许人家讲，人家一讲，就要打架。又打不赢，又告饶说老子打儿子，不打时又说是儿子打老子。这是鲁迅描写中国不觉悟的劳动人民，但是本质很好。现在条件比那时不同，要把这方面强调一下，不要抹杀同志们好的一面，要两点论，要加以分析。他们有革命的一面。这样，对待他们的态度就不同了，过去犯了错误不得了，现

① 中央党史出版社1993年版，第490页。毛泽东在《论十大关系》之九《是非关系》一节中，这样谆谆告诫全党："党内党外要分清是非。如何对待犯了错误的人，这是一个重要的问题。正确的态度应当是，对于犯错误的同志，采取'惩前毖后，治病救人'的方针，帮助他们改正错误，允许他们继续革命。过去，在以王明为首的教条主义者当权的时候，我们党在这个问题上犯了错误，学了斯大林作风中不好的一面。他们在社会上不要中间势力，在党内不允许人家改正错误，不准革命。"见《毛泽东文集》第七卷，第39页。

在，天无绝人之路，要留有余地，要有保护、关怀、帮助之意，因为他们有两面性。

从中我们可以看出，毛泽东针对不同的对象，根据不同的需要，从阿Q形象的不同角度来引申鲁迅笔下的这个文学形象的，一个是阿Q自我陶醉以至自我欺骗的精神胜利法；另一个是与此相关的自负，即不让别人说自己缺点的自以为是，以及看问题主观教条的毛病；再有一个是要求参加革命的愿望。我们也可以看到，毛泽东对不准阿Q革命的假洋鬼子的印象特别的深刻。毛泽东在各个不同场合，都从不要不准犯错误的同志继续革命（包括对待刚刚在庐山会议上被免去一切职务但保留党籍、数年后被毛泽东亲自任命为西南三线副主任的彭德怀在内）这个定向上讲的。而毛泽东引述的重点则是鲁迅《阿Q正传》的第八章《不准革命》的要害，重点抨击的是假洋鬼子这个人物形象。一般人包括一些研究者在阅读、论述鲁迅这部经典作品的时候，很少重视到这一章节，但毛泽东对这一章节特别看重，这大概与我党历史上存在过此类问题，与毛泽东本人政治生涯中所遭遇的打击经历有着很大关系。在1956年毛泽东所作的《论十大关系》的整理稿上，他将鲁迅所写的“不准革命”这一章的两句话后，特地添加了以下的话：“过去我们党内在这个问题上也犯过错误，那时以王明为首的教条主义者当权的时候，对不合他们口味的人，打击了许多人，使党受了很大的损失，我们要记住这个教训。”

在另一份整理稿上，同样是在有关鲁迅写的“不准革命”一章的话前面，毛泽东还写有两句话：

> 写他最怕人家批评，一受批评就和人打架。他头皮上长了几处癞疮疤，自己不愿说，又怕人家说；愈是这样，人家说得愈厉害，结果闹得很被动。
>
> 1959年夏天的庐山会议期间，毛泽东曾两次说到《阿Q正传》。
>
> 前期，毛泽东曾找各大区书记谈话，说要印发《阿Q正传》，意即启发大家，不要自己的缺点毛病说不得，像阿Q一样，一触即跳。后期开始批判彭德怀等人，毛泽东对阿Q形象的引用角度又发生了变化。他在8月16日的八届八中全会上说：人总是要给一个出路。我

> 常说阿Q不满意，就是赵太爷不让人家革命。阿Q的缺点是不能自我批评，自己是癞痢头，不许人家讲，人家一讲，就要打架，又打不赢，又告饶说老子打儿子，不打时又说是儿子打老子。这是鲁迅描写中国不觉悟的劳动人民，但是本质很好。现在条件比那时不同，要把这方面强调一下，不要抹杀同志们好的一面，要两点论，要加以分析。他们有革命的一面。这样，对待他们的态度就不同了，过去犯了错误不得了，现在，天无绝人之路，要留有余地，要有保护、关怀、帮助之意，因为他们有两面性。①

毛泽东的上述评析，接近于鲁迅小说中的阿Q原型。然而，阿Q又是一个落后的不觉悟的农民，有缺点还不让人家讲，人家一讲他就发火。跟人打架，打不过人家又说假话，把一个活生生的阿Q摆在了读者们的面前，这不能不说是毛泽东对鲁迅作品的一种别树一帜的理解。这个理解，又与他先前的一些评析，例如阿Q要革命，假洋鬼子不准其革命，又有了些距离。但有一点是可以肯定的，这就是毛泽东对鲁迅作品尤其是对《阿Q正传》的阅读是下过功夫的，理解是精深的。

1966年10月，毛泽东又一次提及《阿Q正传》，那时已是“文革”初期，在一次中共中央工作会议的汇报会上，毛泽东深感对于红卫兵的过火行动要矫枉过正了。于是，他在讲话中说出了如下这么一句话：

> 让红卫兵看看《阿Q正传》。②

① 陈晋：《文人毛泽东》，第650页。
② 易严：《毛泽东与鲁迅》，第287页。

第六章
“圣人”和他的学生们

鲁迅在中国的价值，据我看要算是中国的第一等圣人。孔夫子是封建社会的圣人，鲁迅则是现代中国的圣人。

——毛泽东：1937 年 10 月 19 日于陕北公学《论鲁迅》

鲁迅是中国的第一等圣人，中国的第一等圣人不是孔夫子，也不是我，我是圣人的学生。

——毛泽东：1971 年 11 月 20 日接见武汉地区党政领导人时的谈话

上述所引，是毛泽东在相隔三十四年间对鲁迅的两则评价。1937 年评价鲁迅时，中国共产党人领导的革命事业正处于极其艰难的阶段，面对日本帝国主义发动的全面侵华战争，以及蒋介石当局对陕北的封锁，毛泽东极需要用永不妥协一往无前的鲁迅精神来武装全党和全体根据地军民。所以在演讲中把鲁迅奉为“中国的第一等圣人”，号召大家都来学习鲁迅，将革命进行到底。而到了 1971 年，虽然新中国成立已经 22 年，但是由于由他一手发动的“文化大革命”，并没有如愿实现其最初制定的目的，他的关于“再有一二年”结束“文化大革命”的目标也一再成为泡影。由他亲自选定并写进党章的接班人林彪的彻底背叛，更是雪上加霜。所以毛泽东会奉鲁迅为“中国的第一等圣人”，并且申明这“中国的第一等圣人不是孔夫子，也不是我，我是圣人的学生”。笔者认为，毛泽东的这一评说是发自内心的言说。林彪鼓吹的“四个伟大”，随着林彪摔死在温都尔汗，也一一烟消云散。一年前毛泽东与美国老朋友埃德加·斯诺的谈话，面对斯诺毫不客气的对“个人崇拜”的中国现状的批评，毛泽东虽然保留了“导师”一说，但也仅仅是广泛意义上的“老师”而已，毕竟他在青年时代当过老师。因而，他的“我是圣人的学生”的表白，既是他面对残酷现实的诚心表态，也可以说这是一种理性的回归：对鲁迅尊崇备至，对自己则需要重新学习。

从1937年10月19日起，毛泽东做了整整四十年的鲁迅学生。

但中国共产党对鲁迅的崇高评价，却远在这之前。

1935年8月1日，以王明为团长的中共驻共产国际代表团，在莫斯科以中华苏维埃政府和中国共产党中央的名义，发表了《为抗日救国告全体同胞书》，提出了在全中国建立抗日民族统一战线的主张。1936年初，为贯彻《八一宣言》的抗日救国主张，在陕北的中共中央作出决定，以红军主力组成抗日先锋军，彭德怀任总司令，毛泽东任总政委，叶剑英任总参谋长，杨尚昆任总政治部主任，并于这一年的2月17日发出“东征宣言”，对外宣告：“为实现抗日，渡河东征”。三天后，红军于一夜之间越过山西军阀阎锡山严密布防的数百里堡垒线，进行了为期75天的东征战役。红军的这次东征，无论是在军事上，还是在政治上，都取得了重大胜利。仅以最初的一个半月所取得的战果计，红军就击溃20个团以上的晋军，消灭其中7个团，俘获4 000余人，缴获枪支4 000余支，炮20余门。

对于红军东征于山西境内如秋风扫落叶一般击溃国民党、连夺数城的战果，两年后，从临汾“民大”徒步出发欲去五台前线“面对面地打小鬼子”的鲁迅学生萧军，为我们提供了这样一件途中他抄录的“文物”。萧军在1939年成都出版的《侧面》一书中这样写道：

> 东门的墙壁上镶着一块石板，那是刻着民国二十五年四月十六日“红军”攻城的战绩。文曰：
>
> **守城阵亡纪念碑**
>
> 民国二十五年四月十五日丁卯共产党徐海东毛泽东等约四五万蜂围县城并分据城围高埠斯时防兵仅有三百余人自朝至夕炮声隆隆不绝共产党复架云梯顽强猛扑先后再击退者数次午后敌在城外高地架大炮以为掩护进攻便利计我兵沉着应付敌卒不逞傍晚敌出死力环攻前仆后继悍不畏死我兵奋勇抗拒击不胜击东城子弹且渐告尽城遂陷敌入城收枪械除武装开狱门搜执官吏凡衙署局所绅商公

私财产劫掠一空洁旦呼哨东窜是役也我兵毙敌约八九十名伤倍之五月二日平定张公来摄县事初下车即以恢复善后为己任缮城池修战具查账灾黎百废俱举特念死者其功绩随城陷而忠肝义胆诚有不朽之价值苟不搜罗表扬窃恐数十年后或竟泯没无闻其何以安幽灵表忠节励今而劝后用捐鹤俸之余题名寿石流传永永不徒饮弹者则可瞑目九原即后之生斯地守斯城者亦可激发天良步趋前烈虽然微张公谁肯殚精图治维立碑传世则死者不几与草木同腐乎既闻而喜故乐叙其梗概以志之

守城阵亡姓名列左

警士×××

团丁×××

小队长××

共十二人

署理吉县县长张光璧

全县士绅

中华民国二十六年六月上浣

这里是只说“红军”:“缴枪械……开狱门”,并没有加上“赤匪是奸淫妇女的魔王”,所以我把它抄下来,算做一点“存古”工作。也许在将来修稗史的时候会用到它。

在我抄着这碑文的时候,一些“八路军”的非“八路军”的,他们来往地从我的背后不相关地穿过着……他们现在是把刀尖和枪口对向了我们民族的敌人,我还等待着那些日常觉悟了的奴隶们,把刀尖和枪口转向驱逐他们到战争之路的敌人——日本法西斯军阀——……那时候,我也许在什么地方还会抄录着这些用愚蠢或聪明的血写下来的碑文……①

① 萧军:《从临汾到延安》,山西人民出版社 1983 年版,第 191—192 页。

这是一个历史见证人的真实记录，但又是国民党官吏“用愚蠢或聪明的血写下来的碑文”。在击溃国民党军队取得辉煌战绩的同时，红军在半个月内因其鲜明的抗日救国主张，秋毫无犯的军容军纪，赢得了山西老百姓的尊重与爱戴，扩兵8 000余，并在山西20多个县建立了抗日游击队和抗日游击区。红军东征胜利的消息震撼中外，读者遍布全国的《大公报》3月3日于要闻版醒目地发表了题为《毛泽东等在三交镇　渡河者二万余人蔓延七县　阎召开军事会议即下令总攻》；国民党中央社太原3月9日电讯：“在晋西与共匪决战，我方伤七八千余名，亡五千余名……”；法国巴黎出版的《救国时报》、苏区的《红色中华报》则发表社论《拥护陕西红军的东征为抗日讨逆奋斗到底》；此外，上海的英文报纸《密勒氏评论报》和西方通讯社路透社也都向全世界作了报道。

全国广大人民群众对国民党蒋介石奉行“攘外必先安内”的反动政策深恶痛绝，对中国共产党高举抗日大旗的伟大举动，深受鼓舞。国统区的爱国群众团体纷纷致信中共，表示最坚决的拥护与支持，这其中，当推鲁迅、茅盾联署的贺信最为诚挚，亦最为热烈有力。鲁迅、茅盾贺信说：

> 读了中国苏维埃政府和中国共产党中央的《为抗日救国告全体同胞书》、中国共产党《告全国民众各党派及一切军队宣言》、中国红军为抗日救国的快邮代电，我们郑重宣言：我们热烈拥护中共、中苏的号召，我们认为只有实现中共、中苏的抗日救国大计，中华民族方能解放自由！
>
> 最近红军在山西的胜利已经证明了卖国军下的士兵是拥护中共、中苏此项政策的。最近，北平、上海、汉口、广州的民众，在军阀铁蹄下再接再厉发动反日反法西斯的伟大运动，证明全国的民众又是如何热烈地拥护中共、中苏的救国大计！
>
> 英勇的红军将领们和士兵们！你们的勇敢的斗争，你们的伟大胜利，是中华民族解放史上最光荣的一页，全国民众期待你们的更大胜利。全国民众正在努力奋斗，为你们的后盾，为你们的声援！你们的每一步前进将遇到热烈的拥护和欢迎！

全国同胞和全国军队抗日救国大团结万岁！
中华苏维埃政府万岁！
中国红军万岁！
中华民族解放万岁！

××　××
一九三六、三、二十九[①]

鲁迅、茅盾致中共中央的贺信，刊登在1936年4月17日出刊的第九十五期《斗争》上。《斗争》是中国共产党西北中央局的机关报，时为蜡纸刻写32开油印本。为保护鲁迅、茅盾在国统区的安全，其封面目录上冠之以《中国文化界领袖××　××来信》，内容文本信尾也同样的署以××　××。过去，流传了几十年的所谓“在你们身上寄托着人类的光明和幸福的未来”的鲁迅、茅盾致中共长征胜利“贺电”一说，实为误传。因同期《斗争》还刊有《全国××抗日救国代表大会来信》，其信云：“对于你们，我们那最英勇的伟大的民族解放的先锋队，我们抱着那样深刻的敬仰，那样热烈的爱护，那样深挚的期望，在你们身上是寄托着人类的光明和幸福的未来。”而并非是什么鲁迅、茅盾“贺电”的内容，自然，也非系“庆祝长征胜利”……可以证实鲁迅、茅盾贺信真实内容的，还有以下两个证例。一是刊于1979年6月9日《人民日报》署名唐天然的《新发现的鲁迅佚文》一文，云：1936年10月28日中华苏维埃机关报《红色中华》特辟的“追悼鲁迅”专版上“摘鲁迅来信”：“英勇的红军将领和士兵们，你们勇敢的斗争，你们的伟大胜利，是中华民族解放史上最光荣的一页！全国民众期待你们更大的胜利，全国民众正在努力奋斗，为你们的后盾，为你们的声援！”二是刊于1986年12月15日《人民日报》署名程中原的《关于鲁迅来信的一封内部长电》说：1936年5月20日，林育英（即张浩，林彪堂兄，时为中共驻共产国际代表团成员）、洛甫（张闻天，时为中共中央总书记）、毛泽东、周恩来等领导人联名发给正在长征途中红二、四方面军领导人的内部长电中，重点提及了

① 此件经核实后，作为附录，现已收入新版（2005年版）《鲁迅全集》第十四卷，即书信卷，见该卷第554页。

鲁迅、茅盾等人的来信:“红军的长征,引起了华北、华中民众的狂热赞助,上海许多抗日团体及鲁迅、茅盾、宋庆龄、覃振等均有信来,表示拥护党与苏维埃中央的主张。”

鲁迅、茅盾的贺信,给毛泽东和中共以极大的鼓舞,这也使毛泽东们意识到如何在国统区扩大中共提出的关于抗日民族统一战线主张的影响,以唤起民众千百万,同心抗御日本帝国主义对中国的侵略战争。于是,毛泽东、张闻天、周恩来等人想起了一个人,一个曾同鲁迅、茅盾并肩作战,反对国民党文化“围剿”的战士。此人就是冯雪峰。此时的冯雪峰,也在毛泽东率领红军的东征途中,任凯丰和张浩负责的红军地方工作委员会下属地方工作组的组长。1936 年的四月上旬,冯雪峰从山西前线奉调回到陕北瓦窑堡。在他回来之前,中共中央已经开过会,决定冯雪峰为派往上海的中央特派员。其主要使命是:先面见鲁迅,通过鲁迅恢复已失去联系(1935 年底,上海地下党组织遭受了严重破坏)多时的上海地下党的关系,并请鲁迅协助在上海设立秘密电台,与救国会等爱国抗日团体建立联系等。临行前,毛泽东与冯雪峰作了一次长谈,再三强调前一年 12 月中共中央瓦窑堡会议确立的抗日民族统一战线政策。毛泽东向冯交了底:现在主要的敌人是日本帝国主义,他们暂时显得强大,但要把他们赶出去,需要建立一个广泛的全民族的抗日统一战线,这条战线甚至包括了蒋介石在内。毛泽东反复叮嘱道:“一定要团结好鲁迅,先生是一面抗战的旗帜,能唤起民族的抗战热情来。”①

继毛泽东谈话后,时任中共中央总书记的张闻天也一再嘱咐冯雪峰,到上海务必先找鲁迅、茅盾,在了解一些情况后再找党员和地下组织。张闻天强调说:“派你去上海,就因为你同鲁迅等熟识。”周恩来也找冯雪峰交代了此行的任务:先找鲁迅,了解情况后再建立与上海地下党员的联系。1936 年 4 月 20 日,肩负着党中央的重要使命,化名李允生的冯雪峰从瓦窑堡出发,途经西安

---

① 有关张闻天、毛泽东、周恩来等领导人同冯雪峰谈话的情况,见《雪峰文集》第四卷第 506 页:《有关一九三六年周扬等人的行动及鲁迅提出“民族革命战争的大众文学”口号的经过》;以及陈琼芝著:《在两位未谋一面的历史伟人之间——记冯雪峰关于鲁迅与毛泽东关系的一次谈话》(载《中国现代文学研究丛刊》1980 年第 3 期)等。

坐火车。[1]五天后顺利抵达上海，并于次日下午秘密移居至鲁迅寓所，当夜就与鲁迅促膝长谈至深夜。谈话中，冯雪峰滔滔不绝地介绍，鲁迅则燃着烟，静静地听。与鲁迅分别已有两年半的冯雪峰，特别是跟随毛泽东和中央红军经历了两万五千里长征的风风雨雨、生生死死之后，恨不得把关于井冈山时期的苏区，长征的，以及陕北苏区，当前的政治形势和我党奉行的重大新举措、新政策，一股脑儿地倾诉给鲁迅。一旁的鲁迅，虽然在年初经历了一场大病，但瘦弱的脸上是一副凝神细听的神色，还时不时地浮现出那种欣慰的微笑。显然，在鲁迅寓所秘密寓居的两三个星期中，冯雪峰极为详尽地向鲁迅讲述了长征中发生的种种故事，谈了红军东征所取得的辉煌胜利，还有毛泽东在井冈山根据地、长征途中、东渡黄河横扫国民党军用兵如神的故事，以及半年多来制定的与国民党建立抗日民族统一战线的宏大战略决策。自然，冯雪峰也会谈到当年在井冈山的茅草屋里与毛泽东谈论鲁迅；以及这次临行前，毛泽东、张闻天、周恩来一再叮嘱的到上海后先找鲁迅的重要指示，说明了中国共产党对鲁迅的无比信任。鲁迅听了，很是感动。他对冯雪峰说，干革命，总是人多一点好，我想过了：M（即指毛泽东）的政策是对的。这一段时期，他们常常谈到红军，鲁迅几次这样对冯雪峰说道：“要革命，就要有军队，我也倒是一向就这样想的。”说这样话的时候，鲁迅的心情非常明显地表明他在这样体会着毛泽东的远见，因为通过冯雪峰的亲身实践和当面介绍，鲁迅已经知道了毛泽东是从最初就坚持并且实行了红军及革命根据地的创造的。

据胡风先生后来回忆：“（1936 年）5 月 6 日下午我去看鲁迅，从内山书店过时，内山告诉我，冯雪峰回来了，到鲁迅先生家里去了。我当即赶了去……大概我来以前他和鲁迅谈到过党的政策，这时候他用谈闲话口气谈长征的情况，谈毛泽东作党内斗争的坚强性格。他说，‘周先生的韧性战斗精神，后继有人……。’”[2]

---

① 据已解密的中央档案资料：冯雪峰于 1936 年 4 月 17 日从瓦窑堡到延安，约 20 日抵达洛川。周恩来副主席亲自指派人将他护送至苏区与张学良部交界处。同张部接上关系后，受到了张学良所派特使的迎接。在西安，冯雪峰还受到张学良本人的接见，给以共产党高级官员的礼遇。冯雪峰在西安受命住在一位国民政府禁毒委员的家中。次日由党内安排好的交通员、有红色“牧师”之称的董健吾护送到上海。见陈早春、万家骥：《冯雪峰评传》，第 183 页。

② 见《胡风回忆录》中有关两个口号之争的回顾。

对此，冯雪峰于新中国成立初所作的《回忆鲁迅》一文也有相应的可信记述：一次，冯雪峰给鲁迅谈了有关毛泽东和红军长征的事情后，鲁迅好像忘我地、缓慢地、平静地说了这样一句话：“我想，我作为一个小兵还是胜任的，用笔！”①鲁迅说这话时的那种极为庄重的神色，影响了冯雪峰的一生。以至于在1958年他被错误地定性为“反党右派”，并被开除长达三十年党龄的党籍之后，仍然顽强地表示要永远忠于党的事业，并且“重新入党”。

冯雪峰到达上海后不久，在鲁迅的帮助下，与茅盾、宋庆龄、沈钧儒，以及国际友人艾格尼丝·史沫特莱等见了面。向他们详细地阐述了中国共产党关于举国一致建立抗日民族统一战线的主张。与此同时，冯雪峰与上海地下党的周文、王学文、王尧山等恢复了联系。在此基础上，与鲁迅协商，正式提出了“民族革命战争的大众文学”的口号。还同上海中共临时工作委员会和地下文委也取得了联系。至此，冯雪峰较为圆满地完成了离开陕北前夕毛泽东、张闻天、周恩来等交给他的此行各项任务，在鲁迅与毛泽东、中共之间架起了一座全面的相知相通的桥梁。

在此期间，鲁迅将方志敏从敌人监狱里送出来的致中共中央的信件，以及《可爱的中国》等文稿，一并交给冯雪峰转呈陕北党中央——这是鲁迅对毛泽东和中共中央的最大信任。

同样，正是在与鲁迅取得一致的情况下，中国共产党关于建立抗日民族统一战线的主张，在上海，在国统区，无论是在文化战线，还是在各界各行，都得到了最大的响应。

在冯雪峰抵达上海“正常开展”“有进步”的工作之后的第三个月，1936年7月6日，张闻天与周恩来联名给冯雪峰写去了一信。信件由赴南京、上海找张学良的中共驻东北军代表刘鼎携带。此信的主要内容是关于新近发生的两广事变中共相应的策略。时中共的方针正处于“逼蒋抗日”的转变之中，信中特别指示：各派军队抗日的武装发动与民众抗日救亡运动密切联系起来，推动“停止内战一致抗日”。

张闻天、周恩来信的最后一部分指出：反对走私，也是我们目前开展群众

---

① 《冯雪峰忆鲁迅》，第98页。

的抗日运动(要发动广大市民参加)，为建立广泛的抗日统一战线的重要关键，望用一切力量，组织这一运动使之成为群众的运动。同一切关门主义做坚决斗争。这种关门主义倾向，就是在一些左倾的刊物中也还是时常表现的，望严密注意。关门主义在目前确是一种罪恶。常常演着同内奸同样的作用。但这些人同内奸是不同的，解决的方法不同。解释是第一。你对周君所用的方法也是对的。信中再次强调指出：

> 你的老师与沈兄好吗？念甚。你老师送的东西虽是因交通的关系尚未收到，但我们大家都很感激。他们为抗日救国的努力，我们都很钦佩。希望你转致我们的敬意。对于你的老师的任何怀疑，我们都是不相信的。请他也不要为一些轻薄的议论，而发气。①

上述信中所指的“周君”及“你的老师”，均指鲁迅，“沈兄”则为茅盾。在陕北的中共中央，通过张闻天、周恩来的信，表达了对鲁迅和茅盾(秋石注：张闻天早年曾与茅盾在上海商务印书馆共事过)的深深思念之情，对他们为抗日救国所作的大量努力表达了敬重和高度信任。这封信，全面体现了中国共产党及其毛泽东、张闻天、周恩来等核心领导人同鲁迅之间的亲密关系，是见证那一段历史特殊关系的重要文献。

几乎是在张闻天、周恩来发出信的同时，在上海的鲁迅和茅盾，也相继表明了自己极为鲜明的与中国共产党人保持一致的态度和立场。

1936 年 7 月 1 日，鲁迅、巴金、曹禺、吴组缃、蒋牧良、张天翼、曹靖华、田间、荒煤、张香山、萧军、周而复、欧阳山、周文、黎烈文等 63 人发表《中国文艺工作者宣言》。宣言称：在民族危机的最后关头，“我们绝不屈服，绝不畏惧，更绝不彷徨犹豫。我们将保持我们各自固有的立场，本着我们原来坚定的信仰，沿着过去的路线，加紧我们从事文艺以来早就已开始了争取民族自由的工作，我们决不忽略或者离开现实。”“我们愿意和站在同一战线的争取民族自由的斗士热烈的握手！”

---

① 见陈晋：《文人毛泽东》，第 145 页。

也就在同一天，鲁迅在《现实文学》创刊号上发表了《论现在我们的文学运动》一文，旗帜鲜明地强调指出：“民族革命战争的大众文学，是无产阶级革命的真实的更广大的内容。……所以，决非停止了历来的反对法西斯主义，反对一切反动者的血的斗争，而是将这斗争更深入，更扩大，更实际，更细微曲折，将斗争具体化到抗日反汉奸的斗争，将一切斗争汇合到抗日反汉奸斗争这总流里去。决非革命文学要放弃它的阶级的领导责任，而是将它的责任更加深，更放大……这个民族的立场，才真是阶级的立场。”

就在这同一时期，鲁迅在《文学丛报》第四期和《现实文学》创刊号上发表了《答托洛斯基派的信》。这封由病中的鲁迅口授、冯雪峰笔录的信，是对托派组织“无产者社”成员陈仲山(陈其昌)来信内容的反驳，鲁迅在信中严厉指出，托派之“所以有悖于中国人现在为人的道德”，必将堕落为可耻的汉奸。鲁迅在信中再次表达了对中国共产党和毛泽东的崇敬心情，鲁迅写道：“那切切实实，足踏在地上，为着现在中国人的生存而流血奋斗者，我得引为同志，是自以为光荣的。”①

7月10日，茅盾在《文学界》一卷二号上撰文，同样旗帜鲜明地表明了自己的立场和态度。茅盾说：“我个人很赞成鲁迅先生在此文中(指《论现在我们的文学运动》一文——引者注)的各项意见”。其“附加的意见”是：“国际文艺”在现阶段是文艺创作者主要的课题。

据了解，当时任白区党的领导工作的刘少奇也曾写过一篇文章参与了两个口号的论争，旗帜鲜明地支持鲁迅的正确立场。据茅盾后来回忆道：“有一天冯雪峰突然问我：你看过最近的一期《作家》吗？我说最近忙得什么杂志都没顾上看。他带点神秘地说，你可以看一看其中一篇评论两个口号的文章。我见雪峰的话中有话，等他一走，就找那本杂志，……一篇《我观这次文艺论争的意义》，作者叫莫文华，显然是个假名，我不知道有这样一个人。我匆匆地读了一遍。”②

这是一篇带总结性的文章，文章说两个口号论争的意义是在克服文坛上

---

① 《鲁迅全集》第6卷，第610页。秋石认为，尽管陈仲山对中共中央提出的抗日民族统一战线政策多有曲解，但鲁迅此信中对陈仲山的指责，也有过火的不符合事实的言辞。

② 茅盾：《“左联”的解散和两个口号的论争》，刊1983年第7期《新华文摘》。

的宗派主义和关门主义，还说鲁迅的《答徐懋庸》的长信站在正确的立场上，明确指责和解剖了宗派主义的理论和气质。

此文作者“莫文华”的身份，作为党中央特派员的冯雪峰当然是一清二楚的，他就是刘少奇。此文发表在1936年9月的《作家》杂志上。

鲁迅在《答徐懋庸并关于抗日统一战线问题》一文中，公开表示胡风的文章是他请胡风写的，并说口号的提出，是和几个人——包括茅盾——一起商量的。针对徐信中对胡风、黄源、巴金的攻击，鲁迅一一表明了自己的态度。

在这篇由病中的鲁迅口授，冯雪峰笔录，鲁迅加以修改并亲笔写了四页的重要文章中，鲁迅旗帜鲜明地表明了如下观点：第一，对于统一战线他再次表示：“目前的革命的政党向全国人民所提出的抗日统一战线的政策，我是看见的，我是拥护的，我无条件地加入这战线。”第二，对于文艺界统一战线的态度：“我赞成一切文学家，任何派别的文学家在抗日的口号下统一起来的主张。”文艺家协会是抗日的作家团体，也包含了一些新的人，但不要以为有了它文艺界的统一战线就形成了，还远得很，原因就在文艺家协会“还非常浓厚的含有宗派主义和行帮情形”；“我以为文艺家在抗日问题上的联合是无条件的，只要他不是汉奸，愿意或赞成抗日，则不论叫哥哥妹妹，之乎者也，或鸳鸯蝴蝶都无妨。但在文学问题上我们仍可以互相批判。”“我以为应当说，作家在‘抗日’的旗帜，或者在‘国防’的旗帜之下联合起来；不能说作家在‘国防’的旗帜之下联合起来；不能说作家在‘国防文学’的口号下联合起来，因为有些作者不写‘国防’为主题的作品，仍可以从各方面来参加抗日的联合阵线”。“因此，我很同意郭沫若先生的‘国防文艺是广义的爱国主义的文学’和‘国防文艺是作家关系间的标帜，不是作品原则上的标帜’的意见”。第三，关于两个口号的关系：“我以为在抗日战线上是任何抗日力量都应当欢迎的，同时在文学上也应当容许各人提出新的意见来讨论，‘标新立异’也不可怕”。① 值得一提的是，鲁迅在这里并没有把两个口号看成是两家。鲁迅指出：“民族革命战争的大众文学”口号是和茅盾等商量后提出的。它是为了补救“国防文学”这名词本身的文学思想的意义上的不明了性，以及纠正一些注进“国防文学”这名词里去的

① 《鲁迅全集》第6卷，第552页。

不正确的意见而提出的，是“正当的，正确的”。民族革命战争的“大众文学”这名词，在本身上，“比‘国防文学’这名词，意义更明确，更深刻，更有内容”。这个口号主要对前进的一向被称左翼的作家们提倡的，也可以对一般或各派作家提倡，因此它和宗派主义或关门主义不相干。“我说‘国防文学’是我们目前文学运动的具体口号之一，为的是‘国防文学’这口号颇通俗，已经好多人听惯，它能扩大我们政治的和文学的影响，加之它可以解释为作家在国防旗帜下联合，为广大的爱国主义的文学的缘故”。因此它应当存在。

自鲁迅海纳百川的这封公开信发表后，两个口号的论争一时沉寂了下来，许多人都认为应当顾全大局而休止争论。为此，陈伯达在其所作的《文学界两个口号问题应该休战》一文中呼吁：一切不愿当亡国奴的作家应当放弃对于两个口号的论争，“而集中自己的力量来和这各种式样的汉奸文学、娼妓文学、迷信文学做斗争”。①

及至 1936 年 10 月 1 日，也就是距鲁迅逝世还有十九天，巴金、王统照、包天笑、沈起予、林语堂、洪深、周瘦鹃、茅盾、陈望道、郭沫若、夏丏尊、张天翼、傅东华、叶绍钧、郑振铎、郑伯奇、赵家璧、黎烈文、鲁迅、谢冰心、丰子恺等包括“鸳鸯蝴蝶派”在内的 21 位爱国著名作家联名发表了《文艺界同人为团结御侮与言论自由宣言》（刊《文学》7 卷 9 号）。宣言称：“我们是文学者，因此亦主张全国文学界同人应不分新旧派别，为抗日救国而联合。”文学上的不同趣味与作风，新派与旧派、左派与右派，都应在抗日这一点上联合起来。“在文学上，我们不强求相同，但在抗日救国上，我们应团结合作以求行动之更有力”。②《宣言》主张，在文学上各派可以自由发展，但必须向国民党政府要求言论的自由。

尽管后来，毛泽东不止一次地指出，关于两个口号的论争“是革命阵营内部的争论”，“你们（指周扬等人）这边不是反革命，鲁迅那边也不是的”，毛泽东进而批评道：“你们是错误的，就是对鲁迅不尊重，鲁迅是中国无产阶级文艺运动的旗手，应该尊重他”③，但是，在当时，毛泽东是完全赞同鲁迅、冯雪峰、胡风等人提出的“民族革命战争的大众文学”这一口号的。鲁迅逝世一个月后，

---

① 本文收入 1936 年 10 月由新潮出版社出版的《国防文学论战》一书，未单独发表。

② 原刊 1936 年 10 月出版的《文学》第七卷九号。

③ 见徐懋庸：《我和毛主席的一些接触》，收入《延安作家》，陕西教育出版社 1992 年 8 月版。

即1936年11月22日，在陕北保安党中央和苏维埃政府所在地举行的中国文艺协会的成立大会上，毛泽东在其发表的讲话中旗帜鲜明地指出：“发扬苏维埃的工农大众文艺，发扬民族革命战争的抗日文艺，这是你们伟大的光荣任务。”①

但是，没有等到抗日民族统一战线的正式建立，也没有见到“民族革命战争的大众文学”催生更多的优秀作品，1936年10月19日清晨5时25分，鲁迅与世长辞了。他的最忠诚的学生和战友、经历了二万五千里长征和红军东征战役的中共中央特派员冯雪峰，迅速向陕北的中共中央报告了这一噩耗。接报后，党中央和红军总部临时驻地保安，顿时陷在了巨大的悲痛之中。少顷，为表示中国共产党对鲁迅的深切悼念，经张闻天、毛泽东、周恩来等人短暂商量后，迅以中共中央、中华苏维埃中央政府的名义，发出了四份电报：一份是致在上海的鲁迅夫人许广平的唁电；一份拍发给南京国民政府《为追悼与纪念鲁迅先生致中国国民党中央委员会与南京国民政府电》；一份是《为追悼鲁迅先生告全国同胞和全世界人士书》；还有一份，是给冯雪峰的专门电报。

电报中的前三份，是先通过秘密电台传至上海，接着，再由设在陕北保安的“红色中华新闻社”用电报形式而不是采用专门人员口播方式进行广播。广播日期自10月28日开始，每天两次，时间为上午8时和下午5时，波长为51米，呼号为“红色中华新闻社”的英语缩写“CSR”。与此同时，中共中央总书记张闻天还向主持北方局工作的刘少奇通报了广播时间、波长和呼号，并电示刘少奇尽一切可能，在国统区组织群众性的追悼活动。后来的情况表明，尽管追悼活动的规模远没有鲁迅居住和逝世地的上海那么浩大，但就追悼形式、追悼活动次数、各界组织的悼念，在鲁迅早年生活、工作过的古都北平，却要频繁得多。

中国共产党中央委员会、苏维埃中央政府致鲁迅夫人许广平的唁电全文如下：

上海文化界救国联合会转许广平女士鉴：

鲁迅先生逝世，噩耗传来，全国震悼。本党与苏维埃政府及全苏

① 毛泽东：《在中国文艺协会成立大会上的讲话》，见《毛泽东文艺论集》，中央文献出版社2002年版，第4页。

区人民，尤为我中华民族失去最伟大的文学家、热忱追求光明的导师、献身于抗日救国的非凡领袖、共产主义苏维埃运动之亲爱的战友，而同声哀悼。谨以至诚电唁，深信全国人民及优秀文学家必能赓续鲁迅先生之事业，与一切侵略者、压迫势力作殊死的斗争，以达到中国民族及其被压迫的阶级之民族和社会的彻底解放。

肃此电达

中国共产党中央委员会
苏维埃中央政府
一九三六年十月二十二日①

与致许广平唁电同一日发出的“告全国同胞和全世界人士书”全文如下：

为追悼鲁迅先生告全国同胞和全世界人士书

中国共产党中央委员会
中华苏维埃人民共和国中央政府

噩耗传来，中国文学革命的导师、思想界的权威、文坛上最伟大的巨星鲁迅先生陨落于上海。当此德、日等法西斯蒂张牙舞爪，挑拨世界大战，中华民族危急存亡之秋，鲁迅先生的死，使我们中华民族失掉了一个最前进无畏的战士，使我们中华民族遭受了最巨大的不可补救的损失！中国共产党中央委员会、中华人民苏维埃中央政府对于鲁迅先生的死，表示最深沉痛切的哀悼！

鲁迅先生一生的光荣战斗事业，做了中华民族一切忠实儿女的模范，做了一个为民族解放、社会解放、为世界和平而奋斗的文人的模范。他的笔是对于帝国主义、汉奸卖国贼、军阀官僚土豪劣绅、法西斯蒂，以及一切无耻之徒的大炮和照妖镜，他没有一个时候不和被压迫的大众站在一起，与那些敌人作战。他的犀利的笔尖，完美的人格，正直的言论，战斗的精神，使那些害虫毒物无处躲避。他不但鼓

① 引自《红色光环下的鲁迅》，河北教育出版社2000年版，第66页。

励着大众的勇气，向着敌人冲锋，并且他的伟大，使他的死敌也不能不佩服他、尊敬他、惧怕他。中华民族的死敌，曾用屠杀、监禁、禁止发表鲁迅一切文字、禁止出版和贩卖鲁迅一切著作来威吓他，但鲁迅先生没有屈服；民族的死敌想用“赤化”，“受苏联津贴”等捏造的罪状来诬陷他，但一切诬陷都归于失败；民族的死敌，特别是托洛茨基派，想用甜言蜜语离间他离开大众的救亡阵线，但是鲁迅先生给了他以迎头痛击。鲁迅先生在无论如何艰苦的环境中，永远与人民大众一起与人民的敌人作战，他永远站在前进的一边，永远站在革命的一边。他唤起了无数的人们走上革命的大道，他扶助着青年们使他们成为像他一样的革命战士，他在中国革命运动中，立下了超人一等的功绩。

中国共产党中央委员会、苏维埃人民共和国中央政府为了永远纪念鲁迅先生起见，决定在全苏区内：(一)下半旗致哀，并在各地方和红军部队中举行追悼大会；(二)设立鲁迅文学奖金基金十万元；(三)改苏维埃中央图书馆为鲁迅图书馆；(四)苏维埃中央政府所在地建立鲁迅纪念碑；(五)收集鲁迅遗著，翻印鲁迅著作；(六)募集鲁迅号飞机基金。

中国共产党中央委员会和中华苏维埃人民共和国中央政府已向中国国民党中央委员会和南京国民党政府要求：(一)鲁迅先生遗体举行国葬，并付国史馆列传；(二)改浙江省绍兴县为鲁迅县；(三)改北平大学为鲁迅大学；(四)设立鲁迅文学奖金，奖励革命文学；(五)设立鲁迅研究院，收集鲁迅遗著，出版鲁迅全集；(六)在上海、北平、南京、广州、杭州建立鲁迅铜像；(七)鲁迅家属与先烈家属同样待遇；(八)废止鲁迅先生生前一切禁止言论出版自由的法令。中国共产党中央委员会与中华苏维埃人民共和国中央政府号召全国民众及全世界拥护和平、同情中国民族解放的人士一致起来，要求国民党中央委员会及南京国民政府执行上列的要求。①

① 《红色光环下的鲁迅》，第64—65页。

《为追悼鲁迅先生告全国同胞和全世界人士书》，是以张闻天、毛泽东、周恩来为领导核心的中国共产党领导集体对鲁迅一生业绩的崇高评价，也是中国共产党对鲁迅作出的第一次正式的全面评价。这个评价，为一年后毛泽东在陕北公学所作的那个《论鲁迅》的著名讲演，奠定了坚实的基础，其口吻也是相似的。因此，《为追悼鲁迅先生告全国同胞和全世界人士书》，也有可能出自于毛泽东的手笔。

致国民党和南京国民政府电全文如下（也于同日拍发）：

为追悼与纪念鲁迅先生
致中国国民党中央委员会与南京国民政府电

中国共产党中央委员会
中华苏维埃人民共和国中央政府

中国国民党中央委员会南京国民政府公鉴：噩耗传来，鲁迅先生病殁于上海。我国文学革命的导师、思想上的权威、文坛上最灿烂光辉的巨星竟尔殒落，此乃我中华民族之大损失，尤其当前抗日运动的大损失。鲁迅先生毕生以犀利的文章、伟大的人格、救国的主张、正直的言论为中华民族解放而奋斗，其对于我中华民族功绩之伟大，不亚于高尔基氏之于苏联。今溘然长逝，理应予以身后之称荣，以慰死者而示来兹。敝党敝政府已决定在全苏区内实行：（一）下半旗致哀，并在各地方与红军部队中举行追悼大会；（二）设立鲁迅文学奖金基金十万元；（三）改苏维埃中央图书馆为鲁迅图书馆；（四）在中央政府所在地设立鲁迅纪念碑；（五）搜集鲁迅遗著，翻印鲁迅著作；（六）募集鲁迅号飞机基金。贵党与贵政府为中国最大部分领土的统治者，敝党敝政府敬向贵党贵政府要求：（一）鲁迅先生遗体举行国葬，并付国史馆立传；（二）改浙江省绍兴县为鲁迅县；（三）改北平大学为鲁迅大学；（四）设立鲁迅文学奖金，奖励革命文学；（五）设立鲁迅研究院，收集鲁迅遗著，出版鲁迅全集；（六）在上海、北平、南京、广州、杭州建立鲁迅铜像；（七）鲁迅家属与先烈家属同样待遇；（八）废止鲁迅先生生前贵政府所颁布的一切禁止言论出版自由之法令，表扬鲁迅先生正所以表扬中华民族的伟大精神。敝党敝政府的要求，想必能获得贵党贵政府的同意。特此电达。

一九三六年十月二十二日①

在这里，还要着重提上一笔的是，除在1936年10月22日鲁迅出殡之日发出的《致许广平女士的唁电》外，两年后的鲁迅忌日，在延安召开的中国共产党扩大的六届六中全会，时值抗战全面爆发、上海陷落的民族危难时刻，第二次发出了《致许广平女士电》。电文指出：

中国共产党扩大的六中全会开会中，适逢鲁迅先生逝世二周年纪念日，扩大会全体追念先生对中华民族解放事业与对文学运动伟大的贡献，深切表示敬意。当此民族危急之际，尤深哀悼，除全体静穆追悼外，特电慰问。

一九三八年十月十九日②

给冯雪峰的那份专电，则责成他代表中共中央全权主持鲁迅治丧工作。为此，冯雪峰秘密来到大陆新村鲁迅寓所，与闻讯赶来的救国会领袖宋庆龄、沈钧儒等人，以及许广平、周建人等协商筹备鲁迅丧事（茅盾因患病无法行走滞留故乡乌镇），很快组成了治丧委员会，并向外发布了讣告。治丧委员会由13人组成，他们是：蔡元培、内山完造、宋庆龄、A.史沫特莱、沈钧儒、萧参、曹靖华、许季茀、茅盾、胡愈之、胡风、周作人、周建人。

上述治丧委员会名单是公开发表的（笔者录自于1936年10月20日的上海报章，以及经许广平、胡风、萧军、黄源等人审定、1937年上海出版的《鲁迅先生纪念文集》所载）。但实际上，毛泽东的名字也是在内的——由幕后主持鲁迅丧仪的中共上海办事处副主任冯雪峰添加。这在鲁迅刚逝世时，冯雪峰即与闻讯赶至的宋庆龄等人商量后提出的。但他也许来不及与陕北通报或商

① 《红色光环下的鲁迅》，第67页。原载1938年10月31日第五十五期延安《解放月刊》。
② 《红色光环下的鲁迅》，第68页。

量，然而，这也正是符合鲁迅生前意愿的：鲁迅崇敬毛泽东。之所以认定毛泽东也是鲁迅治丧委员会的成员，是有公开发表的文字为证的：那就是由日本人办的《上海日日新闻》的日文、中文版予以正式披露。1936 年 10 月 20 日《上海日日新闻》在刊载治丧委员会名单之后，还特别指出：“其中列有中国共产党巨人毛泽东之名，极堪注意。”据冯雪峰后来回忆，在名单送交各新闻媒体后，各媒体慑于国民党政府压力，均不敢登，因而少了“毛泽东”的名字。

对于中共中央和苏维埃中央政府电文中提出的各项要求，南京国民政府自是未予理睬。而一些已经公开身份的共产党员，则连出席丧仪的机会也没有，如代表中共处理鲁迅丧事的冯雪峰，就只能藏在幕后与各方人士商议。他也只是于鲁迅落葬的次日，亦即 1936 年 10 月 23 日，一个人偷偷地来到虹桥万国公墓鲁迅墓前凭吊了一番。

处在陕北保安的中共中央和毛泽东、张闻天、周恩来等领导人，努力克服困难，尽其一切可能地悼念鲁迅。1936 年 10 月 30 日，中华苏维埃政府在保安举行了鲁迅追悼大会。毛泽东出席并讲了话，遗憾的是，毛泽东的这个讲话并没有保存下来。后来进入延安经毛泽东提议，中共中央决定，在边区创办三所以鲁迅名字命名的教育文化单位。两所在延安：它们是鲁迅艺术剧院和鲁迅图书馆，后者实际上并没有鲁迅的书可供阅读。一所设在延长县，冠名鲁迅师范学校（建校初期，毛泽东亲自委派自己的老师徐特立担任首任校长。可见毛泽东格外之重视——秋石注），但由于当时边区面临的各种困难，该校仅仅存在了一年多一点。

1938 年 3 月 19 日，准备去前线抗击日寇的鲁迅学生萧军，从山西临汾出发，徒步进入了延长城。

在《侧面》一书中，萧军这样描述道：

> 这只是相当内省一个中等市镇似的古城，同其它的古城一样——破落和荒凉！……
>
> “鲁迅师范”是在这城里的，在我将走进城来从一条街上被我发见了，我决定要参观这个学校。
>
> “有人吗？”一直走完了所有的三进院子。在一所门边标着“礼

堂”的空屋子里，我觉得应该这样问一声了。

“啊！”从侧房走出了一个戴眼镜的青年，他直直地望着我。我递过我的护照去，同时也说明着我的来意：

“我是山西民族‘革命大学’的教员。路过这里，想要到贵校参观参观。”

“啊啊！你就是萧军先生？啊啊……请……”这青年自己惊扰地“啊啊”着。我懂得了这大概是位读过我的小说的人。他又把我手里的护照看了一遍。

“听说萧先生在山西……真巧，在这里遇到了。”

终于我被让进这青年的屋子。接着又来了三个人，其中还有一位女士，他们大概也是读过我的小说的。代理校长×君也在这里面，这是一个长身材看来筋骨很坚实的中年人。

接连地他们问了我一些山西的事情，也谈了些文学上的事情。最后他们告诉我，再待两天就要向三原搬家了。

“为什么要搬家？”

“主要还是吃的问题。”他的眉头开始蹙起来。

“米多少钱一斗？”

“一斗小米要六元啦，两元钱一升盐……这还不容易买到。”

“在这里多久了？”

“一年零一个月，这学校一面是纪念鲁迅先生；一面也是这全省二十一县师资养成的地方。可是……”

“这里有多少学生？”我拦断他的话。

“一百五十名左右……程度是不齐的啦……过去是教育一些老红军老干部的妻子，程度差一点……将来慢慢要以小学毕业和初中程度为标准……”

一种阴凉侵袭了我，轻轻起了两个寒颤！这不期使我留心起这过于简陋和破落的屋子了——两张盖着半幅苇席的板铺和一张凝满着烛油斑点的桌子，那像一条瘦狗似的站在窗边，这就是家具。

为了招待我，他们提了一壶开水和一包花生。这筵席虽然简单但是却香甜！因为这友情是真挚的。

在临行时，走在甬道上我问着那位代理校长的×先生：

“关于鲁迅先生的书这里还有一些吗？”

他尴尬地笑了，摇一摇头：

“不瞒你说，也不怕你笑话——连一本也没有啊！”

这里我们能笑话谁呢？“穷”可以损害一切的成长啊！……①

上述，是萧军徒步赴前线途中对“鲁迅师范学校”举步维艰的一个实景描写，这一切，无疑都是国民党对边区实施全面封锁造成的后果。尽管如此，中共中央和毛泽东毕竟还是尽了最大努力的，从培养老红军老干部的妻子开始，向她们灌输鲁迅精神和为民族为祖国献身的精神。这一切，由于环境的简陋和贫困，也许是不那么的尽如人意，但是比起国民党当局拒绝出版鲁迅著作，拒绝永久悼念鲁迅的顽固立场，其意义要深远得多了。

不止是在陕北刚刚喘过一口气来的中共领袖们，远在万里之外的莫斯科的中共领导人，在听到鲁迅逝世的消息后，也纷纷写文章追悼这位共产党的忠诚朋友和强有力的支持者，有“中国高尔基”之称的文学巨匠。

中共驻共产国际代表团团长王明，于“十月二十日上午十点钟，从《真理报》上，我们见到了‘中国高尔基’——鲁迅同志病死上海”的消息后，迅以本名陈绍禹拟定了题为《中国人民之重大损失》的悼念文章（刊登在1936年10月25日法国巴黎出版的《救国时报》上）。悼文指出：

鲁迅之所以能在中国思想界和解放运动中占有显著的地位，是由于他能够不断地随着时代的进化而进化，从“五四”运动时代到现在，他始终能站在先进思潮的浪头；是由于他具有一个伟大革命家应具有的品格和操守，从北洋军阀统治时代到现在，他始终不受任何反动势力的利诱或威胁；是由于他不仅在文学方面尽力于解放事业，而且直接实际参加中国伟大人民的解放斗争。

① 萧军：《从临汾到延安》，第241—243页。

鲁迅之所以在中国文学界占有无上权威的地位，是由于他不仅是一个天才的文学家，而且是一个先进的政论家。正因为鲁迅一身具有天才文学家和先进政论家的艺术和才智，所以他能以伟大文学家的文学技巧来写既讽且刺和有庄有谐的政论，同时，又能以先进政论家的犀利眼光来写深入人心和痛切时弊的文学。

正因为鲁迅是一个伟大的革命文学家和政论家，所以他和现代的一切伟大作家——高尔基、罗曼·罗兰、巴比塞等一样，对于本国人民，对于人类，对于正义，对于真理，对于自由，对于光明——尤其对于在现世界大部分领域内还最受剥削最受压迫的阶级，同时是担负着解放全人类的历史使命的阶级——无产阶级，抱着无穷的热爱；而正因为如此，所以鲁迅对于社会主义的苏联，对于为中国人民解放而牺牲奋斗的共产党，对于世界一切先进思想和进步运动，加以热忱的拥护。从对社会主义的苏联关系看来，鲁迅不仅是苏联旧文学遗产和现有文学创作底忠实介绍人，而且是反对一切反动势力对苏联造谣侮蔑英勇的战士。从对中国共产党及中国红军和苏维埃关系看来，鲁迅不仅是在思想上和文字上赞助中国共产党及红军和苏维埃的伟大解放事业，不仅在言论上和著作上反抗一切黑暗势力对中国共产党及红军和苏维埃底压迫和进攻，而且在物质上行动上积极赞助中国共产党的英勇的革命斗争。当中国共产党经费困难万分时，鲁迅曾不止一次地将自己辛苦著作得到的酬金借赠给共产党；当中国共产党有些同志被反动探捕追索甚急时，鲁迅曾不顾一切危险而设法保障这些革命战士的安全(如瞿秋白同志曾得鲁迅之助而在上海能隐匿数月之久)。当中国红军和苏维埃被反动势力再四侵犯时，鲁迅曾再三地不顾任何威吓而公开发表抗议的号召；(鲁迅对中国红军英勇奋斗的事业，表示无穷的爱护；特别对于红军主力西征的英勇战绩，表示莫大的称扬，他曾约过十数个亲身参加红军和苏维埃工作的同志，去作长久的密谈；他搜集了很多材料，预备写一本关于中国红军战斗的文学作品，他曾说，如能将中国红军西征情形写成文学作品，将比苏联著名的《铁流》更加有趣；可惜病魔缠绕了这位伟大作家，以致他至死未能偿此宿愿；这件事，不仅是中国共产党和红军的损失，也是全中国爱读鲁迅作品的青年们的损失！）当中国共产党去年发表建立抗日统一战线新政策时，鲁迅始终表示热烈地拥护并积极地参加组织文化界反日民族统一战线的事业。从对全世界人类解放关系看来，鲁迅是帝国主义和帝国主义战争底坚决反对者，是争取自由和保障和平底忠诚实行家，是对现时英勇奋斗的西班牙人民的热烈拥护者。同时，也正因为如此，所以鲁迅对于那一切反人类反进化反真理的反动黑暗势力，均抱着深沉的痛恨，他不仅痛恨腐朽的清室和北洋军阀，他不仅痛恨实行灭亡我国的日寇，他不仅痛恨公开卖国殃民的汉奸，他不仅痛恨对外不抵抗和对内大屠杀的祸国政策，他不仅痛恨那些“所为有背于现时中国人为人的道德”和“恰恰为日本侵略者欢迎”的“托陈取消派”，而且他痛恨那一切假革命之名行反革命之实的那些挂羊头卖狗肉的人，同时，他特别痛恨那些没有革命家风度和为人气节的受反动势力威胁利诱而变节投降的人。他不仅对于使中国人民过牛马生活底一切罪恶，表示深恶痛绝；而且对于全世界的反进化和反社会的黑暗势力（首先是法西斯主义），表示切齿痛恨。

鲁迅的爱与憎，不是个人的，而是代表中国人民和世界一切进步人类的心理——例如，鲁迅最痛恨日本军阀强盗，但同时，他却最爱日本劳动人民。

悼文最后写道：

最近几天，我们陆续得到许多关于追悼鲁迅和纪念鲁迅的消息，不仅在中国各地民众间——特别是文艺界和学生中间，追悼鲁迅和纪念鲁迅的集会，已成为汹涌澎湃的浪潮；即在世界主要各国文艺界中——首先是苏联、法国、美国先进作家中，鲁迅之死引起了极大的震动。巴黎全世界拥护文化协会已代表全世界先进作家致电吊唁，便是世界文坛纪念中国伟大战友的开始。中国共产党中央和苏维埃政府，特为鲁迅逝世事发表了告全中国人民的宣言，中国共产党及苏维埃政府和红军总司令部，正在郑重集议在苏区实行永远纪念鲁迅的各种具体办法。所有这一切，均表示鲁迅及其事业是永远不死的。

鲁迅死了！鲁迅留下的有宝贵的著名遗产，鲁迅遗下的有中国人民解放的未竟事业。每个文艺界的分子，每个知识界的青年，每个觉悟的劳动者，每个愿为劳动解放事业而奋斗的战士，每个关心民族和国家命运的中国人，都应当清楚知道：纪念鲁迅的最好办法，是研究鲁迅的遗著，是发挥鲁迅的思想，是学习鲁迅的作风，是追踪鲁迅的人格，特别是完成鲁迅终身奋斗的事业——中国人民的民族解放和社会解放的事业，以及全人类解放的事业！①

与鲁迅有过一面之交的另一位中共领导人陈云，此时此刻，也正在莫斯科中共驻共产国际代表团工作。一年半前，陈云肩负着向共产国际汇报中共和中央红军情况的重大使命，于长征途中的云南折返国统区，尔后辗转进入苏联的。在闻知鲁迅不幸逝世的消息后，陈云异常悲痛地写道：“当我读了报纸上鲁迅病卒的消息时，我脑子里一阵轰轰的声音，坐在椅子上呆呆的出神了几分钟，那身穿灰布棉袍和庄严而带着忧愁脸色的鲁迅立刻在我脑子里出现，似乎他还在说：‘深晚路上方便吗？’”

陈云脑海中的这个鲁迅形象，源自于四年前他同鲁迅的一次会面，这也是他一生中唯一一次同鲁迅的会面，而且时间十分短促，也没说上几句话。陈云和鲁迅之间的这次会面，同鲁迅掩护瞿秋白及陈云奉命转移瞿秋白有关。

1932 年下半年，国民党当局进一步加大了对共产党人进步势力的追捕和迫害的力度。这年 11 月下旬，瞿秋白和夫人杨之华被迫离开当时寓居的南市紫霞路 68 号冯雪峰友人谢旦如的寓所，来到北四川路底大陆新村的鲁迅家中避难。其时，鲁迅去北平探望患病的母亲去了，见他们来到，许广平便将自己的双人床让出，让他们住在鲁迅写作兼卧室的北向大房间里。至月末，鲁迅自北平回到上海，瞿秋白又住了十来天。

---

① 《红色光环下的鲁迅》，第 69—72 页。

然而，这样的避难生活并没有持续多少日子。不久，中央特科从内线获知特务们已经知道瞿秋白就隐居在鲁迅家中，为避免发生不测，也为鲁迅免受牵连，组织上特地安排时任全国总工会党团书记、临时中央委员的陈云前往执行转移瞿秋白的使命。

陈云这次去鲁迅家帮助转移瞿秋白夫妇，在他脑海中留下了极为深刻的印象，不仅有对鲁迅同共产党人之间的那种血浓于水的情感，也有对瞿秋白这位前中共领导人清廉人品的认知。因而在过去了四年之后，当鲁迅先生逝世的消息传到莫斯科后，陈云即以“史平”的笔名，于 1936 年 10 月 26 日撰写了题为《一个深晚》的悼念文章。此文后来发表在 1936 年 10 月 30 日巴黎出版的第六十四期《救国时报》上。

陈云同志这篇别具一格的现场特写，以栩栩如生的文字和《一个深晚》的标题，突出了黑暗岁月中中国共产党人从事革命斗争环境的异常险恶，同时，还展现了陈云同志发自内心对鲁迅的无限景仰，鲁迅对战友安危深切关怀血肉相连的情谊。令人读后，仿如昨天才发生的故事。现将陈云同志的这篇特写辑录如下，以飨读者。

一九三二年阴历十一月的某一天，大约是深晚十一时许了，我坐着一辆黄包车，把戴在头上的铜盆帽挪低到眉毛以下，把吴淞路买来的一件旧的西装大衣的领头翻起盖满两颊，由曲曲弯弯的小路到了北四川路底一路电车掉头的地方就停下了黄包车。付了车钱，往四边一看，没有人“盯梢”，我就迅速地走进了沿街的一座三层楼住宅房子的大门。这是一座分间出租的住宅，走进大门就是楼梯。大约是在三层楼的右首的那间房间的门口，门上有着一个同志预先告诉我的记号。我轻轻的扣了两下，里面就出来了一位女主人。我问：“周先生在家吗？我是×先生要我来，与×先生会面的。”女主人就很客气的请我进去。

秋白同志一切已经准备好了，他的几篇稿子和几本书放在之华同志的包袱里，另外他还有一个小包袱装着他和之华的几件换洗的衣服。我问他：“还有别的东西吗？”他说：“没有了。”“为什么提箱也没有一只?”我奇怪的问他。他说:“我的一生财产尽在于此了。”他问我:“远不远?”“很远,我去叫三辆黄包车。”我说着,正想下楼去叫车子,旁边那位五十以外庄重而很关心我们的主人就说:“不用你去,我叫别人去叫黄包车。”说着就招呼女主人去叫黄包车去。这时候,秋白同志就指着那位主人问我:“你们会过吗?”我和那位主人同时说:“没有。”秋白同志说:“这是周先生,就是鲁迅先生。”同时又指着我向周先生说:“这是×同志。”“久仰得很!”我诚恳地尊敬地说了一声。的确,我是第一次见鲁迅。他穿着一件旧的灰布的棉袍子,庄重而带着忧愁的脸色表示出非常担心地恐怕秋白、之华和我在路上被侦探、巡捕捉了去。他问我:“深晚路上方便吗?”“正好天已下雨,我们把黄包车的篷子撑起,路上不妨事的。”我用安慰的口气回答他。我是第一次与鲁迅会面,原来不知他哪里人,听他的说话,还多少带着绍兴口音。后来我把秋白、之华送到了他们要去的房子里,问起秋白同志,才知道鲁迅确是绍兴人。

一会儿女主人回头说:“车子已经停在门口。”我说“走吧”,就帮助之华提了一个包袱,走到门口。秋白同志向鲁迅说:“我要的那两本书,请你以后就交××带给我。”又指着我向鲁迅说:“或者再请×同志到你这里来拿一下。”我就顺便插口:“隔几天我来拿。”正想开门下楼去,之华还在后头与女主人话别。我们稍微等了一下,鲁迅就向秋白同志说:“今晚上你平安到达那里以后,明天叫××来告诉我一声,免得我担心。”秋白同志答应了。一会儿,我们三人就出了他们的房门下楼去,鲁迅和女主人在门口连连的说:“好走,不送了。”当我们下半只楼梯的时候,我回头去望望,鲁迅和女主人还在门口目送我们,看他那副庄严而带着忧愁的脸色上,表现出非常担心我们安全的神气。秋白同志也回头望了他们一眼,说:“你们进去吧。”他们默不作声地点了点头。当我们走下到了二层楼梯口,才听到三层楼上拍的一声关上了房门。

秋白同志自从一九三二年××同志被捕以后,侦探到处在追逐他,病得又很重,住在鲁迅家里已经好久了。虽然鲁迅当时也为暗探四面跟踪着，但是鲁迅终于把秋白同志安全地保护了几个月。后来因为外面已经有些“风声”，所以我们就把秋白同志搬到另一个地方。我们本来还要到鲁迅家去替秋白同志拿那几本书，我也很想再去会会鲁迅，后来因为别的原因，很快的离开了上海，所以没有再去。我这第一次的会见鲁迅也就成了最后一次的会见鲁迅了。

鲁迅竟死了！当我读了报纸上鲁迅病卒的消息时，我脑子里一阵轰轰的声音，坐在椅子上呆呆的出神了几分钟，那身穿灰布棉袍和庄严而带着忧愁脸色的鲁迅立刻在我脑子里出现，似乎他还在说：“深晚路上方便吗？”

鲁迅虽然死了，但是鲁迅的思想却深印在中国百万青年的脑子里。鲁迅的“坚决，不妥协的反抗”的精神，永远遗留在我们中国青年的思想里，将领着他们走上解放中华民族与解放劳动大众的光明大道。鲁迅虽死，鲁迅的精神不死。

鲁迅的死，是我们中华民族绝大的损失。鲁迅的死，损失了一个爱护我们党，爱护我们革命战士的中国共产党的最好的朋友。同志们！朋友们！不用悲伤！向前进吧！鲁迅一生奋斗的事业，还需要我们勇敢坚决去完成。①

除陈云外，共产党人陈毅、叶剑英等也都撰写过追悼鲁迅的文章。但笔者读后，感受最深的却是北伐名将、新四军军长叶挺的讲话。1939 年 10 月 19 日，在皖南云岭新四军军部举行的鲁迅逝世三周年纪念大会上，叶挺将军满怀激情地说道：

现在我们在战斗中纪念鲁迅先生，当然是很真诚的，他是我们永远怀念的敬爱的战斗者。我是一个军人，十年内战时间，离开了武装战斗岗位，流亡在海外，读到了鲁迅先生的战斗文章，他在国内反动政府统治之下，以笔坚持着斗争，文章的战斗性又是那么鲜明、强烈、

① 本引文来自于上海鲁迅纪念馆。

篇篇击中敌人要害。我读时心里感到非常非常的惭愧。现在我又回来了，回到战斗的队伍，今天特地来跟同志们一起纪念鲁迅先生。我们要向鲁迅先生学习，不仅要坚持战斗，而且要善于战斗。像他的文章一样，要打漂亮仗，有力地打击敌人。①

1937年10月19日，于鲁迅逝世周年祭日，毛泽东应邀在陕北公学作了《论鲁迅》的演讲。这是毛泽东第一次公开地评价鲁迅。此时的毛泽东已经读了相当数量的鲁迅作品。尤其是鲁迅后期的一些杂文，因而对鲁迅的思想、鲁迅作品的内涵有了更全面的了解。陕北公学成立才一个月，校长成仿吾，曾经是创造社的成员，当年与郭沫若等人还和鲁迅打过笔仗，但后来在上海遇到困难时，不计前隙的鲁迅曾给予过他切实的帮助。离开上海后，成仿吾进入中央苏区，并且参加了举世瞩目的长征。应当说，成仿吾是有独特眼光的，他邀请毛泽东到会作演讲，而毛泽东亦将此视作为表达对鲁迅看法的一个极好的机会。

毛泽东演讲全文如下：

同志们：

今天我们陕北公学主要的任务是培养抗日先锋队的任务。当着这伟大的民族自卫战争迅速地向前发展的时候，我们需要大批的积极分子来领导，需要大批的精练的先锋队来开辟道路。这种先锋分子是胸怀坦白的，忠诚的，积极的与正直的；他们是不谋私利的，唯一地为着民族与社会的解放；他们不怕困难，在困难面前总是坚定的，勇往直前；他们不是狂妄分子，不是风头主义者，而是脚踏实地富于实际精神的人们。他们在革命的道路上起着向导的作用。目前的战局只是单纯政府与军队的抗战，没有广大的人民参加，这是绝对没有最后胜利的保障的。我们现在需要造就一大批为民族解放而斗争到

① 叶挺的讲话，系由鲁迅学生黄源生前向笔者提供（黄源先生于1938年底率国统区文化新闻代表团抵达皖南云岭新四军军部访问，后不再离开，直至1949年5月跟随陈毅司令员进入上海，并被任命为接管大上海文化方面的负责人）。

底的先锋队，要他们去领导群众，组织群众，来完成这历史的任务。首先全国的广大的先锋队要赶紧组织起来。我们共产党是无产阶级的先锋队，同时又是最彻底的民族解放的先锋队。我们要为完成这一任务而苦战到底。

我们今天纪念鲁迅先生，首先要认识鲁迅先生，要懂得他在中国革命史中所占的地位。我们纪念他，不仅因为他的文章写得好，是一个伟大的文学家，而且因为他是一个民族解放的急先锋，给革命以很大的助力。他并不是共产党组织中的一人，然而他的思想、行动、著作，都是马克思主义的。他是党外的布尔什维克。尤其在他的晚年，表现了更年青的力量。他一贯地不屈不挠地与封建势力和帝国主义作坚决的斗争，在敌人压迫他、摧残他的恶劣的环境里，他忍受着，反抗着，正如陕北公学的同志们能够在这样坏的物质生活里勤谨地学习革命理论一样，是充满了艰苦斗争的精神的。陕北公学的一切物质设备都不好，但这里有真理，讲自由，是造就革命先锋分子的场所。

鲁迅是从正在溃败的封建社会中出来的，但他会杀回马枪，朝着他所经历过来的腐败的社会进攻，朝着帝国主义的恶势力进攻。他用他那一支又泼辣，又幽默，又有力的笔，画出了黑暗势力的鬼脸，画出了丑恶的帝国主义的鬼脸，他简直是一个高等的画家。他近年来站在无产阶级与民族解放的立场，为真理与自由而斗争。鲁迅先生的第一个特点，是他的政治的远见。他用望远镜和显微镜观察社会，所以看得远，看得真。他在一九三六年就大胆地指出托派匪徒的危险倾向，现在的事实完全证明了他的见解是那样的准确，那样的清楚。

鲁迅在中国的价值，据我看要算是中国的第一等圣人。孔夫子是封建社会的圣人，鲁迅则是现代中国的圣人。我们为了永久纪念他，在延安成立了鲁迅图书馆，在延长开办了鲁迅师范学校，使后来的人们可以想见他的伟大。

鲁迅的第二个特点，就是他的斗争精神。刚才已经提到，他在黑暗与暴力的进袭中，是一株独立支持的大树，不是向两旁偏倒的小草。他看清了政治的方向，就向着一个目标奋勇地斗争下去，决不中途投降妥协。有些不彻底的革命者起初是参加斗争的，后来就“开小差”了。比如德国的考茨基、俄国的普列汉诺夫就是明显的例子。在中国这等人也不少。正如鲁迅先生所说，最初大家都是左的，革命的，及到压迫来了，马上有人变节，并把同志拿出去献给敌人作为见面礼。鲁迅痛恨这种人，同这种人做斗争。随时教育着训练着他所领导下的文学青年，教他们坚决斗争，打先锋，开辟自己的路。

鲁迅的第三个特点是他的牺牲精神。他一点也不畏惧敌人对于他的威胁、利诱与残害，他一点不避锋芒地把钢刀一样的笔刺向他所憎恨的一切。他往往是站在战士的血痕中，坚韧地反抗着、呼啸着前进。鲁迅是一个彻底的现实主义者，他丝毫不妥协，他具备坚决的心。他在一篇文章里，主张打落水狗。他说，若果不打落水狗，它一旦跳起来，就要咬你，最低限度也要溅你一身的污泥。所以他主张打到底。他一点没有假慈悲的伪君子的色彩。现在日本帝国主义这条疯狗，还没有被我们打下水，我们要一直打到它不能翻身，退出中国国境为止。我们要学习鲁迅的这种精神，把它运用到全中国去。

综合上述这几个特点，形成了一种伟大的“鲁迅精神”。鲁迅的一生就贯穿了这种精神。所以，他在文艺上成了一个了不起的作家，在革命队伍中是一个很优秀的很老练的先锋分子。我们纪念鲁迅，就要学习鲁迅的精神，把它带到全国各地的抗战队伍中去，为中华民族的解放而奋斗！①

政治远见，斗争精神，牺牲精神，这三个特点“形成了一种伟大的‘鲁迅精神’。鲁迅的一生就贯穿了这种精神”，毛泽东的分析可谓深刻和精辟。这也是毛泽东这篇《论鲁迅》讲话的核心。

---

① 《毛泽东文艺论集》，第8—11页。

说起来，毛泽东《论鲁迅》的这个讲话，是毛泽东最早、最全面，也是迄今为止唯一的一篇关于鲁迅的专论。据了解，毛泽东作《论鲁迅》演讲时并没有稿子，会后，延安的《新中华报》也没有作报道。但毛泽东在作这个演讲时，头脑中是事先构思好了的。否则的话，讲演不可能如此层次分明，条理清晰，逻辑性强。据陈晋《文人毛泽东》一书中考证出，毛泽东的《论鲁迅》演讲，同四个月前在中国文艺协会举行的纪念高尔基逝世一周年纪念会时所作的讲演相同：“话虽然很短，但意思很明确。他赞扬高尔基的实际斗争精神和远大的政治眼光，认为他不但是个革命的文学家，并且是个很好的政治家。在他的心目中，鲁迅和高尔基是并列的。”①

有意思的是，毛泽东的这篇经典演讲文稿，能够得以流传到今天，并非是由于党务档案部门的精心保存，也不是来自于校长成仿吾的私人笔记本，而是出自于一位四川籍的热血革命青年之手。

其实，这里面还有一个十分感人的故事。当初若没有胡风的慧眼识珠，说不定这个演讲稿还留不下来。

按照惯例，毛泽东每次到陕北公学讲话，成仿吾都会指派专人作记录。后来，陕北公学与其他学校合并办学，档案上交，这篇讲话稿却怎么也找不着了。但这个演讲稿不久即被人们四散传播开来。令人称奇的是，《论鲁迅》演讲稿，是先在国统区的临时中心武汉（1938 年 3 月），尔后再在日寇铁蹄践踏下的孤岛上海（1938 年 11 月）广泛流传，最后又流回到了毛泽东作讲演的故地延安。

在相当一段时间里，不少版本皆注明这篇讲演稿的“记录者”名叫“大汉”。

“大汉”的真名叫做汪大漠。1937 年“七七”抗战爆发不几天，21 岁的成都青年汪大漠便千里迢迢投奔到西安八路军办事处。抵达延安后起初被分配到红一军团宣传队工作，不久又转到陕北公学，为第一期学员。到学校不久，正值鲁迅逝世一周年的日子，成仿吾校长就请来了毛泽东来校演讲。据汪大漠 1980 年对寻访此事的史学家唐天然回忆道：纪念会是在一间大屋里召开的，参加的人并不多，“我本来坐在后面，毛主席开始演说后，我因为眼睛近视，又

① 陈晋：《文人毛泽东》，第 148 页。

怕听不清，便跑到了第一排，那时坐的是长板凳，也没有固定的座位。我仔细地听，认真地记，就把毛主席的讲话笔录了下来。”①

正是由于汪大漠“仔细地听，认真地记”，于是便有了这个目前存世的唯一版本。但是，如果没有刊物或报纸给予发表，在长期严酷的战争环境中，也是难以保存下来的。毛泽东《论鲁迅》演讲稿的公开发表，内中也有着一些曲折。

据曾与汪大漠详细印证过的唐天然介绍，汪大漠在陕北公学学习前后三个月，而后进入中宣部附设的文化训练班继续学习了一个月。在这一个月的时间里，汪大漠积极参加了一些访问性的活动，对于这些活动，他都一一作了札记。1938 年 2 月，训练班一结业，汪大漠被分配到武汉八路军办事处，准备去《新华日报》社工作。后来，武汉告急，中共长江局等机关准备迁往重庆。他先是奉命去了南昌，后又转到了新四军工作。

在武汉等待分配工作的那些日子里，汪大漠把毛泽东的演说记录稿和延安札记，进行了整理，最后一并交给了《新华日报》社的负责编辑吴敏。很快，一些访问札记在报上发表了。而毛泽东的这篇《论鲁迅》的演讲稿，吴敏在退给他的同时，郑重地作了这样的解释：“因为是中央领导同志讲话，未经本人审阅，不便刊登。”拿到退稿后，汪大漠马上想起了主编《七月》的胡风。于是他立即寄给了胡风，还附上了一封短信。想不到，一收到这篇演讲稿，胡风就迅即安排到最近一期的 1938 年 3 月 1 日出版的《七月》杂志第二集第十期发表，而且还醒目地安排在头条。胡风发表这篇讲演稿的想法很简单：他与鲁迅有着半师半友的数年情谊，特别是在共同反对国民党当局的文化“围剿”斗争中。他尊重鲁迅，鲁迅也给予了他极大的爱护与关怀。毛泽东对鲁迅的评价如此之高，胡风内心深为赞同。见到这样赞颂鲁迅的讲演稿，又出自于共产党核心人物之口，胡风自然是高看一眼，奉若至宝了。

这篇演讲稿在《七月》刊出时，冠题目为《鲁迅论》。在正文前面，还有一段冠之以“引言”实为说明的文字，是原始记录者汪大漠所作的一个说明，意在告诉读者这份演讲稿的来龙去脉。“引言”如下：

---

① 见《〈毛泽东论鲁迅〉发表的经过》，1981 年 8 月 19 日《人民日报》8 版。

这是鲁迅周年祭日，毛泽东先生在“陕公”的纪念大会上的演讲，当时由我记录下来的。记录稿一直搁到现在，没有把它整理出来在刊物上发表过。毛先生对鲁迅是颇有研究的人，他读过鲁迅不少的著作。这篇演讲是非常精彩独到的作家论，而且对于每个正在艰苦斗争着的民族解放战士，都是具有特殊的意义的，因此，在现在发表也许并不过时。在延安时没有把这记录稿交给毛先生看过，如果有漏遗或出入的地方，当然由记录者负责。大汉附记。①

文章刊出后，正文的署名之所以误印成“大汉”，是因为繁体字的“漢”和“漠”字极易混淆。而当初尚在武汉的汪大漠，也是看到的，但他并没有去信更正。不久他又离开武汉去了敌后，因此无法和胡风取得联系了。遗憾的是，直到五十年后胡风先生逝世，汪大漠也从来不曾和胡风见过面。

下面是由胡风先生在战时中心武汉主编，1938 年 3 月 1 日出版的第 10 期《七月》杂志头条刊登的汪大漠同志提供的原始文字记录稿，供读者们参考。

毛泽东论鲁迅

这是鲁迅周年祭日，毛泽东先生在“陕公”的纪念大会上的演讲，当时由我记录下来的。记录稿一直搁到现在，没有把它整理出来在刊物上发表过。毛先生对鲁迅是颇有研究的人，他读过鲁迅不少的著作。这篇演讲是非常精彩独到的作家论，而且，对于每个正艰苦斗争着的民族解放战士，都是具有特殊的意义的。因此，在现在发表也许并不过时。延安时没有把这记录稿交给毛先生看过，如果有漏遗或出入的地方，当然由记录者负责。大汉(漠)附记。

同志们：

今天我们主要的任务是先锋队的任务，当着这伟大的民族自卫战争迅速地向前发展的时候，我们需要大批的积极分子来领导，需要

① 引自《红色光环下的鲁迅》，第 57 页。附带说明，当初刊登在《七月》上的毛泽东演讲稿，题为《鲁迅论》，新中国成立后收入毛泽东著作各种文本时，题目改为《论鲁迅》，并作了二三十处修订。

大批的精练的先锋队来开辟道路。这种先锋分子是胸怀坦白的，忠诚的，积极的与公道的；他们是不谋私利的，唯一的为着民族与社会的解放；他们不怕困难，在困难面前总是坚定的，勇往直前；他们不是狂妄分子，不是风头主义者，而是脚踏实地富于实际精神的人们。他们在革命的道路上起着向导的作用。我们现在需要造就一大批为民族解放而斗争到底的先锋队，要他们去领导群众，组织群众，来完成这历史的任务。首先全国的广大的先锋队要赶紧组织起来。我们共产党是无产阶级的先锋队，同时又是最彻底的民族解放的先锋队。我们要为完成这一任务而苦战到底。

我们今天纪念鲁迅先生，首先要认识鲁迅先生，要晓得他在中国革命史中所占的地位。我们纪念他，不仅是因为他的文章写得好，成功了一个伟大的文学家，而且因为他是一个民族解放的急先锋，给革命以很大的助力，他并不是共产党的组织上的人，然而他的思想、行动、著作，都是马克思主义化的。尤其在他的晚年，表现了更年青的力量。他一贯地不屈不挠地与封建势力和帝国主义作坚决的斗争，在敌人压迫他、摧残他的恶劣的环境里，他忍受着，反抗着，正如陕北公学的同志们能够在这样坏的物质生活里勤谨地学习革命理论一样，是充满了艰苦斗争的精神的。陕北公学的一切物质设备都不好，但这儿有真理，讲自由，是创造革命先锋队的场所。

鲁迅是从正在溃败的封建社会中出来的，但他会杀回马枪，朝着他所经历过来的腐败的社会进攻，朝着帝国主义的恶势力进攻。他用他那一枝又泼辣、又幽默、又有力的笔，去画出了黑暗势力的鬼脸，去画出了丑恶的帝国主义的鬼脸，他简直是一个高等的画家。他近年来站在无产阶级与民族解放的立场，为真理与自由而斗争。

鲁迅先生的第一个特点，是他的政治的远见。他用显微镜和望远镜观察社会，所以看得远，看得真。他在一九三六年就大胆地指出托派匪徒的危险倾向，现在的事实完全证明了他的见解是那样的稳定，那样的清楚。托派成为汉奸组织而直接拿日本特务机关的津贴，已是很明显的事情了。

鲁迅在中国的价值,据我看要算是中国的第一等圣人,孔子是封建社会的圣人,鲁迅是新中国的圣人。我们为了永久地纪念他,在延安成立了一个“鲁迅图书馆”,在延长开办了“鲁迅师范学校”,使后来的人们可以想见他的伟大。

鲁迅的第二个特点,就是他的斗争精神。刚才已经提到,他在黑暗与暴力的进袭中,是一株独立支持的大树,不是向两旁偏倒的小草,他看清了政治的方向,就向着一个目标奋勇的斗争下去,决不中途投降妥协。有些不彻底的革命者起初是斗争的,后来就“开小差”了。比如俄国的考茨基、蒲列汉诺夫等就是很好的例子,在中国这等人也不少,正如鲁迅先生所说,最初大家都是“左”的,革命的,及到压迫来了,马上有人变节,并把同志拿出去献给敌人作为见面礼(我记得大意是如此)。鲁迅痛恨这种人,同这种人做斗争!随时教育着训练着他所领导下的文学青年,叫他们坚决斗争,打先锋,开辟自己的“路”。

鲁迅的第三个特点是他牺牲的精神。他一点也不畏惧敌人对于他的威胁利诱与残害,他一点不避锋芒,把钢刀一样的笔刺向他所憎恨的一切,他往往是站在战士的血痕中坚韧地反抗着,呼啸着前进!鲁迅是一个彻底的现实主义者,他不丝毫妥协,他具备了坚决心。他在一篇文章里,主张打落水狗,他说,若果不打落水狗,它一旦跳起来,不仅要咬你,而且最低限度要溅你一身的污泥,所以他主张打倒它。他一点没有假慈悲的伪君子色彩。我们要学习鲁迅的这种精神,运用到全中国去。

综合了上述这几个条件,形成了一种伟大的“鲁迅精神”。鲁迅的一生就贯穿了这种精神。所以他在艺术上成功了一个了不起的作家,在革命队伍中是一个很优秀的很老练的先锋分子。我们纪念鲁迅,就是要学习鲁迅的精神,把它带到全国各地的抗战队伍中去使用,为中华民族的解放而奋斗!

值得指出的是胡风先生犹如巍巍昆仑的高风亮节。

要知道，胡风先生可是1955年毛泽东亲自发动的那场声势浩大的声讨、批判“胡风反革命集团”并一手钦定的罪魁祸首呀！按照虚无主义者们惯有的逻辑思维，胡风要不对毛泽东口诛笔伐才怪呢！可胡风毕竟是深得鲁迅言传身教的高徒，对中国共产党，对毛泽东、周恩来们有着共同认知点的基本立场。且不说在1937年遭受日寇飞机狂轰滥炸的武汉恶劣境况下，他“看到文章后，我非常高兴。当时有些人，一直抱有轻视以致敌视鲁迅的态度，常借机暴露出来。鲁迅虽死，但并未‘盖棺论定’。……现在看了这一篇，想不到毛主席对鲁迅有这样恳切的同志感情和这样高的评价，虽然和后来在《新民主主义论》中的结论比，这还是初步的看法，但在我已是喜出望外，解除了多年来心头的重压，极其高兴地发表了”的激动心情的回忆表述，而是在长达二十多年饱受牢狱之灾的非人待遇后，自己常常处于那种令长期遭受压迫导致的精神恍惚的病境中，竟然还是这等的记忆犹新，满含崇敬之情地写下了这么一篇充满激情，令人荡气回肠、赞叹不已的文字。胡风对毛泽东与中国共产党的认知与感情，对毛泽东《论鲁迅》这篇光辉文献的深刻领会和大力弘扬，同另一位鲁迅先生的忠实弟子，我的文学引路人萧军晚年反复强调的“建立在鲁迅关系上的”这一基石的诠释，是同出一辙的。

下面，是胡风先生发表在1981年10月12日《人民日报》上《一点回忆》的全文：

> 1937年8月上海抗战打响后，我自己弄了点钱（数目很少），出版《七月》。当时是篇幅不大的旬刊或周刊，出了三、四期。9月底或10月初，到武汉改出《七月》半月刊，是10月中旬出第一期。当时办登记，发行并垫款等，是友人熊子民（当时替党做社会活动，董老的朋友，现任五届全国人大代表），《七月》社通信处也在他家。我自己住在武昌友人金宗武家花园旁的一间小房里（他解放后入党，后病故），吃也在他家，每天大概去汉口一次。
>
> 《七月》出版，最初是自己印，托书店卖的，每期交二三百本给八路军办事处，托他们带进延安，分送些，也卖些。后来由书店出，也寄赠给少数在延安有关系的人们，也常有在延安的同志和八路军寄来

的文稿，可以说，《七月》在延安是被熟知与信任的。

《七月》在武汉是10月中旬出第一期，有鲁迅逝世周年纪念专辑。《毛泽东论鲁迅》是在第十期（1938年3月1日出版）上发表的。记得稿子是从武汉本地寄来的，署名“大漠”。这在记忆中很清晰，“大漠”署名写得清秀，是毛笔字。在题目与正文之间，或者在正文后面有附记，声明是毛主席的讲话，他记录下来的。并附有短信，说他是从延安出来的，通过武汉去新四军工作，但这是他信上明说的，还是我依据信上的话猜测的呢？记不起了。估计是后一种情况，因为信上应是不会明说的。

看到文章后，我非常高兴。当时有些人，一直抱有轻视以致敌视鲁迅的态度，常借机暴露出来。鲁迅虽死，但并未“盖棺论定”。抗战发生后，大都陶醉在抗战的热烈台词里面，更不觉得鲁迅的什么在抗战中还有作用了。这是和论断二十年代末到三十年代中期鲁迅的战斗和左翼文学情况相关的一个重大问题。大概是1936年4月底或5月初吧，雪峰从陕北回上海后，才知道了毛主席对鲁迅有很高的评价，但也是语焉不详的。现在看了这一篇，想不到毛主席对鲁迅有这样恳切的同志感情和这样高的评价，虽然和后来在《新民主主义论》中的结论比，这还是初步的看法，但在我已是喜出望外，解除了多年来心头的重压，极其高兴地发表了。我没有附加按语，虽然放在第一篇，但因为文章的文字数恰好排成一页，也没有改用大一号的字体（好像当时没有想到应该这样做）。照我一贯的编辑态度，如果不作分析说明，就决不作简单的论断，使读者先入为主，而宁可直接诉之于读者的理性判断，这才有助于养成读者的理性感觉，并造成非盲目性的舆论。

我觉得记录文字诚实明白，记录者是能文的。我当时认为，记录者大概是做政治工作或军事工作的共产党员。他记录了这个讲话，是从革命事业上着眼，觉得有这个责任。并不仅是从文学上看，更不是为了自己出一次名，所以用了显然是笔名的署名，这个署名使我觉得他不是赶表面热闹的人，但也许我是受了古诗“大漠孤烟直，长河落日圆”在我感情上留下的宏伟气魄的影响。他再没有来信，加深了我这点估计，他做他份内的事去了。对这个记录者，我一直有点怀念感情的。

文章的发表，完全是我自己作主，没有与任何人谈过。我平时发表初见名字的投稿者的来稿，也从没有向熟悉的作者说过他们的情况。在国民党统治下，由我发表过作品的作者，在那样的环境内是有惹起麻烦的危险的。

当时没有这个认识：应该先请周副主席看一看，是不是可以发表。后来雪苇在延安（记得他编过《解放日报》的文艺副刊）给我来信，提到一件事：大概是他写信给毛主席请教什么，其中提到了《七月》，毛主席回信说《七月》很好。他提到这件事，说这是《七月》的光荣。我1945年在重庆见到毛主席时，他也说我过去的刊物他是看的，但近来没有时间看。那当是指当时的《希望》。我提到这些是为了说明，毛主席是看《七月》的，那“大漠”的记录他一定看到过，显然认为与他的原意还是符合的，否则他一定会向雪苇或我指出来。

最近得知，“大漠”是真名，这位同志一直在忠诚地为党工作着。

一九八一年①

毛泽东当年在延安陕北公学作的这个《论鲁迅》演讲，之所以独到、精辟，且引人入胜，引发与鲁迅先生有着亦师亦友深厚情谊的胡风的“喜出望外”：一收到汪大漠同志寄来的现场记录稿，便一刻也不耽搁地将它刊登在最近一期《七月》杂志上，而且安排在头条。这其中的典故，据笔者看来，在于毛泽东读鲁迅著作用鲁迅著作已经达到了炉火纯青的火候了。前面笔者已经论述过了，当年在延安，百忙之中的毛泽东对鲁迅著作的阅读，几乎是到了如饥似渴的程度：凡是能够在延安找到的鲁迅著作单行本，毛泽东都读了个遍，而且还

---

① 本文最初发表于1981年10月12日《人民日报》，继被收入《胡风晚年作品选》后，收入1999年1月湖北人民出版社出版的《胡风全集》第7卷第38～40页。

是反复地阅读，反复地领会，对鲁迅著作中博大精深的寓意融会贯通。除在延安能找到的鲁迅著作外，每当从国统区投奔延安的热血青年，特别是那些大学生、文化人，尤其是作家，他都特别关注他们手中的鲁迅著作。就拿他所作的《论鲁迅》的演讲来分析，笔者就考证出了其中两个精彩论述的来历。一个是他论述的“鲁迅先生的第一个特点，是他的政治的远见。他用望远镜和显微镜观察社会，所以看得远，看得真，他在一九三六年就……”据查，这是鲁迅临终前发表的《答托洛斯基派的信》①一文中引申而来。而毛泽东作这个引申的范本，则是1936年7月1日上海出版的《现实文学》月刊第1期，或是《文学丛报》月刊第4期。据了解，系由黄华同志于1936年7月自北平赴保安县担任斯诺与毛泽东的翻译，途径西安由书店购得“刊登着鲁迅先生1936年6月9日写的《答托洛斯基派的信》。鲁迅赞扬毛泽东的‘各派联合一致抗日’的主张，并说：‘那切切实实，足踏在地上，为着现在中国人民的生存而流血奋斗者，我得引为同志，是自以为光荣的’”进步杂志中引申。1936年7月21日，进入苏区次日，黄华在安塞县白家坪见到周恩来副主席，即“把那本紧紧揣在怀里的杂志交给他，说里面有鲁迅先生最近发表的那封充满激情和正气的信，请他阅转毛主席。”之后在中共中央所在地“毛主席对我说，他收到了周恩来转给他的那本杂志，很高兴鲁迅先生如此高度评价红军的斗争。”②

而毛泽东在《论鲁迅》演讲中论及的“鲁迅的第二个特点，就是他的斗争精神……他在黑暗与暴力的进袭中，是一株独立支持的大树，不是向两旁偏倒的小草。他看清了政治的方向，就向着一个目标奋勇地斗争下去，决不中途投降妥协。有些不彻底的革命者起初是参加斗争的，后来就‘开小差’了。……正如鲁迅先生所说，最初大家都是左的，革命的，及到压迫来了，马上有人变节，并把同志拿出去献给敌人作为见面礼。”

有关这段论述，是鲁迅先生1934年11月17日写给刚自伪满洲国流亡到上海的两位热血抗日青年萧军萧红的第五封信上所说的“蓬子的变化，我看只因为他不愿意坐牢，其实他本来是一个浪漫性的人物。凡有智识分子，性质不

---

① 见《鲁迅全集》第6卷第607～611页，人民文学出版社2005年11月出版。

② 见黄华著《亲历与见闻——黄华回忆录》第22页，世界知识出版社2007年8月版。同年9月3日在北大举行的海伦·斯诺百年追思会上，黄华夫人何理良亲手将钤有黄华印章的此书赠予我。

好的多，尤其是所谓‘文学家’，左翼兴盛的时候，以为这是时髦，立刻左倾，待到压迫来了，他受不住，又即刻变化，甚而至于卖朋友(但蓬子未做这事)，作为倒过去的见面礼”的一段话。①

那么，鲁迅给萧军萧红的这封信，又是如何抵达毛泽东手中的呢？

这其中又是一个典故。

据萧军后来回忆说，1940 年他第二次到延安后，有人告诉他，毛泽东的《论鲁迅》引用了鲁迅给他和萧红信中的话。萧军感到很是奇怪，因为 1938 年 3 月 21 日他首次抵达延安时，虽然毛泽东主动来探望他并且谈了话，他并没有把鲁迅的信给毛泽东看呀！经过再三回忆与思索，萧军方才恍然大悟：鲁迅逝世时，他一心扑在治丧工作上，来不及写悼念文章，而杂志约稿又非常的迫切，时间不等人，于是，他就从鲁迅先生给他和萧红的全部 53 封信中精选 9 封，在每封信后扼要地加了一些注释，冠题为《让他自己……》，刊登在《作家》月刊第 2 卷第 2 号(总第 8 号)1936 年 11 月出版的《哀悼鲁迅先生特辑》上，当时的署名为“田军”。②

继《七月》刊出后，武汉一些报刊也予以了转载。八个月后，由“左联”成员钱杏邨在上海主办的《文献》杂志，在其 1938 年 11 月号上也予以了全文刊登。

尽管未经本人审阅，此文公开发表后，从武汉中共长江局的负责同志到延安的中央领导，没有一个人提出疑问，这从一个角度可以证明其真实性。

那么，作为《论鲁迅》的主讲者毛泽东，有否看到这份未经他本人审阅的记录稿呢？答案应当是肯定的。

这是因为，由胡风主办的《七月》杂志，是当时国统区坚持宣传鲁迅宣传抗战影响较大的左翼文学期刊。胡风跟鲁迅关系密切，鲁迅逝世后，特别是在日寇发动八·一三战火、上海沦陷后，随着大批文人相继进入国统区的临时中心武汉，由于《七月》的创办，重又聚集起以鲁迅生前学生、友好，及受过鲁迅恩泽的一大批文人，并且还形成了一个著名的“七月诗派”。《七月》创办后，胡风与在延安的一些著名文化人、作家一直保持着较为密切的联系。《七月》是半月

---

① 见《鲁迅全集》第 13 卷第 P259～260 页，人民文学出版社 2005 年 11 月出版。

② 见《鲁迅给萧军萧红信简注释录》P81 页，黑龙江人民出版社 1981 年 6 月出版。

刊，每期出来，胡风都要将多本《七月》寄给在延安的丁玲，请她分送延安所熟悉的文艺界同人。这中间，自然也包括他和丁玲都敬仰的中共领导人毛泽东。刚开始时，是由丁玲直接送达。后来，由于丁玲兼职较多工作繁忙，改为到延安不久的文艺理论家刘雪苇分送。据陈晋在《文人毛泽东》一书中介绍道：《七月》在发表《毛泽东论鲁迅》两个月后，刘雪苇在分送《七月》给毛泽东时，曾经附上一信，云：“汉口《七月》半月刊主编胡风先生寄来第三集第一期《七月》，嘱分赠一本给你，现特转上，祈查收。”而毛泽东在阅读后，亦迅即复信给刘雪苇说：“我已看了《座谈会记录》，很喜欢，如有新的，请继续寄给我。”毛泽东复信中所说的《座谈会记录》，系指该期上刊登的《宣传、文学、旧形式的利用》座谈会记录。这次座谈会的出席者除主持人胡风外，还有聂绀弩（他刚由丁玲领导的八路军西北战地服务团回到武汉）、吴组缃、欧阳凡海、艾青（前不久由山西临汾回到武汉）、吴奚如（周恩来秘书），以及两位日本左翼反战文化人士鹿地亘、池田幸子等。

刊有《座谈会记录》的这期《七月》，是 1938 年 5 月 1 日在汉口出版的，毛泽东读到时已经是 5 月底了，而刊登《毛泽东论鲁迅》的《七月》第二集第十期，出版日期则为 1938 年 3 月 1 日，毛泽东没有谈起过读到自己论述鲁迅的这篇讲演稿。但胡风不会不送给毛泽东。即使胡风不曾寄去，但武汉八路军办事处见到了这期《七月》，也是决不会等闲视之的，肯定会通报延安。毛泽东不谈及自己读到 1938 年第二集第十期《七月》，不等于没有收到。这至少证明，延安方面对此文不表示异议，由此也证明汪大漠的记录与毛泽东的演讲基本一致。

胡风在刊登《毛泽东论鲁迅》的演讲稿时，还附上了汪大漠所写的说明。说明中有这么一句精辟的话：“毛先生对鲁迅是颇有研究的人，他读过鲁迅不少的著作。这篇演讲是非常精彩独到的作家论，而且对于每个正在艰苦斗争着的民族解放战士，都是具有特殊的意义的。”

正是由于汪大漠的独具慧眼，为中华民族永久地保存了一件重要文献。不仅无数的国人将此引为经典，认识理解了鲁迅，而且许多国家的鲁迅研究者也由此入门。

1981 年 9 月 22 日，《人民日报》重新发表了《论鲁迅》一文。这次发表，全篇文字基本上保持了当年汪大漠提供的记录稿的原貌，改动甚微。1993 年中共中央文献研究室新编选出版的《毛泽东文集》第二卷收入了此文（但改动之处不少）。2002 年中央文献出版社出版的《毛泽东文艺论集》也收入了此文。其实，毛泽东的这篇文章，早在新中国成立之初就已经广为人知了：1950 年 7 月选入政务院出版总署编审出版的《高级中学语文课本》第一册。由此可见，毛泽东本人早已认可了汪大漠提供的这个记录稿。如果没有毛泽东本人的审阅及同意，政务院出版总署显然是不可能将其列入高中语文课本的，何况，这是新中国语文教材的第一个版本，其意义非同一般。

在这篇演讲稿中，毛泽东引用了鲁迅的三篇书信。一篇是《论“费厄泼赖”应该缓行》，发表在 1926 年 1 月出版的《莽原》半月刊第一期上；一篇是 1934 年 11 月 17 日鲁迅写给萧军萧红的第五封信；再有一篇，就是著名的《答托洛斯基派的信》，发表在 1936 年 7 月出版的《文学丛报》第四期上。值得一提的是，除《论“费厄泼赖”应该缓行》曾收入鲁迅的杂文集出版过外，其他两篇，当时只散见在国统区的刊物上面。由此看来，毛泽东对凡是能在苏区保安，以及进驻延安后见到的刊有鲁迅作品的文学刊物，都一一阅读到了，不但仔细阅读，而且牢牢记在心中，随时应用。及至到了晚年时分，仍然如此。

在这里，重点提一下这篇演讲稿中毛泽东引用的鲁迅致萧军萧红信上的一段话。笔者曾当面聆听过萧军所说关于他同鲁迅、同毛泽东之间的友谊，以及聆听他们教诲的一些故事。

毛泽东在演讲中这样讲道：“正如鲁迅先生所说，最初大家都是左的，革命的，及到压迫来了，马上有人变节，并把同志拿去献给敌人作为见面礼。鲁迅痛恨这种人，同这种人做斗争。随时教育训练着他所领导下的文学青年，教他们坚决斗争，打先锋，开辟自己的路。”

毛泽东所引述的鲁迅的话，源自于 1934 年 11 月 17 日鲁迅致萧军萧红信上的一段话：“凡有知识分子，性质不好的多，尤其是所谓‘文学家’，左翼兴盛的时候，以为这是时髦，立刻左倾，待到压迫来了，他受不住，又即刻变化，甚而至于卖朋友（但蓬子未做此事），作为倒过去的见面礼。”

不久，鲁迅在给萧军萧红的第九封信中又写下了类似的话。鲁迅指出：“其实，左联开始的基础就不太好，因为那时没有现在似的压迫，所以有些人以为一经加入，就可以称为先进，而又并无大危险的，不料压迫来了，就逃走了一批。这还不算坏，有的甚至于反而卖消息去了。”

对于前一封信中鲁迅加注括弧的“但蓬子未做此事”一说，确切地说，有关“左联”成立之初的首批盟员姚蓬子自首变节后的一些内幕，鲁迅有所不知。其实，姚蓬子的自首变节，并不仅仅是对“左联”和左翼文化事业的背叛；而且，作为一名共产党员，特别是由潘汉年直接领导的中央特科成员，他的危害更大。

1933年底的一天，姚蓬子在天津突然遭到国民党特务的秘密逮捕。此前上海地下党组织遭到破坏，有个叛徒供出了他。姚蓬子被押赴南京，国民党“中统”局长徐恩曾亲自审讯。徐恩曾知道姚蓬子原为上海滩文人，并没有让他体验那些令人毛骨悚然的酷刑，仅仅将中共叛徒顾顺章、李竹声写下的悔过书递给了他，并称他们已经受到了优待。另外，徐恩曾亦举了“左联”柔石等人血染龙华的例子，让姚蓬子自己作出选择。

在站着死与跪着生之间，姚蓬子很快选择了后者。正应了鲁迅的那句话，“现在的左翼作家是很容易成为右翼作家的。”

姚蓬子承认了自己中共党员和中央特科成员的身份，并供出了潘汉年、冯雪峰、阳翰笙、钱杏邨等人的身份及住址，他还特别供出了与鲁迅会面的地址：内山书店。之后，姚蓬子又专门写了“反省”的文章。姚蓬子的表现令徐恩曾非常满意。他没有想到姚蓬子这么简单地就背叛了他的理想。为了树立姚蓬子这个“典型”而影响其他人，徐恩曾给了姚蓬子新的“自由”。

姚蓬子又重新见到了蓝天，见到了阳光，但物是人非，他的心理却由此变得越来越阴暗。姚蓬子为所谓“自由”付出了沉重的代价，他出卖了自己的灵魂，玷污了自己的良心，为仍然战斗在党的隐蔽战线以及从事左翼文化运动的此前同人们所不齿。

1934年4月，姚蓬子为了继续向当局献媚，写下了洋洋洒洒两千多字的《姚蓬子脱离共产党宣言》，国民党《中央日报》在同年5月4日公开发表。一纸《宣言》成为姚蓬子的卖身契，成为他的人生道路上红与黑的分界碑。他成了可耻的叛徒文人。

姚蓬子以后被徐恩曾委任为中统局训练股干事，后又奉命主编安徽芜湖

《大江日报》副刊。他后来居然又成为国民党中央文化运动委员会委员、国民党中央图书杂志审查委员会委员等，成为国民党当局“围剿”以鲁迅为代表的左翼文化的一条鹰犬——因为他与鲁迅有过来往，比任何国民党文人都要熟悉鲁迅。这是鲁迅始料不及的。

毋庸置疑，姚蓬子的“转向”，同时说明了左翼文化发展的艰难、曲折，而“有人落荒，有人颓唐，有人叛变”也是当时的真实写照。

上述，就是毛泽东引述鲁迅原话的出处所在。毛泽东一生都痛恨叛徒及自首变节分子，在这一点上，毛泽东和鲁迅的心也是相通的。

由此还可引出一段故事。

1938 年 3 月初，萧军自山西临汾出发，徒步前往五台山前线准备参加抗日武装斗争，3 月 20 日途经延安憩息于陕甘宁边区政府招待所。在这里，他恰巧遇见了从西安八路军西北战地服务团前来党中央汇报工作的丁玲、聂绀弩二人。当天，毛泽东从丁玲处获知消息后，很想见见这位鲁迅的学生、抗日小说《八月的乡村》的作者。于是，毛泽东先派秘书和培元去招待所看望萧军，并向他发出了会面的邀请。但萧军以“毛主席工作忙，自己只是路过要去五台前线打小鬼子为由”婉拒。不料，毛泽东却礼贤下士，亲自来到招待所探望了萧军，并且宴请了萧军以及丁玲、聂绀弩等人，这使萧军深受感动。尤其是他在听说毛泽东半年前于鲁迅逝世一周年陕北公学纪念会上所作的《论鲁迅》的演讲，对鲁迅作了极高的评价，于是，他一改自己的狂傲秉性，内心深处对毛泽东充满了崇敬之情。不过，这次他仅仅是听人说，并没有读到《论鲁迅》的文本。1940 年 6 月 14 日，在历经与萧红分手，与王德芬结婚，经兰州、西安、成都、重庆，萧军第二次来到延安。在延安，有人问他：毛泽东三年前在《论鲁迅》的演讲中引用了鲁迅给你信中的话，是不是你带给毛主席的呀？问话的人显然不清楚一个史实：萧军第一次进入延安是在 1938 年的 3 月下旬、4 月初，而毛泽东作《论鲁迅》演讲，却是在这之前的 1937 年 10 月，那时的萧军，甭说同毛泽东会面了，连书信也不曾通过一个字儿。后经细细回忆，萧军方才想起，鲁迅先生逝世后，直至次年 9 月离开战争日益临近的上海去武汉与胡风会合，他特别地忙，既要参加《鲁迅先生纪念集》的编辑工作及《鲁迅逝世经过略记》一文的撰写，又要协助许广平作鲁迅《且介亭文集》三卷的付印、校对、出版发行工作等。因而，当《作家》杂志约请自己写怀念鲁迅文章时，一时间，他认为自己的笔难以描绘出鲁迅“民族魂”的真实形象，以及鲁迅对年轻人呕心沥血倾力扶持的一腔真情，而最好的办法和形式，莫过于让鲁迅自己来描绘。这样做，对后人的教育意义更大也更深刻。于是，他从鲁迅给自己的五十三封信中挑出九封，略作背景注释，以《他自己……》为题，发表在 1936 年 11 月亦即鲁迅逝世次月的这一期《作家》杂志上。直到二次进入延安，萧军才知道毛泽东不仅对鲁迅研究深刻，而且也对鲁迅与自己的关系已有所知。显然毛泽东正是在读了从国统区辗转送达的这期《作家》后，才有了这个与鲁迅心相通的精辟论述的。而毛泽东在演讲中所说的鲁迅教育着训练着的文学青年，不正指的是自己和萧红，以及其他一些有志的爱国文学青年吗?!

在作完《论鲁迅》的演讲后，毛泽东一如既往宣传鲁迅，并把坚持和发扬鲁迅精神当作一件大事来抓。

1938 年 4 月，也就是毛泽东和萧军会面后不久，延安成立了鲁迅艺术学院(后更名为“鲁迅艺术文学学院”)。这是延安为适应新形势而成立的。自 1937 年 1 月党中央和中央红军由保安进驻延安之日起，到 1938 年初，不少来自国统区的文艺人士进入了延安。为了纪念“一·二八”上海淞沪抗战六周年，延安举行了一次隆重的文艺晚会，由抗大、陕北公学等单位的青年艺术家联合排演的四幕话剧《血祭上海》，连续公演了 20 天，观众达万人之多。在一次《血祭上海》观后座谈会上，有人提议创办一所艺术学院，全场发出一片掌声予以支持。毛泽东也当场表示愿意用最大的力量尽一切可能来促成艺术学院的创立，他还当场宣告艺术学院筹备委员会正式成立。仅仅相隔一个星期，由毛泽东、周恩来、林伯渠、徐特立、成仿吾、艾思奇、周扬等人起草的《创立缘起》公布了。《创立起缘》宣告道：在抗战时期中，我们不仅要为了抗日动员与利用一切现有力量，而且应该且寻求和准备新的力量，这就是说：我们应该注意抗战急需的干部培养问题。艺术——戏剧、音乐、美术、文学是宣传鼓动与组织群众最有力的武器；艺术工作者——这是对于目前抗战不可缺少的力量。“因此我们决定创立这所艺术学院，并且以已故的中国最大的文豪鲁迅先生为名，这不仅是为了纪念我们这位伟大的导师，并且表示我们要向着他所开辟的道路大踏步前进。”与此同时，还发布了“成立宣言”。鲁迅艺术文学学院的教育方针由中宣部拟定，报请中共中央书记处通过，规定为：“以马列主义的理论与立场，在中国新文艺运动的历史基础上，建设中华民族新时代的文艺理论与实际，训练适合今天抗战需要的大批艺术干部，团结与培养新时代的艺术人才……”①

4月10日下午，在中央大礼堂隆重举行了鲁迅艺术文学学院成立典礼，毛泽东、张闻天等中央领导出席典礼大会，毛泽东讲了话。会后，与全体师生合影留念。

1938年4月28日，毛泽东再次来鲁迅艺术文学学院讲话。他结合当时全国抗战形势，提出：我们对艺术应持鲁迅先生所代表的马克思主义艺术观点，但其他的艺术观点、派别，在统一战线的原则下也要团结抗日。“我们并不用马克思主义来排斥别人。排斥别人，那是关门主义，不是统一战线。但在统一战线中，我们不能丧失自己的立场，这就是鲁迅先生的方向。你们鲁迅艺术学院要遵循鲁迅先生的方向。”②

1939年5月，毛泽东提笔为鲁迅艺术文学学院成立周年题词：“抗日的现实主义，革命的浪漫主义。”

毛泽东对鲁迅的态度，还表现在他时时刻刻地维护鲁迅。

诚如他在1938年4月28日新成立的鲁迅艺术学院演讲时所说的：现在为了共同抗日，在艺术界也需要统一战线。正如鲁迅所说的那样，不管他是写实主义或是浪漫主义，或是风花雪月派还是鸳鸯蝴蝶派，大家都要团结抗日。

上述毛泽东的话里，引用了鲁迅的《答徐懋庸并关于抗日统一战线问题》一文中的话。

在毛泽东在鲁迅艺术文学学院作这个演讲的前一个月，因给鲁迅写信而引起风波的徐懋庸也来到了延安。徐懋庸来延安的初衷，是希望澄清两年前在上海“两个口号”论争上的是是非非。自从鲁迅发表那篇公开答复他的文章以后，徐懋庸在上海处于尴尬困难的境地。特别是在鲁迅的文章中有怀疑他“是敌人所派遣”这么一句话，包括论争双方都在内的进步文艺界，都用不信任

① 陈晋：《文人毛泽东》，第166页。
② 《毛泽东文艺论集》，第16页。

的目光瞄着他，甚至还有人拿鲁迅的这个假设视他为反革命了。

自1938年3月初他持西安八路军办事处负责人林伯渠开具的介绍信来到延安后，徐懋庸和毛泽东在一些公开场合见过几次面，但就是没有单独见面汇报的机会。5月中旬，他给毛泽东写了信，请求安排时间单独谈一谈。写信次日，他就收到了毛泽东委托秘书送来的亲笔信，回说愿意与他一谈，但因目前工作较忙，待过几天再相约。信尾，毛泽东还体贴入微地安慰他说：不要急，问题总可以弄清楚，前途是光明的。第三天，毛泽东又派了他的两位秘书和培元和华民，来到徐懋庸暂时居住的边区“文抗”，向他了解了有关“左联”的情况。然后，大约是在5月23日左右的一个下午，华民将徐懋庸领到北门内凤凰山麓毛泽东居住并工作的窑洞接受谈话。

徐懋庸去时，毛泽东刚刚午睡起来，披了一件旧棉袄。他请徐懋庸抽烟，徐回答说不会。毛泽东笑道：搞文艺的人不吸烟的可不多嘛！接着，两人围着办公桌相对而坐，便谈了起来。

徐懋庸先简单地讲了一下自己的履历，然后用一个半小时的时间，把他所知道的“左联”的情况，“左联”解散的过程，两个口号的论争，他写给鲁迅的那封信，鲁迅驳斥他的那篇文章，以及事后舆论包括周扬他们对他的态度，他来到延安要求弄清楚是非的决心等，详细地谈了一下。毛泽东也是注意地听，让徐懋庸畅所欲言，尽管所谈的问题比较严重，而且牵涉到鲁迅和已在延安担任领导职务的周扬。只是当徐懋庸说到“我后来基本上认为鲁迅是正确”的时候，毛泽东把“鲁迅”误听为“路线”，马上就问：“路线？谁的路线是正确的？”毛泽东非常注意这一点。

徐懋庸谈完后，毛泽东接着谈了他的六点意见：

> 1. 关于两个口号的争论的问题，周扬同志他们来延安以后，我们已基本上有所了解。今天听了你们所谈的，有些情况使我们更清楚一些，具体一些。
>
> 2. 我认为，首先应当肯定，这场争论的性质，是革命阵营内部的争论，不是革命和反革命之间的争论。你们这边不是反革命，鲁迅那边也不是的。

3. 这个争论,是在路线政策转变的关头发生的。从内战到抗日民族统一战线,是一个重大的转变。在这样的转变过程中,由于革命阵营内部理论水平、政策水平的不平衡,认识有分歧,就要发生争论,这是不可避免的。其实,何尝只有你们在争论呢?我们在延安也争论得激烈。不过你们是动笔的,一争争到报纸上去了,就弄得通国皆知。我们是躲在山沟里面争论,所以外面不知道罢了。

4. 这个争论不但是不可避免的,也是有益的。争来争去,真理越争越明,大家认识一致了,事情就好办了。

5. 但是你们是有错误的,就是对鲁迅不尊重。鲁迅是中国无产阶级革命文艺运动的旗手,你们应该尊重他。但是你们不尊重他。你的那封信,写得很不好。当然,如你所说,在某些具体问题上,鲁迅可能有误会,有些话也说得不一定恰当。但是,你今天也说,那是因为他当时处境不自由,不能广泛联系群众的缘故。既然如此,你们为什么不能对他谅解呢?

6. 错误不要紧,只要知道错了,以后努力学习改正,照正确的道路办事,前途是光明的。①

听了毛泽东这一番有情有义,既维护鲁迅,又顾全大局的话,徐懋庸激动得热泪盈眶,久久说不出话来。

据徐懋庸后来回忆道,在这次谈话及以后的相遇谈话中,毛泽东亲自安排他到“抗大”教书,还关切地询问了他入党没有,以及婚姻家庭状况等。就在这次谈话两个月后,在毛泽东、陈云、李富春等中央领导的关怀下,徐懋庸加入了中国共产党。五个月后,还是在毛泽东的亲自过问下,他远在浙江的妻子及一双子女、妻弟等四人,由地下交通给送到了延安。

在毛泽东的关怀、教诲下,徐懋庸一直以学习鲁迅、弘扬鲁迅为己任,在革命斗争和新中国成立后的工作中做出了出色的成就。他写的大量杂文具有鲜

① 见《延安作家》(陕西人民教育出版社 1992 年 8 月出版)所刊徐懋庸著《我和毛主席的一些接触》,毛泽东的上述六点意见,见该书 314 页。

明的鲁迅特色与风格，一时传为佳话。尽管他后来不幸被打成右派，但他依然一如既往地铭记着毛泽东当年的教诲，直到临终前一刻仍孜孜不倦地从事着鲁迅研究的工作，为我们留下了许多珍贵的历史资料。他所撰写的《徐懋庸回忆录》，特别是其中如《我和毛主席的一些接触》等文章，至今仍是学术界深入了解那一段历史的重要文献史料。

毛泽东对鲁迅的认识是辩证的，唯物的，他并不一味地捧鲁迅。在高度评价鲁迅的同时，毛泽东也一分为二地看待鲁迅。在一些重大问题上，他也会实事求是地指出鲁迅认识上的差距或误区。

1939 年 11 月，时任延安鲁迅艺术文学学院副院长的周扬，撰写了一篇题为《对旧形式利用在文学上的一个看法》的论文，交毛泽东审阅。毛泽东在仔细阅读后，于 11 月 7 日写信给作者谈了自己的看法，其中就有关于对鲁迅同一问题认识的评点。

毛泽东写道：

> 文章看了，写得很好，必有大影响。某些小的地方，我认为不大妥当的，已率直批在纸上。其中关于“老中国”一点，我觉得有把古代中国与现代中国混同，把现代中国的旧因素与新因素混同之嫌，值得再加考虑一番。现在不宜于一般地说都市是新的而农村是旧的，同一农民亦不宜说只有某一方面。就经济因素说，农村比都市为旧，就政治因素说，就反过来了，就文化说亦然。①

接下去，生于斯、长于斯，又从农村发动武装斗争起家成长起来的毛泽东，毫不避讳地评点到了鲁迅在这方面认识上的差异。毛泽东入木三分地指出：

> 我同你谈过，鲁迅表现农民着重其黑暗面，封建主义的一面，忽略其英勇斗争、反抗地主，即民主主义的一面，这是因为他未曾经验过农民斗争之故。由此，可知不宜于把整个农村都看作是旧的。②

---

①② 《毛泽东文艺论集》，第 259 页。

应该说，毛泽东的这个评点是实事求是的，如实地指出了鲁迅的软肋。

不日，毛泽东在延安各界纪念“一二·九”运动四周年大会上的讲话中，指出：这个运动发生的背景，一方面反映了进步的文化知识界人士要求抗日的主张，另一方面是在国民党蒋介石当局发动军事“围剿”和文化“围剿”双管齐下的情况下发生的。毛泽东进而指出，文化战线上反“围剿”斗争的重要标志，就是鲁迅的杂文。他说敌人的“碉堡”是建筑在学校里、书报杂志上，以及社会文教团体中①，我们只要看一看鲁迅的杂感，就可以知道。他的抨击时弊的战斗杂文，就是反对文化“围剿”，反对压迫青年思想的。

1940 年 1 月 9 日，在经过多日精心构思、修订后，毛泽东在边区文协举行的第一次代表大会上作了题为《新民主主义的文化》的报告（后收入《新民主主义论》一书，为该书第十一至十五节）。在这个报告中，毛泽东对军事“围剿”和文化“围剿”的内涵与关系，以及鲁迅在其中的地位，作了更为全面透彻的论述。毛泽东是这样分析的：

> 在“五四”以后，中国产生了完全崭新的文化生力军，这就是中国共产党人所领导的共产主义的文化思想，即共产主义的宇宙观和社会革命论。……由于中国政治生力军即中国无产阶级和中国共产党登上了中国的政治舞台，这个文化生力军，就以新的装束和新的武器，联合一切可能的同盟军，摆开了自己的阵势，向着帝国主义文化和封建文化展开了英勇的进攻。这支生力军在社会科学领域和文学艺术领域中，不论在哲学方面，在经济学方面，在政治学方面，在军事学方面，在历史学方面，在文学方面，在艺术方面（又不论是戏剧，是电影，是音乐，是雕刻，是绘画），都有了极大的发展。二十年来，这个文化新军的锋芒所向，从思想到形式（文字等），无不起了极大的革命。其声势之浩大，威力之猛烈，简直是所向无敌的。其动员之广

① 一个重要的有说服力的例证，就是国民党当局针对左翼文艺运动而设立的“中央文化运动委员会”和“中央图书杂志审查委员会”，以及以鲁迅为代表的左翼文艺家们为此展开的巧妙周旋和斗争，直至最终以进步势力方面的《新生周刊》刊登一篇题为《闲话皇帝》的杂文，导致“中央图书杂志审查委员会”的短命夭折和《新生周刊》主编杜重远的锒铛入狱。

大,超过中国任何历史时代。而鲁迅,就是这个文化新军的最伟大和最英勇的旗手。①

毛泽东还指出:

第三个时期是一九二七年至一九三七年的新的革命时期。……这一时期,是一方面反革命的"围剿",又一方面革命深入的时期。这时有两种反革命的"围剿":军事"围剿"和文化"围剿"。也有两种革命深入:农村革命深入和文化革命深入。这两种"围剿",在帝国主义策动之下,曾经动员了全中国和全世界的反革命力量,其时间延长至十年之久,其残酷是举世未有的,杀戮了几十万共产党员和青年学生,摧残了几百万工人农民。从当事者看来,似乎以为共产主义和共产党是一定可以"剿尽杀绝"的了。但结果却相反,两种"围剿"都惨败了。作为军事"围剿"的结果的东西,是红军的北上抗日;作为文化"围剿"的结果的东西,是一九三五年"一二·九"青年革命运动的爆发。而作为这两种"围剿"之共同结果的东西,则是全国人民的觉悟。这三者都是积极的结果。其中最奇怪的,是共产党在国民党统治区域内的一切文化机关中处于毫无抵抗力的地位,为什么文化"围剿"也一败涂地了?这还不可以深长思之吗?而共产主义者的鲁迅,却正在这一"围剿"中成了中国文化革命的伟人。②

继两年多前在陕北公学所作的《论鲁迅》演讲中指出鲁迅"是中国的第一等圣人",论述鲁迅精神的三个特点及"用望远镜、显微镜观察社会"这个精神法宝外,毛泽东在这里给予了鲁迅崇高的评价:

鲁迅是中国文化革命的主将,他不但是伟大的文学家,而且是伟

① 《毛泽东选集》第二卷,人民出版社出版1991年版,第697—698页。
② 同上,第702页。

大的思想家和伟大的革命家。鲁迅的骨头是最硬的，他没有丝毫的奴颜和媚骨，这是殖民地半殖民地人民最可宝贵的性格。鲁迅是在文化战线上，代表全民族的大多数，向着敌人冲锋陷阵的最正确、最勇敢、最坚决、最忠实、最热忱的空前的民族英雄。鲁迅的方向，就是中华民族新文化的方向。①

毛泽东的这篇演讲稿，对鲁迅的评价十分精辟，特别是他正式指明了“鲁迅的方向，就是中华民族新文化的方向。”

在中国共产党领导下的陕甘宁边区继建立鲁迅图书馆、鲁迅师范学校、鲁迅艺术文学学院之后，毛泽东和中共中央、苏维埃中央政府，一步一步地落实着鲁迅逝世时多份电报中向全国人民作出的承诺。其中，最为重要的举措是出版鲁迅著作。实际上，1938 年在上海以“复社”名义出版的 20 卷本《鲁迅全集》，也是由中国共产党的地下组织主持出版的，它的负责人是中共秘密党员胡愈之。在延安鲁迅艺术文学学院成立后，面对大批爱国抗日青年的涌入，教材问题也摆在了中央领导的面前。除爱国、军事教材外，鲁迅著作也被认为是很好的教材。于是，于 1940 年 10 月，在隆重纪念鲁迅逝世 4 周年的时候，延安解放社精心编辑出版了一套《鲁迅论文选集》和《鲁迅小说选集》。为便于广大青年阅读，《鲁迅论文选集》设有注释 90 条，其附录瞿秋白《〈鲁迅杂感〉序言》另有注释 11 条——这是历史上鲁迅著作最早的注释本。1948 年，东北解放后，大连光华书店依据 1938 年上海复社出版的 20 卷《鲁迅全集》本，又出了一个翻印版本。新中国成立后，根据毛泽东和周恩来的指示，人民文学出版社于 1956 年至 1958 年，出版了 10 卷本的《鲁迅全集》，也是附带注释的。但遗憾的是，由于当时的“反右”形势，其注释不能完全反映历史的本来面目，而是带有鲜明的政治色彩。至 1958 年岁末，人民文学出版社还出版了 10 卷本的《鲁迅译文集》。次年 8 月，人民文学出版社又出版了上、下册的《鲁迅日记》。从 1956 年以后的几十年间，人民文学出版社出版了数以百万计的各种鲁迅著作单行本、选集本，以及《鲁迅诗稿》等。北京文物出版社、北京鲁迅博物馆等

① 《毛泽东选集》第二卷，第 698 页。

单位相继出版了鲁迅手稿选集影印本。

粉碎"四人帮"后，为了落实毛泽东生前指示，自1978年起，由国家出版局出面，从全国各地调集一批专家、学者，经过三年努力，人民文学出版社于1981年新出版了16卷本《鲁迅全集》，其版本注释之多，为历史上前所未有。但美中不足的是，此版本仍然带有鲜明的政治烙印，注释中错讹不少，有些甚至十分严重，敌我不分。如对那些历史上文艺观点独树一帜的文艺流派人物，或冠之以"反革命"，或冠之以"托派"；又如曾遭到鲁迅抨击、批评过的文艺界人士，或对鲁迅虽有过不敬举止，但一生都在宣传鲁迅并对革命对人民有过一定贡献的左翼作家，也多有曲解和不实注释。因此国家新闻出版总署于2001年，再度调集专家、学者，汇聚于人民文学出版社，修订1981年版《鲁迅全集》。除增补1981年版《鲁迅全集》缺失的书信、佚文外，重点放在注释的修订上。1981年版注释中的很多带有明显时代思潮与意识形态色彩的语言表达与评价判断，都被改为客观的历史叙述。这样，前后历时四年左右，新版18卷本（较1981年版增2卷，增加部分为书信）《鲁迅全集》于2005年11月正式发行面市。

如果没有党和国家的高度重视，给予人力、物力、财力上的大力支持，上述鲁迅著作的出版，是不可能完成的。1938年复社出版的《鲁迅全集》首个版本，如果没有地下党的鼎力操作，同样是不可能完成的。而在国民党统治时期，其政权及其出版机构从未出版过任何鲁迅著述，后来台湾在蒋氏父子执政的三十九年间，一直对鲁迅著作加以严厉禁止。即使是在鲁迅长孙周令飞"纯为爱情"来到台湾之后，台湾当局仍然对鲁迅著作在台湾出版及流通说"不！"更甚之，一些所谓的文人，包括周家的故旧，在与周令飞会面时，竟然当众贬抑其祖父鲁迅。①

① 据台湾《中国时报》1982年9月21日3版报道：应周令飞再三恳求会面，并央其作证婚人，周海婴马新云夫妇旧日上海知交、被台湾媒体称之为"反共义士"的古铮剑，在台湾甫一见面就拉着从未谋面过的周令飞的手，不无揶揄地大声说道："哟，令飞，你长得跟你爷爷年轻时候一样，尤其是那两撮小胡子，但你比你爷爷聪明，有骨气，头脑清醒，像个男子汉，还有……"很显然，"反共义士"古铮剑此处所云，暗指鲁迅"没有骨气"，头脑糊涂，没有跟随蒋介石行文做事。面对"反共义士"古铮剑如此当众羞辱，对深受八亿中国人钦敬、拥戴的自己亲生祖父的攻讦与抹黑，周令飞没有进行一字一语的反击，哪怕是表露出一点点不快的神情色彩，依然视其为在台湾的"唯一亲人"，一股劲地苦苦哀求让其作了"证婚人"。此事，被台湾众多媒体大肆炒作渲染了一番。

下面，让我们再回到延安时期。

在当年的延安，凡是有同鲁迅接触过的人来到，毛泽东和其他中央领导同志无不热情待之，见面谈话，热情关怀，直至安排合适的岗位以发挥其特长，包括在财力捉襟见肘物资极度匮乏的边区办相应刊物以宣传鲁迅。而一有机会，包括每年来临的鲁迅忌日，延安也都要举行相应的纪念活动。

1942 年 5 月，经过一定时间的筹备和大量的调查研究，以毛泽东和中宣部副部长（代部长）凯丰的名义，中共中央召开了延安文艺座谈会。在这个有 130 余位延安文艺界代表人士出席的文艺座谈会上，毛泽东一再用鲁迅精神教育广大文艺工作者。他对鲁迅精神的内涵，作了恰到好处的诠释。这些都体现在毛泽东 1942 年 5 月 23 日在全体会议上所作的《结论》中。

在这次讲话中，毛泽东所强调的，也是最经典的一个论点，就是文艺为什么人服务的问题。毛泽东指出：

> 为什么人的问题，是一个根本的问题，原则的问题。……这个根本问题不解决，其他许多问题也就不易解决。比如说文艺界的宗派主义吧，这也是原则问题，但是要去掉宗派主义，也只有把为工农，为八路军、新四军，到群众中去的口号提出来，并加以切实的实行，才能达到目的，否则宗派主义问题是断然不能解决的。鲁迅曾说：“联合战线是以有共同目的为必要条件的。……我们战线不能统一，就证明我们的目的不能一致，或者只为了小团体，或者还其实只为了个人。如果目的都在工农大众，那当然战线也就统一了。”①

毛泽东进而指出：

> 诚然，为着剥削者压迫者的文艺是有的。文艺是为地主阶级的，这是封建主义的文艺。中国封建时代统治阶级的文学艺术，就是这种东西。直到今天，这种文艺在中国还有颇大的势力。文艺是为资

① 《毛泽东文艺论集》，第 60—61 页。

产阶级的，这是资产阶级的文艺。像鲁迅所批评的梁实秋一类人，他们虽然在口头上提出什么文艺是超阶级的，但是他们在实际上是主张资产阶级的文艺，反对无产阶级的文艺的。文艺是为帝国主义者的，周作人、张资平这批人就是这样，这叫做汉奸文艺。在我们，文艺不是为上述种种人，而是为人民的。①

毛泽东还着重指出：

既然必须和新的群众的时代相结合，就必须彻底解决个人和群众的关系问题。鲁迅的两句诗，"横眉冷对千夫指，俯首甘为孺子牛"，应该成为我们的座右铭。"千夫"在这里就是说敌人，对于无论什么凶恶的敌人我们决不屈服。"孺子"在这里就是说无产阶级和人民大众。一切共产党员，一切革命家，一切革命的文艺工作者，都应该学鲁迅的榜样，做无产阶级和人民大众的"牛"，鞠躬尽瘁，死而后已。②

在谈到如何运用鲁迅式的杂文时，毛泽东谆谆地告诫广大文艺工作者，必须满腔热忱地对待党和人民，正确区分敌友我。只有这样，才能推动人民文艺事业的良性发展。毛泽东说：

"还是杂文时代，还要鲁迅笔法。"鲁迅处在黑暗势力统治下面，没有言论自由，所以用冷嘲热讽的杂文形式作战，鲁迅是完全正确的。我们也需要尖锐地嘲笑法西斯主义、中国的反动派和一切危害人民的事物，但在给革命文艺家以充分民主自由、仅仅不给反革命分子以民主自由的陕甘宁边区和敌后的各抗日根据地，杂文形式就不应该简单地和鲁迅的一样。我们可以大声疾呼，而不要隐晦曲折，使

① 《毛泽东文艺论集》，第57页。
② 同上，第82页。

人民大众不易看懂。如果不是对于人民的敌人，而是对于人民自己，那末，“杂文时代”的鲁迅，也不曾嘲笑和攻击革命人民和革命政党，杂文的写法也和对于敌人的完全两样。①

早在《结论》一开始，毛泽东就号召广大的革命文艺工作者们到群众中去，到火热的斗争第一线去，到抗日救国的伟大斗争中去，做一个真正的为人民大众所喜爱、欢迎的文艺工作者。毛泽东号召：

中国的革命的文学家艺术家，有出息的文学家艺术家，必须到群众中去，必须长期地无条件地全心全意地到工农兵群众中去，到火热的斗争中去，到唯一的最广大最丰富的源泉中去，观察、体验、研究、分析一切人，一切阶级，一切群众，一切生动的生活形式和斗争形式，一切文学和艺术的原始材料，然后才有可能进入创作过程。否则你的劳动就没有对象，你就只能做鲁迅在他的遗嘱里所谆谆嘱咐他的儿子万不可做的那种空头文学家，或空头艺术家。②

延安文艺座谈会结束后，相隔仅五天，1942 年 5 月 28 日毛泽东在中央学习组会议上所作的报告第三部分中，重申了文艺工作者要同工农相结合的要求。报告中，他多次提及鲁迅，再次给予了鲁迅相当高的评价，在回顾十年内战时期的情况时，毛泽东指出：

那个时候，国民党有两种“围剿”，即军事的“围剿”和文化的“围剿”。军事的“围剿”就是反对红军；文化的“围剿”就是反对新文化，反对包含着革命思想的文学艺术，也就是反对以鲁迅为首的在白区的革命的文学艺术。③

---

① 《毛泽东文艺论集》，第 76—77 页。

② 同上，第 63—64 页。

③ 《毛泽东文艺论集》，第 87 页。系毛泽东在中央学习组会议上的报告的第三部分，收入《毛泽东文艺论集》时冠题为《文艺工作者要同工农兵相结合》。

毛泽东还认为：讲革命性是从抗日到马列主义，即从低级到高级。在艺术上，我们采取的政策和革命性一样，也是从低级到高级，即是从萌芽状态起，一直到高级的，到托尔斯泰、高尔基、鲁迅等最精湛的。毛泽东强调道：文艺是一支军队，它的干部是文艺工作者。它还要有一个总司令，如果没有总司令，它的方向就会错的。鲁迅、高尔基就相当于总司令，他们的作品，他们说的话，就当作方向的指导。

毋庸置疑，毛泽东所作的这个报告是呼应刚刚结束的文艺座谈会的，同时，又强调了文艺座谈会的方向和目标。

毛泽东在延安文艺座谈会上的讲话，几经修改，直到1943年10月19日才由《解放日报》正式地予以公开发表。由此看来，毛泽东对他的这个讲话是十分重视的。《解放日报》全文发表时，还特地于文前加了一个编者按。编者按指出："今天是鲁迅先生逝世七周年，我们特发表毛泽东同志1942年5月在延安文艺座谈会上的讲话，以纪念这位中国文化革命的最伟大与最英勇的旗手。"

选择在鲁迅忌日发表这篇讲话，有其特别的意义：其一，是表示中国共产党对鲁迅的诚挚纪念；其二，说明了毛泽东与这位伟大的文学家、思想家和革命家在思想精神上有着极为亲密的关系；其三，也是更重要的是，表明中国共产党奉行的文艺政策、文艺思想和文艺路线，是与鲁迅的主张一脉相承的。

据了解，在新中国成立前各个解放区出版的《在延安文艺座谈会上的讲话》的单行本，里封书名下面都特地标注道："1943年10月19日发表于《解放日报》"，以示对鲁迅的纪念和尊重。

在延安，毛泽东对鲁迅著述的运用与联系，对鲁迅精神的融会贯通，几近出神入化。他在讲话和文章中经常信手拈来，用之自如，令人赞叹不已。如在著名的《反对党八股》中，毛泽东一次次提及鲁迅，一次次引用鲁迅的精辟华章。毛泽东写道：

> 党八股也就是一种洋八股。这洋八股，鲁迅早就反对过的。……
>
> ……
>
> 党八股的第二条罪状是：装腔作势，借以吓人。有些党八股，不只是空话连篇，而且装样子故意吓人，这里面包含着很坏的毒素。空

话连篇，言之无物，还可以说是幼稚；装腔作势，借以吓人，则不但是幼稚，简直是无赖了。鲁迅曾经批评过这种人，他说：“辱骂和恐吓决不是战斗。”科学的东西，随便什么时候都是不怕人家批评的，因为科学是真理，决不怕人家驳。……

……

第三篇，是从《鲁迅全集》里选出的，是鲁迅复北斗杂志社讨论怎样写文章的一封信。他说些什么呢？他一共列举了八条写文章的规则，我现在抽出几条来说一说。

第一条：“留心各样的事情，多看看，不要看到一点就写。”

讲的是“留心各样的事情”，不是一样半样的事情。讲的是“多看看”，不是只看一眼半眼。我们怎么样？不是恰恰和他相反，只看到一点就写吗？

第二条：“写不出的时候不硬写。”

我们怎么样？不是明明脑子里没有什么东西硬要大写特写吗？不调查，不研究，提起笔来“硬写”，这就是不负责任的态度。

第四条：“写完后至少看两遍，竭力将可有可无的字、句、段删去，毫不可惜。宁可将可作小说的材料缩成速写，决不将速写材料拉成小说。”

……现在的事情，问题很复杂，有些事情甚至想三四回还不够。鲁迅说“至少看两遍”，至多呢？他没有说，我看重要的文章不妨看它十多遍，认真地加以删改，然后发表。文章是客观事物的反映，而事物是曲折复杂的，必须反复研究，才能反映恰当；在这里粗心大意，就是不懂得做文章的起码知识。

第六条：“不生造除自己之外，谁也不懂的形容词之类。”

我们“生造”的东西太多了，总之是“谁也不懂”。句法有长到四五十个字一句的，其中堆满了“谁也不懂的形容词之类”。许多口口声声拥护鲁迅的人们，却正是违背鲁迅的啊！①

① 《毛泽东选集》第三卷，人民出版社 1991 年版，第 830—844 页。

毛泽东对鲁迅,对鲁迅著作的学习、运用、推崇,还贯穿在他对子女的教育上。下面一段对话是很能说明问题的。

1946 年初,毛泽东在苏联生活了整整十年的大儿子毛岸英,从苏联军事学校毕业后回到了延安。父子见面,毛泽东当即问道:在苏联是不是经常读中国书。毛岸英回答说:经常读,读过《红楼梦》、《水浒传》,还有鲁迅先生的作品。毛泽东赞许地说:还好,应该知道中国的知识。

新中国成立后,百废待兴,百业待举,毛泽东于日理万机中仍然不忘读鲁迅的书,不忘宣传、弘扬鲁迅精神。

中国共产党是讲信用的,顺应民心的。

1946 年,北平处于国民党的白色恐怖之中,西三条鲁迅故居及鲁迅藏书、遗物随时都有可能遭到破坏。地下党北平重要成员、鲁迅的挚友王冶秋以国民党第 11 集团军少将参议长的公开身份,和北平地下党重要成员、《大公报》记者徐盈秘密联系,决定采取军队出面的保护方法。他俩拜访朱安说明了意图,假借第 11 集团军的名义贴出布告,将该处房屋列为军队征用的民房,从而确保鲁迅故居不会遭到他人的侵犯和破坏。另外,许广平在 10 月 24 日飞到北平,在北平鲁迅故居整理鲁迅藏书,11 月 5 日返沪,带回了一些重要的鲁迅手稿。经过王冶秋等人的努力,终于确保鲁迅在西三条的故居文物免遭劫难。

1947 年,朱安致信许广平,希望在自己病重期间许广平能托人照料西三条鲁迅故居及鲁迅藏书、遗物。许广平在天津女师的同学,中共党员、中国民主同盟北平临时委员会主任、妇女联盟会会长刘清扬受许广平之托担当了这一重任,她和徐盈及北平民盟负责人、公开身份是北平地方法院院长的吴昱恒商议,最终采用法院查封的方式保护了故居。

不仅中国共产党高度重视鲁迅身后事的相应事宜,而且对左翼先进文化事业一向关注的苏联共产党和苏联政府,也通过其在华机构的代表积极参与。其中,维修在抗战中遭损坏的鲁迅墓,就是一例。

1946 年 5 月 26 日,许广平、曹靖华陪同苏联驻华大使馆参赞、汉学家费德林及塔斯社远东分社社长施维卓夫、副社长叶夏明等苏联友好人士凭吊鲁迅墓。费德林表示,在鲁迅逝世十周年纪念日前,愿意协助许广平把墓地修好，并提议在墓地建立一个庄严、朴素、雄伟的纪念物。许广平对此表示感谢。同月底，许广平又陪同郭沫若、冯乃超、田汉、周信芳、于伶等文化人士凭吊鲁迅墓。1947 年 9、10 月，鲁迅墓进行改建。许广平亲自设计鲁迅墓整体改建方案，整个改建工程共用了国币 5 500 万元。修葺后的鲁迅墓为花岗石廓盖野山式圆头形花岗石墓碑，碑上镶嵌瓷质烧制的长椭圆形鲁迅遗像，下端刻着周建人所书的阴文金字碑文：“鲁迅先生之墓，一八八一年九月二十五日生于绍兴，一九三六年十月十九日卒于上海”。整修一新的鲁迅墓为各界人士悼念鲁迅提供了一个很好的处所。

在鲁迅逝世十周年之际，国统区多次召开纪念鲁迅的大会，这些大会不仅表达了对鲁迅的纪念，而且也表达了对和平民主建国的政治诉求。中国共产党的领导人公开参与了此次各项活动。1946 年 10 月 19 日下午，全国文艺界协会、中苏友协等 12 个文化团体在上海辣斐大戏院举行鲁迅逝世十周年纪念大会。中共代表周恩来、李维汉，以及郭沫若、茅盾、沈钧儒、邵力子、叶圣陶、巴金、冯雪峰、胡风等一千多人参加。会议主席邵力子致词后，周恩来、沈钧儒、叶圣陶、郭沫若、茅盾相继发言，许广平致答词。李健吾、白杨分别朗诵了鲁迅的《过客》和许广平的《鲁迅先生十年祭》，并放映了当年拍摄的鲁迅丧仪的新闻电影。

周恩来在鲁迅遗像前郑重地表达了中共对于国共和谈的态度，并在讲话中结合当时的形势阐明了纪念鲁迅的意义。

周恩来的演说如下：

> 鲁迅先生死了十年了，整整的十年了。先生逝世后，中国就从内战进入抗战。然而十年后的今天，不幸抗战才告结束，又回到了内战。内战是鲁迅先生所诅咒的，抗战才是鲁迅先生所希望所称颂的。他所希望的事，总算在人民大众的努力之下实现了，而且取得了胜利。而现在他的祖国却还有着内战，这应该是我们参加这会的每个人所难过的。多少年来，全国人民个个祈求民主、独立、团结、统一，日本投降已经一年多了，这一个愿望还未能达到，怎么叫人不失望、悲痛？

鲁迅先生逝世那年，国内就已进行谈判，到今天足足谈了十年了，还不能为人民谈出一点和平来。我个人对此更有说不出的难过。但是人民既然一致的有了这个要求，只要能团结起来，就一定能把和平民主统一争取到的。今天，我要在鲁迅先生的遗像面前，在各位人民的面前，说明我们的信念和努力：我们决不放弃和平统一谈判，即使被迫得为自卫而反抗，也仍要为求得和平统一而努力，我今天就这样的郑重作这个誓言。

鲁迅先生曾说：“横眉冷对千夫指，俯首甘为孺子牛。”这里就说出了鲁迅先生的方向，也即是鲁迅先生的立场。鲁迅先生最痛恨的是反动派，对于反动派所谓之“千夫所指”，我们是只有“横眉冷对”的，不怕的，我们要“以眼还眼，以牙还牙”。可是对于人民，我们就要如对孺子一样的为他们做牛，要诚诚恳恳老老实实的为人民服务。过去历史上有过多多少少的暴君、独裁者，结果都一个个地倒下去了，为后世所唾骂；但是历史上的多多少少的奴隶、被压迫者、农民，还是牢牢的站住的，而且长大下去。现在是人民的世纪，一切由人民决定，一切都为人民，所以我们应该站在鲁迅的立场，朝着鲁迅所走的方向，像牛一样的为人民去努力奋斗。鲁迅、闻一多都是最忠实、最努力的牛，我们要学习他们的榜样，在人民面前发誓：做人民的奴隶，受人民的指挥，做一条牛。①

周恩来的讲话在文化界引起了较为强烈的反响，这次纪念鲁迅的大会也取得了成功。10月22日，周恩来专门致电党中央，汇报上海纪念鲁迅逝世十周年活动的具体内容和再版《鲁迅全集》的情况。

10月20日上午，上海各界群众一千多人首次祭扫鲁迅墓。周恩来、李维汉、潘梓年、郭沫若、许广平、沈钧儒、茅盾、田汉、雪苇、叶圣陶、胡风、冯雪峰、洪深、陈白尘和曹靖华等参加祭扫仪式。

---

① 周恩来演说为现场记录稿，原载1946年10月20日上海《文汇报》，见《红色光环下的鲁迅》，第114—115页。

周恩来在鲁迅墓旁栽种了一棵柏树，文化界人士也栽种了十二棵万年松。默哀完毕，郭沫若、沈钧儒、叶圣陶、茅盾、曹靖华、胡风、田汉、冯雪峰、洪深等相继发言，许广平致答谢词。

10月19日，全国各地还举行了多个纪念鲁迅的大会。在重庆，重庆文化界人士举行鲁迅纪念会，沈起宇主持，艾芜作了关于鲁迅作品研究的讲话；中共四川省委书记吴玉章在讲话中阐述了鲁迅参与新文化运动的特点；民盟主席张澜和邓初民、马哲民、周颖等知名人士也出席了本次大会。在北平，燕京大学的进步师生，在适楼礼堂举行鲁迅纪念晚会，闻家驷和吴晗以《鲁迅精神》、《鲁迅先生的道路》为题发表演讲；同日“文协”秘密举行集会，纪念鲁迅，参加者七十多人。会议主席马彦祥在讲话中对当局禁止公开纪念鲁迅表示抗议，刘清扬在演讲中号召大家学习鲁迅坚韧不拔的精神，有不少人因为激愤而流泪。会上有人提议在北平建立一个鲁迅纪念馆。最后，光未然朗诵鲁迅的杂文《聪明人和傻子和奴才》。

新中国成立后，党和人民政府给予了鲁迅遗孀许广平、其弟周建人高规格的礼遇安置。许广平和周建人参加了参与建立新中国的第一届全国政治协商会议。许广平先是担任了政务院副秘书长，后又改任全国人大常委、全国妇联副主席、中国文联副主席等职；周建人则历任政务院国家新闻出版署的领导成员，浙江省副省长、省长，全国人大常委会副委员长，全国政协副主席等职。“文革”中，由于毛泽东本人和周恩来等的悉心呵护和关照，无论是许广平还是周建人，都没有受到非难和冲击。鲁迅之子周海婴2011年4月去世前，以八旬高龄担任着全国政协委员。

在鲁迅故乡绍兴，最早设立了鲁迅纪念馆：1951年筹建，1953年即行开馆，1972年再易地重建。政府还出巨资恢复了三味书屋、老台门和百草园，恢复了鲁迅故居的一切，而且还恢复了鲁迅祖居。一个众所周知的事实是：鲁迅家族的房产、地产，均已在1948年许广平到场的情况下由家人全部变卖处理完毕。上述房产赎回、修缮的投入之巨大，可想而知。在这里不得不特别要指出的是，在鲁迅逝世66年后的新世纪之初，经浙江省人民政府批准，一项高达十亿元，旨在原汁原味地保护整个鲁迅故里历史街区的重建计划，历时三年全面完成。其中仅鲁迅纪念馆第二次易地重建一项的投入，就高达一亿元之巨。

2008年,在国家下达免费开放纪念馆场所的通知后,为维护纪念馆正常运转、保护,国家财政每年下拨经费达千万元之巨。

在上海,解放不久,由陈毅主政的上海市人民政府出资将大陆新村九号辟为鲁迅故居供中外游人瞻仰。1956年10月,在鲁迅逝世20周年、鲁迅诞辰75周年之际,中国共产党实践了20年前所作出的为鲁迅举行国葬的庄严承诺(这也是当年冯雪峰代表中共中央向许广平作出的承诺):在游人如织的虹口公园内建立了气势恢弘的面积达1 600多平方米的鲁迅墓地,以及占地5 000多平方米建筑面积达2 477平方米的鲁迅纪念馆,为鲁迅举行了隆重的穿越整个上海市区的移灵国葬。已是63岁高龄的国家副主席宋庆龄,仿如二十年前徒步为鲁迅送葬,出席了整个移灵国葬仪式。中共华东局兼上海市委第一书记柯庆施,中共中央宣传部常务副部长兼文化部党组书记周扬,文化部部长兼中国作家协会主席茅盾,中国作家协会副主席巴金,鲁迅遗孀许广平及鲁迅儿孙辈,以及有关方面负责人和各界著名人士、各国驻沪外交人员共2 000余人,出席了10月14日在虹口公园举行的鲁迅墓落成和纪念馆开馆仪式。现在,上海鲁迅纪念馆年年都获得政府财政拨款近千万元。

在上海移灵国葬之后,10月19日,北京隆重举行了鲁迅逝世二十周年纪念大会。中共中央副主席、国务院总理周恩来出席了纪念大会,全国人大常委会副委员长、中国文联主席郭沫若主持大会,文化部部长、中国作家协会主席茅盾在纪念大会上作了长篇学术报告,来自世界上18个国家的著名作家、学者应邀出席。自20日起至24日,首都北京还举行了为期五天的由中国作家协会副主席冯雪峰主持的纪念学术报告会。报告会上,郭沫若、茅盾、周扬、老舍、郑振铎等著名作家与来自20多个国家的作家进行了交流。

在北京,党和国家同样给予了巨大投入,新中国初期成立的北京鲁迅博物馆,已成为我国鲁迅研究的高等学术研究机构,收藏鲁迅文物之多,在国内外首屈一指。经过长达半个世纪的改、扩建,当年的鲁迅故居(依然如八十多年前鲁迅居住时的布置陈设,没有一尺一寸挪作他用)仅占现馆面积的不足十分之一。而国家每年的财政投入,并不亚于对绍兴、上海两地鲁迅纪念馆的拨款,同样是一个巨大的数字。

在广州,当年鲁迅在此逗留仅八个月又十天(1927年1月18日至1927

年9月27日），新中国成立后，在原国民党“一大”会址上设立的广州博物馆内，辟出千余平方米的屋宇专作鲁迅纪念馆。

进入新世纪，又有两座鲁迅纪念馆所先后建立：一座位于鲁迅1926年8月至1927年1月执教过的厦门大学内；另一座位于南京，设在19世纪末叶（1898年）20世纪初（1902年）鲁迅在南京水师学堂矿路学堂求学的原址上。

新中国成立之初，难能可贵的是，许广平先生并没有将鲁迅遗产看作是她个人或者鲁迅家属的私产，而是将其提高到全民族精神财富这样一个高度来加以认识和保护、推广。因之，经缜密考虑，她携已成年的儿子周海婴一起，先后作出了将鲁迅版税、北京鲁迅故居（即现在位于阜成门内宫门口二条十九号北京鲁迅博物馆内的那个小四合院），以及鲁迅遗物、手稿、书信都捐赠给国家的一系列决定。许广平先生的这一系列决定，受到了党、人民政府和广大人民群众的高度评价。后来的事实充分表明，许广平先生当初的这个抉择，是明智的，正确的，从而在根本上避免了鲁迅遗物、书信、手稿等因人力、财力有限，保管不善造成霉变、散失、乃至被变卖换钱等损失的可能。

值得书上一笔的是，当年，在国民党又一次背信弃义撕破国共两党停战协定发动全面内战后，为避免故居遭受破坏或被国民党军警占用，北平地下党两度动用上层关系，巧妙地将鲁迅故居保护了下来。

新中国成立后，党和政府出资将这座多年无人居住破败不堪的小四合院作了全面修缮。这就是我们今天得以见到的保存完好的位于鲁迅博物馆内的那座微型四合院的鲁迅故居。

上述这一切，如若没有中国共产党的高度重视，没有人民政府的及时而又巨大的投入，是绝对不可能实现的。

上世纪50年代中叶，在党和国家为鲁迅隆重举行移灵国葬前夕，毛泽东亲笔题写了“鲁迅先生之墓”六个大字。毋庸置疑，这六个大字见证了一段令人难以忘怀的历史，见证了中国共产党对鲁迅始终不渝的一贯立场，更是见证了毛泽东身体力行，四十年如一日顺应民心，对鲁迅的大力推介，以及作为“圣人”学生的虔敬态度和立场。

1957年，面对国际国内错综复杂的新形势，毛泽东在一系列的谈话、讲话中，一次复一次地谈到了鲁迅。这些谈话、讲话（对话），充分说明了毛泽东对鲁迅的理解是无与伦比的。也只有他，做到了真正意义上的和鲁迅的心相通，和鲁迅的思想一致。

1957年3月8日，于中国共产党宣传工作会议期间，在同文艺界代表的谈话中，毛泽东深刻指出：

> 鲁迅不是共产党员，他是了解马克思主义世界观的。他用了一番功夫研究，又经过自己的实践，相信马克思主义是真理。特别是他后期的杂文，很有力量。他的杂文有力量，就在于有了马克思主义世界观。我看鲁迅在世还会写杂文，小说恐怕写不动了，大概是文联主席，开会的时候讲一讲。这三十三个题目（秋石附注：系指此前中宣部办公室印发的《有关思想工作的一些问题的汇集》的会议材料，其中编入了33个人们关心的问题），他一讲或者写出杂文来，就解决问题。他一定有话讲，他一定会讲的，而且是很勇敢的。①

相隔仅两天，毛泽东在和新闻出版界代表的谈话中，又一次强调指出：

> 你们赞成不赞成鲁迅？鲁迅的文章就不太软，但也不太硬，不难看。有人说杂文难写，难就难在这里。有人问，鲁迅现在活着会怎样？我看鲁迅活着，他敢写也不敢写。在不正常的空气下面，他也会不写的，但更多的可能是会写。俗话说得好：“舍得一身剐，敢把皇帝拉下马。”鲁迅是真正的马克思主义者，是彻底的唯物论者。真正的马克思主义者，彻底的唯物论者，是无所畏惧的，所以他会写。现在有些作家不敢写，有两种情况：一种情况，是我们没有为他们创造敢写的环境，他们怕挨整；还有一种情况，就是他们本身唯物论没有学通。是彻底的唯物论者就敢写。鲁迅的时代，挨整就是坐班房和杀头，但是鲁迅也不怕。现在的杂文怎样写，还没有经验，我看把鲁迅

① 《毛泽东文艺论集》，第171—172页。

搬出来，大家向他学习，好好研究一下。[①]

又过了两天，在同一个宣传工作会议上，毛泽东在论及如何防止出现片面性时，举例鲁迅的杂文来引导、教育大家说：

> 我们还要求努力做到看问题比较全面，不管长文也好，短文也好，杂文包括在内，努力做到不是片面性的。有人说，几百字，一二千字一篇的杂文，怎么能作分析呢？我说，怎么不能呢？鲁迅不就是这样的吗？分析的方法就是辩证的方法。所谓分析，就是分析事物的矛盾。不熟悉生活，对于所论的矛盾不真正了解，就不可能有中肯的分析。鲁迅后期的杂文最深刻有力，并没有片面性，就是因为这时候他学会了辩证法。……鲁迅的杂文绝大部分是对敌人的，……鲁迅式的杂文可不可以用来对付人民内部的错误和缺点呢？我看也可以。当然要分清敌我，不能站在敌对的立场用对待敌人的态度来对待同志。必须是满腔热情地用保护人民事业和提高人民觉悟的态度来说话，而不能用嘲笑和攻击的态度来说话。[②]

在同一个会议上，而且是在有许多党外人士、各界知识分子名流出席的大型会议上，如此密集地谈到鲁迅，不禁使人想起了十五年前毛泽东在陕北所作的延安文艺座谈会闭幕式上的讲话。尽管时代不同了，共产党变成了强大的

---

① 这段文字笔者最初见于“文革”期间的《毛泽东思想万岁》一书，这段话比较符合毛泽东对鲁迅的一贯认识。笔者之所以引用这一段话，是有原因的。其一，四十多年前的这本《毛泽东思想万岁》，里面收录的毛泽东一系列论述，基本上都符合真实。其中有些即出自于当年一些出席者的现场记录。其二，中共中央文献研究室研究员陈晋同志在其《文人毛泽东》一书第419页中如是写道：“在中国共产党全国宣传工作会议期间，毛泽东的这些讲话，这些观点，除已正式发表的3月12日讲话以外，是即兴而讲或临时插话说出来的，但决不是对文艺界的应付之辞，与此前和此后的谈话，一脉相承，是他在1957年3月间，由‘双百’方针引起文艺问题进行思考后所得出的理论成果。我想，如果能全面和完整地整理出来，一定是一篇很好的文艺论文，其意义不在1942年的《讲话》之下，其水平不在1956年的《同音乐工作者的谈话》之下，甚至可以说代表了毛泽东建国后文艺思想的最高水平。”陈晋同志的《文人毛泽东》一书出版于1997年12月。正是在陈晋同志和其他学者、专家的提议下，毛泽东的此段论述，收入了随后出版的《毛泽东文集》第七卷，见该卷第263页。

② 《毛泽东文艺论集》，第182页。

执政党，但讲话的对象却还是同一个：知识分子，而且是非党知识分子居众。也许在毛泽东的心目中，知识分子的思想最需要引导和改造。只有把知识分子引导和改造好了，才能促进社会的不断向前发展。

在作完中国共产党全国宣传工作会议上的那个长篇报告之后不久，毛泽东来到了知识分子及其名流集中的上海。在上海，他又一次谈到了鲁迅。不过，这次谈及鲁迅，并不是事先估计到的，而是在一个随意性比较大的座谈会上。有关鲁迅的话题，是一个名叫罗稷南的老朋友（实际上是战争年代的一次不期而遇，一次一面之交）不经意的一个提问引起的。而毛泽东的随即作答，也只是那么短短的一句。在当时乃至以后相当长的一段时间内，这一问一答并没有引起人们多少的热议与非议，如同毛泽东于四个月前谈到鲁迅一样，这种谈鲁迅，好比是一把开启门扉的钥匙，或者是叫做解决思想问题的一种方式罢了。毛泽东与罗稷南之间的这段对话真正引起轩然大波的，却是在这次座谈会结束的45年后。

不过，这个小型座谈会召开时，跟四个月前毛泽东谈到鲁迅，在中国共产党全国宣传工作会议上作长篇大论报告的情况所不同的是，形势已经起了变化，而且是不小的变化。先是中共中央于4月27日发出了《关于整风运动的指示》，决定“在全党重新进行一次普遍的、深入的反官僚主义、反宗派主义、反主观主义的整风运动。”

令毛泽东和中央领导成员们始料未及的是，运动很快就如火如荼地发动了起来，其主力正是知识分子，而且以非党知识分子的名流和高层为主，提的问题也是十分尖锐。当然，也有个别浑水摸鱼唯恐天下不乱的人在内，但毕竟是极少极少几个人，大部分向党提意见的知识分子，还是怀着一腔热忱帮助共产党整风的。不幸的是，包括毛泽东本人在内，对知识分子帮助党整风作出了一些错误的认识与估计，以至于由整风很快转向了反右，伤害了大量的无辜——其中不少是在黑暗年代里与共产党肝胆相照的民主人士。这是后话。

1957年7月1日，在毛泽东的授意下，《人民日报》发表了一篇震惊全国的社论《〈文汇报〉的资产阶级方向应当批判》。这篇社论火药味甚浓，引起了人们特别是知识分子的惊恐和对未来的猜测，上海的知识分子感受尤甚。正是在这种情况下，毛泽东感到有必要举行一个小范围的有各界人士——以知识分子为主,以党外人士为主,以各界名流为主出席的座谈会,而且会场气氛应当是轻松随意,不拘一格的。毛泽东还对一同出席座谈会的中共上海市委负责同志强调:对于所有与会者的发言和批评,包括那些言辞比较激烈的批评意见,做到不打棍子,不扣帽子,不穿小鞋,也就是说,不抓一个右派。

这次会议邀请了上海科学、教育、文学、艺术和工商界人士共 36 人,这 36 人中又有多人出席了 3 月份在北京召开的中国共产党宣传工作会议,他们中有电影演员赵丹,音乐家丁善德,还有科技教育界的著名人士谈家桢、周煦良、笪移今等,这些人多多少少也算得上与毛泽东有过那么“一面之交”。而对赵丹来说,已是多次神交。

这个小范围座谈会,就是半个世纪之后被一些人非议得沸沸扬扬的所谓毛泽东要把已经死去 21 年的鲁迅关进大牢的那个说法的原生地。

座谈会召开的确切日期是 1957 年 7 月 7 日晚。

座谈会确切地点为上海中苏友好大厦咖啡厅。

咖啡厅内摆放的是人们喝咖啡的那种小圆桌,没有刻意布置,四五个人,五六个人坐一桌。毛泽东先是来上一个简短的开场白,尔后一个桌子一个桌子地与各界人士座谈(漫谈)。开场白有反右的内容,毛泽东解释看法与政策等,座谈时则内容颇为丰富而又生动,是人情味浓厚拉家常式的,有个人的家庭生活、学习、工作、研究课题,也有大家为之关心的时局与问题,包括反右。没有一个人感到意外、拘束与惊恐——这有 1957 年 7 月 12 日《文汇报》所刊 13 名与会者的发言感受内容为证。在文章中,绝大多数人都提及了毛泽东同他们如同朋友一般,家常式的叙谈。

据知情者说,在毛泽东坐到罗稷南先生所在一桌时,两人确有一小段怀旧叙故的谈话。面对当前的反右形势,罗稷南也是十分随意地问了一句,大意是:如果鲁迅在,他会怎么样?罗稷南问这话时,显然知道毛泽东熟读鲁迅著作,而且有着深刻的理解。他问这话,既是请教,也是探讨,没有惊恐,也没有什么用意,是一句谈兴正浓时不经意的问话。而毛泽东的回答,也是相当的随意,没有停顿,也没有作任何言辞的修饰,完全同四个月前在中国共产党全国宣传工作会议期间同文艺界新闻界代表们谈话时的说法一致。毛泽东面带微笑作答道:

依我看，依鲁迅的性格，即使坐进了班房，他也还是要说、要写的……

仅此而已！

这也完全符合毛泽东的率直性格和一贯作派，同他自 1937 年 10 月 19 日鲁迅逝世周年于延安陕北公学作《论鲁迅》讲演以来，对鲁迅的评价是一脉相承的。也就是说，在长达二十年的时间里，他对鲁迅的认识始终不曾有过改变。直到其逝世，也一直不改初衷。

事实证明，无论是被人大张旗鼓地捧之为作“爆炸性发言”的主角罗稷南，还是其他 35 位人士，毛泽东和上海市委领导人都恪守了当初的承诺，知无不言，言无不尽，言者无罪！没有一个人事后受到刁难、批判、流放、劳教、劳改，也就是说，应邀到会的 36 位各界人士，没有一个人成为“反党反人民反社会主义的右派”！

其中如赵丹先生，还在此后不久加入了中国共产党。

学鲁迅，论鲁迅，可以说是贯穿了毛泽东的后半生。但是，随着形势特别是国内的政治形势的不断变化，毛泽东的学鲁迅、论鲁迅、引述鲁迅的话，逐渐趋向政治化和阶级斗争化，出现了一些极端和错误。这，具体体现在他逝世前一两年，“文革”后期的所谓“批林批孔”运动。由于他对《水浒》及对鲁迅评价的错误解读，变成了现实生活中的批“投降派”、批修正主义，并且这又为蓄谋已久的江青一伙所利用，造成了又一次打倒顺应党心民心进行整顿的邓小平的政治运动。在这以前，毛泽东实际上已经意识到了由他一手发动的“文化大革命”，与他预期的目标大相径庭：危害、损失如此之大，人民怨声载道，这些都是他不愿意看到、听到的，但他就是不愿意否定它。尽管在林彪反革命集团被粉碎后，他亲自出席了为陈毅元帅逝世举行的追悼大会；批准了为贺龙元帅平反；让一大批老干部复出；四届全国人大召开前夕和带着重病前来长沙汇报工作的周恩来彻夜长谈，拍板决定了四届全国人大应通过的重要人事安排，最终没有把实际的和主要的权力交给“文革”新贵王洪文、张春桥、江青和姚文元一伙……

对于《水浒》这部古典文学名著，鲁迅曾做过坚实的研究工作，并发表独到的见解。

在《中国小说史略》之第十五篇《元明传来之讲史》(下)中，鲁迅几乎通篇都在分析《水浒》的各个版本。其中，鲁迅对于现存于世的六种版本，认为“而最要者四”，即一百一十五回本《忠义水浒传》;一百回本《忠义水浒传》，一百二十回本《忠义水浒全书》，七十回本《水浒传》。在《中国小说的历史的变迁》第四讲又介绍说，所通行的《水浒传》有两类:一类是七十回的;一类是多于七十回的。多于七十回的一类是先叙洪太尉误走妖魔，而次以百八人渐聚梁山泊，打家劫舍，后来受招安，用以破辽，平田虎、王庆，擒方腊，立了大功。最后朝廷疑忌，宋江服毒而死，终成神明。到清初，金圣叹以托古手段，把招安以后都删去，只存下前七十回。借口是到招安为止是好的，后便很坏，其实质是他觉得强盗不应该提倡，应口诛笔伐，以为用强盗来平外寇是靠不住的，所以他不愿听宋江立功的谣言。

对《水浒》及其宋江们的评价，鲁迅写有多篇杂文，其中有两篇文章最为典型，分析也颇为透彻。一篇名叫《流氓的变迁》，写于 1929 年岁末(发表于 1930 年 1 月 1 日上海出版的《萌芽月刊》第一卷第一期);另一篇题为《谈金圣叹》，写于 1933 年 5 月 31 日(发表于 1933 年 7 月 1 日上海出版的《文学》第一卷第一号)。

诚如易严先生在《毛泽东与鲁迅》一书中指出的那样:

在我国《水浒》的研究中，人们对鲁迅有关这部小说的思想局限性以及宋江们的造反的严重局限性的批评，对鲁迅所批评的七十回本大量发行，对流传的一百回本和一百二十回本不注重发行，多有忽视或不理解。毛泽东对《水浒》研究中长期没有贯彻鲁迅的评论精神，对金圣叹的腰斩《水浒》和大量发行的这一腰斩本(即七十回本)，十分不满，他说，应该出全本——百回本，叫出版部门印行。让读者了解故事的始末，了解全貌，知道梁山好汉们怎样兴而又怎样败，还其本来面目，让读者知道堡垒最容易从内部攻破。当听说北大中文系正在修改小说史稿时，便说，鲁迅评小说评得好，要好好学习鲁迅的思想观点。他更盛赞鲁迅在《流氓的变迁》中对《水浒》的评论，称赞鲁迅对金圣叹的批判。

毛泽东这回谈鲁迅评《水浒》，是在 1975 年 8 月 14 日，他刚忙完公务，跟他的身边工作人员芦荻(北大中文系讲师)又聊起了古典文学问题。先是谈李白,次谈柳宗元,接着是《红楼梦》,转而为《三国演义》和《水浒》。

易严先生还指出:

因为在这之前的一次政治局扩大会议上,毛泽东曾讲过《水浒》"只反贪官,不反皇帝"的话,所以《北京日报》一位负责人也曾到北大中文系约写评论《水浒》的文章,定下的调子即是这话。这是1974年的事。芦荻听到过这种风言风语。毛泽东身边工作人员张玉凤也证明,在同年,在武汉她读《水浒》时,毛泽东见了说:"宋江是投降派,搞修正主义。"所以,毛这次提到《水浒》时,芦荻便请他细谈应当怎样读《水浒》这部书。

于是,毛泽东谈笑风生,就该书主导的政治倾向问题,发了一通议论,反复举例,细致分析。芦荻忙于记录,从学术的角度理解。张玉凤从秘书的角度考虑,想到毛要印百回本的话是指示,要执行贯彻,请示同意后,她要芦荻把毛主席刚才的指示写一下。芦荻写出的是:"《水浒》百回本、百二十回本和七十一回本,三种都要出。"毛泽东补充道:

要不要把鲁迅的那段评语印在书的前面?①

芦荻遵嘱加上一句:"把鲁迅先生的《流氓的变迁》中那段话印在卷首。"然后递给张玉凤。随后,张玉凤来书房里通知芦荻,要马上把主席刚才对《水浒》的评语整理出来。主席说,把鲁迅的那段话也写上。

下面,结合毛泽东晚年评《水浒》的观点,我们再回过头来读一读鲁迅著作中对《水浒》类似的评析。

先读《流氓的变迁》。

在这则杂文中,鲁迅关于《水浒》的评析是承前启后的——从春秋战国时期的孔子、墨子,以及汉代司马迁等人的理论的阐述说起,因而,并不单单评说梁山泊的英雄好汉们如何如何。论完《水浒》后,鲁迅在下文点及了清王朝和当时上海租界的种种黑暗及弊端。实质上,鲁迅的这篇《流氓的变迁》是一则

① 易严:《毛泽东与鲁迅》,河北人民出版社1998年版,第357页。

绝妙的借古讽今佳作。

鲁迅于该文一开始写道：

> 孔墨都不满于现状，要加以改革，但那第一步，是在说动人主，而那用以压服人主的家伙，则都是“天”。
>
> 孔子之徒为儒，墨子之徒为侠。“儒者，柔也”，当然不会危险的。惟侠老实，所以墨者的末流，至于以“死”为终极的目的。到后来，真老实的逐渐死完，止留下取巧的侠，汉的大侠，就已和公侯权贵相馈赠，以备危急时来作护符之用了。
>
> 司马迁说：“儒以文乱法，而侠以武犯禁”，“乱”之和“犯”，决不是“叛”，不过闹点小乱子而已，而况有权贵如“五侯”者在。①

写到此处，鲁迅才点到了《水浒》梁山泊好汉们奉行的路线及其弊端：

> “侠”字渐消，强盗起了，但也是侠之流，他们的旗帜是“替天行道”。他们所反对的是奸臣，不是天子，他们所打劫的是平民，不是将相。李逵劫法场时，抡起板斧来排头砍去，而所砍的是看客。一部《水浒》，说得很分明：因为不反对天子，所以大军一到，便受招安，替国家打别的强盗——不“替天行道”的强盗去了。终于是奴才。②

接下去的文字，是评点清朝和上海租界现状的（略）。

在《谈金圣叹》一文中，鲁迅同样是在联系清王朝及现代中国现状而对《水浒》及宋江们有感而发的。鲁迅十分不满金圣叹的腰斩《水浒》后三十回。他指出：

> 单是截去《水浒》的后小半，梦想有一个“嵇叔夜”来杀尽宋江们，

---

①② 《流氓的变迁》，《鲁迅全集》第四卷，第159页。

也就昏庸得可以。虽说因为痛恨流寇的缘故,但他是究竟近于官绅的……①

鲁迅又指出:

宋江据有山寨,虽打家劫舍,而劫富济贫,金圣叹却道应该在童贯高俅辈的爪牙之前,一个个俯首受缚,他们想不通。所以《水浒传》纵然成了断尾巴蜻蜓,乡下人却还要看《武松独手擒方腊》这些戏。②

正因为在这之前有鲁迅《水浒》英雄好汉们“不反天子”的论述,于是便有了“文革”后期的1975年毛泽东的评《水浒》批投降派、批修正主义的相关论述。由芦荻根据毛泽东多次评点《水浒》谈话而成的记录整理稿(毛泽东最新指示)就这样面世了:

《水浒》这部书,好就好在投降。做反面教材,使人民都知道投降派。

《水浒》只反贪官,不反皇帝。摒晁盖于108人之外。宋江投降,搞修正主义,把晁的聚义厅改为忠义堂,让人招安了。宋江同高俅的斗争,是地主阶级内部这一派反对那一派的斗争。宋江投降了,就去打方腊。

这支农民起义队伍的领袖不好,投降。李逵、吴用、阮小二、阮小五、阮小七是好的,不愿意投降。

鲁迅评《水浒》评得好,他说:“一部《水浒》,说得很分明:因为不反对天子,所以大军一到,便受招安,替国家打别的强盗——不‘替天行道’的强盗去了。终于是奴才。”(《三闲集·流氓的变迁》)

金圣叹把《水浒》砍掉了二十多回。砍掉了,不真实。鲁迅非常不满意金圣叹,专写了一篇评论金圣叹的文章《谈金圣叹》。(见《南腔北调集》)

①② 《谈金圣叹》,《鲁迅全集》第四卷,第542—543页。

《水浒》百回本、百二十回本和七十一回本，三种都要出。把鲁迅的那段评语印在前面。①

不仅如此，毛泽东还特地嘱咐把上述自己评《水浒》的话“发政治局各同志”，继而又变成了中共中央正式文件。“四人帮”一见，自然是大喜过望，经执掌中央宣传大权的歪嘴和尚姚文元随心所欲的发挥，这个评点《水浒》的谈话稿，竟然变成了“对于中国共产党人、中国无产阶级、贫下中农及一切革命群众在现在和将来，在本世纪和下世纪坚持马克思主义，反对修正主义，把毛主席的革命路线坚持下去，都有重大的、深刻的意义”的“最高指示”，在全国范围内掀起了一场评《水浒》、批投降派、批修正主义，揪党内宋江的政治运动。

毋庸置疑，这个为“四人帮”大大利用了一番的毛泽东评《水浒》的讲话，是一个走了调变了味的“最高指示”。由于怕自己发动的“文化大革命”被彻底否定，怕自己百年之后的中国被“修正主义”取代，毛泽东错误地采纳了姚文元的建议，批准发动了评《水浒》运动，这不能不说是这个“圣人”的学生整个学鲁迅、读鲁迅生涯中的一大败笔……

今天，我们在痛心回顾毛泽东晚年的这个败笔时，仍能聊感欣慰地发现，就在“批林批孔”的同一时间内，在毛泽东学鲁迅、读鲁迅的过程中，却出现了一个亮点，这就是毛泽东认真解读鲁迅关于“吃烂苹果”的论述。

自1974年春天开始，81岁的毛泽东视力出现了明显衰退，8月，他被确诊为老年性白内障。如若看文件读报纸，可以让机要秘书张玉凤读给他听，而对于他一生都十分喜爱的古诗文和鲁迅杂文，这位列车员出身的机要秘书就显得勉为其难了。因此，在1975年的5月23日，有关方面按照毛泽东的需要，给他请来了北大中文系的讲师芦荻。一次，毛泽东叫芦荻查一查鲁迅关于烂苹果也可以吃的话，出自于《鲁迅全集》的哪一篇文章。对于并不通晓鲁迅著作的后者来说，则是费了好大一番工夫，才查到了原文出处。

那是在1975年的7月中旬光景，毛泽东收到了由邓小平转来的电影编剧

① 引自易严：《毛泽东与鲁迅》，河北人民出版社1998年版，第357—358页。另：笔者于1975年在黑龙江任新闻记者时，听过含有此内容的中共中央文件传达。

张天民有关电影《创业》挨批的告状信。毛泽东读后，对江青一伙压制他早在二十年前提出的“百花齐放，百家争鸣”的文艺方针和“一切给样板戏让路”的武断做法极为不满。于是，他又让张玉凤给他读鲁迅的这篇文章。可是张玉凤并不知道《鲁迅全集》哪一卷哪一集子收入这篇文章，以及文章的题目叫什么，因而找不到。于是，毛泽东便告诉她此文系《准风月谈·关于翻译》这一篇。后来，当张玉凤读到“苹果一烂”这一段时，毛泽东高兴得连连称赞：“写得好！写得好！”

对于早年所读的鲁迅文章的内容，毛泽东依然记得这么清楚，可见他对自己心中的“圣人”老师是多么的崇敬，对“圣人”老师的著述多么的融会贯通，学以致用啊！

1975年8月上旬，经手术后，毛泽东一只眼睛复明。于是，他自己又来阅读这篇文章，在一本70年代出版的大字本《准风月谈》的这篇文章的标题旁画上曲线，在标题前画着大圈，用颤抖的笔迹写着：“吃烂苹果，1975、8。”这是毛泽东逝世前一年重病在身时，读鲁迅杂文留下的最后一则批注。

鲁迅的这篇杂文，究竟里面都写了些什么发人深省的话，使得暮年的毛泽东如此赞不绝口呢？

我们不妨来认真地读一读。

为方便读者，兹抄录其中的那一段文字，并先介绍一下这篇杂文的来龙去脉。

在《准风月谈》杂文集里，鲁迅先写有一篇《为翻译辩护》的杂文，希望批评家做三件事：一、指出坏的；二、奖励好的；三、倘没有，则较好的也可以。此文发表后引出了创造社穆木天的论文。针对穆文中“苏联不会为帝国主义作家做选集”的论点，鲁迅又写了《关于翻译（上）》的杂文，主张青年也可以看看“帝国主义者”的作品，知己知彼，博览知识。不过，书前须有详序，加以仔细地分析和正确地批评。接着还写了《关于翻译（下）》这篇文章，是针对穆文中只指出坏的，以及别的批评文章也只指出译著的缺点而没有别的现象而发的。

鲁迅的补充意见是：倘连较好的也没有，则指出坏的译本之后，并且指明其中的那些地方还可以于读者有益处。为了说明这意见，鲁迅打了个吃烂苹果的比方：

> 苹果一烂，比别的水果更不好吃，但是也有人买的，不过我们另外还有一种相反的脾气：首饰要“足赤”，人物要“完人”。一有缺点，有时就全部都不要了。爱人身上生几个疮，固然不至于就请律师离婚，但对于作者，作品、译品，却总归比较的严紧，萧伯纳坐了大船，不好；巴比塞不算第一个作家，也不好；译者是“大学教授，下职官员”，更不好。好的又不出来，怎么办呢？我想，还是请批评家用吃烂苹果的方法，来救一救急罢。
>
> 我们先前的批评法，是说，这苹果有烂疤了，要不得，一下子抛掉。然而买者的金钱有限，岂不是大冤枉，而况此后还要穷下去。所以，此后似乎最好还是添几句，倘不是穿心烂，就说：这苹果有着烂疤了，然而这几处没有烂，还可以吃得。这么一办，译品的好坏是明白了，而读者的损失也可以小一点。①

文章结论说：所以，我希望刻苦的批评家来做剜烂苹果的工作，这正如“拾荒”一样，是很辛苦的，但也必要，而且于大家有益的。

在鲁迅的这篇文章里，有全面的观察和辩证的分析，有切实明白的主张和方法，有通俗易懂、形象生动而又贴切深刻的说理，还有恳切的希望；同时，又有对要“足赤”要“完人”，作家和作品、译品一有缺点就全部抛弃、全盘否定的错误思想及做法的批评，读来，既启人神智，又津津有味，难怪毛泽东听读后，高兴地连声称好哩！

毋庸置疑，鲁迅关于吃烂苹果的论述，同毛泽东提倡的一切从实际出发的思想方针，是一致的。而且，在1975年那个特定的年代里，更具有针对性——鲁迅关于吃烂苹果的提法及连带批评，正是毛泽东面临的一个亟待解决的问题。

就在这一年，紧密联系鲁迅吃烂苹果的精神，毛泽东解决了两个大问题，一个是打破江青一伙的垄断和封锁，重启“百花齐放，百家争鸣”的文艺方针；另一个是从周扬一案为突破口，大批解放长期被关押、流放、搁置的老干部。毛泽东的头脑也比较清醒：由于邓小平主持中央政治局日常工作，打破了江青一伙

---

① 《鲁迅全集》第五卷，第316—317页。

对毛泽东的严密封锁圈子,全国各行各业的真实信息,得以源源不断地传入毛泽东的耳朵。这年的七、八、九三个月,也是邓小平花大力气抓整顿的三个月。

在邓小平抓住时机,将整顿引向高潮的时候,历来关注文艺工作的毛泽东,也将整顿的触角,引向了文艺领域。

1975 年 7 月,毛泽东找邓小平谈了一次话,专门谈到了人民群众普遍不满的文艺现状。他尖锐地指出:样板戏太少,而且稍微有点差错就挨批。百花齐放都没有了。别人不能提意见,不好。

毛泽东作出这样的指示和批评,决不是偶然的。第一是针对江青一伙推行文化沙漠、否定百花齐放、百家争鸣方针的,是对江青一伙鼓吹的“样板戏开创了无产阶级文艺的新纪元”的说法的严厉批评。第二是针对当时文艺领域死气沉沉的局面怎样从根本上加以改变的问题。

要改变这种局面,首先必须得有一支活跃的文艺队伍才行,否则是无法改变的。

正好就在这时,毛泽东收到了一度被诬为十七年“文艺黑线”的骨干人物、“文革”前任中宣部副部长的林默涵写给他的一封信。

林默涵虽然不是“四条汉子”的成员,但“文革”开始后他就被赶到了江西。1975 年的 5 月,中央宣布对他解除监护,恢复自由,把他安排在就近的江西省丰城县钢铁厂工作,等候结论。6 月 17 日,林默涵自丰城写信给毛泽东,对中央给他以自由和工作的处理结果表示感谢,希望能够“留在党内”:“决心好好学习马列和毛主席著作,虚心当群众的小学生,把自己的一切献给党和人民的事业,直到最后一息。”林默涵的信言辞恳切,表达了一位老共产党人、延安文艺战士对党的忠贞和深情。这时候毛泽东正患着老年性白内障,双目几近失明。听张玉凤读完此信,毛泽东默然良久,半晌,他才拿起铅笔,摸索着给中央政治局作出如下的批示(连同林默涵的来信一起送达):

> 周扬一案,似可从宽处理,分配工作,有病的养起来并治病。久关不是办法,请付讨论酌处。
>
> 毛泽东　七五、七、二①

① 见陈晋:《文人毛泽东》,第 617 页。

十分明显，毛泽东作出的这个批示，已经不是仅仅对林默涵一个人的处理方式了。批示里所说的“周扬一案”，就是在山雨欲来风满楼的1966年2月林彪委托江青搞的那个《部队文艺工作座谈会纪要》中提出的新中国成立后存在的“文艺黑线”引发的一个案件，涉及以“二阎王”周扬为首的近百位文艺界人士。这些人是新中国文化宣传部门和文联各协会各团体的领导骨干，基本上也是30年代的反国民党文化“围剿”左翼作家中的幸存者。1967年，经过长时间的批斗后，周扬被关进秦城监狱。此后，正式列入“周扬一案”的“文艺黑线人物”多达七八十人，他们或被关押，或被监护，或被长时间挂起来遭无休止的立案审查。而主持“周扬一案”审理的，正是江青。

事实上，早在毛泽东对林默涵的来信作出批示半年前，亦即1974年12月下旬，毛泽东在长沙同前来汇报四届全国人大人事安排的周恩来彻夜长谈时，就已经作出了决策。他亲自交代周恩来，一俟四届全国人大开毕，就把关押、监护的那些老干部解放出来。三个月后在杭州，毛泽东亲自批准了《关于专案审查对象处理意见》的请示报告。正是在这样的背景下，“文革”中由中央立案审查的人员660多人（不包括林彪反革命集团成员）中，绝大多数都得到了释放。只有20多人继续被关押审查。这其中有属于“周扬一案”中的大多数人，在这一年的5月先后被释放和解除监护。但是周扬、夏衍、阳翰笙（即通常被称“四条汉子”的成员，其中之一的著名戏剧家田汉已在1968年被迫害致死）仍被关押审查。而毛泽东在批示中所说的“久关不是办法”，主要是针对周扬他们三个人的。

毛泽东对林默涵来信的批示，从根本上改变了“文革”初江青伙同林彪所搞的《部队文艺工作座谈会纪要》中抛出的所谓“文艺黑线”的提法，及对“周扬一案”的极端看法，明确指示应该“从宽处理”。

毛泽东的批示下达十天后，即1975年的7月12日，望眼欲穿苦苦等待了八年之久的周扬夫人苏灵扬，终于盼来了中宣部军管小组的通知：接中央通知，周扬将于近日释放。大喜过望的苏灵扬到处向人说：“二阎王”要放出来了！

7月14日，周扬从秦城监狱回到了蓝天白云之下。由于原住宅被军管组的要员占住着，他和同样劫后余生的苏灵扬被安排到了中组部万寿路招待所一号楼二层的一个房间暂时栖身。不久，周扬便知道了他的释放是毛泽东的决定所致。

然而，周扬虽然被释放了，但江青却依然为之设置了重重障碍：不让其在大型场合公开露面，不给其安排工作。与此同时，还在“结论”上下阴功挂尾巴，强调周扬当年“反鲁迅性质严重”，和“推行十七年文艺黑线”现行严重，将其挂了起来。

毛泽东是深知江青秉性的。

在周扬自秦城监狱获释的当日傍晚，毛泽东又找江青当面下达了调整文艺政策的一揽子指示。指示内容由江青本人作了记录，谈话时间持续了一个多小时。其主要内容，系为进一步阐述本月初同邓小平的谈话，以及对林默涵来信的批示内容。1975年11月15日，毛泽东又亲笔对江青所作的记录作了几处修改。然而，这个谈话内容却没能在毛泽东生前公开。原因是风向变了，高举整顿大旗的邓小平陷入了第二次被打倒的泥沼。

毛泽东明确指出：

> 党的文艺政策应该调整一下，一年、两年、三年，逐步逐步扩大文艺节目。缺少诗歌，缺少小说，缺少散文，缺少文艺评论。
>
> 对于作家，要惩前毖后、治病救人，如果不是暗藏的有严重反革命行为的反革命分子，就要帮助。
>
> 鲁迅那时被攻击，有胡适、创造社、太阳社、新月社、国民党。鲁迅在的话，不会赞成把周扬这些人长期关起来。脱离群众。①

谈话中，毛泽东把“文革”初视文艺问题为政治问题、路线问题、敌我问题的极端做法，从根本上扭转了过来。

毛泽东为此进一步指出：

> 文艺问题是思想问题，但是不能急，人民看不到材料，就无法评论。

---

① 《党的文艺政策应当调整》，《毛泽东文艺论集》，第232页。

> 《反杜林论》出版后，柏林大学撤了杜林的职，恩格斯不高兴了，争论是争论嘛，为什么撤职？……处分人要注意，动不动就要撤职，动不动就要关起来，表现是神经衰弱症。林彪不跑，我们也不会杀他，批是要批的。①

毛泽东的上述谈话精神，也可以视作是他对江青的一个批评，批评中带着教育，其中还讲了不少道理，目的是让江青转变思想，不要再在周扬等人的问题上设置什么障碍。但江青还是阳奉阴违，不让周扬真正获得解放。在毛泽东和她谈话的三天后，7月16日，主办“周扬一案”的相关部门写出了一份报告，对“周扬一案”涉及的76名专案审查对象的问题性质下了结论。除田汉、章汉夫、刘芝明、邵荃麟、何幹之、焦菊隐、蔡楚生、蔡叔厚、穆木天等已亡故的12人以外，一一提出了处理意见。其中林默涵、肖望东、刘白羽、石西民、钱俊瑞、张致祥等32人列入“分配工作”的名单，夏衍、阳翰笙、王昆仑、徐平羽等20人“养起来并治病”，另有3人“劳动教育”。而对于周扬，他虽然被列入“分配工作”的行列，但仍定为“问题性质严重”，其处理意见是在“分配工作”前加了一个“拟”字。

这份题为《关于周扬一案处理情况的报告》于7月27日送毛泽东审批。这时的毛泽东因左眼白内障刚动完手术，还无法阅读，次日在仔细地听机要秘书张玉凤读完这份报告后，毛泽东迅速作出了指示。对周扬问题的定性，毛泽东认为，应该是人民内部的问题。为此，他指示张玉凤将原文件上所写的“问题性质严重”，用“人民内部问题”六个字取而代之。主持中央日常工作的邓小平，当即将毛泽东对周扬定性作了重要修改的文件批转政治局成员阅读。至此，以江青为首的“四人帮”再也无法施展阴谋伎俩了。

毛泽东作出这样的批示，固然是因为鲁迅用吃烂苹果的比方来告诫人们要正确对待有缺点的人和文艺作品，不能因其的一点缺点和不足，就全盘否定、全部抛弃，既然鲁迅主张这样的观点，那么鲁迅在的话，也一定会正确对待周扬这些攻击过他的有缺点的人，因为他们并不是穿心烂的苹果。但除了这

① 《毛泽东文艺论集》，第233页。

个根据之外，还有着具体的因由。

20世纪30年代，在上海，鲁迅曾在书信和文章中点名或不点名地批评过周扬等人的错误思想、做法和作风。例如，说翻译《奥勃罗摩夫》的“一位名人”，太用力于交际，翻译就不大高明；称他们为“指导者”、“指导的英雄”、“工头”、“四条汉子”；他们“宣布我的罪状”，轻易诬同志为“内奸”，等等，有些讲得十分尖刻厉害。在《答徐懋庸并关于抗日统一战线问题》一文中，鲁迅指名道姓地说：“对于周起应之类，轻易诬人的青年，反而怀疑以至憎恶起来了。”可见鲁迅对周扬等的严厉态度。但是，紧接着，鲁迅平心静气地说：“自然，周起应也许别有他的优点，也许后来不复如此，仍将成为一个真的革命者。”说话留有余地，给予希望。

进入9月，就要准备过国庆节了。国务院政治研究室按照安定团结、落实政策的方针，向党中央、国务院开列了邀请出席1975年国庆招待会的科技教育界、文化艺术界、新闻出版界人士的名单。这个名单相当广泛，在文艺界的名单中就有周扬。可是临近国庆，周扬却一直没有收到企盼中的请柬。

尽管周扬未能在国庆招待会上露面，不过，“周扬一案”中的刘白羽、徐平羽、吕骥、周巍峙、华君武、张庚、戴爱莲、新凤霞和受迫害的音乐家马可、李焕之等还是出席了招待会。

据说，有关周扬出席不出席1975年国庆26周年招待会一事，毛泽东还说了一些话，对最终不请周扬出席表示了“可惜”。

1975年9月中旬，毛泽东的身边工作人员把有关周扬检查的文件送给他看。他看了之后，当时什么也没说，也没有批什么字。到了9月27日那天，有关部门送来了参加人民大会堂国庆宴会的名单，请他过目审查批准。他看到名单上有许多“文革”中被打倒的人也列上了，像罗瑞卿、杨尚昆等，他显出高兴的神态，当他看完了这个长长的名单之后，便对工作人员说：“名单里没有周扬吗？”工作人员说：“周扬有错误，前些日子不是还给您看过有关他的检查的那份文件吗？”“对啊，你把那份文件再拿来给我。”毛泽东仔细地看了一遍，然后，似乎是未加思索地就在最后一页上写了：“人无完人，金无足赤。”①

---

① 陈晋：《文人毛泽东》，第618页。

10月16日，毛泽东在一份《学部老知识分子出席国庆招待会的反映》的简报上写下了批语："打破金要足赤，人要完人的形而上学错误思想。可惜未请周扬、梁漱溟。"这是毛泽东继7月份三次直接过问周扬问题以后第四次谈到周扬。①

在解决"周扬一案"问题的同时，毛泽东又将鲁迅"吃烂苹果"的精神引向了当时被江青等人严密封锁十分萧条的文化电影战线。

说起来十分凑巧的是，就在邓小平向国务院政治研究室传达毛泽东同他的谈话后不几天，研究室负责人胡乔木收到了由贺龙女儿贺捷生送来的文艺界人士反映情况的材料。胡乔木阅后，让把材料中谈及的电影《创业》的情况集中写一下，然后，又让人找来了该片编剧张天民。后者于1975年7月18日向毛泽东和邓小平分送了一封内容相同的信件。

《创业》是一部以大庆石油工人为题材的影片。上映前，历经大庆各条战线劳动模范代表的观摩和提意见，又经国务院文化组（文化部前身）的多次审查，一些负责同志也给予了肯定并指示在全国各地上映。然而，当该影片于1975年春节在各地上映后，却招来了江青和文化部头面人物的一连串批判。为此，该片编剧张天民在致毛泽东和邓小平的信中如实反映道：

> 上映的第三天，有关领导做出几项决定：不继续印拷贝，报纸上不发表评价文章，不出口，电视、电台停止广播，并通知了全国各地。几天后，长影负责人传达了中央负责同志（这里指的是江青等人——秋石注）的指示，指出了影片在政治上、文艺上都有严重错误。政治上美化刘少奇，艺术上写真人真事，公式化、概念化等等，要求查一查背景，并写批评文章。这使文艺界受到了极大的震动，思想上比较混乱。我自己也感到压力很大。直到4月8日文化部核心组"经过认真仔细的讨论"，正式提出十条批评意见（见附件），并建议吉林省委、长影党委和创作人员进行检查，指出要我们写篇自我批评文章，准备在报上发表（附件），调查了创作过程，指出"不论涉及任何人和事都

① 陈晋：《文人毛泽东》，第618页。

没有关系！”①

张天民还对十条批评意见提出的一些问题作了必要的解释说明，并提出了建议：

如果影片的问题不像“十条意见”所说的那样严重，我建议影片应该重新上映，相信经过无产阶级文化大革命锻炼的广大工农兵群众会正确地鉴别它的。②

四天后，亦即7月22日，张天民的这封信就送到了邓小平的手中，邓小平及时地转呈给了毛泽东。次日——1975年7月23日晚，毛泽东做了白内障手术，手术结束后眼睛给蒙了起来，他是听身边工作人员念了此信内容的。两天后，7月25日，在眼睛还不能看文件书信的情况下，毛泽东似是用手摸索着写出这条仅有四十个字的令整个文艺界人士精神为之大振的批示。

毛泽东这样写道：

此片无大错，建议通过发行。不要求全责备。而且罪名有十条之多，太过分了，不利调整党的文艺政策。③

区区四十个字，毛泽东在眼睛无法阅看的情况下，却写了六张纸，而且字迹也很不整齐，可见毛泽东对于调整当前的文艺政策下了多么大的决心。“不要求全责备”，比照鲁迅当年那个“吃烂苹果”的论述，我们又一次见证了他老人家同鲁迅的“心是相通的”这一基本点，更是见证了毛泽东对文艺家们和文艺作品的莫大宽容的立场！

据了解，在写完关于《创业》的指示后，毛泽东并没有放下手中的笔，而是作了特别的标注：“此信增发文化部和来信人所在单位。”毛泽东的这个标注含

①② 陈晋：《文人毛泽东》，第621页。

③ 《毛泽东文艺论集》，第234页。

有极其深远而又现实的意义——把此事公开化，防止有人封锁他的意见。

在对电影《创业》作出批示四天后，1975 年 7 月 29 日，毛泽东又对同样被江青及文化部头头认为有严重问题，遭百般阻挠而禁演的电影《海霞》作出了“印发政治局各同志”的批示。在 1975 年的七、八、九三个月，乃至稍后一些时候，在高举整顿大旗、下大力气恢复国民经济的邓小平的努力斡旋下，加上毛泽东的清醒意识，全国文艺舞台上出现了自 1966 年以来罕见的复兴局面。

这就是毛泽东正确地理解、贯彻鲁迅“吃烂苹果”精辟论述的一系列大手笔！

毛泽东读鲁迅，懂鲁迅，并将其运用到具体的实践中去。

也许意识到了自己将不久于人世，为了让鲁迅精神世世代代地传承下去，自 1975 年的 10 月到 1976 年的 1 月，毛泽东多次向全党、全国人民发出了“读点鲁迅”的指示。

毛泽东的逝世，并不意味着学鲁迅活动的终结，中国共产党始终没有忘记 1936 年鲁迅逝世时所作出的庄严承诺，一如既往地学习鲁迅、弘扬民族魂，并且将鲁迅精神紧密地同实现四个现代化的伟大建设目标结合在一起。

1981 年 9 月 25 日，中共中央在北京人民大会堂隆重举行鲁迅诞辰一百周年纪念大会，中共中央主席胡耀邦向大会作了长篇讲话。他的这个讲话继承了毛泽东 1937 年 10 月 19 日在延安陕北公学所作的《论鲁迅》讲演的精神，并且结合实际有所发挥。胡耀邦指出——

> 鲁迅是中国近代革命历史上的伟大英雄，是文化战线、思想战线上的伟大战士。鲁迅的革命精神和他所留下的极其丰富的思想遗产，在他逝世后四十五年间，越来越受到人民的尊重。现在，我们隆重集会，纪念鲁迅诞生一百周年，就是要学习他的革命精神，纪念他为中国人民建树的不朽功勋。
>
> 鲁迅的一生处于中国在帝国主义、封建主义和官僚主义统治下，人民遭受残酷的奴役和压迫，民族灾难极其深重的黑暗时代。早在辛亥革命前夕，他抱着改造中国的目的而开始从事文学工作和思想工作。辛亥革命的失败使他迷惘痛苦，但他没有停止前进的脚步。

他作为一个革命民主主义者积极参加了五四新文化运动。在五四运动右翼的一些资产阶级知识分子相继表现消沉、倒退的年代里，他继续以其卓越的文艺创作和锋利的思想批评，对一切阻碍中国进步的旧势力进行坚持不懈的斗争。他对中国共产党参加和领导的一九二五年到一九二七年的革命表现了高度的热情。在这次革命失败后，他的思想有了一个新的跃进。我国有不少知识分子从资产阶级、小资产阶级的革命民主主义出发，进而成为无产阶级的共产主义战士，鲁迅是他们中最杰出的一个。在他一生最后八九年间，他把他对中国历史的深刻认识，他和旧势力斗争的丰富经验，同无产阶级的革命立场、马克思主义的科学思想紧紧地结合了起来。他的著作中的战斗性及其对人民的教育作用都达到了中国文化史上前所未有的水平。在中国共产党所领导的军事的和文化的两支队伍同国民党反动派进行生死搏斗的时候，鲁迅是冲破反革命文化“围剿”的主将。鲁迅的一生是战斗的一生。他热切地追求真理，永不停顿地前进，始终站在时代潮流的前列。

鲁迅是通过长期的实际斗争和独立思考而接受共产主义世界观的，所以他的信仰是非常坚定的。在最严酷的法西斯统治下，他公开宣布，“惟新兴的无产者才有将来”，并且在中国共产党和它所领导的工农红军身上看到中国的希望。在三十年代抗日战争开始以前，我党正处于极困难的年代，党所领导的人民革命力量不但还很弱小，而且在左倾错误领导下遭到严重的挫折和失败，就在这样的时候，鲁迅坚信党的力量，同党站在一起，直到生命的最后一息。这是何等可贵的革命精神和远大眼光啊！鲁迅的革命精神是那种鼠目寸光、稍受挫折就灰心丧气的人所不能比拟的，也是那种对革命抱着不切实际的幻想，以为一革命就应当出现“极乐世界”，否则就嘲笑以至咒骂革命的人所不能比拟的。鲁迅深知革命的道路决不可能是平坦笔直的，一定会有荆棘，有曲折；他敏锐地把握住时代的要求，不顾会遭遇多大的艰险，坚定不移地同人民革命事业共命运。鲁迅没有在组织上加入共产党，但他是个真正的马克思主义、共产主义者。

鲁迅始终把斗争锋芒对准帝国主义、封建主义及其走狗。他的骨头是最硬的，他对敌人的斗争是异常坚决和勇敢的。在革命阵营内部和进步文艺界内部，他总是着重于团结起来，一致对敌。他既反对右倾投降主义，又拒绝任何左倾空谈冒险的错误方针。对于同志和战友的缺点错误，他出于公心，提出针砭和批评，决不含混敷衍，尽管有时可能失之过严，但总是善意的、深刻的，富有启发和教育的意义，有助于人们思想的提高。鲁迅对自己是很严格的。他说：“我的确时时解剖别人，然而更多的是更无情面地解剖我自己。”他就是这样做了的。为了培养青年一代，鲁迅付出了大量的时间和精力。他以自己的言行鼓舞和教育青年，给了他们以前进的力量和智慧。

鲁迅的主要战斗武器是文艺。在文艺和社会的关系问题上，他有力地批驳了文艺是个人“灵感”的爆发之类的论调，指出在战斗的时代要离开战斗而独立，只不过是臆造的幻影。他强调革命文艺是属于人民大众的，是为了人民大众的，是改革社会的工具，是感应的神经，攻守的手足。文艺要正确而有力地描写社会，并且反过来影响社会，使革命更加深化和展开，推动社会前进。鲁迅以他毕生的创作实践告诉人们，他极端重视作品的社会效果，总是以思想上、艺术上尽可能完善的作品献给人民。他尖锐地指出那些革命立场不坚定的作家往往将革命写歪，甚至借革命文学推销自己的错误观点，这样的作品对革命是有害的。在鲁迅看来，革命文艺应当对人民特别是青年极端负责任。如果用自己的错误思想把青年引入危途，那是一种不可原谅的罪孽。鲁迅把革命作家应当首先是一个“革命人”，看做根本问题。革命作家应当是“大众中的一人”，必须和革命同命运，深切的感受着革命的脉搏，和人民大众“喜怒哀乐，无不相通”，这样才会有革命文艺。鲁迅十分重视文艺批评，认为“文艺必须有批评”，“剪除恶草，灌溉佳花”是文艺批评的任务。没有批评，文艺就不能前进。批评家应当有明确的是非，好就是好、坏就是坏，这样才于作者有益，于人民有益。鲁迅终生孜孜不倦，勤奋的程度是惊人的。他对青年苦口忠告，要不断地努力，切勿幻想以一年半载，几篇文字和几本期刊，便立了空前绝后的大勋业。从五四运动算起到鲁迅逝世，不过十八年，他在这段不长的时间里，在极其艰难的条件下，为人民创作了四百万字，翻译了三百万字高水平的作品。这些著作至今几乎全部仍然保持着巨大的吸引力、启发力和长远流传的价值。

鲁迅是伟大的爱国主义者，又是伟大的国际主义者。他十分重视中外文化的交流，用很大精力吸收外国的进步文艺。他关心和支持世界上被压迫民族和人民的解放斗争，在三十年代国际反法西斯斗争中，他是一个英勇而坚定的国际主义战士。①

进入新时期以后，中国共产党非常重视在新的历史条件下继承和发扬鲁迅精神。在鲁迅诞辰110周年于中南海怀仁堂举行的纪念大会上，中共中央总书记江泽民发表了《进一步学习和发扬鲁迅精神》的重要讲话，明确指出：

他的作品的思想深度、历史容量和战斗性，是中国文化史上所少有的；他的作品、思想和人格，在唤起中国人民的觉醒和团结奋斗、增强中华民族的凝聚力、提高民族自信心方面所发挥的巨大作用，所产生的深远影响，是近代中国任何别的作家都无法比拟的。鲁迅精神是中华民族精神的结晶。鲁迅虽然没有在组织上加入中国共产党，但他是党的最忠诚的同志和战友，是伟大的共产主义者。

面对错综复杂的国际形势和艰难繁重的国内建设和改革任务，不仅文化战线的同志要义不容辞地学习鲁迅、宣传鲁迅，而且广大工人、农民、知识分子和各条战线的干部，都要进一步学习和发扬鲁迅精神。②

在改革开放的新时期，尤其要学习和发扬鲁迅的爱国主义精神，坚韧的战斗精神和博采众长、勇于创新的精神。

---

① 1981年9月26日《人民日报》头版。

② 1991年9月26日《人民日报》头版。

在世界进入21世纪后，面对新的社会情况，中国共产党在各个领域里把鲁迅精神落到实处，并赋予其新的内涵：同以胡锦涛同志为总书记的党中央提出的实践科学发展观，建设一个和谐而又强大的小康社会紧密地结合在一起。党和各级政府在不断地加大对各地鲁迅博物馆、纪念馆场所基础设施投入的同时，历时四年修订和补充、出版了新的18卷《鲁迅全集》。凡此种种，无不证明了中国共产党人是始终如一地坚持弘扬民族魂，继承鲁迅精神的。

值得一提的是2011年，中共中央和全国政协分别于7月1日和10月9日在首都人民大会堂举行大会，隆重纪念中国共产党成立九十周年，纪念结束两千多年封建王朝统治的伟大辛亥革命爆发100周年。就在这个特别有意义特别繁忙，国际风云变幻无穷的一年，以胡锦涛同志为总书记的党中央依然没有忘记鲁迅，和对鲁迅精神在新世纪的进一步传承。9月23日上午(原定21日上午)，中国作家协会、中国现代文学馆、北京鲁迅博物馆，于首都人民大会堂北京厅举行了有130余位学者、专家和各界人士出席的纪念鲁迅诞辰130周年座谈会，作为中国作家协会系统受邀请的京外唯一一名学者，笔者有幸出席了这次座谈会。会上，中共中央政治局委员、中央书记处书记、中宣部部长刘云山同志发表了重要讲话。

讲话中，刘云山同志重申了早在七十多年前的抗日战争时期，毛泽东同志对鲁迅先生作出的系列正确评价。他强调指出：

> 鲁迅是伟大的文学家、思想家、革命家，是享誉中外、深受景仰的一代文化大师，是中国现代文化史上一座巍然屹立的丰碑。他出生在灾难深重的半殖民地半封建社会，青年时代就写下“我以我血荐轩辕”的豪迈诗句，立志为民族新生、国家富强而奋斗。他不懈呼唤民族的觉醒，以实现民族自立自强为己任，用一篇篇振聋发聩的檄文，发出心底的呐喊，激励中国人民在精神上站立起来。他不懈向往社会的光明，以一颗矢志报国的赤子之心，把手中的笔作为“投枪”和“匕首”，毫不留情地批判旧世界，满怀热情地呼唤新世界、建设新文化。他不懈追求崇高的理想，始终坚定地站在正义的立场上，站在中

国共产党一边，是中国共产党最忠诚的同志和亲密的战友。鲁迅的人生道路，集中体现了中国先进知识分子为国家和民族勇于担当、勇于奉献的精神。鲁迅的作品、鲁迅的思想、鲁迅的精神，穿越历史长河，影响历久弥新，教育和鼓舞了一代又一代中国人。毛泽东同志高度评价鲁迅，称赞他是“文化战线上代表全民族的大多数，向着敌人冲锋陷阵的最正确、最勇敢、最坚决、最忠实、最热忱的空前的民族英雄”，“鲁迅的方向，就是中华民族新文化的方向”。

经过长期艰苦卓绝的奋斗，中国人民在中国共产党领导下，实现了民族独立、人民解放。今天，社会主义中国正在致力于国家富强、人民富裕，致力于全面建设小康社会、加快推进社会主义现代化、实现中华民族伟大复兴。在新的历史条件下，鲁迅精神依然是激发民族精神和时代精神的宝贵财富，是推动社会主义先进文化建设的巨大动力。我们要深刻认识鲁迅精神的现实意义和当代价值，学习和发扬鲁迅精神，进一步增强文化自觉和文化自信，以新的文化创造凝聚起亿万人民团结奋进的强大力量。①

① 刘云山同志讲话全文发表于2011年9月26日《文艺报》，为新华社专供电讯稿。

第七章

开启全面传承民族魂的崭新里程碑

党的十八大以来，以习近平同志为核心的党中央，进一步加大了对鲁迅精神弘扬与传承的力度。习近平同志的这个弘扬与传承，既承继了以毛泽东同志为代表的我党老一辈革命家学用结合融会贯通民族魂内涵的优良传统，又有着其独到的高屋建瓴的时代鲜明特征。习近平同志熟谙鲁迅著作，对鲁迅的一些观点与主张的评析恰到好处。在他所作的一系列相关重要讲话中，习近平同志一再提及鲁迅并且将鲁迅精神同整个中华民族的命运，亦即中国梦的实现，当代十三亿中国人民的命运和风云际会的时代命运，有机，而又深深地结合在了一起。他的这些有关鲁迅、鲁迅作品、鲁迅精神的阐释，亲切、随和，由此及彼，由表及里，由浅及深，如同和你面对面地聊家常一样：循循善诱，循序渐进，且又紧密联系实际，一针见血，贬斥时弊。

2014 年 10 月 15 日，习近平同志在北京主持召开了文艺座谈会。这是继毛泽东同志 1942 年 5 月在延安主持召开战时文艺座谈会并作彪炳千秋的那个重要讲话以后，同时也是新中国成立 65 年以来党中央主要负责人结合社会主义新中国文艺工作现状，所作的首个有关党的文艺工作的主旨讲话。在这个重要讲话中，习近平同志前后四次提到了鲁迅。

开宗明义，在关于"第一个问题：实现中华民族伟大复兴需要中华文化繁荣兴盛"的论述中，习近平同志强调指出：

文化是民族生存和发展的重要力量。人类社会每一次跃进，人类文明每一次升华，无不伴随着文化的历史性进步。中华民族有着 5 000 多年的文明史，近代以前中国一直是世界强国之一。在几千年的历史流变中，中华民族从来不是一帆风顺的，遇到了无数艰难困苦，但我们都挺过来、走过来了，其中一个很重要的原因就是世世代代的中华儿女培育和发展了独具特色、博大精深的中华文化，为中华民族克服困难、生生不息提供了强大精神支撑。

鲁迅先生说，要改造国人的精神世界，首推文艺。举精神之旗、立精神支柱、建精神家园，都离不开文艺。当高楼大厦在我国大地上遍地林立时，中华民族精神的大厦也应该巍然耸立。我国作家艺术家应该成为时代风气的先觉者、先行者、先倡者，通过更多有筋骨、有道德、有温度的文艺作品，书写和记录人民的伟大实践、时代的进步要求，彰显信仰之美、崇高之美，弘扬中国精神、凝聚中国力量，鼓舞全国各族人民朝气蓬勃迈向未来。

在谈到文艺与人民的关系时，同毛泽东同志在延安文艺座谈会上所作的讲话一样，习近平同志重点提到了鲁迅先生那个脍炙人口的座右铭诗句。习近平同志语重心长，深有感触地说道：

文艺要热爱人民。有没有感情，对谁有感情，决定着文艺创作的命运。如果不爱人民，那就谈不上为人民创作。鲁迅就对人民充满了热爱，表露他这一心迹最有名的诗句就是“横眉冷对千夫指，俯首甘为孺子牛”。我在河北正定工作时结识的作家贾大山，也是一位热爱人民的作家。他去世后，我写了一篇文章悼念他。他给我印象最深的就是忧国忧民情怀，“处江湖之远则忧其君”。文艺工作者要想有成就，就必须自觉与人民同呼吸、共命运、心连心，欢乐着人民的欢乐，忧患着人民的忧患，做人民的孺子牛。这是唯一正确的道路，也是作家艺术家最大的幸福。

热爱人民不是一句口号，要有深刻的理性认识和具体的实践行动。对人民，要爱得真挚、爱得彻底、爱得持久，就要深深懂得人民是历史创造者的道理，深入群众、深入生活，诚心诚意做人民的小学生。我讲要深入生活，有些同志人是下去了，但只是走马观花、蜻蜓点水，并没有带着心，并没有动真情。要解决好“为了谁、依靠谁、我是谁”这个问题，拆除“心”的围墙，不仅要“身入”，更要“心入”、“情入”。

文艺如何创新，如何向前发展，对此，习近平同志的评析，有着其独到的理解：

> 文艺的一切创新，归根到底都直接或间接来源于人民。“世事洞明皆学问，人情练达即文章。”艺术可以放飞想象的翅膀，但一定要脚踩坚实的大地。文艺创作方法有一百条、一千条，但最根本、最关键、最牢靠的办法是扎根人民、扎根生活。曹雪芹如果没对当时的社会生活做过全景式的观察和显微镜式的剖析，就不可能完成《红楼梦》这种百科全书式巨著的写作。鲁迅如果不熟悉辛亥革命前后底层民众的处境和心情，就不可能塑造出祥林嫂、闰土、阿Q、孔乙己等那些栩栩如生的人物。
>
> 关在象牙塔里不会有持久的文艺灵感和创作激情。有一位苏联诗人形容作家坐在屋里挖空心思写不出东西的窘态是“把手指甲都绞出了水来”。我们要走进生活深处，在人民中体悟生活本质、吃透生活底蕴。只有把生活咀嚼透了，完全消化了，才能变成深刻的情节和动人的形象，创作出来的作品才能激荡人心。正所谓“闭门觅句非诗法，只是征行自有诗”。一切创作技巧和手段最终都是为内容服务的，都是为了更鲜明、更独特、更透彻地说人说事说理。背离了这个原则，技巧和手段就毫无价值了，甚至还会产生负面效应。

在谈到当前文艺评论工作的现状时，习近平同志承继毛泽东同志从实际出发的原则，对鲁迅写于1933年9月11日的杂文《准风月谈·关于翻译（下）》一文中有关“剜烂苹果”的论述，作了甚是到位的精辟分析。习近平同志深刻指出：

> 要高度重视和切实加强文艺评论工作。文艺批评是文艺创作的一面镜子、一剂良药，是引导创作、多出精品、提高审美、引领风尚的重要力量。文艺批评要的就是批评，不能都是表扬甚至庸俗吹捧、阿谀奉承，不能套用西方理论来剪裁中国人的审美，更不能用简单的商

业标准取代艺术标准，把文艺作品完全等同于普通商品，信奉“红包厚度等于评论高度”。文艺批评褒贬甄别功能弱化，缺乏战斗力、说服力，不利于文艺健康发展。

真理越辩越明。一点批评精神都没有，都是表扬和自我表扬、吹捧和自我吹捧、造势和自我造势相结合，那就不是文艺批评了！金无足赤、人无完人，天下哪有十全十美的东西呢？良药苦口利于病，忠言逆耳利于行。有了真正的批评，我们的文艺作品才能越来越好。文艺批评就要褒优贬劣、激浊扬清，像鲁迅所说的那样，批评家要做“剜烂苹果”的工作，“把烂的剜掉，把好的留下来吃”。不能因为彼此是朋友，低头不见抬头见，抹不开面子，就不敢批评。作家艺术家要敢于面对批评自己作品短处的批评家，以敬重之心待之，乐于接受批评。要以马克思主义文艺理论为指导，继承创新中国古代文艺批评理论优秀遗产，批判借鉴现代西方文艺理论，打磨好批评这把“利器”，把好文艺批评的方向盘，运用历史的、人民的、艺术的、美学的观点评判和鉴赏作品，在艺术质量和水平上敢于实事求是，对各种不良文艺作品、现象、思潮敢于表明态度，在大是大非问题上敢于表明立场，倡导说真话、讲道理，营造开展文艺批评的良好氛围。

在2016年5月17日主持召开的哲学社会科学工作座谈会上所作的讲话中，习近平同志如数家珍一般地娓娓道来，将中国历史上著名的“一大批思想大家”一一列举。而被毛泽东称誉为“现代中国的圣人”的鲁迅，则是穿越近、现代中国历史时空的一位“为天地立心，为生民立命，为往圣继绝学，为万世开太平”的思想伟人。习近平同志指出：

中华文明历史悠久，从先秦子学、两汉经学、魏晋玄学，到隋唐佛学、儒释道合流、宋明理学，经历了数个学术思想繁荣时期。在漫漫历史长河中，中华民族产生了儒、释、道、墨、名、法、阴阳、农、杂、兵等各家学说，涌现了老子、孔子、庄子、孟子、荀子、韩非子、董仲舒、王充、何晏、王弼、韩愈、周敦颐、程颢、程颐、朱熹、陆九渊、王守仁、李贽、黄宗羲、顾炎武、王夫之、康有为、梁启超、孙中山、鲁迅等一大批思想大家，留下了浩如烟海的文化遗产。中国古代大量鸿篇巨制中包含着丰富的哲学社会科学内容、治国理政智慧，为古人认识世界、改造世界提供了重要依据，也为中华文明提供了重要内容，为人类文明作出了重大贡献。

历史表明，社会大变革的时代，一定是哲学社会科学大发展的时代。当代中国正经历着我国历史上最为广泛而深刻的社会变革，也正在进行着人类历史上最为宏大而独特的实践创新。这种前无古人的伟大实践，必将给理论创造、学术繁荣提供强大动力和广阔空间。这是一个需要理论而且一定能够产生理论的时代，这是一个需要思想而且一定能够产生思想的时代。我们不能辜负了这个时代。自古以来，我国知识分子就有“为天地立心，为生民立命，为往圣继绝学，为万世开太平”的志向和传统。一切有理想、有抱负的哲学社会科学工作者都应该立时代之潮头、通古今之变化、发思想之先声，积极为党和人民述学立论、建言献策，担负起历史赋予的光荣使命。

在2016年11月30日隆重举行的中国文联十大、中国作协九大的开幕式上，作为中国作协九大特邀代表的笔者，聆听了习近平同志代表党中央所作的重要讲话。讲话中，习近平同志两次引用鲁迅先生说过的话，来深刻揭示民族魂内涵对最终实现中国梦，振奋民族精神，陶冶、提升当代中国人民高尚情操的重要性。从毛泽东、邓小平引申到鲁迅，习近平同志的“文运同国运相牵，文脉同国脉相连”的精辟论述，为在场3 300位各个艺术门类的艺术家、作家代表和其他来宾所深深吸引，从心底深处引发出共振共鸣。

继号召全国广大文学工作者以“胸中有大义、心里有人民、肩头有责任、笔下有乾坤”为本的良知、道德与担当之后，习近平同志强调指出：

实现中华民族伟大复兴，是中华民族近代以来最伟大的梦想，也是我们这一代人的历史使命。当今世界正处在大发展大变革大调整时期，当代中国正沿着中国特色社会主义道路奋力前进。这是一个风云际会的时代，也是一个英雄辈出的时代。在中国共产党领导下，有中国人民团结一心、自强不息的精神，有中国人民创新创造、开拓进取的勇气，有中国人民艰苦奋斗、顽强拼搏的毅力，中华民族在苦难和曲折中一步步走到今天，必将在辉煌和奋斗中大踏步走向明天，中华民族伟大复兴的航船一定能够劈波斩浪驶向光辉的彼岸。

实现中华民族伟大复兴，需要物质文明极大发展，也需要精神文明极大发展。早在革命战争年代，毛泽东同志就多次强调要建设民族的、科学的、大众的中华民族的新文化。1940 年，他说："我们不但要把一个政治上受压迫、经济上受剥削的中国，变为一个政治上自由和经济上繁荣的中国，而且要把一个被旧文化统治因而愚昧落后的中国，变为一个被新文化统治因而文明先进的中国。"1979 年 10 月，邓小平同志在中国文学艺术工作者第四次代表大会上发表祝词强调："我们要在建设高度物质文明的同时，提高全民族的科学文化水平，发展高尚的丰富多彩的文化生活，建设高度的社会主义精神文明。"他还强调：要大力发扬党和人民在长期实践中形成的崇高精神，"大声疾呼和以身作则地把这些精神推广到全体人民、全体青少年中间去，使之成为中华人民共和国的精神文明的主要支柱，为世界上一切要求革命、要求进步的人们所向往，也为世界上许多精神空虚、思想苦闷的人们所羡慕"。

中华民族生生不息绵延发展、饱受挫折又不断浴火重生，都离不开中华文化的有力支撑。中华文化独一无二的理念、智慧、气度、神韵，增添了中国人民和中华民族内心深处的自信和自豪。在 5 000 多年文明发展中孕育的中华优秀传统文化，在党和人民伟大斗争中孕育的革命文化和社会主义先进文化，积淀着中华民族最深沉的精神追求，代表着中华民族独特的精神标识。我们要大力弘扬以爱国主义为核心的民族精神和以改革创新为核心的时代精神，大力弘扬中华优秀传统文化，大力发展社会主义先进文化，不断增强全党全国各族人民的精神力量。

文运同国运相牵，文脉同国脉相连。实现中华民族伟大复兴，是一场震古烁今的伟大事业，需要坚忍不拔的伟大精神，也需要振奋人心的伟大作品。鲁迅先生1925年就说过："文艺是国民精神所发的火光，同时也是引导国民精神的前途的灯火。"广大文艺工作者要坚持以人民为中心的创作导向，坚持为人民服务、为社会主义服务，坚持百花齐放、百家争鸣，坚持创造性转化、创新性发展，高擎民族精神火炬，吹响时代前进号角，把艺术理想融入党和人民事业之中，做到胸中有大义、心里有人民、肩头有责任、笔下有乾坤，推出更多反映时代呼声、展现人民奋斗、振奋民族精神、陶冶高尚情操的优秀作品，为我们的人民昭示更加美好的前景，为我们的民族描绘更加光明的未来。

"把握时代脉搏，承担时代使命，聆听时代声音，勇于回答时代课题"，习近平同志还进一步指出：

"文变染乎世情，兴废系乎时序。"揭示人类命运和民族前途是文艺工作者的追求。伟大的作品一定是对个体、民族、国家命运最深刻把握的作品。改革开放近40年来，我们党领导人民所进行的奋斗，推动我国社会发生了全方位变革，这在中华民族发展史上是前所未有的，在人类发展史上也是绝无仅有的。面对这种史诗般的变化，我们有责任写出中华民族新史诗。史诗是人民创造的，不论多么宏大的创作，多么高的立意追求，都必须从最真实的生活出发，从平凡中发现伟大，从质朴中发现崇高，从而深刻提炼生活、生动表达生活、全景展现生活。

历史变化如此深刻，社会进步如此巨大，人们的精神世界如此活跃，为文艺发展提供了无尽的矿藏。社会是一本大书，只有真正读懂、读透了这本大书，才能创作出优秀作品。读懂社会、读透社会，决定着艺术创作的视野广度、精神力度、思想深度。广大文艺工作者要努力上好社会这所大学校，读好社会这本大书，创作出既有生活底蕴又有艺术高度的优秀作品。

“文人之笔，劝善惩恶。”文艺要反映生活，但文艺不能机械反映生活。茅盾说过：“文艺作品不仅是一面镜子——反映生活，而须是一把斧头——创造生活。”生活中不可能只有昂扬没有沉郁、只有幸福没有不幸、只有喜剧没有悲剧。生活和理想之间总是有落差的，现实生活中总是有这样那样不如人意的地方。广大文艺工作者要对生活素材进行判断，弘扬正能量，用文艺的力量温暖人、鼓舞人、启迪人，引导人们提升思想认识、文化修养、审美水准、道德水平，激励人们永葆积极向上的乐观心态和进取精神。

文艺创作的目的是引导人们找到思想的源泉、力量的源泉、快乐的源泉。清泉永远比淤泥更值得拥有，光明永远比黑暗更值得歌颂。广大文艺工作者要提高阅读生活的能力，善于在幽微处发现美善、在阴影中看取光明，不做徘徊边缘的观望者、讥谗社会的抱怨者、无病呻吟的悲观者，不能沉溺于鲁迅所批评的“不免咀嚼着身边的小小的悲欢，而且就看这小悲欢为全世界”。要用有筋骨、有道德、有温度的作品，鼓舞人们在黑暗面前不气馁、在困难面前不低头，用理性之光、正义之光、善良之光照亮生活。对人民深恶痛绝的消极腐败现象和丑恶现象，应该坚持用光明驱散黑暗、用真善美战胜假恶丑，让人们看到美好、看到希望、看到梦想就在前方。

第八章

爱屋及乌扬鲁迅

自鲁迅逝世以来的八十年间，在学习鲁迅、读鲁迅书、推介鲁迅精神的整个过程中，中国共产党，以毛泽东为首的老一辈革命家，不仅身体力行，带头读鲁迅的书，不遗余力地用鲁迅精神指导自己的工作实践；而且，在高起点高规格地安置鲁迅遗孀、亲属及其后代的同时，还对鲁迅先生的战友、学生关怀备至，体贴入微，做到了爱屋及乌，传承鲁迅精神遍及各个角落，谱写出许多动人的故事。

先谈瞿秋白。瞿秋白既是中共早期的主要负责人，又是一位文化斗士，曾与鲁迅密切配合并肩作战反对国民党文化“围剿”。他与鲁迅的关系非同一般，深得鲁迅信任，还三度在鲁迅寓所躲避国民党特务对他的追捕。

1931 年 1 月，因在中共六届四中全会上遭受王明等的残酷斗争而被排挤出中共领导层后，瞿秋白重操旧业并加入了“左联”。同年九、十月间，因为曹靖华翻译的苏联小说《铁流》所撰写的长篇序言《十月的艺术家》而受到鲁迅的称赞。瞿秋白还是率先批判国民党右翼文人鼓吹的“民族主义文学”纲领的左翼作家。而正是这两篇题为《屠夫文学》、《青年的九月》的檄文，得以使他和鲁迅成了反对国民党文化“围剿”并肩作战的亲密战友。在所有同鲁迅交往的共产党人、左翼作家中，唯有瞿秋白和冯雪峰，才是真正能够影响鲁迅的人。他和鲁迅的首次会面，是在 1931 年的春夏之交时分，由冯雪峰陪同前往并介绍相识的。他们三人成为这一时期“左联”强有力的指导者和真正意义上的领导人。

之所以说瞿秋白与鲁迅的关系非同一般，并且深得鲁迅的信任，是有两人文字为证的。这就是两人在 1932 年 12 月间关于苏联著名作家法捷耶夫的长篇小说《毁灭》的通信。由鲁迅亲笔翻译的《毁灭》一书，此时已由三闲书屋出版发行。

瞿秋白致鲁迅的信，署名 J. K. 写于 1931 年 12 月 5 日，全文约 6 000 字，以《论翻译》为题，发表于 1931 年 12 月 11 日及 25 日出版的《十字街头》第一、二期上；而鲁迅答瞿秋白的信，同样以《论翻译》为题，副标题为《答 J. K. 论翻译》，全信约 5 000 字，发表在 1932 年 6 月的《文学月报》第一卷第一号上；后收入《二心集》(《鲁迅全集》第四卷)，以《关于翻译的通信》为总题。

这是鲁迅所有通信中口吻颇为亲密、内容相当直率的通信，也是在所有通信中相互之间惟一呼对方为"敬爱的同志"的信件。

瞿秋白在来信中一开始就对鲁迅所译的《毁灭》予以了高度评价。他指出：

> 你译的《毁灭》出版，当然是中国文艺生活里面的极可纪念的事迹。翻译世界无产阶级革命文学的名著，并且有系统的介绍给中国读者，(尤其是苏联的名著，因为它们能够把伟大的十月，国内战争，五年计画的"英雄"，经过具体的形象，经过艺术的照耀，而供献给读者)——这是中国普罗文学者的重要任务之一。虽然，现在做这件事，差不多完全只是你个人和 Z 同志(指时在苏联列宁格勒大学任教并翻译出版了另一部苏联革命文学名著《铁流》的曹靖华先生——秋石注)的努力；谁能够说：这是私人的事情?！谁?！《毁灭》《铁流》等等的出版，应当认为一切中国革命文学家的责任。每一个革命的文学战线上的战士，每一个革命的读者，应当庆祝这一个胜利；虽然这还只是小小的胜利。
>
> 你的译文，的确是非常忠实的，"决不欺骗读者"这一句话，决不是广告！这也可见得一个诚挚，热心，为着光明而斗争的人，不能够不是刻苦而负责的……①

在信的后续部分，瞿秋白因为精通俄文，读过《毁灭》的俄文原著(而鲁迅

① 瞿秋白《关于翻译的通信》，收入《鲁迅全集》第四卷，附在鲁迅《回信》之前，见《鲁迅全集》第 379—388 页。本处引文见第 379 页。

通常是从德、日的译本转译成中文，难免不出现差错：从文字、语法到准确的译意——秋石注），直言不讳地对鲁迅译本中一些错误译法或词不达意之处提出了尖锐的批评。瞿秋白在信中写道：

……书面上的白话文，如果不注意中国白话的文法公律，如果不就着中国白话原来有的公律去创造新的……这样写出来的文字，本身就是死的语言。

因此，我觉得对于这个问题，我们要有勇敢的自己批评的精神，我们应当开始一个新的斗争。你以为怎么样？

我的意见是：翻译应当把原文的本意，完全正确的介绍给中国读者，使中国读者所得到的概念等于英俄日德法……

现在，请你允许我提出《毁灭》的译文之中的几个问题（秋石注：下面瞿秋白指出了鲁迅译本中九处大的错误译法，并请鲁迅"用日本文和德文校对一下，是否有正确的直译"）……①

继而，瞿秋白恳切而又直率地说：

所有这些话，我都这样不客气的说着，仿佛自称自赞的。对于一班庸俗的人，这自然是"没有礼貌"。但是，我们是这样亲密的人，没有见面的时候就这样亲密的人。这种感觉，使我对于你说话的时候，和对自己说话一样，和自己商量一样。②

末了，瞿秋白又一次尖锐地指出：

翻译要精确，就应当估量每一个字眼。③

---

① 《鲁迅全集》第四卷，第383—385页。
② 同上，第387页。
③ 同上，第388页。

鲁迅在回信中写道：

> 敬爱的 J.K. 同志：
>
> 看见你那关于翻译的信以后，使我非常高兴……①

之后，鲁迅在回顾了一些翻译作品所存在的问题时，肯定了瞿秋白来信对自己批评之意见正确：

> 这最要紧的是我们自己的批判。如来信所举的译例，我都可以承认比我译得更“达”，也可推定并且更“信”，对于译者和读者，都有很大的益处。……临末，我很感谢你信末所举的两个例子。……在你未曾指出之前，我还自以为这见解是很高明的哩，这是必须对于读者，赶紧声明改正。②

正是基于两人之间这种心心相印血浓于水的同志之情，鲁迅于 1933 年为瞿秋白写下了这样一个条幅：

> 人生得一知己足矣　斯世当以同怀视之③

1933 年春，瞿秋白以“何凝”为笔名，编选出版了《鲁迅杂感选集》，并作了长达两万字的序言。瞿秋白在序言中以他的独特的目光和犀利的笔锋中肯地批评道：

> ——现在选集鲁迅的杂感，不但因为这里有中国思想斗争史上的宝贵的成绩，而且也为着现时的战斗：要知道形势虽然会大不相同，而那种吸血的苍蝇蚊子，却总是那么多！

---

① 《鲁迅全集》第四卷，第 388 页。
② 同上，第 392—394 页。
③ 此手迹现藏北京鲁迅博物馆。

——鲁迅是莱谟斯，是野兽的奶汁所喂养大的，是封建宗法的逆子，是绅士阶级的贰臣，而同时也是一些浪漫蒂克的革命家的诤友！他从自己的道路回到了狼的怀抱。

——(鲁迅)他这"桥梁"才是真正通达到彼岸的桥梁，他的作品才成了中国新文学的第一座纪念碑；也正因为如此，他的确成了"青年叛徒的领袖"。

——鲁迅从进化论进到阶级论，从绅士阶级的逆子贰臣进到无产阶级和劳动群众的真正的友人，以至于战士，他是经历了辛亥革命以前直到现在的四分之一世纪的战斗，从痛苦的经验和深刻的观察之中，带着宝贵的革命传统到新的阵营里来的。他终于宣言："原先是憎恶这熟识的本阶级，毫不可惜它的溃灭，后来又由于实事的教训，以为惟新兴的无产者才有将来。"①

论及鲁迅杂感的价值，瞿秋白将之总结为：一、是最清醒的现实主义；二、是"韧"的战斗；三、是反自由主义；四、是反虚伪的精神。

也只有瞿秋白这种与鲁迅同怀一个理想并肩作战的优秀共产党人，才能作出如此深刻而又恰如其分的评价，才能"我们应当向他学习，我们应当同着他前进。"

瞿秋白对鲁迅如此，鲁迅对比他小18岁的瞿秋白同样崇敬，且关怀备至。

1934年1月，由于日趋恶化的环境，中央决定瞿秋白去江西苏区工作。临行前瞿秋白去鲁迅寓所告别。当夜，鲁迅主动让出自己的床铺给瞿秋白睡，而自己在地板上搭铺，觉得只有这样做，才能尽最大的战友之情。瞿秋白走后，鲁迅不住地牵挂着瞿秋白的安全。直到一年后收到瞿秋白化名自闽西狱中发来的信为止。

1935年2月24日，在从江西往福建转移的途中，瞿秋白不幸遭国民党逮捕，并于同年6月18日因拒绝归顺蒋介石，于福建长汀罗汉岭下从容就义。当瞿秋白被捕的消息传到上海后，鲁迅焦虑万分，当即多方设法筹资以图营

① 瞿秋白著述：《瞿秋白》，中国社会科学出版社2003年版。引文见该书第173—181页。

救。由于消息的闭塞，鲁迅的营救计划一直持续到瞿秋白遭杀害两个月后方才作罢。瞿秋白牺牲后，在很长一段时间，深陷在巨大悲痛中的鲁迅，甚至连握笔写字的精神也提不起来了。他在1935年5月22日致北平曹靖华的信中写道：“它事（指瞿秋白的被捕——秋石注）极确，上月弟曾得确信，然何能力。这文化上的损失，真是无可比喻。”

直到1936年10月自己也行将告别人世时，由瞿秋白遭杀害引发的悲痛，依然如一块巨大的千斤顽石，沉甸甸地压在鲁迅的心头。

1936年10月15日，在致曹白的信上鲁迅这样提到：“‘现实’中的论文，……原是属于‘难懂’这一类的。但译文类文章，能如史铁儿（瞿秋白笔名——秋石注）之清楚者，中国尚无第二人，单是为此，就是觉得他死得可惜。”又说：“《述林》是纪念的意义居多，所以竭力保存原样，译名不加统一，原文也不注了……”

两天后的1936年10月17日，也就是距生命终结尚有两天，这也是鲁迅生前发出的最后一封信——在致“汝珍兄”（即曹靖华）的信上，鲁迅又一次提及他念念不忘为纪念瞿秋白而编辑出版的《海上述林》。略略松了一口气的鲁迅写道：

> 它兄译作，下卷亦已校完，准备付印，此卷皆曾经印过的作品，为诗，戏曲，小说等，预计本年必可印成，作一结束。此次所印，本系纪念本，俟卖去大半后，便拟将纸版付与别的书店，用报纸印普及本，而删去上卷字样；因为下卷中物，有些系卖了稿子，不能印普及本的。这样，或者就以上卷算是《述林》全部，而事实，也惟上卷较为重要，下卷就较“杂”了。①

所以，目睹当年鲁迅夜以继日为瞿秋白所做的一切，许广平先生不禁由衷地感叹道：

> 秋白与鲁迅之间，其友情真可谓深厚无比了。

---

① 《鲁迅全集》第十四卷，第171页。

许广平在其《秋白同志和鲁迅相处的时候》一文伊始，就这样开宗明义地写道：

> 友谊中有共同的思想基础，感情相通，初交就如鱼水相得，这种美好境界，人们通常称道是"一见如故"。我在鲁迅和瞿秋白同志的身上深深体会到了这四个字的精髓。鲁迅和瞿秋白一开始相见就像鱼得着水，融洽自然。①

于同一文中，谈及《〈鲁迅杂感选集〉序言》，许广平写道：

> 秋白……对于鲁迅分析、批评、鼓励，写成《〈鲁迅杂感〉序言》的精辟论断，以告世人。在动笔之前，秋白同志曾不断向鲁迅探讨研究，分析鲁迅的代表时代的前后变化，广泛披览他的作品，当面询问经过。秋白同志是怎样地对待这个论断！写出之后，鲁迅读了，心折不已。"只是说得太好了，应该坏的地方也多提起些。"这是鲁迅的感动的话……②

瞿秋白牺牲后，鲁迅以自己日益枯竭的身躯，为追悼，亦为永久纪念及传播其精神，全身心地投入到为亡友编辑译文集《海上述林》中去。从排字到制纸版，由郑振铎等人托开明书店办理。其余一应事项，从编辑作序、校对、设计封面、装帧、题签、拟定广告，以及购买纸张、印刷、装订等多项工作，都由鲁迅本人一一经办，使该书臻于完美。出书后按各人筹款比例赠书多少，又由鲁迅一人亲手写下安排送出（下卷出版时，鲁迅亦已看不到了，由许广平依照鲁迅为上卷开列的名单送出去的）。如此浩繁细致到极点的工作，终于拖垮了他早已不堪一击却从没好好休息过一天的身体。他没能等及《海上述林》下卷的出版（仅差几天）就赴九泉之下和他亲密的战友会合去了。

鲁迅对瞿秋白的感情，也确确实实到了"血浓于水"的境地。

---

①② 《许广平文集》第一卷，第203—204页。

在1935年6月24日(其时尚不知瞿秋白已遭杀害)致北平曹靖华的信上,鲁迅写道:

它兄文稿,很有几个人要把它集起来,但我们尚未商量。现代(书局)有他的两部,须赎回,因为是豫支过板(版)税的,此事我在单独进行(秋石附注:在去苏区前,瞿秋白为自己两部译著《高尔基论文选集》及《现实》曾向现代书局预支过200元版税。出《海上述林》时,由鲁迅一人独自出资赎回。故而,鲁迅信中有"此事我在单独进行"一说)。

中国事其实早在意中,热心人或杀或囚,早替他们收拾了,和宋明之末极像。但我以为哭是无益的,只好仍是有一分力,尽一分力……①

在1936年1月5日的信上,鲁迅告诉曹靖华:

它嫂(指瞿秋白夫人杨之华——秋石注)已有信来,到了那边了(此处指苏联——秋石注)。我们正在为它兄印一译述文字的集子,第一本约三十万字,正在校对,夏初可成。②

鲁迅所说的这"第一本",系指《海上述林》上卷,在鲁迅写出这封信的四个月后,即1936年的5月正式面市,为精装(皮脊麻布面,金顶)和普装(全绒面,蓝顶)两种。为了永久的保存和纪念,由开明书店制版后,鲁迅专门委托好友内山先生寄往日本印刷装帧成堪称一流的精美的书籍。

鲁迅在为《海上述林》上卷作的广告词中,对作者和译者都作了相当高的评价。《海上述林》上卷《辨林》收入马克思、恩格斯、列宁、普列汉诺夫、拉法格等人的文学论文,以及高尔基的论文选集和拾补等。因国民党当局的压迫,该书

① 《鲁迅全集》第十三卷,第485页。
② 《鲁迅全集》第十四卷,第1页。

出版时，仅署“诸夏怀霜社校印”。所以，鲁迅写道：

绍介《海上述林》上卷

本卷所收，都是文艺论文，作者既系大家，译者又是名手，信而且达，并世无两。其中《写实主义文学论》与《高尔基论文选集》两种，尤为煌煌巨制。此外论说，亦无一不佳，足以益人，足以传世……①

为永久的纪念，鲁迅呕心沥血，和死神搏击抢时间，终于赶在自己倒下前为亡友出版了译文集《海上述林》。他还精心保存了瞿秋白的大量创作文稿，特别是对左翼文学运动有指导及推动意义的那些文稿。新中国成立后，许广平将其交给了党中央。1950 年，国家出版了四册八卷本的《瞿秋白文集》。应杨之华的请求，毛泽东为之题了词。

这里说明一下，《海上述林》上卷甫一出版（刚由日本装帧好寄到上海来），鲁迅首先取出两本，深情地关照冯雪峰道：皮脊的是送 M 的，M 即毛泽东；另外一本蓝绒面的送周恩来。1942 年 5 月 28 日，在延安中央学习组的会议上做报告时，毛泽东说：高尔基很高，但他和下面有着广泛的联系，他看到 13 岁小孩写的信，非常欢喜，改了几个字，把它发表出来，“在《海上述林》中便有。”新中国成立后，于 1956 年、1958 年、1965 年，毛泽东在多个场合谈到了当年鲁迅通过地下党送到延安的《海上述林》、鲁迅著作单行本，以及其他应时读物，和鲁迅出钱购买的其他书，送的火腿、肉松、御寒用的围巾、抽的香烟……1976 年 9 月毛泽东逝世后及 1983 年，当年在延安接应鲁迅一应赠品的原地下党联络员王林，两度向来访者证实了此事。

鲁迅对瞿秋白的评价是崇高的，感情是深挚的，而毛泽东也亦然。可以说，在对待瞿秋白的评价上，在相当长一段时间内，毛泽东是赞同和承继了鲁迅这种血浓于水的战友情结的。

1934 年 1 月，瞿秋白进入了江西苏区，即被安排担任了苏维埃中央政府教育人民委员兼苏维埃大学的校长。而此时的中华苏维埃共和国临时中央政

---

① 《鲁迅全集》第七卷，第 489 页。

府的主席就是毛泽东。

1935年6月瞿秋白被害后，正在长征途中艰难跋涉的毛泽东，听到这一噩耗后，心中极为悲痛。过草地时，毛泽东特地来到红军干部团，找到在上级干部队任政治教员、两年前和瞿秋白一起同鲁迅并肩作战反对国民党文化"围剿"的冯雪峰，怀着悲愤的心情说道："秋白牺牲了，不仅你失去了一个好朋友，我也失去了一个好朋友。"

对于红军出发离开苏区前拒绝瞿秋白随同大部队长征导致被国民党杀害一事，毛泽东表示了极大的不平。他不止一次地说，既要革命，就会有牺牲。但秋白的死也许是可以避免的。他的死可以说是直接死于蒋介石之手，但更深层的原因却是间接地死于王明路线的迫害。

著名作家、诗人萧三，与毛泽东是湖南新民学会时期的老朋友。他于1939年4月结束原"左联"派驻国际革命作家联盟的代表使命，自莫斯科回到延安。有一回，在党中央驻地杨家岭的月夜下散步时，谈着谈着，萧三和毛泽东竟然不由得怀念起牺牲在福建的中共早期党员何叔衡和瞿秋白。为此，毛泽东感慨万分地说道："要是瞿秋白不死，现在来领导边区的文化运动那多好啊！"

毛泽东的这个感慨，同几年后他在中共六届七中全会上对瞿秋白所作出的结论是一致的。

1945年4月，毛泽东在延安主持召开了党的六届七中全会，这次全会通过了《关于若干历史问题的决议》。这个决议不仅对瞿秋白的功过是非作出了客观的评价，而且也对瞿秋白遭受王明"左"倾路线的排挤迫害，以及被俘牺牲也作了正确的结论。决议这样写道：

> 六届四中全会及其后的中央……错误地打击了以瞿秋白同志为首的所谓犯"调和路线错误"的同志……所谓犯"调和路线错误"的瞿秋白同志，是当时党内有威信的领导者之一，他在被打击后，仍继续做了许多有益的工作（主要是文化方面），在1935年6月英勇地牺牲在敌人的屠刀之下。所有这些同志的无产阶级英雄气概，乃是永远值得我们纪念的。

对于瞿秋白的牺牲，毛泽东一再表示深沉的悼念。1945 年 6 月 17 日，毛泽东在延安中央大礼堂亲自主持了有中共“七大”代表和延安各界代表参加的死难烈士追悼大会。毛泽东在悼词中盛赞瞿秋白、何叔衡等烈士“以身殉志，不亦伟乎！”“人民永远悼念他们，他们将流芳百世。”

新中国成立之初，百废待兴，百业待举，党中央决定出版《瞿秋白文集》。瞿秋白夫人杨之华闻讯后，迅即提笔给毛泽东写去了一信，请求毛泽东在文集前面写上几句话。毛泽东接信后，于 1950 年 12 月 31 日，挥笔写下了一篇短文。全文如下：

> 瞿秋白同志死去十五年了。在他生前，许多人不了解他，或者反对他，但他为人民工作的勇气并没有挫下来。他在革命困难的年月里坚持了英雄的立场，宁愿向刽子手的屠刀走去，不愿屈服。他的这种为人民工作的精神，这种临难不屈的意志和他在文字中保存下来的思想，将永远活着，不会死去。瞿秋白同志是肯用脑子想问题的，他是有思想的。他的遗集的出版，将有益于青年们，有益于人民的事业，特别是文化事业方面。①

这篇文章虽然很短，但是却传达出了毛泽东真实的内心情感。单从出版的角度而言，以后党的其他领导人和党内理论家文集的面世，都不曾获得过如此这般的殊荣。这也充分表明了毛泽东对瞿秋白不幸遇害的深切怀念，对瞿秋白革命的一生及其生死价值观的充分肯定。

然而，谁也不曾想到，自上世纪 60 年代初我国史学界围绕太平天国忠王李秀成被清廷俘获后有否自首变节的争议，因临刑前一篇《多余的话》，瞿秋白也被当年王明路线的同党康生等人诬为“自首变节分子”。至“文革”发动后，他不但被纳入历史上“机会主义路线的代表人物”，而且更是被归入“叛徒”的行列，其在八宝山的墓地被红卫兵三番五次地冲砸。……直到“文化大革命”结束后，党的十一届三中全会召开，才予以彻底纠正。

① 《毛泽东文集》第六卷，第 128 页；又见《毛泽东文艺论集》，第 133 页。

再说丁玲。鲁迅和毛泽东都对她循循善诱，关怀备至。

从 1931 年 5 月丁玲第一次参加“左联”会议与鲁迅相识，到 1933 年 5 月 14 日被捕，丁玲同鲁迅交往了两年。

丁玲被捕后，鲁迅万分焦急，联合宋庆龄、蔡元培等国内外知名人士，向国民党当局要人，发表营救丁玲的宣言书。为解决丁玲母亲和幼儿在湖南的生计，鲁迅和“左联”的战友们一起，在积极展开营救的同时，将丁玲被捕前尚未发表的文稿安排发表，换成稿费后寄给湖南的丁玲母亲以救急。对于丁玲的被捕，以及一时误信丁玲遭杀害的消息后，鲁迅愤于国民党当局对左翼作家的迫害暴行，在许多诗文中处处透露出对丁玲的无限关切。

1933 年 6 月 30 日《我的种痘》：

> 整整的五十年，从地球年龄来计算，真是微乎其微，然而从人类历史上说，却已经是半世纪，柔石丁玲他们，就活不到这么久。①

1933 年 8 月 1 日致科学新闻社信：

> ……至于丁玲，毫无消息，据我看来，是已经被害的了，而有些刊物还造许多关于她的谣言，真是畜生之不如也。②

1933 年 9 月 21 日致曹聚仁信：

> 旧诗一首，不知可登《涛声》否？③

这里所指的“诗”，系指鲁迅作于 1933 年 6 月 28 日（据鲁迅日记载）的《悼丁君》一诗。诗文如下：

---

① 《鲁迅全集》第八卷，第 390 页。此段话录自《我的种痘》一文结尾。

② 《鲁迅全集》第十二卷，第 429 页。

③ 同上，第 447 页。

悼丁君

如磐夜气压重楼，剪柳春风导九秋。

瑶瑟凝尘清怨绝，可怜无女耀高丘。

六月[①]

曹聚仁收到后，几乎一刻也没有耽误，即将鲁迅《悼丁君》一诗安排于数天后出版的《涛声》周刊第二卷第三十八期上。

1936年10月19日鲁迅逝世后，已经出狱正在西安等待去苏区保安的丁玲，即以“耀高丘”之名，给在上海的许广平发出了唁函。

十分遗憾的是，在离开上海前，丁玲没能前往鲁迅寓所告别，而是由地下党直接送上了西行的火车：那一年的中秋之夜，在地下党的安排下，丁玲和老朋友聂绀弩假扮成一对夫妇，自上海出发，乘坐火车到达了西安，住进七贤庄一个德国人开设的牙科诊所里。这个德国人是一位坚决反对希特勒法西斯侵略政策和支持中国共产党的左派人士，他的牙科诊所则是我党的一个地下交通站。抗战爆发后改做八路军驻西安办事处。丁玲在那里住了整整三个星期，然后由西安地下党负责人刘鼎安排，先坐汽车，后又骑马，由张学良的东北军和红军护送接应，于11月11日辗转来到党中央所在地保安。

由于丁玲是“五四”以后产生的著名女作家，并担任过“左联”的负责人，又从国民党长达三年的拘禁监视下逃离南京来到陕北的，因而，她的到来，成了当时陕北苏区的一件大事。中共中央宣传部在窑洞里为她举行了最高规格的欢迎会，毛泽东、张闻天、周恩来、博古等中央领导都来了，以示对这位鲁迅生前格外关爱的左翼女作家的器重和欢迎。

当时的保安，刚刚遭遇过反动地主武装引燃的一场大火，房屋大部分被烧毁，物资空前的匮乏，也没有什么好吃的。然而，窑洞里却洋溢着亲切温馨的气氛，每人都喝了酒，酒很辣，还有那么一点儿涩，但丁玲喝到肚子里却觉得暖暖的，她在敌人的眼皮底下屈辱地生活了三年，现在终于自由了，回到了自己的家。在亲人面前，她可以痛痛快快地说，痛痛快快地哭，痛痛快快地笑，她就

① 《鲁迅全集》第七卷，第159页。

这样无所顾忌,欢乐满怀地哭着笑着,把积郁了三年的话全都一股脑儿地给倾诉了出来。后来,毛泽东用电报的方式,拍发给正在前线部队体验生活的丁玲的那首《临江仙》词中,用十分形象的词句回忆那个晚上说:"洞中开宴会,招待出牢人。"后来,丁玲向人神往地回忆说:"这是我有生以来,也是一生中最幸福最光荣的时刻吧。我是那么无所顾虑,欢乐满怀的第一次在那么多的领导同志面前讲话。我讲了在南京的一段生活,就像从远方回到家里的一个孩子,在向父亲、母亲那么亲昵的喋喋不休的饶舌。"

席间,毛泽东亲切地问丁玲:"丁玲,你打算做什么呀?"

丁玲则不假思索地脱口而出:"当红军!"

毛泽东听了,满意地点点头,告诉她道:"好呀!可能还有最后一仗,跟着杨尚昆(时任中国人民抗日红军前敌总指挥部总政治部副主任)他们领导的前方总政治部上前方去吧!"

不久,穿上灰布军装的丁玲便来到了陇东前线,跟随左权任军团长、聂荣臻任政委的红一方面军一军团行动。在那里,根据左权的口述,丁玲写下了第一篇记述红军战斗的《记左权同志话山城堡之战》的散文,受到了毛泽东等中央领导同志的称赞。

丁玲进入陕北苏区后所做的第一件事,是和长征到陕北的文化人成仿吾、李伯钊等发起成立了中国文艺协会。发起人共 34 人,除丁玲外,其余 33 人都经历了二万五千里长征。

中国文艺协会成立于 1936 年 11 月 22 日。是日上午 9 时召开成立大会,到会会员及来宾共百余人。李伯钊为大会主席,报告协会成立的意义。丁玲报告筹备经过。毛泽东、张闻天、博古、林伯渠、徐特立、凯丰、吴亮平等相继发了言。

大会通过了协会章程,共选出 16 人为干事并组成了干事会。首次干事会一致推举丁玲为中国文艺协会主任。从中可以看出,党中央对这位从国统区逃出来的"左联"老战士的倚重。

当选为文协会主任后,按照毛泽东的指示,丁玲随同杨尚昆去了前线。在前线,丁玲先后采访并结识了彭德怀、萧克、贺龙、陈赓、王震、黄克诚等一批红军高级将领。当时正值隆冬季节,冬天陕北的风特别的硬,天气又很冷,丁玲骑着马，奔走于前线各个部队之间。几个月的戎马生涯，使她身上陡增了一股豪迈的军人风采。她的文风也随之一变，那双写惯了上海都市生活的手，一举写出了《彭德怀速写》、《广暴纪念在定边》、《到前线去》、《南下军国之一页日记》等粗犷豪放的军旅篇章。

在前线，丁玲意外地收到了毛泽东用军用电报发来的专为她写的一首词，词名为《临江仙》（这是毛泽东唯一一次用军用电报发给一位作家的诗词）。词曰：

壁上红旗飘落照，西风漫卷孤城。保安人物一时新。洞中开宴会，招待出牢人。　　纤笔一支谁与似？三千毛瑟精兵。阵图开向陇山东。昨天文小姐，今日武将军。①

毛泽东拍发给丁玲的这首词的电报，是由彭德怀亲手交给丁玲的，任弼时也在场。

据说，丁玲一时愣住了，瞪大双眼问道："给我的？"

彭德怀点点头，肯定地说道："是给你的！"

据了解，毛泽东一生中通过军用电报打给私人，只有两次。一次是给丁玲，也是作家文人中唯一获此殊荣的。另一次，是在此前一年，1935 年的 10 月，给彭德怀的，即那首已为人们耳熟能详的"山高路远坑深，大军纵横驰奔。谁敢横刀立马？唯我彭大将军！"②

丁玲收到诗词后，喜出望外，激动万分。后来她陪同美国友人艾格尼丝·史沫特莱一起从定边前线回到延安（从前线回苏区之时，党中央已经从保安迁到了延安），毛泽东亲切地接待了她，并在两张 16 开大小的浅黄色毛边纸上用毛笔亲笔抄录了这首词，送予了她。

据与丁玲风雨同舟共同生活了四十四载的陈明先生回忆：毛泽东在亲笔书写完《临江仙》后，另外还给了丁玲他在 1925 年作的《沁园春·长沙》、1927

---

① 《毛泽东诗词集》，第 174 页。

② 同上，第 171 页。

年春作的《菩萨蛮·黄鹤楼》,以及1936年2月作的《沁园春·雪》,共四件,而且都是用毛边纸书写的手迹。

后来,丁玲出任八路军西北战地服务团团长,一直像携带稀世珍宝似的将毛泽东的这首《临江仙》放在贴身行囊里。有关毛泽东赠予她的这首《临江仙》词,能完好无损地一直保存到她于上世纪80年代平反复出回归文学队伍之后,其中还有一段离奇曲折的故事。

在战乱年代四处颠沛流离的军旅生涯里,为了妥善保存好这件珍品,丁玲于1939年将它寄给了在大后方重庆办杂志的老友胡风先生,叮嘱他妥为保存。后者见了顿时惊呼起来:虽然没有署名,还是一眼认出了这是毛泽东的手迹。在感谢丁玲对自己信任的同时,胡风深感责任重大,于是,便将其放在一只牛皮纸信封里,上写"毛笔"二字,以防国民党特务的突然查抄。之后,他将这个牛皮纸信封装入用来珍藏自己手稿的皮箱里,并且一直带在身边。1941年1月国民党发动"皖南事变"后,按照周恩来的指示精神,胡风去了香港。临行前夕,胡风将牛皮纸信封夹在日记本里,用钢笔写上"丁存"二字,寄存在重庆郊区的一个亲戚家中。1943年胡风回到重庆后又将它取回放在自己身边。抗战胜利后,它被胡风带回到了上海。新中国成立后,胡风虽然多次遇见丁玲,但因各种事情繁忙,竟然忘记归还给丁玲。直到1953年,已在北京定居的胡风忽然想起,赶紧将它从那本旧日记本中取出,放在日日能看见的书桌抽屉里,准备找个机会归还给丁玲。不幸的是,胡风很快被捕了,经查抄后,毛泽东的这首《临江仙》词同其他物件一道被放入了公安部的档案柜里,时达十年之久。1965年胡风被放逐四川,它有幸没有被当成禁品没收,仍然由胡风家人保管。然而,此时的丁玲也因遭受莫须有冤屈达七年了,而且,远在冰天雪地的北大荒务农。接着是十年"文革"。直到1982年,胡风、丁玲均已平反,并都给安排住进了毗邻的木樨地"部长楼"中,胡风这才将流落在外达四十三年之久的这一异常珍贵的文物,归还给了丁玲。

丁玲自红一军团回到延安不几天,对丁玲寄予厚望的毛泽东,写信给军委后方总政治部主任罗荣桓,委派丁玲担任中央警卫团政治处副主任。丁玲后来回忆说:

这是多么难得的好条件啊！我实在应该从这里开步走，好好当红军。毛主席教导我首先要认识人，一个个地去认识。我在政治处当了一个月的副主任，那里的团长、政委、主任同我朝夕相处，我至今仍然记得他们的音容笑貌。这一个月，尽管我什么也没有做，什么也不会做，也做不好，但这一个月的经验，却在我以后的工作中产生了影响。

"七七"抗战爆发后，中央军委、中宣部任命丁玲为十八集团军西北战地服务团主任，率团赴晋陕前线进行抗日宣传，历时年余才回到延安。出发前夕，毛泽东多次找丁玲亲切谈话，并对服务团的工作作出相应的指示。毛泽东语重心长地告诫丁玲道：你以后到一个单位，要一个人一个人地去认识。

毛泽东的这个告诫，是从侧面对丁玲的批评，自然，对丁玲的影响是很深的。在当时，她也许没有能够掂出这句话的分量。但越往后，乃至在自己遭受风雪雨霜大起大落的半个世纪后，回过头来检视自己的一生，丁玲越发感受到毛泽东这话的重要和深刻。据陈明回忆，在延安时期，毛泽东还对丁玲说过这样的话：我看你还是习惯同知识分子在一起，你看抗大的学生一群一群地去找你。丁玲不是抗大的学生，也没在抗大讲过课，每逢毛泽东去抗大讲辩证法，都有警卫员跑去告诉丁玲，只要空着，丁玲也总会去听毛泽东讲大课。可见毛泽东对丁玲的关怀。

1937 年 9 月上旬，"西战团"临出发前，毛泽东于 4 日和 8 日，两次致电八路军总部少将参谋处长兼八路军驻晋办事处处长彭雪枫，要求他派专人前往迎接丁玲所率"西战团"的到来。

9 月 4 日毛泽东电报："雪枫：此间组织战地服务团，丁玲为主任，共五十余人决由延长过河经吉县太原到红军服务请交涉沿途通过事宜电告。毛　支午"①

9 月 8 日电报，毛泽东又一次指示："雪枫，丁玲率战地服务团带最近文件及解放报准十二日由延安动身在平渡关过河经吉县平阳至太原请派宋绍林携通行证到吉县来接宋何日到吉县盼复　毛　齐"②

①② 《丁玲年谱长编》上卷，天津人民出版社 2006 年版，第 131 页。

在延安的岁月里,毛泽东一直关怀着丁玲,多次找丁玲谈话,不断地给她以鼓励和信任。在后来延安整风召开的高干会上,丁玲是有幸列会的两名来自国统区的文化人之一,另一人为担任鲁迅艺术文学学院院长的周扬,足见党中央和毛泽东对他们的信任。

毛泽东对丁玲丝毫不见外,这可以从以下这件事体现出来。那是毛泽东和江青结婚的第一个周末,毛泽东派身边工作人员给丁玲送来一封信,说请她去吃饭。同时请的,还有在马列学院学习的徐海东、谭余保两人。但毛泽东在信上并没有注明他与江青结婚这件事,令丁玲看后以为只是吃顿饭而已。正巧这一天是星期六,她跟马列学院总务处借了头牲口,要到六十里地外的安塞去探视在幼儿园的女儿。在当时,借头牲口来办自己的家事是很不容易的,所以她只顾着先办自己的事情了。至于在毛泽东处吃饭,哪天都可以。由此可见,在延安,毛泽东同丁玲的关系是相当融洽的,当作自家人或者比较信得过的人来看待的。反之,丁玲也如此。据丁玲晚年回忆道,还是在抗战时期的延安,一次谈话,嗜书如命尤其是对古典文学造诣颇深的毛泽东,很是抱憾地对丁玲讲,他缺少一部《昭明文选》。丁玲听后当即记在了心上。于是,她给在孤岛上海的好友方令孺写了信求助。方令孺买到后寄给了丁玲,丁玲收到后再转送给了毛泽东。据丁玲后来对人说,尽管丁玲信上没有说明,但方令孺猜得出来丁玲此举是给毛泽东买的。

不仅仅是信任,毛泽东还保护了丁玲。

事情的起因是丁玲写了一篇题为《三八节有感》的杂文,是结合延安当时情况而写的,里面有针砭时弊的批评意见,刊登在 1942 年 3 月 19 日的《解放日报》上。文章刊出后,在延安引发了不小的争论。不久,国统区的报纸也转载了,一时间,问题变得复杂起来。

一次,丁玲接到中组部的通知,前往党中央所在地杨家岭参加高级干部整风学习会。这次高干整风学习会是由毛泽东主持的。第一个发言的是康生的老婆曹轶欧,她跟康生一样"左",一上来就张口批评丁玲的《三八节有感》和王实味的《野百合花》。接着第二个发言的是贺龙将军,也是批评这两篇文章的。贺龙说:"我们在前方打仗,后方却有人骂我们的总司令……"丁玲平时和贺龙很熟,她微笑着望着贺龙,心想:"你误会到哪里去了,我什么时候骂过我们的总司令呢?”接着又有四五个人发言,重点都是批评这两篇文章。丁玲听了虽说不很紧张,但是感到委屈。她满腔热情地来到延安,还是第一次听到自己人这样严厉的批评。然而,当会议结束的时候,毛泽东所作的总结发言,却又给了丁玲莫大的欣慰:是毛泽东保护了她。毛泽东说:“《三八节有感》同《野百合花》不一样,《三八节有感》虽然有批评,但还有建议。丁玲同王实味也不同,丁玲是同志,王实味是托派。”①

毛泽东对她的关怀,还远远不止于此。

早在1938年,丁玲在马列学院。康生是中央党校校长,他扬言说,如果丁玲到党校来,党校不收,因为她在南京自首过。为此,丁玲要求中央组织部给予审查并澄清。党中央便委托任弼时和她谈话。1940年10月中组部陈云部长、李富春副部长亲笔签名,写出正式结论说:(关于丁玲)“自首”的传说不能成立,不能凭信。陈云在将书面结论交给丁玲本人时,还特别告诉她,结论中的最后一句,“……应该认为丁玲同志仍然是一个对党对革命忠实的共产党员”,是毛主席亲自加上去的。

丁玲听后,十分感动。这也是十年后她被错误地打成“反党小集团”和“右派”、遭长达20多年的冤狱之后,仍然对毛泽东充满崇敬的原因所在。

次年,亦即1941年1月,陈云又找丁玲谈话,把手抄复写的一份组织结论亲手交给丁玲,嘱咐她好好保存。陈云还在这份手抄件材料的第一页上写道:“丁玲同志,这是中组部几次审查后对你的结论。请你保存一份。”署名是“陈李”,即陈云、李富春,日期是“一九四一年一月一日”。当时丁玲还不明白陈云的此番用意,她想,我保存这份材料有什么用?后来才理解了陈云的良苦用心。陈云当时就已经意识到,将来可能还会有人利用丁玲这三年的历史做文章,所以让丁玲自己保存一份来保护自己。陈云和李富春两位领导真是爱护同志,他们不仅想到了当时,也想到了以后。

据出席过延安文艺座谈会的老同志回忆,大会闭幕那天,中央领导同志与全体与会代表合影。按原先安排,毛泽东的座席被安排在前排中间,与朱老总紧挨在一起。正当摄影师吴印咸忙着对焦距的时候,毛泽东起身来到丁玲面

① 《丁玲年谱长编》上卷,第171页。

前(也是前排,但偏右一些),提出把自己的位置与她来一个调换。毛泽东十分风趣地当着全体与会代表的面对丁玲说道:“让我们的女干部坐在中间,我们不希望在三八节再吃到批评。”丁玲听后,不好意思地笑了,在场听到这话的人也都开怀地笑了。后来拍成的照片上,丁玲和朱德总司令坐在了一起,而毛泽东的位置明显地偏了一些。①

据陈明1991年接待到访的同志讲述,除当年在延安,毛泽东、陈云、李富春亲笔给她做组织结论外,还有两件事,亦即领袖对她关怀备至的事儿,令丁玲至死念念不忘。一件事是1948年6月间丁玲与毛泽东会面,毛泽东亲切勉励她并同意胡乔木出版丁玲长篇小说《太阳照在桑干河上》。另一件事是在新中国成立之初,毛泽东前往探望丁玲的事。

陈明回忆道:

> ……我们拿着中共中央办公厅给各大区中央局的介绍信和盖着朱德总司令沿路驻军的关防,在一九四五年十月动身离开延安,年底到了张家口,都是步行。本来我们是去东北的,但没多久全面内战开始,交通断了,就留在华北。等到一九四六年中央的“五四指示”一下来,丁玲说我们搞土改去吧,这个斗争很重要。现在和国民党打仗,靠谁?还是得靠农民。怎么发动农民?就是要搞土改,土改把农民从封建土地制度下解放出来,土改解放生产力。从这里可以想象到丁玲的热情和抱负,不在城市待,而是到下面农村去。就这样我们参加了晋察冀中央局的土改工作队。一开始我们在边区农会主席郭强同志负责的工作队里,后来又转到由边区青委许世平负责的队里,具体工作主要由许同志和我做,对丁玲,则要她多留心观察生活便于创作。搞了一两个星期后,我和丁玲又到了第三个工作队,这个工作队在涿鹿县,就是《太阳照在桑干河上》里描写的地方。工作队除我、丁玲外,还有一个剧社的同志,一个当地的区工会主任老董,共四个人,

① 杨桂欣:《情爱丁玲》,文化艺术出版社2006年6月版,第268页。另,2002年5月20日,延安文艺座谈会出席者曾克,于北京人民大会堂新疆厅举行的纪念延安文艺座谈会召开60周年座谈会上,同笔者也谈及了此事。

负责三个村子的土改。在这里，丁玲广泛接触当地农民，她并没有具体的写作计划，但在工作过程中，为她写《太阳照在桑干河上》收集了丰富的素材。丁玲土改时用的是化名，叫蒋英。土改结束后，我们到了阜平红土山，以后又到正定县，写这部长篇。在小说快脱稿时，她又到石家庄近郊的新解放区一个村子继续搞土改去了，这回是她自己当组长，组员是华北联大的几个学员。这时她已积累了不少土改经验、生活素材和人物形象了。分地主的地，分房子分浮财，怎么分得合理，她心里都有数，了解情况比当地的村干部还仔细、准确。有些农村妇女分浮财时，拿了这个又想拿那个，工作组的人嫌这些人落后，不屑于去做这些人的工作，丁玲就去做。所以这个村子里的人都很熟悉她。

……丁玲写完《太阳照在桑干河上》以后，把它给乔木、萧三、艾思奇看了，请他们提意见。

……

丁玲把初稿先给周扬看过。丁玲写完这部小说后，接到中央通知，要她参加妇女代表团出国出席世界妇女大会。她就经华北局驻地城南庄往西柏坡。在城南庄把稿子从周扬手里拿了回来，周扬什么意见也没说。不过，当时却有过一些关于丁玲这部小说的传说，虽然没有指名，但意见是说她写地主家如何干净漂亮，写贫下中农家就都是苍蝇屎，以此证明作家中也有人有地富思想。我们也猜到这个传说的来源，丁玲心里是很生气的。到西柏坡，听甘露告诉她毛泽东怎么怎么说，她当然很高兴。胡乔木组织萧三、艾思奇等人重新看稿子，还告诉丁玲，你是个作家，出国访问，应该有一本书的，我打电报给大连，叫大连帮你出这本书。你先走，有一些文字上需要修改的这边给改。后来毛泽东也答应看一看这部作品。①

试想，没有毛泽东长期对丁玲的理解和支持，胡乔木会自作主张“打电报给

① 陈明：《我说丁玲》，湖南文艺出版社2004年版，第216—218页。

大连”出版丁玲的这部日后大放异彩的《太阳照在桑干河上》的长篇小说吗？显然是不可能的。至少，胡乔木在打这个电报前，已经征得了毛泽东的同意。[1]

有关1948年6月间丁玲在中共中央驻地受到毛泽东鼓励和关怀的动人情景，相隔44年后，陈明向来访者出示了1948年6月15日丁玲自西柏坡写给当时正在河北正定县参加土改的丈夫陈明的一封信。丁玲兴奋地写道：

伯夏[2]：

这是第二封信呵！

我昨晚到的这里，我现住妇委，住在杨之华[3]大姐房内，但我们还未谈话呢。我要先告诉你我昨晚干了些什么。

车子从×××出发到×××时（秋石注：当时为保密，隐去了地名。此处指中共中央华北局所在地河北省阜平县城南庄和中共中央驻地西柏坡，丁玲所说的“车子”，系指她乘坐的骡马大车），对面来了汽车，我下车来走，我看见两个穿黄衣的走来，呵！是谁呢？我认出来了，是主席，他也看见我了，对我在笑，我赶忙跑过去，主席说：“呵！好得很，看见你，几年没有见面了！”江青也走过来。主席很胖，身体

---

① 在《胡乔木回忆毛泽东》（1994年人民出版社出版）一书中，对此事胡乔木写有以下一段话：“毛主席并没有因为《三八节有感》就否定了丁玲。他很注意丁玲的作品，并有相当评价。丁玲写的《田保霖》，得到毛主席称赞。对于有才气的作家，毛主席是很赏识、器重的。后来《太阳照在桑干河上》写出以后，先是不能出版，有人反对（此处“有人”系指时任华北局宣传部长的周扬——秋石注）。丁玲找了好几个人看，那是在西柏坡。艾思奇、陈伯达、萧三和我几个人看了，都认为这部书写得不错，因此，毛主席对丁玲更加看重。他曾说：丁玲下乡，到农民里面生活，写出小说来了，而有人经常说与工农结合，也没有写出什么作品，到底结合了没有？”

对胡乔木的这段回忆，有关审读《太阳照在桑干河上》一书的毛泽东身边的人中，还应该添加上江青。据李向东在2003年第3期《新文学史料》发表的《有关〈桑干河上〉出版的一点新资料》一文分析道：“（陈明）这两封信传达了同一个重要的消息：西柏坡的高层人士一致欣赏《太阳照在桑干河上》，同意尽快出版！这里边起了重要作用的，是艾思奇、萧三和江青等人（包括胡乔木和陈伯达——秋石注）。但最关键的人物，是没有出场的毛泽东。江青当时并没有正式职务，但是由于她的特殊身份，因而她的意见会被人看重。江青之所以重视这本书，很可能有一个原因是，毛泽东曾经当面向丁玲表示过，他要看这部书，但是当时正是解放战争的紧要关头，他运筹帷幄，无暇顾及这事，所以这件他答应的事情，就由江青接了下来。”

② 伯夏，系丁玲对陈明的爱称。

③ 瞿秋白遗孀。

很好的样子。江青也还同以前一样，或者稍微老一些。主席即要我和他坐汽车一道散步去，汽车上同去的有十几个小娃娃，他们女儿和别的人的儿女们，半路上又上来了傅钟夫妇和他们的儿女，挤满一汽车。主席告诉我收到了前年我给他的信，他说我已经到了农村，找到了"母亲"，写"母亲"，我了解土地，他问我的作品，并且答应我读我的原稿。后来我们在野外坐下来又谈开了。主席两次重复着对我说："历史是几十年来看的，不是几年来看的，要几十年才能看出一个人是发展，是停止，是倒退，是好，是坏。"我明白他的意思，他是多么的在鼓励着我呵！他还怕我不明了，第三次在他院子里坐时又重复了这句话。并且拿鲁迅做例子。他并且说我是同人民有结合的，我是以作家去参加世界妇女大会的，我是代表，代表中国人民。陈学昭也去，却只能做随员，因为她没有做工作，不懂得中国人民，不能做代表。他又问了我搞土改的情形，还问了你，并且说我已经在农村十二年，可以够了，以后要转向城市，要转向工业，要学习工业，要写工业，写城市建设，我们天快黑时，又坐汽车到他的家，在他们家里吃晚饭。他又同我说我的名定是列在鲁、茅、郭一等的。我说我没有成绩。……吃过了饭，江青就陪我去找小超（秋石注：指邓颖超）。伯夏呵！你看我多幸福呵！我第一个就做了他的客人，就听了他给我这样多的鼓励，想着柯仲平为看见不到他而喝醉了酒骂人，我是多么的有了运气，我并且同他约好，以后我要找他时，就在他散步时来。他也高兴的答应了。①

女作家甘露（萧三夫人）于丁玲逝世后第五天撰写的《毛主席和丁玲的二三事》一文中回忆道：

一九四八年五月，毛主席、周恩来、任弼时等中央领导同志，来到河北省平山县西柏坡村。那时解放战争的形势处在和国民党反动派决战的前夜。中央领导同志经常彻夜不眠，计划、部署和指挥三大战

① 陈明：《我说丁玲》，第219页。

役。七八月炎夏的一天下午三点钟后，毛主席的警卫班长李树槐来我家通知说：天气太热，主席日夜工作太累，大伙要他到室外散步，他请胡乔木、萧三、艾思奇等同志同去，还要我带孩子一同去。萧三和我赶紧带着一岁的萧平来到毛主席门前，和乔木、思奇同志以及三个孩子会合。毛主席高兴地和我们一起坐上他的中吉普，驱车二十余里，到一个树林边下车。我们把椅子、板凳搬下来，陪着主席走进树林。毛主席坐下一会儿，却见乔木、萧三、思奇同志没有坐而走到一边，只剩毛主席同我和孩子们在一起。毛主席摇着大蒲扇，一边给孩子们赶蚊子，一边问我：“他们几个在干什么！”我忙走过去问他们：“主席问你们干什么呢！怎么不来陪主席呀？”他们说：“我们在谈对丁玲写的《太阳照在桑干河上》的意见。”我把他们的话对主席谈了，并补充说：“最近丁玲写完了一部长篇小说《太阳照在桑干河上》，是写张家口附近农村土改的。丁玲请他们几个同志看看，提提意见。”前些日子，萧三曾告我，他们几个把丁玲的稿子都看完了，要找个机会讨论一下，却找到了今天这个机会。主席边听边抽烟，想了一想说：“丁玲是个好同志，就是少一点基层锻炼，有机会当上几年县委书记，那就更好了。”过了约半个小时，胡、萧、艾三个人来到主席身边，主席问他们讨论得怎么样，乔木同志说：“写得好，个别地方修改一下可以发表。”主席这时把刚才说的关于丁玲的话又说了一遍。

树林里闷热得很，主席手中的大蒲扇不停地扇着，林地上的草有半尺高，蚊子、小虫、蚂蚁很多。呆了约一小时，主席站起来风趣地说：“我是个没有自由的人，散步也得到这树林里来。闷热得很，还是回去吧。”这样，我们就随主席乘车回到村上。

不久，丁玲到了西柏坡，我们见了一面。我把那天毛主席讲的关于她的话讲给她听。她很高兴，也很激动。后来我知道，丁玲这次到西柏坡，看望了毛主席、周副主席、邓颖超大姐等领导同志，她也陪主席散步，主席和她谈了很多。

一九四九年一月北京解放，四月，我随沙可夫等同志筹备全国文联和第一届文代大会。六月，我奉命去沈阳接丁玲同志来北京，参加筹委会的领导工作。文代会期间，我曾高兴地把毛主席对丁玲的嘱咐和评价讲给了一位熟悉的老作家听。可是万万没有料到，到了一九五五年和一九五七年当丁玲受到错误的批判时，毛主席的这句话也被歪曲说成了丁玲的“罪状”之一。有人说这是丁玲捏造的，是她有意在自己脸上贴金，此外还有许多莫明其妙的事都成了丁玲“反党”的“罪状”。一九五六年中央宣传部派李之琏等同志核查丁玲的所谓“反党”言行时，有一天李之琏同志把我从农业部约到中国作协，问我毛主席说这句话的情况和内容。我如实地讲了，李之琏同志当时要我在他桌上把谈话内容记下来交给组织上。当时李之琏等同志奉命复查，经过大量调查核实，认为丁玲没有反党，没有什么反党集团。事后不久，李之琏等主持公道实事求是做调查工作的同志都被打成了反党分子或右派含冤受屈二十余年，十一届三中全会以后才得到平反改正。现在从这个侧面可以看到当年“左”的错误给党和同志造成的危害之烈，这是多么严重的啊！①

关于新中国成立初(1951 年夏)，毛泽东探望丁玲一事，陈明是这样回忆的：

是这么一回事。那会儿丁玲正在颐和园的云松巢写一篇文章。因为丁玲和我从外地回来后，看到《文艺报》发表了一篇署名李定中的文章，批评萧也牧的小说《我们夫妇之间》。丁玲就把萧也牧的这篇小说拿来看了，觉得李定中的批评文章言词激烈，有点过分了，她就想也写篇文章，谈些自己的看法。她还专门把她这篇文章给萧的朋友康濯看过，请他们到家里来，我们四个人边吃边谈，气氛很友好。文章写完了，丁玲和我，还有丁玲的母亲就准备回城了。那天收拾东西，正等车，忽然跑上来个警卫员，说你们等一等，中央有首长(由此可见，连同丁玲这样和毛泽东密切交往了十五年之久的老朋友，况且

① 《丁玲纪念集》，湖南文艺出版社 2004 年版，第 149—151 页。

已经到了住所门口，警卫人员也不曾告知是毛泽东“要来看丁玲”，而仅仅说是“中央首长”，又何来黄宗英在其《亲聆》一文中所说的她和赵丹事先被告知毛泽东“今晚”接见他们的说法呢?！——秋石注)要来看丁玲。那天萧三的夫人甘露也在，大家都奇怪谁会来。一会儿毛泽东上来了，因为出汗，穿着的黄绸子衬衫湿了半截，我赶紧上前扶他，又连忙叫勤务员去买西瓜。陪毛泽东来的人不少，其中有罗瑞卿。①

陈明还记忆犹新地回忆道：

……大家边吃西瓜边谈。丁玲向主席汇报她正在写那篇《作为一种倾向来看》评萧也牧的《我们夫妇之间》的文章。主席由此谈到团结、教育、改造几十万知识分子的问题。时间不长，有人来报告说游船已安排好，毛主席便起身和丁玲握别。这次主席在云松巢待了约20分钟。②

时为丁玲公务员的夏更起，于2002年9月回答丁玲生前秘书王增如的提问时，印证了陈明先前的说法。夏更起回忆道：

那天已经打好了行李，正准备回城。忽然有两个公安部门的人通知：过一会儿有中央首长来看望丁玲同志，请等候。可是连喝水的杯子都打在行李里了，怎么招待客人？陈明说，小夏，你赶快去买个西瓜！我就往颐和园东门跑去，跑了不多远，毛主席牵着李讷的手迎面走过来。看我跑得很急，他们两人把手松开，我就从他们两人的中间跑过去了。我在颐和园东门外花了一块多钱买了个大西瓜，回到云松巢时，四周已被警卫戒严。我说明了情况才进了院子。我听到毛主席跟丁玲说：我现在不像在延安了，没有自由了，出来得向他(罗

①② 陈明：《我说丁玲》，第244页。

瑞卿）请假。①

丁玲最后一次见到毛泽东，是在 1960 年召开的作协第三次代表会议上（1958 年丁玲被打成右派后，被撤销了党内外一切职务，但由于周总理的干预，保留了作协理事）。在这次会上，丁玲作了书面发言。会议中，大家照相的时候，丁玲看到了毛泽东。但她没有勇气走上前去问候毛泽东。这也是丁玲生前最后一次见到毛泽东。

在延安，凡是与鲁迅有过来往的人，无论是受过鲁迅帮助的，还是受过鲁迅批评的人，毛泽东都要与之会面、谈话，乃至主动登门拜访。这其中，当数那个桀骜不驯处处要平等要自由的萧军尤甚。

萧军是鲁迅的学生，得到鲁迅的教诲和帮助也最多。在所有与鲁迅往来过而进入延安的国统区文人中，唯萧军可以以鲁迅学生自居，实际上，萧军也是这么声称的，无所顾忌地往来于延安的各个角落。

萧军先后两度进入延安。

第一次进入延安，是在 1938 年的 3 月下旬，前后呆了不过十来天的时间。本意要去五台前线打日本鬼子的萧军，在来延安汇报工作的丁玲、聂绀弩的劝说下，最后去了西安，欲图修补与萧红的裂痕。

第二次进入延安，则是在 1940 年 6 月 14 日，携妻女一同进入，前后共呆了五年半的时间。在这五年半中，既有他去毛泽东处诉苦鸣“屈”，也有毛泽东上门看望他。在延安毛泽东先后十次致信于他，循循善诱，无微不至，也不因其说了过火乃至要和共产党平起平坐（系指“我一支笔要管两个党”狂妄之说）的一些话而薄待他，给萧军的一生都留下了极其深刻的影响。

萧军于 1938 年 3 月 21 日首抵延安，次日，毛泽东即从前去汇报工作的丁玲处获知了这一消息。毛泽东很想见见这位当年的鲁迅学生、《八月的乡村》的作者，就派秘书和培元先到边区招待所探望萧军，问他愿不愿意去见毛泽东？萧军则回答说：“我打算去五台山打游击，到延安是路过，住不了几天，毛主席公务很忙，我就不去打扰了！”

---

① 《丁玲年谱长编》上卷，天津人民出版社 2006 年 1 月版，第 281—282 页。

和培元回去后，丁玲劝说开了萧军："既然到了延安，机会难得，毛主席热情相邀，还是去见见吧！"

然而，没及萧军前往，一天上午，毛泽东亲自到招待所看望萧军来了。同时会见的有何思敬、丁玲、聂绀弩等人，毛泽东还请大家在招待所共进午餐。毛主席平易近人和蔼可亲，以及礼贤下士谦恭友好的态度，令萧军自内心深受感动，同时自觉非常惭愧。与毛主席相比，自己年轻气傲过于渺小了。尤其是当他听说在陕北公学举行的鲁迅逝世一周年纪念大会上，毛泽东作《论鲁迅》讲话时对鲁迅的高度评价，而且，毛泽东在讲话中还引用了鲁迅给他和萧红信中的一段话，他更是激动不已。

关于毛泽东首次会面主动探望萧军并宴请他一事，有另一位当事人的回忆文字为证。曾被鲁迅批评过的原"左联"负责人之一的徐懋庸，后来在《我和毛主席的一些接触》一文中有过较为详细的描述。徐懋庸写道（据徐回忆，是"一天晚上"，而且，毛泽东探望的也不止萧军一个人）：

> 大约在三月中旬之末，由于何思敬、萧军等人也到了延安，原来从延安带了一个战地服务团到山西的丁玲等也回来了。有一天晚上，由毛泽东以及康生、张闻天、张国焘出面，代表党中央和边区政府举行一次宴会，欢迎包括我在内的七八个新到延安的文化人。这是我第一次见到毛主席，只觉得他态度平易近人，但比我一月间在洪洞县八路军总部见到的朱总司令潇洒得多。这一次他没有当众演说，欢迎词则由张国焘作的，他提到了我翻译的《斯大林传》，夸奖了几句。然后让我们被邀请的人发言，大家谦让，推来推去，要我先讲，我就讲了几句，主要是讲到延安以后的感觉，特别强调延安的人与人的关系与上海不同，批评与自我批评的制度使得是非容易分清并能增强团结，不像上海那样，很多啾啾嚓嚓，是非难分，不易团结，也联系了上海两个口号之争的问题，说自己虽然觉得有错误，但是非的界限还是很糊涂，所以要在延安很好学习。接着是丁玲报告了战地服务团工作的经过。然后是萧军发言，主要意思是不同意延安的文艺为政治服务的方针，说是把文艺的水平降低了。最后康生作了长篇讲

话，阐述党的文艺政策，中间针对萧军的发言，不指名地批评了一通，萧军竟听不下去，中途退席。①

对于萧军的这种认识，同所有延安中共负责人一样，毛泽东这是第一次领教。当萧军于两年后再次进入延安后，无论是在同萧军的个人谈话，还是在以后召开的延安文艺座谈会的发言中，毛泽东又多次领教到了。但毛泽东从来不曾因此为难过萧军，更未在公众场合批评过萧军一句。毛泽东采用的方式是礼贤下士，循循善诱。也许毛泽东从已经见到的鲁迅书信中，从别人的口中知道了这位辽东汉子的秉性。

4月1日，陕北公学举行了第二届开学典礼，萧军应邀参加。在会场上他又遇到了毛泽东。会后，他与毛泽东、陈云、李富春、校长成仿吾等领导同志在操场上一起会餐。没有凳子，大家站在桌子周围，用一个大碗盛着酒，你一口我一口地轮流喝着酒。那一日，空中刮着大风，尘土飞扬，大家都有说有笑地满不在乎。

萧军喜欢的就是这样的场合，这样的气氛，尤其是人不分贵贱上下的平等地位。

1940年6月14日，萧军携妻王德芬及周岁的女儿萧歌，与舒群等人一起，又一次抵达延安。不日，萧军被推选为“中华全国文艺界抗敌协会延安分会”的理事，次年任轮值主席，同时还担任了“文艺月会”干事，《文艺月报》编辑，“鲁迅研究会”主任干事及《鲁迅研究丛刊》主编。

大约是在1941年的7月下旬，萧军产生了想离开延安的念头，特意到毛主席那儿去辞行。毛泽东听后感到十分奇怪，便问他为什么要离开延安，究竟发生了些什么事，对延安、对某个人有什么意见等等，总之，希望他能够坦率地说出来。在毛泽东的诚恳劝导下，萧军当即直言不讳地谈了他在延安所见到的一些不良现象，以及一些人的宗派主义、行帮作风等，以致发生了一些矛盾和冲突。他由衷感到，如能直接面对面地和日本侵略者作斗争更为痛快！毛泽东听后又是解释又是劝慰，使萧军的心情顿时舒坦多了。少顷，萧军问毛主席：

---

① 徐懋庸：《我和毛主席的一些接触》，见《延安作家》，第310—311页。

“党有没有文艺政策呀?”

“哪有什么文艺政策,现在忙着打仗、种小米,还顾不上哪!”

萧军进而说道:“党应当制定一个文艺政策,使延安和各个抗日根据地的文艺工作者有所遵循有所依据,统一思想,统一行动,加强团结,有利于革命文艺工作的正确发展。”

毛主席立即表示赞同:“你这个建议很好,你别走了,帮我收集一下文艺界各方面的意见和情况好吗?”

经毛主席挽留,萧军决定不走了。回去后,他将手中现有的一些材料陆续寄给了毛主席,并写信向毛主席借阅《毛泽东抗战言论集》。8月2日,萧军接到了毛泽东复函(据胡乔木晚年回忆:毛泽东此函系他送达。见《胡乔木回忆毛泽东》第54页——秋石注)。复函中,毛泽东情真意切地写道:

萧军同志:

两次来示都阅悉,要的书已付上。我因过去同你少接触,缺乏了解,有些意见想同你说,又怕交浅言深,无益于你,反引起隔阂,故没有即说。延安有无数的坏现象,你对我说的,都值得注意,都应改正。但我劝你同时注意自己方面的某些毛病,不要绝对地看问题,要有耐心,要注意调理人我关系,要故意地强制地省察自己的弱点,方有出路,方能“安心立命”。否则天天不安心,痛苦甚大。你是极坦白豪爽的人,我觉得我同你谈得来,故提议如上。如得你同意,愿同你再谈一回。

敬问

近好!

毛泽东

八月二日①

毛泽东的这封信写得既诚恳坦率,又严肃认真,既有批评也有自我批评,

① 《毛泽东文艺论集》,第265页。

既指出了萧军的优点，又指出了他的缺点，可谓推心置腹之言，表现了最亲切的同志之谊。萧军看后深受感动，便去信问会面时间。毛泽东回信说：

萧军同志：

来示，文章及报纸均收到，文章已读过，兹璧还。近日颇忙碌，过几天再奉约晤叙。敬祝

健康！

毛泽东

八月六日①

报纸，系指延安《解放日报》6 月 17 日、18 日、19 日三份报纸。上面有周扬一篇《文学与生活漫谈》，引起了艾青、萧军、舒群、罗烽、白朗等人的不满，五个人在一起开了一个座谈会，讨论了这篇文章，对文章中哪些说得对，哪些说得不对，一一提出了自己的意见。最后，由萧军执笔，把大家的意见集中起来，写了一篇《〈文学与生活漫谈〉读后》寄给了《解放日报》，但不给登，并退了回来。萧军在和毛泽东的谈话中认为这太不公平了，也太不民主了，毛主席请他把报纸和文章都寄来看看。三天后，毛泽东致信给他说：

萧军同志：

我现在有时间，假如你也有暇，请惠临一叙。

此致

敬礼！

毛泽东

八月十日下午八时半②

---

① 王德芬：《萧军在延安》，刊 1987 年第 4 期《新文学史料》。

秋石附注：1988 年 6 月 22 日萧军逝世后，萧军夫人王德芬在同笔者的多次谈话中证实：关于毛泽东在延安写给萧军的这 10 封亲笔信函，为避免未来可能发生的意外，于“文化大革命”之初的 1966 年 7 月 31 日，由他们的长子萧鸣送往中南海转交毛泽东主席。同时呈交的还有《鲁迅研究丛刊》第一辑，一本由何幹之著作的《鲁迅思想研究》，以及当年在延安出版的全套《文艺月报》等。

② 王德芬：《萧军在延安》，刊 1987 年第 4 期《新文学史料》。

是日晚上，萧军应约前往毛泽东住处。在谈及《解放日报》拒登他们反驳周扬意见的文章时，毛泽东说：“《解放日报》不给登，你们不是自己办了一份《文艺月报》吗？你可以登在《文艺月报》上啊！”经毛泽东这一提醒，萧军顿时大悟（后此文发表在《文艺月报》第八期上）。萧军对毛泽东说：“艾青、罗烽、白朗、舒群，以及其他许多作家，到延安来，一方面是投奔革命，另一方面既然来了也想见见您，您是不是抽个时间和他们见见面呢？”“这么多作家到延安来啦，我还不知道，哪天我去看看大家。”毛泽东在深表歉意的同时当即作出了决定。

第二天——1941年8月11日傍晚，毛泽东履行了他对萧军的承诺，从杨家岭住所步行来到杨家沟半山腰的“文抗”所在地看望作家们来了。萧军请毛泽东到自己住的窑洞里坐下，又赶快出去通知艾青、罗烽、白朗、舒群以及其他一些作家。因为昨天晤叙时毛泽东并没有说定今天来，罗烽、舒群等人不在家，艾青也是在过了半小时之后才闻讯匆匆赶来。为了表示对毛泽东的尊敬，艾青则郑重其事把旧军装脱下，换上了一身笔挺的西装，脖子上还系了一条漂亮的红领带，参加了同毛泽东的会面与谈话。毛泽东离开“文抗”与作家们告别时天已经黑了，同来的勤务兵点燃了马灯护送毛泽东下山而去。毛泽东的这次来访，使“文抗”的作家们感到特别的兴奋，也备受鼓舞。8月12日一清早，毛泽东又让勤务兵送来一封信：

萧军同志：

昨晚未晤罗、舒二同志，此刻不知他们二位及兄都有暇否？又艾青同志有暇否？又各位女同志有暇否？如有的话，敬请于早饭后惠临一叙，我们谈通一些问题，是很好的，很必要的。此致

敬礼！

毛泽东

八月十二日早①

---

① 《毛泽东文艺论集》，第267页。

是日早饭毕，由萧军领头，其夫人王德芬抱着刚满月的儿子萧鸣，艾青、韦嫈夫妇，罗烽、白朗夫妇，以及舒群，一同下山步行到了杨家岭毛泽东居住的地方。就在一行作家到达之前，中共中央组织部部长陈云、中共中央宣传部代部长凯丰也已到了。在中央领导同志面前，作家们畅所欲言，谈了许多有关文艺和文艺界方面的问题。

当五位作家毫无拘束地你一言我一语地向毛泽东倾诉对周扬所写的《文学与生活漫谈》一文的意见时，毛泽东一直在耐心地听着，有时还记上一笔两笔，间或同眼前的作家们说上一两句幽默的话语，以调节其气氛，以平息大家由此而引发的愤懑。而听到好奇处，毛泽东还哈哈地笑上几句，他完全融入了作家们的喜怒哀乐中去了。最后，就在谈话快要结束时，萧军却出乎大家意料地向毛泽东讲述了冯雪峰于皖南事变后被捕的消息，并以十分恳切而又焦虑的口吻向毛泽东说道："主席，请营救冯雪峰！"

毛泽东一听，脸色顿时大变，当即站立起来，向坐在他身旁一同倾听作家们意见的陈云和凯丰问道：

"有人营救过没有？"

回答说是不知道。有关冯雪峰被捕的消息，可能他们也是第一次听说。

接着，萧军滔滔不绝地讲开了他所了解的有关冯雪峰在国统区的一些情况（在冯雪峰领衔担任中共中央特派员使命于 1936 年 4 月 26 日来到鲁迅身边时，萧军、萧红多次在鲁迅家中遇见过冯雪峰，当面聆听了冯雪峰关于长征、关于毛泽东、关于陕北苏区情况的讲述。萧军熟知鲁迅与冯雪峰之间亦师亦友的那种特殊情感，以及鲁迅对冯雪峰的高度评价——秋石注），以及"左联"对反国民党文化"围剿"所作出的重大贡献。讲述中，萧军还着重向大家介绍了冯雪峰在上海与鲁迅并肩战斗的许多往事。毛泽东在听后更加予以了重视。

他立马指示坐在身旁的陈云说："赶快了解一下情况，如还没有营救，一定要尽快营救冯雪峰！"

谈话结束后，毛泽东亲切地招待作家及其夫人们一顿"丰盛"的午餐。据时为艾青夫人的韦嫈回忆，桌上的菜肴有蒸腊肉、辣椒炒肉丝、鸡蛋等，还有前方带回来的在延安难得一见的咸鱼（延安不产鱼）。刚吃完饭，凯丰就把拟好的给南方局的电报草稿送交毛泽东审阅。毛泽东看后，又将它递给了在场的

7位客人一一传阅。据韦嫈2002年5月19日在其三里河南沙沟寓所当面向笔者介绍：电报内容是让南方局尽一切努力设法营救冯雪峰出狱。陈云看后也表示赞同，并当即交付电台拍发。[①]

毛泽东认真听取萧军关于营救冯雪峰的要求，并且雷厉风行地付诸实施，在萧军脑中形成了十分深刻的印象，直到临终，他也无法忘怀当年杨家岭毛泽东窑洞里发生的这动人的一幕。

那一日以后，毛泽东、陈云、凯丰，以及中央组织部干部科科长王鹤寿等，分头找了延安文艺界的一些同志谈话及征求意见，了解了文艺界存在的一些问题，从中掌握了大量的第一手材料，并开始着手准备召开一次文艺座谈会。

受毛泽东委托，萧军陆续将收集到的文艺资料寄给了毛泽东。与此同时，他经常赴毛泽东住处面谈。1942年4月4日，毛泽东在致萧军的信中这样写道：

萧军同志：

来信及附件收读，并转给几个同志看去了，感谢你的好意。此复，并致

敬礼！

毛泽东

四月四日[②]

---

① 关于当年在延安毛泽东住处作客时，萧军向毛泽东讲述冯雪峰被捕并吁请营救一事，及毛泽东听后当即下令实施营救的全过程，初系延安女作家、艾青前夫人韦嫈在其撰写的《延安作家生活纪实·延安文艺座谈会的前奏曲》一文（原载《女作家》杂志，后被收入陕西人民教育出版社1992年8月出版的《延安作家》一书，见该书P504～512页所述）中披露。笔者曾于2002年2月28日～3月15日，5次致电居住在北京南沙沟寓所的韦嫈前辈求证确信。2002年5月，笔者赴北京出席纪念延安文艺座谈会召开60周年系列纪念活动时，先赴南沙沟其寓所进行当面核证。随后，又在首都人民大会堂新疆厅举行的座谈会现场，与韦嫈先生做了进一步的叙谈和核证。在此基础上，笔者五易其稿，撰写完成了题为《主席：请营救冯雪峰》的纪实文稿。该纪实文本先是刊发于2003年5月21日上海出版的《文汇报·笔会》头条，继而被同年9月北京出版的《新华文摘》全文收入，以后，又陆续为多种文本收入。

② 王德芬：《萧军在延安》，刊1987年第4期《新文学史料》。

萧军接信后于当天下午又去毛泽东住处恳谈。两人推心置腹无所不谈，越谈，党的领袖与作家之间的距离也就越短，越谈也就越兴奋。忽然间，毛泽东对萧军提议道：

“萧军同志，你改改行好吗?”

“改什么行?”萧军不解地问道。

毛泽东的解释一点不含糊：

“入党、当官!”

“哦，不行，不行!”萧军听后，顿时慌了神，他连连摆手拒绝，贵有自知之明而又异常诚恳地作了下述这么一番解释：

“斯大林说过，‘党员是用特殊材料制成的’，入党，我不是那材料，当官，我不是那坯子，我这个人自由主义、个人英雄主义太重，就像一头野马，受不了缰绳的约束，到时候连我自己也管不住自己，我还是在党外跑跑吧！谢谢你这么看得起我!”

“你什么时候想通了，什么时候提出来，我们欢迎你!”

毛泽东诚恳地说道。

这天晚上他们一直谈到深夜，萧军在听了毛泽东谈及他在党内左右倾机会主义路线占主导地位时期，曾经受到过十一次处分并能正确对待的故事深受感动。回家以后他连夜写了一篇《论同志之爱与耐》的文章，后来经过毛泽东亲自审阅修改后，刊登在 1942 年 4 月 8 日的延安《解放日报》上。

然而，萧军虽然很积极地为毛泽东收集文艺界各方面的意见，却并不打算参加文艺座谈会。他知道自己生来心直口快，脾气急躁，耐心不够，如果参加座谈会，很可能在某些问题上会与一些同志产生意见分歧，从而发生争论冲突，最终落个不愉快的结局。为此，他写信给毛泽东，借口要到延安附近各县去旅行，请毛泽东为他向当地驻军三五九旅旅长王震要一张通行证。毛泽东接信后于 4 月 7 日复信说：

萧军同志：

我希望你迟一会出巡，以便商量一个重要问题，未知你意如何?如同意，希回示。如你有暇，希于今天下午或晚上惠临我处一叙，商量一些问题。

敬礼！

毛泽东

四月七日

下午三时①

萧军接信后当即应约前往，接连谈了两天有关党的文艺方针政策等方面的问题。后也写信去。毛泽东继而于四月十三日又写了一封回信：

萧军同志：

来信敬悉。前日我们所谈关于文艺方针诸问题，拟请代我搜集反面的意见。如有所得，祈随时示知为盼！

敬礼！

毛泽东

四月十三日②

召开文艺座谈会的日期还没有定下来，急性子的萧军又给毛泽东写信说要动身旅行去，毛泽东阅后再次致函萧军予以挽留：

萧军同志：

准备本星期六开会，请你稍等一下出发，开完你就可走了。会前我还想同你谈一下，不知你有暇否？

我派马来接你。月报1-14期收到，谢谢你！

敬礼！

毛泽东

四月二十七日早③

① 王德芬：《萧军在延安》，刊1987年第4期《新文学史料》。

②③ 王德芬：《萧军在延安》，刊1987年第4期《新文学史料》。

当时的延安没有什么交通工具，从一个单位到另一个单位，少则几里，多则几十里，人们出门办事都是以步当车，只有少数领导人，为了节省有限的时间才用马代步。毛泽东为急于和萧军研究有关召开文艺座谈会的问题，便派自己的马去接他。一见面，毛泽东又甚为恳切地予以挽留，要萧军开完会后再去旅行。盛情难却，萧军便决定留下了。

就在劝萧军留下来的同一天，4 月 27 日，毛泽东和凯丰联名发出了邀请延安一百多位文艺家参加文艺座谈会的请柬：

> 为着交换对于目前文艺运动各方面问题的意见起见，特定于 5 月 2 日下午 1 时半在杨家岭办公厅楼下会议室内开座谈会，敬望届时出席为盼。①

5 月 2 日，延安文艺座谈会在杨家岭中共中央办公厅大礼堂隆重召开。出席开幕式的除毛泽东、朱德、陈云、凯丰、贺龙等中央领导同志外，延安文艺界的负责人和著名人士大都参加了，约一百余人。大会由中共中央宣传部代部长凯丰主持，毛泽东致开幕词之后，旋即提议请萧军第一个发言，一旁的丁玲对萧军悄悄地说道："萧军，你是学炮兵的，你就第一个开炮吧！"

有必要先向读者们引述一下毛泽东所作开场白的内容。毛泽东说道："目的是要和大家交换意见，研究文艺工作和一般革命工作的关系，求得革命文艺的正确发展，求得革命文艺对其他革命工作的更好的协助"。为此目的，就需要解决文艺工作者的立场问题、态度问题、工作对象问题、工作问题、学习问题。接着，毛泽东对这些问题分别作了论述，提出：革命文艺工作者应该站在无产阶级和人民大众的立场；歌颂人民群众及其政党和军队，暴露敌人，特别是他们的残暴和欺骗；革命文艺工作的对象，在根据地是工农兵和革命干部，知识分子出身的文艺家要使自己的作品受他们欢迎，必须熟悉和了解他们，让自己的思想感情来一个变化，来一番改造。文艺工作者应该学习文艺创作，这是对的，但还要学习社会，学习马列主义。

---

① 王德芬：《萧军在延安》，刊 1987 年第 4 期《新文学史料》。

按理说，毛泽东已经阐明了座谈会的主题，他提议萧军第一个发言，是对萧军寄予厚望，而且，这也是一个很好的机会。然而，萧军的这个“第一个发言”，却出乎毛泽东和绝大多数领导及出席者们的意料——与毛泽东提出的会议主题相去甚远。他的这个发言，可以概括为三句话，叫做，方向明确，态度明朗，火药味浓烈。

据时任毛泽东秘书的胡乔木后来回忆：

> 萧军第一个讲话，意思是说作家要有“自由”，作家是“独立”的，鲁迅在广州就不受哪一个党哪一个组织的指挥。对这样的意见，我忍不住了，起来反驳他，说文艺界需要有组织，鲁迅当年没受到组织的领导是不足，不是他的光荣。归根到底，是党要不要领导文艺，能不能领导文艺的问题。萧军就坐在我旁边，争论很激烈。他发言内容很多，引起我反驳的，就是这个问题。对于我的发言，毛主席非常高兴，开完会，让我到他那里吃饭，说是祝贺开展了斗争。①

另据与会代表何其芳等人的当日日记和回忆，萧军在会上还气冲斗牛地讲道——他显然是与会议主题硬生生地唱上了反调：

> ……红莲、白藕是一家；儒家、道家、释家是一家；党内人士、非党人士、进步人士是一家；政治、军事、文艺也是一家。虽说是一家，但他们的辈分是平等的，谁也不能领导谁。我们革命，就要像鲁迅先生一样，将旧世界砸得粉碎，绝不写歌功颂德的文章。像今天这样的会，我就可以写出十万字来。我非常欣赏罗曼·罗兰的新英雄主义。我不仅要做中国第一作家，而且还要做世界第一作家。②

---

① 胡乔木：《胡乔木回忆毛泽东》，第54—55页。

② 见1997年5月23日《人民日报》刊高杰著《延安文艺座谈会片断》；又见高杰著长篇纪实《流动的火焰》，刊1997年第5期《传记文学》。

萧军这个要自由要“称霸”的发言一开头，接下去的发言者的发言更是各抒己见，争论得十分厉害。所以，毛泽东对胡乔木起来反驳萧军等人的论点，感到特别的高兴。

大会之后是小组会，以便有什么意见可以更广泛地集中地进行讨论、研究。果然，不出萧军的意料，他在大会和小会上与某些同志在一些问题上发生了激烈的争论。这本来是正常的现象，如果大家是为了共同的革命目标，经过批评与自我批评也是可以取得统一的。然而，在中间休会期间，萧军担心冲突会在复会时进一步激化，不愿意再参加会议了。于是，他又向毛泽东提出了要立刻出去旅行的要求，以致毛泽东也就给他写了这么一封信：

萧军同志：

会要到十六日才开，如果你觉得不能等了，你就出发罢。此复，即致

敬礼！

毛泽东

五月五日①

萧军妻子王德芬在看了毛泽东的这封信后劝告道：“你怎么可以开会开到半道就溜了呢！不是太不通人情了吗？有什么不同意见，大家可以商量嘛，别闹个人意气，让毛主席一次又一次地挽留你，不觉得难为情吗？”

萧军听了妻子的劝告，也就下了决心，他决心克服自己的偏激，坚持把会开完再去旅行。

14天后，举行了第二次大会。但这回毛泽东没有发言，他主要是听取与会代表对文艺问题的各种意见，并不时地做着记录——为日后做大会结论时参考。但萧军秉性难改，仍感言犹未尽，他还要放上一把“火”。

关于这天的讨论情况，当时在中央研究院文化思想研究室做秘书的温济泽回忆说：

---

① 王德芬：《萧军在延安》，刊1987年第4期《新文学史料》。

当时有个主席台，不是高台子，而是平地，拉几张桌子铺几块布，上面坐着几个人我记不清了，只记得毛主席坐在当中，朱总司令坐在旁边。当时会场上的民主空气是后来很难想象的，有几个人提了不同的意见，萧军是最“激烈”的一个，他的态度很骄傲，很“蛮横”。萧军提的什么具体意见我现在说不清了，但我记得比较清楚的是他这样说，你们共产党现在又开文艺座谈会，又在整风，我觉得你们的整风是“露淫狂”。你们现在整三风，将来总有一天会整六风（他的意思是说你们早就应该整了，而且还应该整得厉害一点，但不相信能整好）。萧军说了以后，底下就争起来，吴亮平、李又然等同志都发言了。吴亮平起来反驳萧军的时候，赞同萧军的人就起来批他，说你不要在那讲课了，这里不是课堂！另外张庚也发言说，我也不赞成主席的有些意见，提高是非常必要的，我们共产党的文化运动搞了那么多年，难道不要提高吗？周扬大概也有个发言，是维护主席观点的。再有吴奚如（新四军的干部）有个发言，他说我们搞文学的是要有个立场，因为现在不是抗日吗？当时会场很活跃，争论得很激烈。最后朱总司令站起来讲话，他没有批萧军，而是批吴奚如，他说，吴奚如你是人民军队的一名老战士，居然讲出这样的话来，你完全丧失了无产阶级的立场！批得很凶。当时毛主席没有讲话。赞成萧军意见的首先是罗烽。后来就说散会吧，下次开会再通知。在这次讨论会上，毛主席就坐在那里听，不动声色，骂到那种程度，也没有说什么话。①

自始至终，对萧军失望归失望，但毛泽东直至5月23日作结论时也没有对萧军的言论作公开点名的批评。对萧军，毛泽东可以说是苦口婆心工作到了家。以后，他还是一如既往地对萧军循循善诱，以礼待之。但在5月23日毛泽东作结论前一刻，朱德总司令在压阵的发言中，不点名地严厉地批评了萧军的错误观点。他要求文艺家们要看得起工农兵，中国第一，世界

① 温济泽：《第一个被平反的“右派”》第四章《延安十年生活》，中国青年出版社1999年版。

第一，都得由工农兵来批准；不要怕说“转变”思想立场，不但要转变，而且是投降，他说自己就是从一个旧军人投降共产党的。“八路军、新四军为了国家民族流血牺牲，既有功又有德，为什么不应该歌？为什么不应该颂？”“不要眼睛太高，要看得起工农兵。‘中国第一’‘世界第一’，都要工农兵群众批准。”

朱德总司令发言后，趁着还没天黑，衬映着夕阳的余晖，由摄影师吴印咸为全体代表摄影留念。临照相的时候，出现了两个非常有意思的镜头：一个是毛泽东四处张望，问丁玲在哪里？待到他看清楚丁玲所坐位置稍偏一些时，便让出了自己在朱老总身边的位置。临了还不忘开了一句玩笑：“照相坐近一点，不要明年再写《三八节有感》”；另一个是萧军，兴许是刚才挨了一顿朱老总的严厉批评的缘故，脸上挂不住，跑到了最后一排不为人注意的地方站着。

延安文艺座谈会最后一天，中央领导与全体与会代表共有一百余人合影。参加者有：毛泽东、朱德、凯丰、任弼时、康生、王稼祥、博古、李卓然、徐特立、刘白羽、舒群、罗烽、草明、田方、张悟真、陈波儿、丁玲、李伯钊、瞿维、力群、白朗、塞克、周文、胡绩伟、天蓝、江丰、李雷、艾思奇、欧阳山、姚时晓、王震之、袁文殊、王曼硕、刘岘、石泊夫、郑文、于黑丁、陈企霞、吕骥、丁浩川、郁文、陈伯达、傅钟、肖向荣、何思敬、陈学昭、张庚、罗工柳、王滨、干学伟、曹葆华、欧阳山尊、胡采、马加、曾克、周立波、张振武、高阳、张仃、刘雪苇、蔡若虹、胡蛮、金紫光、伊明、林默涵、周扬、艾青、钟敬之、李丽莲、潘奇、唐荣枚、许珂、张永华、任虹、魏东明、宋侃夫、钟纪明、公木、范文澜、杜矢甲、于敏、张桂、严文井、陈荒煤、何其芳、张铁夫、阿甲、张季纯、张真、张望、佟天林、华君武、李又然、李元庆、向隅、萧军、柯仲平等，吴印咸摄影①。

上述，是当年的延安红小鬼艾克恩编纂的《延安文艺运动纪盛》一书第364页中开列的95人参加者名单，尚有多人或系旁听人员，或只参加过其中的一次，加上年代久远，没有统计在内。进入新世纪以来，经过多年的摸排走

① 秋石注：上述是与会正式人员名单，尚有多人系旁听人员，不计入内。见艾克恩编纂：《延安文艺运动纪盛》，第364页。

访，延安凤凰山旧址管理处主任高慧琳副研究员提出了一份连同党政负责同志和各个门类艺术家作家总计达 134 人的出席者名单。显然，经过深入细致的艰苦工作，高慧琳是把前后三天会议的参加者基本上统计进去了。

延安文艺座谈会参加人名单

中共中央政治局：

毛泽东、朱德、任弼时、凯丰、陈云、博古、王稼祥、康生、邓发

陕甘宁边区政府负责人：

林伯渠、谢觉哉

有关方面负责人：

贺龙、徐特立、杨尚昆、李卓然、陈伯达、胡乔木、吴亮平、彭真、徐一新

中华全国文艺界抗敌协会延安分会：

丁玲、艾青、萧军、刘白羽、于黑丁、李雷、李又然、陈学昭、马加、曾克、高阳、张仃、郑文、严辰、方纪、白朗、郑星燕

鲁迅艺术文学院：

周扬、宋侃夫、何其芳、严文井、周立波、陈荒煤、天蓝、曹葆华、张桂、张庚、钟敬之、田方、王滨、于敏、水华、姚时晓、干学伟、袁文殊、江丰、王曼硕、胡一川、力群、罗工柳、华君武、马达、王式廓、张望、古元、蔡若虹、胡蛮、王朝文、石泊夫、张悟真、陈叔亮、吕骥、瞿维、寄明、向隅、唐荣枚、潘奇、李丽莲、李焕之、张贞黻、杜矢甲、任虹、李元庆、郑律成、王大化

中共中央文委系统：

萧三、阿甲、任桂林、张一然、王镇武、塞克、吴雪、范文澜、艾思奇、李又常、

温济泽、殷白、欧阳山、草明、伊明、魏东明、刘雪苇、金紫光、郭小川、李伯钊、陈波儿、童大林、舒群、陈企霞、丁浩川、郁文、黄刚、莫艾、张谔、林默涵

中央军委和八路军文艺系统：

傅钟、萧向荣、何思敬、吴奚如、公木、王震之、吴印咸、郑景康、欧阳山尊

陕甘宁边区文教系统：

周文、罗烽、柯仲平、张寒晖、张季纯、胡绩伟、胡采、刘岘、吴伯萧

以上共134人。①

延安文艺座谈会结束的第二天，萧军又去信向毛泽东要一张旅行通行证，为此，毛泽东复信道：

萧军同志：

来信已悉，王旅长现去鄜县，俟他回来，即与他谈。此复

敬礼！

毛泽东

五月二十五日②

在延安文艺座谈会召开前后，毛泽东共十次亲笔致函萧军，对萧军的影响是极为深刻的。所以，直到晚年，乃至在萧军去世半年前的那一个寒冷的夜晚

① 上述见人民文学出版社2012年5月出版、高慧琳编著《群星闪耀延河边——延安文艺座谈会参加者》一书。据高慧琳在该书《后记》中这样说明道：本书的资料梳理甄别特别艰苦。尽管参加者作为历史的重要见证人，应该被载入史册，但不幸的是有些几乎被历史所湮没，毫无资料可寻。有的则是各种资料相互矛盾，错误百出，一不小心就会搞错。我在梳理参加者资料时，还是有所发现的。一是整合了名单，这点已如前面所说；二是整合了各种资料。我的写作方法是，一找传记、专书或专文；二找媒体报道和回忆文章；三找参加者所在单位和家属提供资料。另外，也发挥现代传媒作用，通过互联网查找线索。通过这样的深入挖掘，还真找到了不少以前所不掌握的资料。通过参加者的单位档案资料或生平材料我认出了合影照片中的寄明、陈叔亮这两个人。

② 王德芬：《萧军在延安》，刊1987年第4期《新文学史料》。

(1987年12月10日夜晚),在其后海寓所与笔者围炉进行的最后一次长谈中,他都念念不忘同毛泽东的情谊,而且,从来也没有动摇过崇敬毛泽东的信念。

萧军想去旅行的愿望始终未能实现,开始是因为参加了文艺座谈会,后来则是因为发生了王实味事件。

是年5、6月间,中央研究院的特级研究员、中共党员王实味,因发表了几篇暴露延安阴暗面的文章,如《野百合花》、《政治家、艺术家》、《文艺的民族形式短论》等,产生了极坏的影响,被国民党反动派利用做了反对共产党和陕甘宁边区政府的宣传材料,从而,自己也受到了批判。

6月初,萧军随“文抗”的同志们参加了中央研究院召开的一次批判王实味的大会。在归来的路上,他对会场上出现的混乱现象说了几句不满的话,被走在一旁的一位女同志听到后,向“文抗”党组织汇报了。没过几天,中央研究院派了四名代表向萧军提出抗议,要他承认错误,赔礼道歉等,被萧军断然拒绝。为此,他还专门写了一份书面材料上呈中央和毛主席,说明了事实经过,表明了自己的意见。后来,他把书面材料取名为《备忘录》,在“文抗”的一次整风小组会上宣读了,此后,又不顾会议宗旨,在10月19日下午有近2 000人参加的“鲁迅逝世六周年纪念大会”上宣读了一遍,为此,还当场与多位同志在讲台上展开了激烈的辩论,最终以萧军愤然拂袖而去不欢而散。

在这期间,萧军还为王实味一事向毛泽东求过情,据萧军1984年9月26日在新疆师范大学为他举行的座谈会上介绍道:

> 我和王实味原来并不认识,因为一个朋友(李又然,诗人)他到我这里来唠叨说:“王实味是个好同志哎。”(萧军模仿着朋友的南方腔调说)。那个时候,我和毛主席比较的算常常接近,不能说是来往吧,过了延河,我就可以到他那里去串门儿,赶上他开会,我挟着棍子就走(我那时习惯走山路带棍子),他不开会呢,我就上他的窑洞里聊一聊,不像后来那么森严(众笑),李又然要我到毛主席那里去讲一讲,“听说王实味要脱党,这样影响不好哎。”他说。我也不是个党员,也不了解这个情况,说:“王实味要脱党就叫他脱呗!”他说:“这样子不好呀,影响不好哎。”他要我一定去和毛主席讲讲这件事,我说:“好吧。”

> 记得那天吃过晚饭，李又然送我到延河边，我脱了鞋子，蹚过水，过了河，去杨家岭毛主席住的地方。我问毛主席的传达："主席开会没？"他说："没有。"我说："请你传达一下，说我来了。"于是传达告诉我："主席请你上来坐。"见到主席，我就提出来："听说王实味要脱党，这个影响是不是不好？"毛主席说："这件事你别管。"我说："我并不想管哪，因为有个朋友叫我来管管，我就来问一问呗。"主席又说："王实味有托派嫌疑，他并没有参加托派呀(萧军原话如此——秋石注)，有托派的问题在里头，你别管。"于是，我们就谈些别的事了。

可见，毛泽东并不因为萧军前不久在文艺座谈会上发表了那么多的包括要和共产党"平起平坐"之类的不同政论，而怠慢他半分；也不因为萧军不合时宜地跑到杨家岭为王实味开脱而冷落他，或借口有事中断谈话礼让出门，还是一如既往放下手头工作"谈些别的事了"。毛泽东对萧军是真诚的，因为他是鲁迅的学生，对于萧军的秉性，鲁迅有时也不得不迁就他。

然而，在延安相当多的一些同志的眼中，萧军还是被归入了另类。萧军虽然并不认识王实味，交往更是谈不上，但就因他对批判会的无序做法表示了不满和狂妄地当众宣读那份抗议式《备忘录》，便被扣上了"同情'托派'王实味"的罪名。

不久，由于整风和审干运动的进一步深入，萧军也和毛泽东断了往来。虽说表面上是没有了往来，但在实际上，毛泽东等中央领导同志是一直挂念着萧军的。据作家出版社 2013 年 9 月出版的《舒群年谱》第 52 页所载：1943 年 1 月 13 日，在延安"文抗"白朗处，同为东北时期的老友，曾给萧军萧红以真诚关爱、大量帮助的原第三国际情报员、老共产党人舒群，向也在白朗处的萧军转达了毛泽东同志等中央领导人对他的关心。之后，"文抗"的同志们都被分散到各个单位参加整风去了，独萧军无处可去①，据萧军夫

---

① 必须澄清的一个事实是，据多位延安时期的文艺界人士于 2002 年 5 月接受笔者访谈时，一致认为：组织上是安排萧军一起去文艺界人士集中的党校三部参加整风的，但萧军自己不愿意。不愿意去的原因很简单，是因为他不合群，和其他人谈不到一块儿。而且，上面也没有强令他去。不但没有强制他去，在整个整风过程中，萧军也没有受到任何关押、批判或作检查。

人王德芬在萧军逝世后，多次向笔者讲述，后来因为招待所负责人耍官僚主义，百般刁难即将临产的萧军妻子王德芬，萧军咽不下这口气，盛怒之下，便不计后果地带着妻儿下到延安县刘庄，过起了极为艰难但自食其力的庄户人家生活。次年 3 月 3 日，延安县委书记王丕年陪同毛主席的秘书胡乔木到刘庄萧军居住的石窑探望了他的一家，并劝导萧军返回延安城。

其实，乔木是受毛泽东的委托，来劝说萧军回去的。刘庄是个极偏僻的小山村，没有王丕年带路，胡乔木是难以找到萧军的。胡乔木虽然没有点明此行系毛主席派遣，但却带来了毛泽东的关怀和友谊。

1944 年 3 月 7 日，王丕年派来两头毛驴，及派“杨保弟同志帮你搬家”，将在农村度过了三个月庄户窑洞生活的萧军一家，送到文艺界人士集中的延安中央党校三部，并参加整风学习。①

回到延安后，在经过一段时间思考后，萧军特意去拜访了早先在毛泽东住处结识的中央党校副校长彭真同志，颇为郑重地向他提出了毛泽东当初殷切期望的加入中国共产党的问题。

彭真听后，十分高兴，在表示欢迎的同时问道：

“党的原则是少数服从多数，下级服从上级，地方服从中央，领导你的人不一定比你强，你能做到具体服从吗？”

“不能！”萧军坦率作答，“我认为不对我就反对！更不能服从、照办！谁要是命令我，我立刻就会产生一种生理上的反感，这是我的弱点，难以克服的弱点！看来，我还是留在党外吧，省得给党找麻烦。”说到此，萧军自己又撤回了

---

① 据王德芬《萧军在延安》一文中披露，他们当初执意下乡时，边区政府民政厅厅长刘景范曾力阻萧军一家离开延安城。“扣留”数天后见其去意已决方才开出通行证，派出“一共五口牲口”送其下乡（见萧军 1943 年 11 月 8 日日记）。

事实上，原拟“预备较长期住下去，至少要住两年”的萧军，四个月后向县委提出要求离开农村回城。县委书记王丕年将他的要求（一封信）当天即给转往了中央，尔后才有五天后胡乔木秉毛泽东之命“劝导”萧军回城，速度之快，又一次见证了毛泽东对他的关怀。

1944 年 2 月 26 日萧军日记记道，在与妻子王德芬“大致说了”后，“我去县上会王丕年。……给他留下一封信，说我放弃了种地的计划，准备回公家去，……我准备忍受——我必须忍受——从这‘死泥潭’里拔出去，为了我将来的工作，我不能筋疲力竭在这里，以至毁灭在这里。……”

附带说明一点，抗战胜利后，同萧军一样，王丕年被派到东北工作，“文革”前曾任中共黑龙江省委监察委员会负责人，“文革”后任黑龙江省人大常委会副主任。据笔者所知，曾有黑龙江省多名学者向他印证过当年萧军下乡这段经历。

入党的要求。

“等你什么时候想通了再来找我!”彭真同志殷殷地说道。

“等等再说吧,我还管不住自己的感情,在党外再跑几年吧!”

谈话结束后,萧军回党校三部去了。

1945年11月,萧军临离延安返回东北前夕,专门去毛泽东住处辞行。毛泽东再一次语重心长地与他进行了交谈,并期待着萧军回到东北以后能和彭真同志密切配合,协助彭真同志开展好东北解放区的文化工作。最后,毛主席进一步勉励道:“听彭真同志说你有过入党的要求,我们欢迎你！到了东北,如果考虑成熟了,可以向东北局提出来!”说这番话的时候,朱德、刘少奇都在场。之后,毛泽东又邀萧军同去朱德总司令家共进午餐。饭毕,毛泽东主席与朱德总司令一道,一直送到大路旁才与萧军挥手告别。

在张家口等候去东北的时候,中共东北局下达了对萧军这个党外人士的任职令,任命他为东北大学鲁迅艺术文学院院长。应该说,东北局的这个决定,体现了以毛泽东为首的党中央对这位鲁迅的学生的高度信任和关爱。在他前往有小延安之称的佳木斯就任的路上,每到一地,如齐齐哈尔、哈尔滨,各地党政部门和各界人民群众都为他召开了欢迎大会。

1948年7月,时任哈尔滨鲁迅文化出版社社长和《文化报》主编的萧军,在老友、共产党员舒群苦口婆心的规劝和严肃批评下,决心放弃“小我”,收敛个人的“自由主义”,加入到党的怀抱中来。为此他于7月25日致信中共中央东北局宣传部部长凯丰:

凯丰同志:

多少年来,我留在党外,这决非从任何个人动机出发,而是从革命客观需要出发——这是我个人的认识——几次和彭真、毛泽东以及其他同志谈到入党问题,我在坚持这看法的同时也觉得自己思想,感情还未成熟,因此拖到如今。

在我个人感到现在已是我走入共产党内的时期了——主观和客观条件已经到了应该解决的时期了,因此我今天郑重提出,请求加入共产党,请你转达东北局,如何考虑给以回答。此信由舒群同志转达并托他口述一切。

此致敬礼！

萧军

一九四八年七月二十五日

8月，经中共中央、毛泽东同意，批准接受萧军为中共党员，并由中共东北局正式通知了他，可以参加党小组生活了。然而，不日，即发生了《生活报》与《文化报》的两报之争事件，接着，萧军本人遭到了全东北范围内大规模的批判，有关参加党小组生活一事也就不可能实现了。

萧军自延安刚返抵东北时，名声是很响的：《跋涉》与《八月的乡村》的作者、鲁迅的学生、延安老干部的头衔和身份，对东北人民群众特别是知识分子阶层，具有强烈的吸引力。天性耿直自信而颇多傲气的萧军，不顾一切地狂热工作着，他全然没有省察到身边环境的复杂。朋友和同志们提醒他，他却一笑了之，认为自己是一心一意地在工作，压根不存在什么与党“争夺”群众的问题。由于萧军主编《文化报》与群众的联系日益密切，引起了相当一部分人的误解，认为萧军是在和党、新生的人民民主政府分庭抗礼，拉山头闹独立，树立个人威信。由此，东北局安排一些人办了一份《生活报》，组织稿件对萧军领导的《文化报》展开了批评。

1948年8月26日，也就是中共中央和毛泽东批准萧军为中共党员后不多日，《生活报》抓住《文化报》为纪念抗战胜利发表的社论中的一句话大做文章，指责萧军和国民党一样，“诬蔑苏联是赤色帝国主义”。接着，《生活报》又发表大量围攻萧军和《文化报》的文章，对萧军的思想、言行、创作进行了全方位的“批判”，最终，以绝对优势压垮了《文化报》，剥夺了萧军自我辩护的权利和阵地。继东北文协发表《关于萧军及其〈文化报〉所犯错误的结论》之后，中共中央东北局也作出了《关于萧军问题的决定》，错误地认定萧军“诽谤人民政府，诬蔑土地改革，反对人民解放战争，挑拨中苏友谊”，紧接着，萧军被撤销了一切职务，下放辽宁抚顺煤矿。去抚顺体验生活，最终是萧军本人的选择。在抚顺，萧军担任了抚顺矿务局京剧团顾问，并指导上演了自己在延安创作的京剧剧本《武王伐纣》，共演了36天44场，据说，抚顺全市25万人口中有三分之一的人看过《武王伐纣》。不久，他回到了沈阳东北局文化部工作。在此期间，他作为正式代表，参加了东北文协第一次代表大会。

1951年萧军回京探亲，由于东北局某些人拒转关系，自到北京之日起，他便失去了一切。次年8月，在彭真力排众议下，萧军被安排到北京市人民政府文化教育委员会文物组当了考古研究员（后因从事写作，于1954年8月辞去了文物组的工作）。

事实上，毛泽东一直关怀着萧军。据萧军本人亲述，1952年10月，政务院来了一位姓龙的同志与萧军洽谈参加党小组生活的问题。而萧军却因东北局对他的不公正的"决定"耿耿于怀，一时无法转过弯来，以致失去了过组织生活的最后机会。

1953年11月，萧军将创作好的《五月的矿山》及《第三代》文稿送交人民文学出版社要求出版。但萧军老友、社长冯雪峰却不敢接受，让他请示毛泽东。无奈，萧军写上一信，连同两部文稿送中南海周恩来总理转呈毛泽东主席审阅并要求出版。

毛泽东阅信后，并不因为四年前萧军已被中共东北局冠之以"三反"这一"前科"而剥夺其政治权利，批示予以出版萧军110万字的两部作品，同时再版萧军18年前由鲁迅亲手扶植的成名作《八月的乡村》。

七个月后，也就是1954年的6月间，萧军终于收到了中央文化教育委员会的来信，述说毛泽东同意出版萧军的两部长篇小说。

综上事实充分说明：毛泽东对萧军是真诚的，关爱的，并不曾因萧军日常言行举止的频频"出格"，而将其视之为异类。

毛泽东对萧军与众不同的呵护有加及网开一面，同他毕生学习、宣传鲁迅一样，是一以贯之的。这，我们可以从新中国成立后不久发生的一场运动中得到印证。

那是在1955年，当报刊上、电台里批判胡风的调子越来越高时，萧军很是为胡风担心。一天夜晚，萧军从西城来到东城看望胡风，在对胡风说了一些当年延安的情况后，针对胡风近年来一些不理智的做法进行了直言不讳的批评。胡风听后，感到有些委屈。为明辨是非，他冲动之下又做了一件欠理智的事：

将《三十万言》底稿中的《经过部分》和《事实举例》两大部分，让萧军拿回去看。不料，那边萧军尚在拜读——自然，也不及归还了，这边，胡风已经升级为“全党共诛之，全国共讨之”的头号反革命了，不日，即与夫人双双被捕。据胡风夫人梅志上世纪80年代回忆：早在她和胡风被逮捕前夕，胡风便忧心忡忡地想到了萧军，怕他会因看了这“三十万言书”也被牵连进去，从而雪上加霜。胡风还说：“要是萧军牵了进来，我才真是造了罪哪！他好不容易生活刚刚安定下来，他那一大家子……”

胡风与梅志所担忧的事情并没有发生。首次受审，审讯人员即向胡风、梅志分别作了讯问：“怎么你家的底稿还缺两章？”两人在如实说明情况时作了特别申明：萧军仅仅是出于对老朋友的关心，事前既不知道，更没有参与过任何讨论。

出人意料的结果是：中共北京市委派人通知萧军将这两部分原稿送市委转呈中央，另外写了一份事实经过的情况说明。仅此而已！既没有受到申斥，也没有带去接受讯问作笔录。这同许多人，与胡风仅一面之交，或通过一信，乃至因为说了一两句同情或不理解的话，即被捕去、隔离审查、接受大会批判等，形成了极大的反差。

据北京市文联的老同志回忆，当年反胡风运动中，连死去已经十三个年头的30年代著名左翼女作家萧红①，竟然也被某个实权人物荒谬地株连为“胡风分子”。然而，我们真真切切地看到，这位当年执掌北京市文联大权的“左”先生的作为，压根不能获得最高方面的认同。实际上，当局对鲁迅先生生前尤为钟爱的这位女弟子，却是给予了高度重视与关爱的。1957年8月，时为“反右”高潮中，引人瞩目、持续多日，并经香港和包括《人民日报》在内的多数内地

① 有关萧红是“三十年代著名左翼女作家”这一称谓，系由中共中央书记处1981年对中共黑龙江省委关于举办萧红七十周年诞辰纪念活动请示报告的批复中用语。这是1984年10月16日，当年接受省委委托前往北京请示的老共产党人、沦陷区著名抗战作家，时任黑龙江省文联、黑龙江省作协负责人的关沫南，在哈尔滨寓所同笔者的亲述。据其讲，由“当时任职中共中央宣传部副部长的贺敬之同志，……经请示中央后告诉我，可以给萧红以‘三十年代著名左翼女作家’的称号，并希望我们开成一个团结的会。”2002年5月20日，于出席首都人民大会堂举办的纪念延安文艺座谈会召开60周年座谈会时，笔者与贺敬之同志合影时印证了此事。这也就印证了中国共产党对鲁迅学生的厚爱。

报纸醒目报道的港、穗之间的萧红骨灰迁葬仪式,便是一个极具说服力的证明。试想,倘若没有高层的批准及鼎力促成,仅仅凭着萧红后任丈夫端木蕻良给中国作协广东分会的一纸“委托书”,萧红骨灰由香港迁葬广州银河公墓及公开举行迎送、祭奠仪式,是根本办不到的。所以,对于相隔 24 年后的 1981 年中共中央书记处作出的授予萧红以“三十年代著名左翼女作家”的崇高称号,我们也就不感到意外了。但萧军始终不曾给网进“胡风反革命集团”的灭顶泥沼。也没有哪一级组织哪一个部门哪一个人开他的批判帮教会,何况,他身上还有着极其严重的“三反”前科呢!

“胡风反革命集团”一案,由中央直接立案,直接处理。试想,“窝藏”,或者叫做“帮助转移”胡风的反党反人民证据底稿,将会是一个什么样的后果?显然,没有毛泽东的庇护,以萧军频频过激的几十年一贯之观点和立场,以及与胡风的密切关系,是很难逃过这一劫难的,然而,他却毫发无损!

再者,在 1958 年初发表的《文艺报》“编者按”中(《人民日报》同步转载),毛泽东依次点了丁玲、陈企霞、罗烽、艾青、王实味等人的名字。后来的结局是,凡是在这期《文艺报》“编者按”中被点名的人,无不遭受到了大会小会的批判、斗争,最终又一个个地被发配边远荒漠劳动改造(王实味已在十年前遭枪杀处决,而丁玲则是主动放弃北京,自我放逐北大荒追随爱侣陈明一起“劳动改造”)。然而,我们见到的另一个事实是,尽管这期《文艺报》一并呈上了“死老虎”萧军的“反党代表作”《论同志之爱与耐》,可毛泽东阅后却没有点萧军的名字。这难道不值得人们深思吗?毛泽东对萧军的态度可见一斑。无论是在 1957—1958 年的反右年代,还是在风狂雨骤的“文革”中,萧军始终不曾离开北京(最远处也仅为北京市近郊的沙河农业劳动大学和团河农场),也没有被投入司法管辖下的监狱(仅遭红卫兵及造反派非法关押)。而且,还远在所有文艺界“黑线人物”甄别之前恢复了自由身,恢复了“文革”前由中共北京市委第一书记彭真给他定的 110 元月薪(改由街道办事处按月发给)。

在《文艺报》“编者按”发表的次年,亦即 1959 年,中共北京市委第一书记彭真又一次指示安排萧军去北京市戏曲研究所任月薪 110 元的戏曲研究员。彭真对萧军一次又一次的越级安置,这其中,自然也有毛泽东的网开一面与关怀在内。

试想，对这位屡屡大闹天宫与自己唱对台戏的孙悟空一般的鲁迅学生，毛泽东尚且如此呵护有加，且一让再让，妥善安置，那么，对待自己心中一向高山仰止的“老师”、“第一等圣人”的鲁迅，毛泽东的看法和态度，又怎么可能会出现180度的大逆转呢?![①]

答案是十分明确的：不存在这种可能！毛泽东生前如此，毛泽东身后的中国共产党，同样如此！

毛泽东对萧军的关怀，尤其是对鲁迅的评价，整整影响了萧军的一生。在他晚年同笔者的几次谈话中，他都强调了自己内心的这种深切感受。

1987年6月20日，萧军八十寿辰刚过不多日，萧军对家人说出了积自他内心近半个世纪的肺腑之言。他的这个真诚的表白，又一次印证了毛泽东和中国共产党同鲁迅之间所存在的那种血浓于水的特殊关系。萧军强调指出：

> ——我之所以和彭真同志、毛泽东相交，首先，他们不是按一般的作家来看待我的，我也不是和一般的政治领袖来看待他们的……正因为他们二位对鲁迅先生有着深刻的认识，而且十分尊重。鲁迅

---

① 秋石附注：这里，作一个说明。也许会有读者质疑：毛泽东既然能对这位“无法无天”的鲁迅学生萧军做到仁至义尽，并且宽容、厚爱有加，为什么对同样受到鲁迅器重的瞿秋白（准确一点地说，瞿秋白同样称得上是和鲁迅的心相通的，并且得到了鲁迅的高度尊重，视之为亲密战友）、冯雪峰（与鲁迅半师半友，并能影响鲁迅的共产党人），以及丁玲晚年的态度会发生令人难以理解的逆转呢？笔者认为，究其真实原因，在于“历史问题”。毛泽东一生最痛恨叛徒、自首变节分子和逃兵。在上世纪50年代，一些人从其历史残存的宗派主义立场出发，先是制造出了一个当时根本不存在的“丁玲陈企霞反党小集团”，诬蔑丁玲是这个“反党小集团”的盟主。而当这个所谓的“反党小集团”遭到越来越多的人质疑，陷入不堪一击的境地后，他们重又抓住二十多年前丁玲被国民党特务逮捕软禁期间的所谓“污点”——没能划清界线，与叛徒丈夫冯达一起生活，还生下了女儿，据此以“发现新的证据”向中央谎报所谓“自首变节”行为，致使当年在延安由陈云、李富春同志所作的审干结论化为一张废纸。关于冯雪峰，尽管没有什么过硬的现实问题可供一些人玩弄，但是，他们为当年遭鲁迅公开批判一事一直耿耿于怀，在重提二十年前冯雪峰因不理解党的统一战线政策与博古闹翻，在没获中央批准的情况下，私自跑回浙江义乌乡下写小说这一“脱党”嫌疑错误，同时被冠之以“蒙蔽鲁迅、支持胡风（此时已被打倒，关入牢狱）”之罪，而遭开除党籍，成为全国共讨之的大右派。对于在国民党行刑队刽子手面前视死如归英勇就义的中共早期领导人瞿秋白，随着其离开人世三十年后——1964年国内学术界展开的关于太平天国忠王李秀成晚年是否保全气节的一场大讨论，进而株连到了瞿秋白——其英勇就义前写下的一篇剖析自己力不从心担任中共领导人的内心世界独白《多余的话》，由于一些人的恣意曲解发挥，事情一下子变得复杂起来，于是，也就有了随后“文革”中毛泽东对瞿秋白的另一种态度。

> 先生对中国共产党也有着充分的认识的。我们的友情，是建立在“鲁迅关系”上的，才可能有这样的理解和久远。①

毛泽东、彭真对鲁迅的深刻认识，鲁迅对中国共产党、毛泽东的深刻认识，从而形成了萧军脑海深处的“鲁迅关系”这一不可动摇的基石？

事实上，在延安，毛泽东不仅对萧军这位鲁迅学生给予了特别的关怀与宽容，而且，对所有与鲁迅有过往来的作家艺术家，包括一度受到鲁迅先生批评过的人，如徐懋庸等人，毛泽东也几乎无一例外地与他们进行了促膝长谈。谈话的内容，多涉及鲁迅、鲁迅作品和鲁迅精神。

延安的毛泽东如此，党和人民军队的其他领导人同样如此。与笔者交往达六年的另一位鲁迅学生黄源，也以他的切身经历印证了这一点。

自1938年12月黄源抵达新四军起，新四军的两任四位领导，都给予了他特别的保护和重用。抵达新四军不久，项英、叶挺、陈毅都曾指定黄源跟随自己视察前线部队。视察途中，三位领导与他谈话的内容都涉及对鲁迅的认识问题。在与陈毅抵足同眠一床的数个夜晚里，陈毅多次与他谈及当年在苏区听瞿秋白谈鲁迅、鲁迅作品的情景，还述说自己曾给鲁迅写过信。当有人提议黄源重返国统区工作时，项英当即予以制止道：黄源不能出去。我们不能再出现第二个吴大琨（吴系上海各界人民赴新四军慰问团团长，在其返回的途中，被国民党三战区抓去，后关押在上饶集中营）！项英不止一次指示下属：切实保护好这位鲁迅学生。“皖南事变”发生时，项英指示在破格为黄源配备专职警卫员的同时，还发给他一支驳壳枪。叶挺被囚后，依旧惦念着这位鲁迅学生。由于讹传，叶挺在托人秘密带给周恩来副主席的第一个纸条里写道：“被围时已不见黄源，大概是阵亡了。”后来，叶挺在囚牢中写就的《囚语》中（此件现存在中央档案馆），关心鲁迅学生胜过自己。叶挺沉痛地写道：“闻黄源亦死于此次皖南惨变……黄君工作努力，成绩也甚好。在此次惨变中饱受奔波饥饿之苦，形容憔悴，又不免一死，痛哉！”

---

①《萧军纪念集》，春风文艺出版社1990年版，第640页。

另：1984年6月4日及1987年11月14日、12月8日（距其告别人世尚有半年），萧军在其北京后海鸦儿胡同的寓所里，在同前去探望他的笔者的谈话中也谈及了类似的话题。

谈及北伐名将、新四军首任军长叶挺对鲁迅的认识与评价，黄源先生以其75岁的古稀年龄，然却是对四十年前战争年代的往事历历在目的清晰记忆力，在写于"1981年7月19日晨"《鲁迅精神体现了新四军的二三事》一文中①，有过极为深沉到位的"他很像鲁迅"的直观形象。黄源写道：

> 叶挺军长是我们党的名将，他原是孙中山的警卫营营长，1924年孙中山派他去莫斯科东方大学学习，在那里入党，北伐时担任第四军的团长。大家对他很尊敬，他外表严肃，说话不多，真如陈毅同志在悼词中写的"沉默寡言，深沉不露"。实际上，在熟人、知友面前，他是非常天真、热情、坦率的。现在我回忆起来，他很像鲁迅，初接触时从外表看很严肃，实际上是平易近人，深沉里潜伏着火一般的热情，淳朴得又像乡下老农民。
>
> 叶挺军长说的是普通话，带着浓重的广东口音。他不是以军长身份作长篇大论的报告，而像对待朋友似的说心里话。他讲话的原文，我是记不清了，但要点我是永远记着的，因为深深地打动了我的心。他说，现在我们在战斗中纪念鲁迅先生，当然是很真诚的，他是我们永远怀念、敬爱的战斗者。我是一个军人，十年内战时期，离开了武装斗争岗位，流亡在海外，读到鲁迅先生的战斗文章，他在国内反动政府统治之下，用笔坚持着战斗，文章的战斗性，又是那么鲜明、强烈，篇篇击中敌人要害。我读时心里感到非常非常的惭愧。现在我又回来了，回到战斗的队伍，今天特地来跟同志们一起纪念鲁迅先生。我们要向鲁迅先生学习，不仅要坚持战斗，像他的文章一样，要打漂亮仗，有力地打击敌人。这些都不是他的原话，但这个意思是肯定的。

黄源先生深有感触地回顾道：

---

① 黄源著《在鲁迅身边》第72—79页，上海文艺出版社1991年10月出版。本文原载《东海》杂志1981年9月号。

叶挺同志在抗战爆发后回国，住在汉口大利街28号。一别十年的老友郭沫若，前去看望他，同住几天，赠他一个条幅，曰："三军可夺帅，匹夫不可夺志。"他任新四军军长后，这条幅他带到皖南挂在云岭军部他的寓所。他在干部、战士面前，带着沉痛的心情作真诚的自我批评，受感动的不仅是我。他真诚简短的话一结束，全场报以倾心热烈的掌声。真是上下一体，心心相印。当时激动人心的场面，至今还留在我的心目中。

谈及在"皖南事变"后，接替叶挺将军担任新四军代军长的陈毅同志对鲁迅的认识，黄源先生在同一文中，用"同样意义深长，令人联想不已"的词句，加以阐述。时隔整整四十个年华，黄源先生深情而又深刻地回忆道：

皖南事变后，军长叶挺同志被国民党反动派监禁，我们党中央委任陈毅同志为代军长，刘少奇同志为政委，重建军部于新开辟的苏北根据地的盐城。

陈毅同志当然早就知道鲁迅先生的，他在法国勤工俭学时，也爱好文学。1925年孙中山北上时，他在北京中法大学以学生身份做党的工作，是欢迎孙中山北上的学生代表之一，与李大钊同志有工作联系。那时他是否也认识鲁迅先生，他没有说起过。他告诉我，他真正认识鲁迅先生，是在中央苏区五次反"围剿"受伤之后，在医院里和瞿秋白同志一起休养的时候。秋白同志在上海，从1932年初夏起和鲁迅先生有来往，几次在他家里避难。

……

秋白同志于1933年底离开上海赴江西中央苏区，他把和鲁迅的革命情谊也带到苏区，在病院里和陈毅同志大谈鲁迅，可惜后来我们没有问陈毅同志，他们怎么谈的。这些谈话，显然是在陈毅同志心里留着深刻的印象。红军主力离开中央苏区长征时，他和项英同志留守中央苏区，1935年2月13日还收到党中央在遵义会议后的指示电报。但3月间他们带领队伍，向赣粤边区突围时，因为情况紧急，只好埋掉电台，从此就和中央断了联系，他们突围到了油山地区，建立了游击根据地，千方百计想和中央联系。陈毅同志想到秋白同志曾经告诉他，和鲁迅先生的通信，寄往上海北四川路内山书店可以转到。陈毅同志亲自告诉我，他曾写信到内山书店转给鲁迅先生，但没有得到回音。抗战后陈毅同志带着队伍到江南，我看到他的一担随身的行李箱里，放着不断收罗来的鲁迅著作。

陈毅同志和文化工作有着深远的联系。1939年初，他和我在江南初次相会，当时他只带了一个班，我跟他在茅山地区活动。但到1940年底打开江北局面，一建立苏北根据地，他就拨出巨款，派人到上海聘请大批文化人，来盐城建鲁迅艺术学院华中分院，并请许广平、周建人来根据地。许先生因为要保管鲁迅先生的手稿和遗物，又因海婴年幼体弱，不能来；建人先生正在患病，也不能来。而在经济上给病中的建人先生补助，我们过去没有听说过，这次建人同志在党的六十周年纪念文章中提到才知道的。

经过皖南事变，我突围到苏北根据地，1941年鲁迅先生逝世五周年时，我正带领着鲁迅艺术学院师生在反“扫荡”中。反“扫荡”战争结束后，就举行了鲁艺在战争中牺牲的烈士邱东平等同志的追悼会。1942年军部在盐阜区的停翅港整整住了一年，在这年的12月26日拂晓，面临又一次大“扫荡”，才转移到淮南。而在那年10月19日，我们在华中党校却举行了鲁迅逝世六周年纪念会。我还记得宣传部部长彭康同志要我拟纪念标语，并叮嘱要根据党中央和毛泽东同志的指示。那是在整风后，我便把整风精神和纪念鲁迅结合起来。会前我陪着陈毅、彭康同志检查贴在讲堂墙上的纪念会标语，他们看了很满意。那时少奇同志已去党中央，纪念会由彭康同志主持，陈毅同志主讲。当时没有记录，报纸可能有纪要，可惜找不到。由此可见，文化主将鲁迅和我们党、我们部队真是息息相关，每次纪念会都有领导到场讲话，教育党员和部队继承和发扬鲁迅的战斗精神，为革命事业作出更大的贡献。

黄源先生最后写道：

> 在鲁迅先生诞辰百周年纪念的日子里，我回忆这些数十年前的往事，是希望在新的历史时期，我们都能像老一辈革命家那样，在党的领导下，继承鲁迅先生的革命精神，在见识现代化的、高度民主、高度文明的社会主义强国的历史使命中，作出光辉灿烂的成就来。

后来，黄源胜利突围抵达苏北盐城新四军军部时，代军长陈毅亲自出来迎接。刘少奇亲自委派黄源担任由他兼任院长的鲁迅艺术学院华中分院的教导主任。接手时，刘少奇异常亲切地对黄源说："我已委托陈毅同志代我兼管鲁艺工作，工作上的问题你找陈毅同志，你有什么事找我，也可找我的秘书刘斌同志转告我。"陈毅同志鼓励他道："你要有魄力地干！"针对有人私下串联，反对华中局对黄源的任命，陈毅和华中局宣传部长彭康来到鲁艺分院，专门召开了长达一个星期的领导干部会议。陈毅在会上声色俱厉地责问带头搞宗派活动者："你凭什么反对华中局的决定？委派黄源为教导主任，华中局是凭历史和现实的考虑决定。……鲁迅在30年代选定黄源代理他编辑《译文》月刊，茅盾也选定黄源实际负责编《文学》月刊；……政治上他参加过鲁迅先生领导的反文化围剿运动，最近又接受皖南事变的考验，这都是客观事实。你凭哪一点反对华中局的决定？"旗帜鲜明地支持了黄源的工作。①

2002年的夏天，确切一些，记得那天是7月31日，第二天便是人民军队的"八一"建军节纪念日，我与黄源之间的话题不由得转到了一个甲子前他在新四军的那些日子，尤其是他历经九死一生，从"皖南事变"中胜利突围，回到新四军怀抱，见面时，代军长陈毅同志与他热烈拥抱的情景。尽管屋外是三十七八度的高温，但已是96岁高龄的黄源先生，在其养病的浙江医院病室里，神往地同又一次远道前来探视他的笔者说道："在新四军，就像在鲁迅家中一样精神舒畅。"

论及毛泽东对鲁迅的评价，黄源先生在1981年8月13日写下的《要重视

---

① 黄源：《黄源回忆录》，浙江人民出版社2001年版，第157页。

学习和研究鲁迅的思想方法》一文中写道①:

> 我们要向鲁迅先生学习的方面很多。对鲁迅的总的评价,毛泽东同志在《新民主主义论》已作了最科学最正确的定论,为世人所公认的。但我觉得还时有重提的必要。毛泽东同志指出:“鲁迅是中国文化革命的主将,他不但是伟大的文学家,而且是伟大的思想家和伟大的革命家。鲁迅的骨头是最硬的,他没有丝毫的奴颜与媚骨,这是殖民地半殖民地人民最可宝贵的性格。”瞿秋白同志也认为鲁迅的特点,是有骨气,对敌人狠。毛泽东同志后来又提出反对革命队伍内部的贾桂气,就是说作为革命者不能有丝毫的奴颜和媚骨。毛泽东同志在这里用了两个“最”:骨头最硬,最可宝贵的性格。接着又指出:“鲁迅是在文化战线上,代表全民族的大多数,向着敌人冲锋陷阵的最正确、最勇敢、最坚决、最忠实、最热忱的空前的民族英雄。”这里毛泽东同志竟用了五个“最”。这一节文章里,共用了七个“最”。毛泽东同志和鲁迅先生是没有见过面的,但我们从照片中可以看到,在延安毛泽东同志住的窑洞书房里,放着《鲁迅全集》。毛泽东同志就是从鲁迅一生的战斗和作为这种战斗的结晶的《鲁迅全集》中,提炼出七个光辉的“最”字。这是对鲁迅最高的评价。这也启发我们,学习鲁迅最好的方法,是认真地读鲁迅的著作。

2003年1月2日下午4时许,黄源先生走完了他97载的人生之路,追随他的恩师鲁迅先生去了。

---

① 黄源:《在鲁迅身边》,上海文艺出版社1991年10月版,第72—79页。本文系为某出版社编辑童炽昌所著的《鲁迅思想方法漫谈》一书撰写的序言。

附录：文史界最早质疑“毛罗对话”的三篇评论

（按发表先后顺序）

辨析一个历史细节

——对“鲁迅如果活着会如何”的理解

谢　泳

最近看到两篇解释毛泽东和鲁迅关系的文章，一篇是张梦阳《毛泽东论鲁迅》，另一篇是蓝棣之《症候式分析：毛泽东心中的鲁迅是什么样》（何梦觉编《鲁迅档案：人与神》中国工人出版社，2001 年 12 月），写这两篇文章的时候，作者还没有看到周海婴的回忆录，所以毛泽东 1957 年在上海对罗稷南所说的那段话，还没有成为他们分析毛泽东与鲁迅关系的一个材料，不过这两位作者都是非常好的中国现代文学专家，他们的分析都是建立在充分材料之上的，偶有断语，也都留有余地。比较起来，我以为周海婴回忆录提到毛泽东与鲁迅关系的那段话，还值得进一步分析。

据周海婴讲，1957 年，毛泽东前往上海小住，依照惯例，请几位老乡聊聊，据说有周谷城等人参加，罗稷南也是湖南老友，参加了座谈。此时正值“反右”，谈话的内容必然涉及对文化人士在运动中处境的估计。罗稷南抽个空隙，向毛泽东提出了一个大胆的疑问：要是今天鲁迅还活着，他可能会怎样？不料毛泽东对此却十分认真，沉思了片刻，回答说：以我的估计，要么是关在牢里还是要写，要么他识大体不做声。一个近乎悬念的询问，得到的竟是如此严峻的回答。周海婴说：“罗稷南先生顿时惊出一身冷汗，不敢再做声。他把这事埋在心里，对谁也不透露。”一直到罗老先生病重，觉得很有必要把几十年前的这段秘密对话公开于世，不该带进棺材，遂向一位信得过的学生全盘托出。（《鲁迅与我七十年》371 页，南海出版公司，2001 年 9 月）

近一段时间以来，人们常常议论这个话题，也有人写文章发出感慨。从史料学的角度看，罗稷南的话是一个孤证，在没有其他旁证的情况下，使用这样的材料，要格外慎重。虽然周海婴在书中提到王元化，说他也听说过这样的说法，还说罗稷南的学生说话时还有一位专家在场，正是在这样的情况下，他才讲出了这件事，看得出来，周海婴是非常慎重的，只是后来使用这个材料的人有些轻率。我的推论是，根据毛泽东五十年代对鲁迅的看法，罗稷南的话，不是很可信，至少是需要分析的。

一般说来，回忆录是靠不住的，特别是老年人的回忆，如果没有另外的旁证，只能是一个参考性的材料。罗稷南说，他当时不敢把这样的话外传，给人的印象，这话是毛泽东对他一个人说的，我以为这不大可能，因为毛泽东那时不可能单独见一个人，周谷城是毛泽东的老友，关系和地位当时都在罗稷南之上，但我们看周谷城的许多回忆(《周谷城传略》，山西人民出版，1988 年)他每次见毛泽东，都有许多人。那时毛泽东出行，极少单独活动，只要将来我们有条件看到毛泽东在上海活动的记录，就会对罗稷南的话有准确的理解。

周海婴那段话，说当时正值“反右”，没有说具体日期。

毛泽东到上海是 1957 年 3 月下旬，当时只有整风的准备，还没有“反右”的想法。当时知识分子并不害怕，他们产生恐慌是两个月以后的事。1957 年 4 月 27 日，中共中央才发出《关于整风运动的指示》，这个指示是 5 月 1 日才见报的，此后中央为了整风，到 5 月 10 日，先后开过七次会议，要民主党派和无党派人士帮助党整风，所以毛泽东在上海的时候，那些知识分子是不可能感到要“反右”的。5 月 15 日，毛泽东才写出了《事情正在起变化》，这时知识分子才害了怕。

1957 年 7 月 9 日，毛泽东在上海干部会议上做了著名的《打退资产阶级右派的进攻》，从时间上看，周海婴的回忆显然是指这一次，因为这时是“反右”高潮，毛泽东的这次讲话很厉害，从北京的章伯钧、罗隆基、章乃器，一直点到上海的陈仁炳、彭文应、陆诒和孙大雨。现在的问题是，毛泽东在四月前到上海的一段时间里，多次谈到过鲁迅，而七月到上海那一段时间里的讲话，主要是“反右”，没有提到鲁迅。

那么罗稷南的话是不是没有一点根据呢？我以为也不是，因为毛泽东当时确实说过一些关于鲁迅的话，但意思和罗稷南的话不完全一样，时间也不同。我们不妨从头说起。

1957 年 3 月 8 日，毛泽东曾在《和文艺界的谈话》中说过：“鲁迅不是共产党员，他是了解马克思主义世界观的。他用了一番功夫研究，又经过自己的实践，相信马克思主义是真理。特别他后期的杂文，很有力量。他的杂文有力量，就在于有了马克思主义世界观。我看鲁迅不死，还会写杂文，小说怕写不动了，大概是文联主席，开会时候讲一讲，33 个题目，他一讲或写出杂文来，就解决问题的。他一定有话讲，他一定会讲的，而且很勇敢的。(《毛泽东文集》第七卷，中央文献研究室

编,人民出版社 1999 年版,第 253—254 页)

鲁迅可做个文联主席,这是“文革”时期毛泽东对鲁迅的一个重要评价,因为这个评价不是很高,所以人们以为毛泽东对鲁迅是有其他看法的。

1957 年前后,是毛泽东一生当中比较多谈到鲁迅的时期,他对鲁迅的小说,比较熟悉的是《阿 Q 正传》,他这一时期的讲话中只提这篇小说,而从没有再提过鲁迅的其他小说,提到多的是鲁迅的杂文。

1957 年 3 月 10 日,毛泽东《和新闻出版界代表谈话纪要》中说:“你们赞成不赞成鲁迅?鲁迅的文章就不太软,但也不太硬,不难看。有人说杂文难写,难就难在这里。有人问,鲁迅现在活着会怎么样?我看鲁迅活着,他敢写也不敢写。在不正常的空气下面,他也会不写的。但更多的可能是会写的。俗话说得好:‘舍得一身剐,敢把皇帝拉下马。’鲁迅是真正的马克思主义者,是彻底的唯物论者。真正的马克思主义者,彻底的唯物论者,是无所畏惧的,所以他会写。现在有些作家不敢写,有两种情况:一种情况,是我们没有为他们创造敢写的环境,他们怕挨整;还有一种情况,就是他们本身唯物论未学通。是彻底的唯物论者就敢写。鲁迅的时代,挨整就是坐班房和杀头,但是鲁迅也不怕。现在的杂文怎样写,还没有经验,我看把鲁迅搬出来,大家向他学习,好好研究一下。他的杂文写的方面很多,政治、文学、艺术等等都讲,特别是后期,政治讲得最多,只是缺少讲经济的。鲁迅的东西,都是逼出来的。他的马克思主义也是逼着学的。他是书香门第出身,人家说他是‘封建余孽’,说他不行,但鲁迅还是写。”(《毛泽东文集》第七卷中央文献研究室编,人民出版社 1999 年版第 263 页)

如果仔细分析,可以看出,罗稷南的回忆就是由这些话所演变过来的。毛泽东提到了“有人问,鲁迅现在活着会怎么样?”如果我们认为这个人就是罗稷南,那么周海婴提到的毛泽东在上海对罗稷南说话的时间,就不是正值“反右”,而是“反右”之前了。这里我们要特别注意“坐班房和杀头”和“关在牢里还是要写”这句话,是一个逻辑思路,有演变的可能。毛泽东虽然是一个非常有个性的人,但在 1957 年那样的形势下,以他政治家的身份,说出罗稷南所讲那样的话,在逻辑上好像不是很合理,假如毛泽东说了那样的话,也只能是“反右”前,而不可能是“反右”期间。

对于毛泽东和新闻出版界代表谈话,徐铸成回忆录中的说法是:“鲁迅当年学马列主义是被迫的,是创造社这批人逼出来的。他学懂马列主义,晚年他的杂文片面性就少了。”(《徐铸成回忆录》264 页,三联书店,1998 年 4 月),徐铸成的回忆虽然简略,但与公布的毛泽东讲话的意思完全相同。毛泽东这次和文艺界、新闻出版界谈话,是为他在全国宣传会议上讲话做准备的,毛泽东讲话之前曾有一个提纲提到,"杂文一定有片面性"吗?这是马克思主义还没有学通的人讲的话,列宁和鲁迅就没有片面性。可见,毛泽东虽然说话有个性,但还不是信口开河,他后来的讲话,与他的提纲比较,在原则和思路上是没有变动的。由此可见,毛泽东对鲁迅的评价也不可能在一两个月的时间内发生那么大的变化。

1957年3月12日,毛泽东《在全国宣传工作会议上的讲话》中说:"比如我们看到列宁所写的杂文,他有一部分文章并不是长篇大论的,是杂文性质的,很有点像鲁迅。是鲁迅像列宁,是列宁像鲁迅,就不去讲了。但是是很尖锐的,很讽刺的。你说那个东西是片面性的吗?不能那样讲。鲁迅的杂文是对敌人的,但是列宁的杂文很多是对付同志的,批评党的缺点。也有对付敌人的。鲁迅对付敌人的锋芒可不可以用来对付我们自己内部呢?据我看也可以,假使鲁迅还在,他就要转过来对付我们的缺点、错误。"在同一次谈话中,毛泽东还说,写文章和看文章一样,对别人要有平等的态度,他说:"我看鲁迅是有这个态度的。他是以一种平等态度对待他的读者,对别的作家的。"

1957年4月,毛泽东又重复了上面的讲话,他说,杂文难写,一条空气不好,一整风就好了,另一条是唯物论者不怕死,但选择时机是可以的,如果在人民政府有难时,不帮忙是站不住脚的,写文章一要环境,但不光要环境,也要无所畏惧,这就是彻底的唯物主义者,鲁迅就是这样,舍得一身剐,敢把皇帝拉下马,既然无所畏惧,就是环境不好,他也不怕。

毛泽东有没有对罗稷南说过那样的话,其实并不是很重要,他对鲁迅的态度,我们还可以通过他晚年的许多作法来判断,比如张梦阳和蓝棣之的文章就是那样做的,我只是想强调一点,我们研究历史,要特别注意证据,还是胡适当年的老话,有一分材料说一分话,有十分材料说十分话,没有材料不说话。不能因为一个历史细节暗合了我们过去的猜想以及对一个历史人物的判断,就放过对那个历史细节的辨析,这是历史研究中最要注意的问题。

本文原载2002年第6期《文史精华》杂志。

作者为著名独立文化学者,现受聘于厦门大学中文系教授。该电子文本系作者于2005年9月电传于本书作者

"鲁迅活着会怎样?"

——罗稷南1957年在上海和毛泽东"秘密对话"质疑

陈 晋

周海婴的《鲁迅与我七十年》(南海出版公司2001年9月版)。一书最后一篇《再说几句》,有这样一段叙述:

> 一九五七年,毛主席曾前往上海小住,依照惯例请几位老乡聊聊,据说有周谷城等人,罗稷南先生也是湖南老友,参加了座谈。大家都知道此时正值"反右",谈话的内容必然涉及对文化人士在运动中处境的估计。罗稷南老先生抽个空隙,向毛主席提出了一个大胆的设想疑问:要是今天鲁迅还活着,他可能会怎样?这是一个悬浮在半空的大胆的假设,具有潜在的威胁性。其他文化界朋友若有同感,绝不敢如此冒昧,罗先生却直率地讲了出来。不料毛主席对此却十分认真,沉思了片刻,回答:以我的估计,(鲁迅)要么是关在牢里还是要写,要么他识大体不做声。一个近乎悬念的询问,得到的竟是如此严峻的回答。罗稷南先生顿时惊出一身冷汗,不敢再做声。

书中这段节外生笔的叙述,尤其引人注目,一段时间曾在媒体上被炒得沸沸扬扬。

好在作者坦陈,此事不是他亲耳听罗稷南相告,而是罗先生在90年代去世前夕,"觉得很有必要把几十年前的这段秘密对话公开于世,不该带进棺材,遂向一位信得过的学生全盘托出",作者是1996年应邀参加巴人(王任叔)研讨会时,听"这位亲聆罗老先生讲述的朋友告诉"的。于是,"再三疑虑,是不是应该写下来,心里没有把握,因为既有此一说,姑且把它写下来请读者判断吧"。

周海婴显然没有把此说作为定论。"请读者判断"的宣示,也值得称道。不过,作出正确的判断,一要有过硬的史料依据,一要有合理的逻辑。

到目前为止，还没看到有人指称发现有确凿的史料，来印证《鲁迅与我七十年》所说的这件事。为了弄个明白，不妨沿书中所提供的线索，来看看罗稷南有没有可能在1957年反右时当面向毛泽东提出“鲁迅活着会怎样”的话题，以及毛泽东是否有过鲁迅“要么是关在牢里还是要写，要么他识大体不做声”这样的判断和回答。

一、罗稷南不可能以毛泽东的“同乡”和“湖南老友”身份参加座谈

按《我与鲁迅七十年》的叙述，罗稷南先生正是有了同毛泽东“同乡”且为“湖南老友”的身份，才有机会参加毛泽东1957年在上海邀约的聊天，才可能“直率”地当面“向毛主席提出了一个大胆的设想疑问：要是今天鲁迅还活着，他可能会怎样？”

关于罗稷南先生的情况，书中说是作者母亲许广平的“老朋友”：

> 他思想进步，崇敬鲁迅，生前长期埋头翻译俄国高尔基的作品，五六十年代的青年接触高尔基的主要文学著作，几乎都是读他的译著。抗战时期，他们夫妻住在浦石路，距离我家霞飞坊很近，母亲经常带着我在晚饭后溜达到他们家，静静地聊些时政传闻、日寇溃败的小道消息。罗稷南先生长得高大魁梧，脾气耿直，一口浓重的湖南口音，声音低沉，若不用心不易听懂。新中国成立之后，他受聘于上海华东师范大学任教，直至退休。九十年代罗老去世，我因定居北京，没能前赴告别。

据此线索，笔者着意查询了有关罗先生的资料，没有看到有专门记述其生平的出版物，只是在一些辞典名录里列有其名，其中包括：《中国民主党派人物录》（华东师范大学出版社1991年版）、《中国人名大辞典·当代人物卷》（上海辞书出版社1992年12月版）、《新中国文学辞典》（江苏文艺出版社1993年3月版）、《中国文学大辞典》（上海辞书出版社1997年版）。

这些名录辞典，虽记述简略，但可明确的是，罗稷南原名陈小航，生于1898年，1923年毕业于北京大学哲学，后到云南、黑龙江、吉林等省中学任国文教员。其身份大体如《我与鲁迅七十年》所说，主要以文学翻译名世，译作有苏联作家高尔基的《克里姆·萨木金的一生》（笔者还查到其1938年出版的版本）、爱伦堡的《暴风雨》以及英国作家狄更斯的《双城记》。此外，《中国民主党派人物录》还称其为“中国民主促进会发起人之一”。

但这些名录辞典的另一些记载，便与《我与鲁迅七十年》所说相左了。罗稷南不是湖南人，而是云南顺宁（今凤庆）人。他去世的时间也不是九十年代，而是1971年8月。此外，在上海社会科学联合会研究室编辑的《上海社会科学界人名辞典》（上海人民出版社1992年出版）里，也没有查到罗稷南的名字。该书按学校、院、系、所、室详细编排，收录范围是“1988年8月前上海各高校、科研单位等已经获得副高级以上学术职称的人员”。如果罗稷南在新中国成立后“受聘于上海华东师范大学任教，直至退休”，是不应该漏掉他的。

为慎重起见，笔者在网上查了一下，看看有没有“罗稷南”其他相关消息。点击之后，出来30多个条目，几乎都是报道或评说《我与鲁迅七十年》所述罗稷南谈1957年在上海同毛泽东那段对话内容。但有两条涉及云南，一是《昆明市盘龙区文史资料选辑（第二辑）》目录中有一篇雷溅波写的《忆陈小航（罗稷南）老师》，一是说艾思奇在读中学时，担任校刊《滇潮》的编委，并在上面发表文章，受到进步教师楚图南、陈小航（罗稷南）的关注与称赞。这两条说的无疑都是罗稷南1923年大学毕业后回到云南当中学教师的经历。

笔者对这个查询结果感到吃惊：罗稷南和毛泽东不是“同乡”，自然也谈不上是“湖南老友”了。

或有人问：这位云南籍的罗稷南，和《我与鲁迅七十年》说的那个毛泽东的“同乡”，并且操“一口浓重的湖南口音”的罗稷南，是不是同一个人呢？

从云南籍的罗稷南的履历来看，应该是同一个人。他曾在国民革命军中当过师政治部宣传科长和师部秘书，这大概是北伐时期。后来在国民政府十九路军指挥部做秘书，1933年十九路军发动“福建事变”时，参加福建中华共和国人民革命政府，任闽西善后委员会办公厅主任。据说，还曾到江西同红军谈判联合反蒋事宜。此后，便到上海从事文化活动，从1936年起有译作出版，1937年后做过几年的读书生活出版社经理。一般谈中国民主促进会的起源，总是要说到1945年9月和10月先后在上海创办的两个政治性刊物，一个是唐弢、柯灵主编的《周报》，一个是郑振铎、蒋天佐等创办的《民主》周刊，而罗稷南便参与了后者的创办并成为该刊的编辑。在这两个刊物周围，聚集了大批当时上海文化界的知名人士，其中就有周建人、许广平，他们为这两家刊物撰稿，时常聚谈时政。经过酝酿，1945年12月，由马叙伦、王绍鏊等发起成立了中国民主促进会。许广平、罗稷南均参与其间。

这个云南籍的罗稷南，显然就是《我与鲁迅七十年》中说的“母亲（许广平——引

注)的老朋友罗稷南”,“母亲经常带着我在晚饭后溜达到他们家”是完全可能的。而且新中国成立后,这个罗稷南也确实长期在上海工作,且担任过中国作协上海分会书记处书记,还是上海市多届人大代表,属上海文化界有名人士则是确切无疑的。

当然,不能因为罗稷南不是毛泽东的“同乡”和“湖南老友”,就可以推断他和毛泽东没有密切交往。

从罗稷南的经历来估算,在新中国成立前,他和毛泽东有可能在三种场合见过面。一是青年毛泽东两次到北京,那时,罗稷南是北京大学哲学系学生,毛泽东和北大师生的交往是人们知道的。一是 1924 年到 1927 年国共和作时期,毛泽东先后在广州、上海、武汉等地工作,而罗稷南在南方政府的国民革命军第四军和第三军做过文职人员。一是 1933 年底福建事变时罗稷南曾到过江西同红军谈判联合反蒋之事,那时毛泽东在江西中央苏区。

不过,笔者目前尚未见到叙述罗稷南同毛泽东交往的史料。即使如《我与鲁迅七十年》所说,罗先生是 90 年代去世的,那么,生于 1898 年的罗先生应该是九十多岁了。而毛泽东也已去世近三十年。这期间,同毛泽东有过交往的人,特别是能称得上“老友”的知识分子,大多写了或口述了相关的回忆文章,知道情况的人也或对其进行采访。但有关回忆毛泽东的文章和著述,确未见叙罗先生者。这大概有待于进一步查找或知情者提供信息了。

由此可以确认:云南籍的罗稷南不可能以“同乡”和“湖南老友”身份参加毛泽东 1957 年在上海同周谷城等人的座谈。如果真的在罗稷南和毛泽东之间存在着一个“几十年前的这段秘密对话”,在他去世的 1971 年,正值“文革”,缺少后来才可能出现的对 1957 年反右斗争进行反思的气氛,罗先生是否能在那个特殊年代冒着遗祸亲属的风险,把“秘密”说给自己的学生,也是值得思量体味的。

二、毛泽东 1957 年在上海召集座谈会的情况

“一九五七年”,“正值‘反右’”,“上海”,毛泽东请周谷城、罗稷南“几位老乡聊聊”、“座谈”,这是《我与鲁迅七十年》提供的毛泽东在“秘密对话”中评说鲁迅那段话的时间、地点、人物和场合。

据笔者接触到的史料文献记载,毛泽东在 1957 年曾三次去过上海。第一次是 3 月 20 日在南京党员干部大会上发表讲话后乘飞机到上海,当天晚上在上海中苏友好大厦友谊电影院召开上海市党员干部大会,并发表讲话,第二天便去了杭州。

第二次是7月6日从杭州到上海，住到13日，然后去山东，在青岛召开会议。第三次是9月17日下午从杭州到上海，19日晚，毛泽东即已在北京同朱德、刘少奇、周恩来等宴请来华访问的印度副总统纳达克里希南。

毛泽东后两次在上海，确实“正值‘反右’”。如果出现过罗稷南当面问毛泽东“要是今天鲁迅还活着，他可能会怎样”这样的情况，时间应该是在1957年7月6日至13日和9月17日至18日这两个时段。

我们先看看一些史料对毛泽东在这两个时段的活动的记载。

据中共上海市委党史研究室编纂的《毛泽东在上海》(中共党史出版社1993年出版)一书所附《大事记》载，毛泽东这两个时间段在上海的活动日程，除参观工厂企业、接见外宾外，有五次同上海各界人士座谈讲话。

7月7日晚上，在中苏友好大厦同上海科学、教育、文化、艺术和工商界代表人士座谈。

7月8日晚上，在中苏友好大厦电影院向上海各界人士发表讲话。

7月13日，会见上海的专家、教授、科学家、教育家、作家、医生、演员、编辑等各界代表。

9月17日，会见赵超构、舒新城、束世澂。

9月17日晚上，会见黄浦区委书记，上海锅炉厂党委书记、厂长和上海动力学校校长。

这五次会见中，7月8日晚上那次听者众多，罗稷南先生是否与会不得而知。但从记录稿上看，中共上海市委的主要领导如柯庆施等均在在场，还有插话，显然不属于“同乡”聊天性质。毛泽东这天的讲话全文曾收入1977年出版的《毛泽东选集》第五卷，题为《打退资产阶级右派的进攻》(收入时按整理稿所署时间写成了7月9日)，没有谈到鲁迅。7月13日的那次会见，目前还没有查到记录稿，罗稷南先生是否与会，依然不得而知。但从会见人员的广泛性来看，同样不能算是“同乡”聊天。9月17日会见赵超构等人，倒属于聊天座谈，但他们不是毛泽东的同乡，并且据赵超构回忆：“同时被接见的还有舒新城、束世澂两先生，这已是反右以后了。一见面，主席就诙谐对在座的人介绍说：宋高宗的哥哥来了(宋高宗名赵构)”。(《毛泽东在上海》第133页)只有赵超构、舒新城、束世澂三人是毛泽东邀谈的对象是确切无疑的。毛泽东在谈话中还向陪见的上海市委的人和舒新城交代了修订《辞海》的任务。9月17日晚上的会见，主要是邀请基层的干部座谈，了解机关、工厂、学校整风和搞大鸣大放的情况，工作内容十分具体，没有高层文化人参与也是清楚的。

就剩下7月7日晚上那次座谈了。

巧的是，据正式记载，这次会见恰恰有罗稷南先生在场。一共有陈铭珊、漆琪生、谈家桢、赵丹等36位各界人士。7月9日的《文汇报》以《毛泽东主席在上海接见文教工商界代表人士，并进行亲切交谈两小时》为题报道了此事，并详列了参加这次座谈的具体名单，但没有周谷城。显然，这次也不属于《我与鲁迅七十年》所述的那场毛泽东同周谷城、罗稷南等具有聊天性质的座谈。

由于这是笔者目前知道的1957年罗稷南见到毛泽东的唯一一个场合，于是顿生一个假设：有没有可能毛泽东确实在这次座谈中回答过罗稷南关于“要是今天鲁迅还活着，他可能会怎样”的提问，而只是罗稷南生前把这次座谈误记成了一个小型座谈，抑或罗的学生误听、进而使周海婴误传为毛泽东是在与同乡的聊天座谈中回答罗稷南的提问的？

然而，根据相关材料分析，这个假设似乎又不成立。

首先，综合《毛泽东在上海》一书收入的一些参加这次座谈的人的回忆文章，毛泽东的谈话内容主要有中国共产党在延安时的整风、上海反右斗争、高等教育和消灭血吸虫病等问题。没有人回忆说涉及了鲁迅。如果确有罗稷南提问“鲁迅如果活着会怎样”的事情，而毛泽东又是那样回答的，在90年代的记叙中，人们不会有意回避，毕竟事过境迁，不再是特别敏感的话题了。

其次，据《文汇报》报载，这次座谈有中共上海市委主要领导柯庆施、陈丕显、曹荻秋等人陪同。即使同毛泽东再熟悉，在那个场合恐怕也难随意提出这个用《我与鲁迅七十年》话来说是“具有潜在的威胁性”的话题，老话说“县官不如现管”。况且，此时反右开始进入高潮，被邀请参加座谈的人，大概也是经过挑选的，不会让人觉得是平日里对反右明显抵触或腹疑多多的人，相反，参加座谈的一些人，多少还有些紧张心态。这从陈铭珊的回忆中可以看得出来。他说：“市委统战部电话通知我马上去中苏友好大厦咖啡厅。我不知道什么事情，赶到那里一看，只见灯火辉煌，已经有好多人坐着。一进门就看到毛泽东主席站在那里讲话，使我惊喜不已。我悄悄地坐在后面。咖啡厅里是分团桌坐的，毛主席讲话后，还是坐过来同大家交谈。当他坐到我所在的一桌时，有人介绍到我说：‘这是陈铭珊。’毛主席说：‘噢！上海有个陈铭珊，北京有个陈铭德嘛！’当时反右运动已经开始，北京陈铭德已被划为右派。我听后心中很吃惊,不知这话是什么意思。毛主席与我们交谈了一会,临离开之前补充了一句:‘我刚才说北京有个陈铭德,是为了便于记忆。’他这一解释,才使我如释重负。”(《毛泽东在上海》第128页)

第三,座谈会三天后,《文汇报》曾邀请部分参加7月7日晚会见的人谈同毛泽东座谈的感想,这些人的发言载于7月12日的《文汇报》,占了一个半版的篇幅,共十三篇。其中有一篇是罗稷南先生的发言,发表时用了正文中的一句话作标题:《在这样变动的时代,知识分子必须有坚定的立场》。其发言的第一句话就是:“我有机会谒见我们国家的元首,近代世界的大思想家、诗人,我感觉荣幸,兴奋而又惭愧。”从语气上品味,看不出罗先生同毛泽东有多熟悉,而其他在此之前同毛泽东有过交往的人的发言,则常常提到“又一次见到毛主席”一类的话。更重要的是,他的发言内容同其他人的基调也是一致的,主要是强调在反右斗争中要对党充满信任,要有坚定的立场。

第四,从罗稷南当时的情况来说,他也并非锋芒毕露之人。笔者查阅了1957年7月至9月的《文汇报》,他没有被点名批评,也没有刻意撰写批判右派的署名文章。除了上述7月12日发表的座谈发言外,有他名字的文章有三篇。一篇是1957年8月下旬,上海市第二届人代会第二次会议开始前夕,《文汇报》、《解放日报》、《新闻日报》邀请部分代表进行座谈,主要内容当然是反右,罗稷南也在被邀之列。代表们的发言在三家报纸上发表,从8月24日《文汇报》所登内容看,罗先生的发言比较起来火药味还算是不浓的。此外,在8月27日至9月4日举行的上海市人代会期间,出席会议的上海市作家协会的负责人巴金、周而复、柯灵、唐弢、章靳以、郭绍虞、赵家璧、严独鹤、罗稷南曾有一个联合发言,9月4日的《解放日报》和《文汇报》同时发表,前者题为《进一步开展文学界的反右派斗争》,后者题为《坚决保卫社会主义文学事业》。9月12日,上海《解放日报》又发表巴金、周而复等十位上海文学界代表人士的联合发言《彻底揭露右派骨干分子、“诗人”、“莎士比亚专家”孙大雨的丑恶真相》,署名者中有罗稷南。这三篇均是座谈或正式会议上的发言,且两篇是多人署名,其应景随势之态,是不难体会的。作为中国作协上海分会的书记处书记和上海市人大代表这种风口浪尖的身份角色,在当时能做到这样,也属不易。由此也可知罗先生绝非喜出风头硬要往风口浪里钻的人。以这样的性格,又看不出同毛泽东有多深的交往,很难想象他在7月7日晚上那次座谈的大庭广众之下能当面向毛泽东提出“具有潜在的威胁性”的话题来。

除了人们知道的座谈外，当然不能排除毛泽东 1957 年 7 月和 9 月两次到上海期间还小范围地同一些人会见过。但一般来说，毛泽东在外地如果要找什么人座谈、聊天，按常规是让当地有关部门通知被邀对象，有时还会有当地有关部门的人作陪，对此，当地有关部门基本上有所记载，负责联系或作陪的人也应有记忆。相信上海党史研究室 1993 年编纂《毛泽东与上海》时不会不就近广泛查询。事实上，该书的“后记”便已申明，编纂过程中，他们的征集工作“深入到工厂、企业、机关、学校，以至个人”，在考订毛泽东来沪次数及活动情况的过程中，中央警卫局有关领导和曾在毛泽东身边的工作的同志，也“提供了许多重要线索和资料依据”。但书中却无记述周谷城、罗稷南 1957 年同时到毛泽东处座谈的文字。

此外，周谷城先生生前回忆同毛泽东的交往的文章，最长最集中的一篇，是 1978 年 12 月 20 日发表在《光明日报》上的《回忆毛主席的教导》，后来几乎所有谈毛泽东与周谷城相交往的文字，都脱胎于此。《毛泽东在上海》一书也收入了孙琴安撰写的《毛泽东与周谷城》一文。两篇文章叙述新中国成立后周谷城在上海同毛泽东见面的事情，除了 1961 年 5 月 1 日、3 日和 1965 年 6 月 20 日这三次有确切时间外，还有三次。周谷城的回忆是：“记得有一次主席到了上海，陈毅同志在上海锦江饭店设便宴招待主席，把我同陈望道先生召去作陪。”“记得有一次主席到了上海，曾由陈毅同志代为召集座谈会。会场在展览馆电影楼下西厅里，到会的教授、学者、专家等约三十余人。”“有一次他在叶剑英、刘伯承、贺龙几位元帅，和徐特立、林伯渠几位老人陪同下到了上海，正在展览馆电影院楼下西厅，准备吃晚饭之前，把我召去。”对照《毛泽东与上海》所附《大事记》和《陈毅年谱》，1957 年间，没有陈毅到上海陪同毛泽东见什么人的记载，只有 1956 年曾三次在上海陪同毛泽东会见文化教育界和民主人士。至于叶剑英元帅等陪同毛泽东见周谷城，在另一篇文章中，周说明是 1958 年。

既然周谷城 1957 年是否见过毛泽东都成了问题，这就不能不让人觉得，哪怕罗稷南不是以“同乡”身份，也很难说参加过毛泽东 1957 年在上海同周谷城等人的座谈。至于罗稷南在参加 1957 年 7 月 7 日晚上的座谈会上，是否可能向毛泽东提出“鲁迅如果活着会怎样的”话题，从前面的分析中，答案应该是清楚的。

三、毛泽东 1957 年是如何谈论“鲁迅活着会怎样”这个话题的

1957 年，毛泽东确实谈论过“鲁迅活着会怎样”这个话题，但谈话的时间、地

点、场合、人物,特别是内容,都与《我与鲁迅七十年》所述迥然相异。

1957年3月上旬,具体说是6日至12日,在北京举行了一个规模浩大的中国共产党全国宣传工作会议。毛泽东提议召开这个会议,目的是为了解决1956年提出“双百方针”以后思想理论和宣传文化领域出现的各种情况。参加会议的除中央有关部门的负责人外,主要是各省、市、自治区党委的宣传文教部长和各界知识分子的代表,共有八百多人。值得一说的是,本来是党内会议,毛泽东特意提议邀请了不少党外文化人士参加。会议先是印发了陈其通等人1月间发表在《人民日报》上那篇闯了点祸的文章《我们对目前文艺工作的几点意见》(被毛泽东视为以“卫道士”的面目来阻碍“双百方针”的贯彻实施),又听了毛泽东2月27日的那个正确处理人民内部矛盾的讲话录音,同时,中宣部还以中宣部办公室名义印发了一份题为《有关思想工作的一些问题的汇集》的会议材料,其中编入了33个人们特别关心并用于讨论的问题。这样做,无疑是要宣示此次会议的目的是“放”而不是“收”。

在随后分成宣传、教育、文艺、新闻出版、高教、科学几个组座谈讨论中,其气氛之热烈可想而知。如参加文艺组讨论的茅盾就发言说:陈其通四人的文章把文学界出现的问题估计的太严重,有些惊慌失措,给读者一个印象,“双百”方针好处少坏处多。是一篇教条主义文章。而陈沂的《文艺杂谈》颇有不革命就等于反革命的味道。而巴金则反映:“双百”方针在下面阻力大,不少人不赞成。现在要“鸣”出来不容易。讲公式化最容易,要“鸣”就要讲自己的话,很多人不习惯甚至害怕“鸣”,作家要有独立思考,有胆量。

毛泽东自然也利用这个机会听取各界人士的意见。从6日至10日,他分别邀请了宣传、教育、文艺、科学和新闻出版五个组的部分代表进行座谈,差不多每天座谈一次,直接倾听他们的反映,回答他们提出的问题。

正是在3月10日召集的新闻出版界部分代表座谈会上,毛泽东直率地谈起了“鲁迅活着会怎样”这个话题。

据这次座谈会的文字记录稿,参加座谈的人中,有人提到现在的报纸上的东西太硬,还有人反映了最近上海讨论办报问题时提到的一些意见,例如说,“思想性多了,报纸就不活泼”,应该“软些,软些,再软些”。毛泽东直接引用鲁迅的写作来进行了回答:

你们赞不赞成鲁迅?鲁迅的文章就不太软,但也不太硬,不难看。有人说杂文难写，难就难在这里。有人问，鲁迅现在活着会怎样？我看鲁迅活着，他敢写也不敢写。在不正常的空气下面，他也会不写的，但是，更多的可能是会写。俗话说得好："舍得一身剐，敢把皇帝拉下马。"鲁迅是真正的马克思主义者，是彻底的唯物论者。真正的马克思主义者，彻底的唯物论者，是无所畏惧的，所以他会写。现在有些作家不敢写，有两种情况：一种情况，是我们没有为他们创造敢写的环境，他们怕挨整；还有一种情况，是他们本身唯物论没有学通。是彻底的唯物论者就敢写。鲁迅的时代，挨整就是坐班房和杀头，但是鲁迅也不怕。现在杂文怎样写，还没有经验，我看把鲁迅搬出来，大家向他学习，好好研究一下。

这段话，早在1983年，就完整收入了中共中央文献研究室和新华社联合编选、新华出版社出版的《毛泽东新闻工作文选》。1999年，又随同毛泽东在这次座谈中的讲话全文，一并收入了中央文献研究室编辑、中央文献出版社出版的《毛泽东文集》第七卷。和记录稿文字相对照，只是略去了参加座谈的人汇报情况或提问的记载。

不过，在这篇座谈记录稿上，也没有写明究竟是谁向毛泽东反映报上的文章太硬以及上海讨论办报的各种意见的，也没有记载是谁问起"鲁迅活着会怎样"这样的话题。在记录稿开始处，专门有一段说明座谈的时间（下午3点到7点）、地点（毛泽东的办公室）以及参加人员的全部名单。人员有：上海《新闻日报》和中国新闻社的金仲华，《大公报》的王芸生，上海《文汇报》的徐铸成，上海《新民晚报》的赵超构，上海中华书局的舒新城。这些都是党外人士。其他的便是人民日报、新华社、人民出版社、光明日报、北京日报、解放日报、山西日报、南方日报的代表。陪见的领导人有康生、陆定一、周扬，还有一位文化部部长助理，总共有17个人。从记录稿看，毛泽东是首先让上海方面的人发言，也记载了徐铸成、金仲华、舒新城以及代表新华社的朱穆之等人提问或汇报的内容，但都没有"鲁迅活着会怎样"这样的提问。毛泽东也许是此前听人说的。

事实上，在3月8日毛泽东召集文艺界代表座谈时，便已经谈到了鲁迅，同样也是回答人们的提问。当时，参加这个座谈的巴金对毛泽东说："我们大家这次讨论'如何反映人民内部矛盾'？比方说，描写官僚主义，大家都觉得难办，写谁，谁都不高兴。还有杂文，上海有人说要全面，有人说杂文就不能全面，鲁迅的杂文，只讲一件事。”毛泽东回答说：“恐怕要来大民主才行，党内提过批评主观主义、官僚主义、宗派主义，还没有展开。现在党内还没有统一思想，哪种是官僚主义？如何批评？还不一致。要整风，那时就好批评了。现在刚刚批评一些，马寒冰、陈其通就发表声明，无非是来阻止‘百花齐放、百家争鸣’。”

接着，毛泽东又谈起了鲁迅：

> 鲁迅不是共产党员，他是了解马克思主义世界观的。……他的杂文有力量，就在于有了马克思主义世界观。我看鲁迅在世还会写杂文，小说恐怕是写不动了，大概是文联主席，开会时候讲一讲，这三十三个题目（指此前中宣部印发的《有关思想工作的一些问题的汇集》的会议材料，其中编入了33个人们关心的问题——引者注），他一讲或者写出杂文来，就解决问题。他一定有话讲，他一定会讲的，而且是很勇敢的。

很明显，这段话也是在回答“鲁迅活着会怎样”的假设，不过是以毛泽东自己提问的方式说出来的。

由此我们可以确认：“鲁迅活着会怎样”这个悬念式的设问，最晚是1957年3月上旬就出现了，而且与1956年提出“双百方针”后思想文化界的活跃气氛有关，与毛泽东在1957年1、2、3月间大力推动“双百方针”的贯彻实施，反复宣传正确处理人民内部矛盾的思想有关，但与稍后的反右确实没有关系。

关键是，毛泽东对这个问题的回答内容同《我与鲁迅七十年》所述也是迥然相异。且不说作为政治领袖的毛泽东，说出鲁迅“要么是关在牢里还是要写，要么他识大体不做声”不合常理；且不说以毛泽东对鲁迅精神一以贯之的理解和推崇（1937年就说鲁迅是“圣人”，到1973年还重申鲁迅是“圣人”而自己只是“圣人”的学生），说出这样的话来不合常理；就以毛泽东谈论这个话题的背景和目的来说，他也不可能萌生出鲁迅被关进牢里或识大体不作声的设想。当时，他一心破除贯彻“双百方针”的障碍，给那些担心写批评文章让人抓着辫子挨整的知识分子和文化人打气鼓劲，用毛泽东自己的话，是“把鲁迅搬出来，大家向他学习”。如果搬出来的是一个在牢里写作的鲁迅，有多少人还愿意向鲁迅学习呢？如果搬出来的是一个“识大体不做声”的鲁迅，又有什么必要呢？显然，这两种假设当时都会同毛泽东谈论鲁迅的初衷南辕北辙。

当然，毛泽东也设想了，“在不正常的空气下面，他（鲁迅）也会不写的”，仅此而已。谈到这个设想的用意，显然是指称那些被毛泽东视为“左”倾教条主义的人弄出来的气氛，诸如他当时反复提到的陈其通、马寒冰等人的文章，以及文艺界对王蒙小说的批评，特别是各级干部中比较普遍的对贯彻“双百”方针的观望犹豫等等。毛泽东提议召开全国宣传工作会议，一个重要目的就是要澄清这种气氛。所以，1957 年 4 月 5 日在杭州召集的四省一市省市委书记思想工作座谈会上，毛泽东还回忆起 3 月 8 日在北京同文艺界代表座谈时巴金和他的对话。他说：“巴金对我说杂文难写，我说有两条，一条是共产党整风，整好了，就有自由批评的环境了；还有一条是，彻底的唯物论者是不怕什么的。”

正是基于对“彻底的唯物论者”的战斗精神的期望和呼唤，毛泽东才搬出了鲁迅，并坚信在新中国成立后“大概是文联主席”的鲁迅，“他一定有话讲，他一定会讲的，而且是很勇敢的”。因为“鲁迅是真正的马克思主义者，是彻底的唯物论者”。毛泽东对自己这个判断的自信，并具有那样浓厚的感情色彩，是不难体会得到的。

最后还是回到《我与鲁迅七十年》有关这个话题的叙述，因为作者周海婴在书中说，他 2001 年 7 月拜访文化界一位德高望重的老前辈时，这位前辈告诉他，“也听说过这件事”。所谓“这件事”，自然是指毛泽东回答“鲁迅活着会怎样”时说“要么是关在牢里还是要写，要么他识大体不做声”的事。

于是，笔者萌生出这样一个猜想：也许毛泽东 1957 年 3 月在北京同文艺界、新闻界的代表们谈论“鲁迅活着会怎样”的话后，在场的上海文艺界、新闻界人士回去后有所流播，罗稷南等自然先后辗转耳闻。恰巧毛泽东的回答中也有“鲁迅的时代，挨整就是坐班房和杀头，但是鲁迅也不怕”这样的话，遂逐渐演变为《我与鲁迅七十年》所述的内容。随着 1957 年夏天的形势变化，进而把毛泽东谈论此事置换到了 1957 年“正值反右”的场合。

至于反右以后，人们会以什么样的心情来回答和理解“鲁迅活着会怎样”这个悬念式的设问，则是另外的话题了。

本文原载 2002 年第 9 期《百年潮》杂志
作者为著名毛泽东文化思想研究专家，现任中共中央文献研究室副主任，该电子文本系作者于 2004 年 3 月电传于本书作者

爱护鲁迅是我们共同的道义

——质疑周海婴著《鲁迅与我七十年》

秋　石

海婴先生以古稀之年出了一本自传体的回忆录,因为他是鲁迅先生的亲生儿子,故将其书名定为《鲁迅与我七十年》。

早在此书还在出版社运作之中,媒体已经为此着着实实地渲染了一番。因而可以这么说,在这本书尚未面世之前,无论是长期从事鲁迅研究及相关研究的学者,还是成千上万热爱鲁迅的读者,无不翘首以待——因其十分醒目的书名,足以使人们借此承继一些迄今为止尚未知晓的鲁迅遗产。

令我感到失望的是,海婴先生在此书中告诉了我们一些令人读后颇感困惑和费解的内容,为此,我觉得很有必要对这些内容作进一步的探究和澄清。

关于鲁迅的死因

鲁迅因肺结核晚期又不同意外出休养疗病,于1936年10月19日逝世。

应当说,有关鲁迅的死因是十分明了的,也是一个没有什么争议的问题。

现在,距鲁迅逝世65年之后,作为鲁迅唯一的儿子海婴先生,却用众多人为架构的"疑点",向世人包括仍活于世的巴金、黄源、梅志等前辈见证人,惊爆了一个"秘闻":鲁迅极有可能是被他的家庭医生须藤拖延治疗谋害的。不仅如此,城门失火,殃及池鱼,还涉及了时任中共中央特派员、党中央与鲁迅先生之间的唯一联系人冯雪峰的头上。

海婴在该书58—64页中以一个《长埋于心底的谜》为题,向我们"披露"了鲁迅的死因。其依据有二,一个是鲁迅之弟周建人1949年7月14日致许广平信,信中言:"鲁迅死时,上海即有人怀疑为须藤医生所谋害或者延误。"另一个是海婴再度依据"建人叔叔"向我们提供:"商务印书馆有一位叫赵平声的人曾在'一·二八'前讲过,须藤医生是日本'乌龙会'的副会长,这是个'在乡军人'团体,其性质是侵略中国的,所以这个医生不大靠得住。"

查《鲁迅全集》第15卷第503页“人物注释·须藤五百三”条目获知：须藤医生是在1933年7月开始继坪井学士为鲁迅唯一的四岁幼子海婴诊病的。经过一年又四个月的谨慎考察，自1934年11月起，鲁迅决定请他为自己诊病，直至两年后去世。而有关须藤这个名字，最早出现在鲁迅记于1932年10月20日的日记中。那么，又何来距认识九个月前——1932年1月28日之前的那个所谓赵平声的人的这一说辞呢？足见周建人的这个说法过于苍白而无立足之地；其次，有关须藤医生系日本“乌龙会副会长”一说，迄今无有第二人涉及。而70年前那个名叫赵平声的人的可信程度，依据又有几何？从1932年日寇掀起的上海闸北“一·二八”战火爆发前夕，到1936年10月19日沉疴在身的鲁迅逝世，须藤医生竟然要用5年左右的时间来实施这个慢性谋害计划？鲁迅早年习医，难道他对同行欲谋害于他长达5年之久的拖延战术竟然无从察觉？

笔者以为，对于这个问题，我们首先，而且必须要搞清楚的是，当年周建人先生到底是怎么认定的？也就是，是否有如周海婴书中所说的类似“谋害”的说法。好在要解决这个问题并不难——距周海婴所说的周建人1949年7月14日致许广平信三个月后，1949年10月19日，鲁迅逝世13周年祭日，新中国成立的锣鼓声尚在人们耳畔回响，这一日的《人民日报》发表了周建人撰写的题为《鲁迅的病疑被须藤所耽误》的短文。请读者们注意了，该短文标题中的“疑”字，表达的也仅仅是怀疑的意思，谈不上什么断语或者下什么结论，其“耽误”一说，与政治谋害更是无一丝一毫的关联。再有一个问题，在后来的几十年中，直至最终去见大哥鲁迅——周树人，周建人先生又是如何看待、对待当年自己写的这篇短文的呢？也就是说，是否还是把它当作一件“怀疑”的悬案永久搁置在心头？答案，是明确的：一是由于极不靠谱，二是从1950年起，冯雪峰、茅盾等一干历史当事人有关1936年5月31日委托国际友人史沫特莱引德国著名肺科医生邓恩前来鲁迅寓所精确诊断的回忆文章一一问世，周建人先生读后也就偃旗息鼓了——不再误导读者及坚持当初并无多少依据的“疑”了。后来，大约是在20世纪的七八十年代，周建人先生将他回忆鲁迅的文章选编成了《略讲关于鲁迅的事情》与《回忆鲁迅》两本文集。但遍查两书所有篇章，此短文却杳无踪影。另据曾为其担纲主编其文集的某名人之后事后披露，他曾面询周建人先生：是否将刊登在1949年10月19日《人民日报》上的那篇短文收入？但被周建人否决了：不予放入！再往后，由其家属选编的《回忆大哥鲁迅》一书，及依据其本人亲述整理出版的《鲁迅故家的败落》一书，同样也没有收入一个字。再有,在周海婴所著的《鲁迅与我七十年》一书出版的这一年间,周建人的后代中还是没有一个人为之撰文呼应一个字。所有这一切,难道是偶尔为之的疏忽吗？那么,又何来在所有的历史见证人纷纷故世的新世纪今日,鲁迅的死因却又成了被"谋害",成了一本书的亮点、卖点了呢?

实际上,同海婴的说法完全相反,鲁迅对须藤医生是尊重和信赖有加的。鲁迅不仅认定须藤从来没有向他隐瞒病情,而且早在史沫特莱、冯雪峰、茅盾(兼翻译)和许广平先生一起协商邀请美国医生邓恩给他作彻底诊断之前,就向他发出了病情恶化的警告。这可以从他所写的类似遗嘱的《死》一文中找到答案(该文写于1936年9月4日,发表于同月20日出版的《中流》1卷2期。此时距他逝世还有一个月。此文后被收入1981年版《鲁迅全集》第6卷第611页)

鲁迅这样写道:

> 直到今年的大病,这才分明的引起关于死的豫想来。原先是仍如每次的生病一样,一任着S医生(即须藤先生——笔者注)的诊治的。他虽不是肺病专家,然而年纪大,经验多,从习医的时期说,是我的前辈,又极熟识,肯说话。自然,医师对于病人,纵使怎样熟识,说话还是有限度的,但是他至少已经给了我两三回警告,不过我仍然不以为意,也没有转告别人。

请读者们注意了,鲁迅所云"他至少已经给了我两三回警告"的话,是在史沫特莱邀请美国医生邓恩为其全面诊察之前。因此,不存在海婴所述须藤医生"隐瞒病情"的说法。在《死》一文中,紧接着"也没有转告别人"之后鲁迅写道:"大约实在是日子太久,病象太险了的缘故,几个朋友暗自协商定局,请了美国的D医生(即邓恩——笔者注)来诊察了。他是在上海的唯一的欧洲的肺病专家,经过打诊,听诊之后,虽然誉我为最能抵抗疾病的典型的中国人,然而也宣告了我的就要灭亡;并且说,倘是欧洲人,则在五年前已经死掉。这判决使善感的朋友们下泪。我也没有请他开方,因为我想,他的医学从欧洲学来,一定没有学过给死了五年的病人开方的法子。然而D医生的诊断却实在是极准确的,后来我照了一张用X光透视的胸像,所见的景象,竟大抵和他的诊断相同。"

纵观鲁迅亲述,一是替无辜的须藤先生摘除了在他死后65年由海婴先生冠以

“谋害”或“延误”的冤狱；二是经当时最具权威的肺病专家邓恩诊断，鲁迅不仅病危，而且“早在五年前就已经死掉”，其后的X光片证实了邓恩医生所言鲁迅病情的危重。萧红后来在《回忆鲁迅先生》一文中这样追述着：“这照片取来的那天，许先生在楼下给大家看了，右肺的上尖角是黑的，中部也黑了一块，左肺的下半部都不大好，而沿着左肺的边边黑了一大圈。”海婴先生在其书61页写道：鲁迅逝世“距他（指邓恩——笔者注）的会诊，恰好半年”。经查，史沫特莱引邓恩医生到鲁迅寓中为之全面诊察，系1936年5月31日，鲁迅在这一日日记中有“下午史君引邓医生来诊，言甚危”的字样。这一日距鲁迅逝世的10月19日，仅4个月零19天，又何来海婴先生的“恰好半年”之说。海婴先生在成书之时，难道连翻一下父亲书信日记的工夫也没有？而且就在邓医生诊察的当日下午，须藤医生也及时赶来给予了诊治，可见也没有海婴所说“拖延”一说了。因为这一日日记中鲁迅还有“须藤医生来诊”的字样。

作为妻子的许广平在其《关于鲁迅先生的病中日记和宋庆龄先生的来信》一文中（刊1937年10月上海《宇宙风》），也实事求是地写道：

> ……大家互商之后（指与冯雪峰、茅盾——秋石注），由史沫特莱女士请了一位医生来，医生诊断说已经无可设法，后来经史女士再三恳商，才说最好赶紧入医院，医三个星期，然后离开上海养病一年，什么也不做。当时史女士请先生决断一下，但是他说：“现在已好些了。”终于不相信自己的病状危急……

鲁迅病危的消息一经传出，引起了许多人的关注。其中尤以五天后宋庆龄先生的敦促信为甚。刚刚割治盲肠还不能行走的宋庆龄急切地写道：“方才得到你病得很厉害的消息，十分耽心你的病状！我恨不得立刻来看看你……我恳求你立刻入医院医治！因为你延迟一天，便是说你的生命增加了一天的危险！！你的生命，并不是个人的，而是属于中国和中国革命的！！！为着中国革命的前途，你有保存、珍重你身体的必要，因为中国需要你，革命需要你！！！”宋庆龄最后写道：“我希望你不会漠视爱你的朋友们的恳求！！！”

面对宋庆龄和众多友好的恳切要求，鲁迅又是怎样想的呢？

还是许广平在同一篇文章中作出了诠释，她写道：“宋先生那么恳切的一封信，同样不能变动他的心,他觉得若果‘中国需要你,革命需要你’,就更不应该自己轻易舍去。另外的一个致命伤,就是他向来不晓得休息和娱乐,一提起医院的静静躺倒,不言不动,不看书,不思想,不写作,凡这些,他都是不愿意的。这样坚强的意志的人,肺病实在不适宜于他。此外较小的原因,自然也在打算养病费的巨大而迟疑,虽然我再三解说了,有生命才能发展生活,然而他的意思也是那么坚定,许多朋友都觉得想尽方法,终于没奈何,仍由他在寓所养病。”

许广平先生的这个亲笔诠释,从根本上否定了海婴先生在该书中一再指责“须藤似乎是故意在对父亲的病采取拖延行为”,不将鲁迅“送入医院治疗”,“而只让父亲挨在家里消极等死”的说法。

海婴先生还在书中写道:“记得须藤医生曾代表日本方面邀请鲁迅到日本去治疗,遭到鲁迅断然拒绝……”

以须藤区区一退休医生而言,他能代表“日本方面”向鲁迅发出去日本治疗的邀请?其次,翻遍鲁迅所有书信日记、许广平先生及其他亲近者的追忆、回忆,我们都找不到这一说法的依据和由来。但鲁迅不止一次同冯雪峰、茅盾、姚克、萧军、胡风、黄源等人谈及去日本疗病的可能。到了后来,如同年初放弃接受我党和苏联政府安排去苏联疗病一样,他也放弃了去日本疗病的安排。在鲁迅逝世前数日,著名翻译家、斯诺好友姚克先生带着刚出版的译著去见鲁迅。在这篇名叫《最初和最后的一面》的悼文(刊 1936 年 11 月 5 日《中流》1 卷 5 期)中,姚克先生记录了有关这次会面的谈话内容。

鲁迅:这肺病是已经有二十来年了……反正医生已经检查过我的肺,据说我这样的肺病在五年之前就早该死的。可是我至今还没有死,已经是赚到了“外快”了,所以我并不怎样放在心上。

姚克:可是,总以静养为上,不宜劳神。

鲁迅:只要坐得起来,我还要看书写文章的。叫我躺着不动,那就等于死掉。那么我还不如看看书写写文章,倒未必一定怎样。

姚克:我想最好还是找个安静的地方去养病。不是听说你要到日本去治疗吗?

鲁迅:原有到日本去疗养的计划,但一则我至今每天还要发热,恐怕经不起舟车的劳顿,二则一到日本就免不了有许多新闻记者要来访问;不见他们呢,他们不免要不开心,若见他们呢,实在没有那许多精神来对付。所以现在要决计想不去了。

海婴先生还在书中指责须藤没有给鲁迅先生注射"空气针",因而"促进了疾病的发展蔓延"。

事实上,正是鲁迅先生拒绝了邓恩医生关于静养一年及注射"空气针"的诊疗方案。萧军在《病中的礼物》一文(刊1936年8月15日《作家》杂志,鲁迅生前看过这篇文章)中写道,鲁迅对他说:"只要好一点,就想要做事情……这是没有法子——他们说要我打空气针,说打一年空气针就可以好了,再就是为……可惜这两样我全做不到……我的老子没给我留下钱……"

综上所说,鲁迅的死因并非像海婴所说的是一个"公案"(见该书59页),倒是海婴先生所言种种,同鲁迅当年的书信日记及同他人的谈话,同许广平、冯雪峰、茅盾、胡风等一些亲近者及当事人的当时记述,有着如此之大、之多的差异。

在该书60—61页,海婴先生再次借用"建人叔叔"的话,在指责冯雪峰仍"赞成老医生(即须藤——笔者注)继续看下去",搁置"邓医生的建议",导致鲁迅不出半年即告"去世"的同时,亲笔作了一个颇能引发读者愤懑的"附注"。现全文转录如下:

> 中日关系紧张时,要想和冯雪峰、周扬商量一件事。他们都不露面,甚至传递点消息都不易。叔叔找冯雪峰的妻子递话,就是当时的实际状况。叔叔还讲到过,在十九路军抗日时期,冯雪峰住虹口离鲁迅的家不远,北四川路邮局旁的永安里,形势刚刚开始有点紧张,他就不见踪影。为此,鲁迅很不满,说连通知也不通知一下。几天以后,由内山先生代雇了一辆汽车,我们全家才被送到四马路的内山书店二楼避了四十天——海婴附。

在这里,首先而且必须强调的一点是"赞成老医生继续看下去"的说法,是鲁迅本人的主张,不是冯雪峰的意见,海婴先生自己在该书63页开首也证实了这一点。况且,在1936年,冯雪峰是代表党中央同鲁迅先生发生关系的,在鲁迅先生治病的这个问题上,冯雪峰是十分谨慎的。对此,许广平在自己的回忆中也多次提及。

谈及"一·二八"时冯雪峰的行踪,海婴先生不查证当时实际就发出这个指责,是极不负责任的,也是严重违背历史事实的。

事实上,1932年"一·二八"事变前后,冯雪峰按照党中央交给的任务,一直活跃在抗日前线和救亡运动中。而且,此期间,冯雪峰也一直与鲁迅保持着联系。

经查证历史资料:

1932年1月17日,事变发生前11天,面对日寇咄咄逼人的侵略行径,冯雪峰在上海南市公共体育场召开的上海各界人民抗日大会上作了发言,之后,他即深入各行各业鼓动民众抗日和慰问前线十九路军。

“一·二八”事变一发生,我十九路军迅起全面反抗,此时,冯雪峰一直活跃在抗日前沿阵地,或鼓励士气,或带领各界民众慰问抗日将士。有关此期间冯雪峰的行踪,有著名女作家丁玲的话为证。丁玲在其所撰《“一·二八”期间我在上海参加的几次抗日救亡活动》一文中这样写道:“我到过前线一次,冯雪峰去过几次慰劳。”

2月3日,也就是“一·二八”事变发生后的第六天,冯雪峰与鲁迅、茅盾、叶圣陶、郁达夫、丁玲、陈望道、胡愈之、胡秋原等43位文化名人联名发表了控诉日本发动侵略战争罪行的《上海文化界告全世界书》。由此可见,自“一·二八”事变次日起,冯雪峰一面带领各界群众慰问十九路军将士,一面积极奔走,与各位文化名人协商起草《上海文化界告全世界书》,这其中就有鲁迅先生。海婴先生又怎么能够毫无根据地说“形势刚刚开始有点紧张,他就不见踪影”及“鲁迅很不满”呢?

在发表《上海文化界告全世界书》的第四天,也就是2月7日,冯雪峰与鲁迅、茅盾、胡愈之、叶圣陶等129位作家联名发表《为抗议日军进攻上海屠杀民众宣言》。

相隔仅一天,2月8日,冯雪峰再度与鲁迅等人一起发起组织了中国著作界抗日协会,并当选为执委会执行委员和编辑委员会委员。

也就在2月,为加强对国统区抗日救亡的文化宣传领导,党中央任命冯雪峰为中共中央宣传部文委书记。毫无疑问,他跟鲁迅的联系更为密切了。

这是历史,而历史的真实是谁也不能捏造或篡改的。

关于“鲁迅如果活着会如何?”

海婴在该书370—371页以“再说几句”为题,继鲁迅死因之后又向我们惊爆了一则“秘闻”。

海婴写道:

> 1957年,毛主席前往上海小住,依照惯例请几位老乡聊聊,据说有周谷成等人,罗稷南先生也是湖南老乡,参加了座谈。大家都知道此时正值

“反右”，谈话的内容必然涉及对文化人士在运动中处境的估计。罗稷南先生抽个空隙，向毛主席提出了一个大胆的设想疑问：要是今天鲁迅还活着，他可能会怎样？……不料毛主席对此却十分认真，沉思了片刻，回答说：以我的估计，（鲁迅）要么是关在牢里还是要写，要么他识大体不做事。一个近乎悬念的询问，得到的竟是如此严峻的回答。

罗稷南先生顿时惊出一身冷汗，不敢再作声。他把这事埋在心里，对谁也不透露。一直到罗老先生病重，觉得很有必要把几十年前的这段秘密对话公开于世，不该带进棺材，遂向一位信得过的学生全盘托出。

对于罗稷南先生的这一“孤证”，海婴先生的第一个依据“是在1996年应邀参加巴人研讨会时，这位亲聆罗老先生讲述的朋友告诉我这件事的”，“同时在场的另有一位老专家”。

海婴先生的另一个依据是王元化先生“也听说过这件事情”。

海婴先生找“听说过”的王元化先生作证，这样做，是否过于轻率了一点，因为王元化先生既不是1957年毛泽东与罗稷南对话的在场者，也非亲聆过罗老先生“临危托话”的人。“听说”过类似意思的人，在中国何止王元化先生一个，可以说是成千上万，比如笔者，早在“文革”中就“听说”了。

前不久，一位名叫谢泳的山西学者，在经过深入细致的考辨后，于2002年第6期《文史精华》上撰文，援引了1957年3月10日毛泽东《和新闻出版界代表谈话纪要》中的一段话（《毛泽东文集》7卷263页）。毛泽东所说的这段话是：“……有人问，鲁迅现在活着会怎样？我看鲁迅活着，他敢写也不敢写。在不正常的空气下面，他也会不写的。但更多的可能是会写的。俗话说得好。‘舍得一身剐，敢把皇帝拉下马。’鲁迅是真正的马克思主义者，彻底的唯物论者是无所畏惧的，所以他会写。……鲁迅的时代挨整就是坐班房和杀头，但是鲁迅也不怕。……国民党压他，我们上海的共产党员也整他，两面夹攻，但鲁迅还是写。”两天后，1957年3月12日，毛泽东《在全国宣传工作会议上的讲话》中再次提到“假使鲁迅还在”会怎样的问题。毛泽东指出：“鲁迅的杂文是对敌人的，鲁迅对付敌人的锋芒可不可以用来对付我们自己内部呢？据我看也可以，假使鲁迅还在，他就要转过来对付我们的缺点、错误。”

毛泽东在上述讲话中很好地解答了“有人问，鲁迅现在活着会怎么样”的敏感问题。历史地、全面地看,自1937年10月19日毛泽东在延安陕北公学纪念鲁迅逝世周年大会上发表《论鲁迅》的讲话,直到1976年9月9日逝世,在长达40年的时间里,毛泽东一直是备加敬崇鲁迅的。这可以从他逝世前一两年仍在阅读《鲁迅全集》和向身边工作人员推介鲁迅杂文中得出结论。

谢泳先生的考辨如此,而专门从事毛泽东文化思想和当代史研究的陈晋先生的考辨,则更为深入细致一些。近日,他在第9期《百年潮》杂志上撰文指出,第一,罗稷南并非毛泽东“老乡”而系云南人;第二,罗稷南逝世于1971年,而非海婴书中所云“90年代”;第三,迄今没有任何记载表明,周谷城先生在1957年见过毛泽东;第四,罗稷南与毛泽东会面的确切时间为1957年7月7日,从两天后《文汇报》公布的全部名单看,除罗外,还有陈铭珊、漆琪生、谈家桢、赵丹等35位科技文教工商界代表人士,但独独没有周谷城。而且,这次人数众多的座谈会还有中共上海市委的主要领导柯庆施、陈丕显、曹荻秋等陪同在场。既然不是“老乡聊聊”,自然也不存在假设的“老乡”罗稷南向毛泽东提出这个“具有潜在的威胁性”话题的可能了。

对于历史上特别是与鲁迅生前相关联的人和事,海婴先生又是怎样描写的呢?在该书300页中有如下一段文字:

> 1933—1934年某日,陈赓同志由冯雪峰陪同,详谈长征的反围剿斗争和事迹,直谈到晚间……谈到延安种种故事,鲁迅深为感动,他认为党的二万五千里长征,是史无前例的英雄伟业,远远超过《铁流》……

有关此事,冯雪峰、楼适夷两位当事人都著文说明过(见《冯雪峰忆鲁迅》,写于1950年,原刊于当年《新观察》;楼适夷《鲁迅二次见陈赓》,载《鲁迅回忆录》第2集),确切时间是“1932年的夏秋之间”,而非“1933—1934年某日”。具体内容是“陈赓同志从鄂豫皖红四方面军来到上海,谈到红军在反对国民党围剿中的战斗的剧烈、艰苦和英勇的情形。”在这里要强调的是,无论是冯、楼二人确证的“1932年的夏秋之间”,还是许广平、海婴母子所述的“1933—1934年某日”,红军都还没有开始长征。其二,书中所云“延安种种故事”更是子虚乌有的事,就连1934年10月率领红军长征的张闻天、博古、周恩来以及长征途中确立领导地位的毛泽东事先也无法预测三年后将在延安安营扎寨。而且这些历史知识,新中国成立后只要上过中学的人都能说个一清二楚。

不仅如此，一些与海婴先生家庭无关的重大问题，海婴先生也轻率地发表独家看法。海婴先生在该书241页上“披露了”冯玉祥将军遇难一案，而且仅凭前国民党军统特务头子沈醉一句“蒋介石……的手没有那么长”，就武断地下了替国民党脱却干系的结论，并以权威的口吻说道：“我想，这也可算作是解密的一部分吧。”

前不久，78岁的原解放军总医院院长冯理达前辈就同一问题发表了看法(刊8月27日《北京青年报》)。同海婴的“说法”有两大不同，一是海婴凭“听说”将遇难日期定在1948年8月22日，而冯理达的确切指认是9月1日。二是至关重要的是，冯理达前辈谈到他们一家“7月31日秘密离开纽约，在8月中旬抵达埃及亚历山大港，这时，我们发现这里停泊着一艘国民党的军舰，引起父亲警惕。父亲就不再外出，叫我母亲和我偷偷地下船，把他写给李济深将军的信和一首叫《小燕》的诗寄出去。谁也没想到这信竟是父亲的绝笔。9月1日，轮船在黑海上航行时，突然起火，待弟弟洪达和我爱人罗元铮将父母救了出来时父亲已经昏迷不醒了，父亲活活地在烟火中窒息死亡。我的妹妹晓达也不幸遇难”。

冯理达还谈道：记得在美国的时候，有一次一个美国官员对我父亲说：“给你六个月时间，请你考虑考虑，只要你不要共产党，我们就不要蒋介石，愿意帮助你。”我父亲回答说，“我们中国，有几千年的文化，不像美国，只是短短的一百年。我们哲学是：天听自我民听，天视自我民视。这是说，全国的人民，工农大众，喜欢什么，我们说什么；喜欢什么，我们做什么。可是没有听说过，天视自美国人视，天听自美国人听。真那样做，不单是三民主义的叛徒，并且是中国的卖国贼，你看我冯玉祥是做这些事的人吗?”结果自然是不欢而散。作为历史见证人的冯理达的这个“发现”十分重要。试想，在1948年的8月，蒋介石正热衷于同共产党打内战，且节节败退。在这种情况下，他还能派出一艘军舰远赴数千里外的埃及，而且恰好停泊在冯玉祥将军乘坐的轮船途径之地？这其中是否存在着某种玄机，姑且存疑。海婴先生援引沈醉的话，其可信程度又有几何？何况蒋介石的特务系统又非沈醉一家，还有中统，极机密任务更有他的总统侍卫室。尽管在这件事上，蒋介石和美国的嫌疑最大，但在事情过去整整54年之后，作为冯玉祥将军至爱亲朋的冯理达前辈也没有轻易下这个结论，只是理性地告诉后人：“但真正的凶手是谁，也许永远无法知道了。”相比之下，海婴应当从中学习些什么，注意些什么。

何止是一些重大事件,小至一些人名、地名、地域位置,不经细核从而导致不应有的差错,在书中为数不少。如20世纪50年代闻名全国、家喻户晓的小丰满水电站,海婴先生将其从吉林搬到了哈尔滨(《鲁迅与我七十年》第240页);如将全国知名人士周谷城先生的名字写成周谷成(《鲁迅与我七十年》第370页);如将沈阳的名胜古迹北陵写成了北岭(《鲁迅与我七十年》第231页)等。

我们需要什么样的鲁迅遗产

我们需要什么样的鲁迅遗产?

海婴先生有着惊人的记忆力,他不仅记起了幼小时的种种趣闻,还在书中专门向我们展示了其母亲和萧红共同服用治疗痛经的白凤丸的外包装照片(《鲁迅与我七十年》第20页),但是为什么不向我们谈谈萧红萧军这一对抗日热血夫妻冒着生命危险携带世界上最早两部反法西斯小说原稿来到鲁迅身边的故事;谈谈博大仁爱的鲁迅先生呕心沥血扶持两位东北青年登上左翼文坛一举成名的故事;谈谈你当着二萧面在饭桌上喊“冯先生”以及冯雪峰述说红军二万五千里长征的可歌可泣的众多细节;谈谈在鲁迅逝世前数日你当着萧军、黄源和父亲的面认出手中的木雕像是“高尔基”的可爱镜头;谈谈你父亲鲁迅为祖国为民族壮壮烈烈战斗到生命最后一息的动人情节……

我们需要什么样的鲁迅遗产?

自20世纪80年代起,我们耳闻不断的是海婴先生关于父亲的版税官司,为此海婴先生在该书中专设《父亲的遗产》一节向世人诉说。对于精神的遗产,海婴先生在书中涉及极少,但对鲁迅“遗作的权益”,海婴先生则反复论之。就同周令飞退出中国共产党一样,鲁迅版税的继承也得有个程序问题。因为早在1949年新中国成立前夕,许广平先生偕子海婴已书面向国家作了捐赠的要求。那么,在许广平先生逝世后,海婴先生欲讨回鲁迅遗作版税,是否应当再写一个书面报告,宣布收回以前的书面捐赠报告。即使有关方面违规批准他的“收回”申请,那周海婴也只能享受其中的四分之一。那四分之三,是永久归于长眠在地下的其母许广平女士的。这是一个起码的常识。

自20世纪80年代中后叶到21世纪的今天,主要是中国台湾、香港和大陆,以及日本不断有人标新立异,著文立说,说鲁迅与日本特务机关、国民党政府暗中勾结的有之,宣扬“鲁迅精神过时了”的有之,诬蔑乃至全盘否定鲁迅的人更是有之,但独独不见海婴先生站出来,给予义正词严的驳斥。记得1994年1月,台湾国民党喉舌《中央日报》以两个版的篇幅,以极其低级庸俗的话语,刊发了一位名叫李家的台湾“中央社”记者,采用地毯式花边新闻文学手法,所撰写的攻击鲁迅及萧红萧军等大陆非党左翼作家的长篇文章,那时,我是多么的希望海婴先生能够站出来与之论理啊!然而,海婴先生却保持了沉默。后来,在众多前辈作家的支持下,《文艺报》以较大篇幅刊登了我与之论理辩诬的对阵文章。随后,首刊台湾李家污文的福建《港台信息报》为纠错,很快予以了全文转载。而盲目摘登造成极坏影响的京城《作家文摘》报,在各方压力下,被迫在头版介绍了《文艺报》所刊我文的要点内容,并向当事人及广大读者作了检讨。面对南北众多报刊对拙文的转载、推介、评论,周海婴先生却继续采取了沉默的态度。至于说到新旧世纪交替之际,从上海大学年轻教师葛红兵的《为20世纪中国文学写一份悼词》,到紧随其后的作家王朔的《我看鲁迅》等对鲁迅施之以否定、贬斥的言行著述,周海婴先生又一次选择了沉默(比对他对切身利益及经济问题不断诉诸官司的做法,形成了极为鲜明的反差)。据鲁迅故乡的绍兴市文联、作协的同志们告诉笔者,他们曾为2000年第2期《收获》杂志所刊王朔等人对鲁迅大为不敬的一组文章,出于维护故乡先贤名誉的义愤,在向上海《收获》杂志编辑部及其上级主管部门上海市作家协会提交“抗议”的同时,还专程前往北京复外大街22号部长楼居住的周海婴府上秉报,寄希望于他站出来,与故乡人一道为鲁迅正名。但周海婴在向家乡人表示感谢之后,却再也没有了下文。

在新世纪里,我们需要什么样的鲁迅遗产?

这是笔者在第11遍读完《鲁迅与我七十年》后掩卷深思的一个问题。著名学者杨宪益先生的夫人,有“中国文化战线上的白求恩”之誉的英籍戴乃迭女士,于临终前说了如下一段话:

“现在有人叫我写一本书,写我的儿子,写我在牢狱里的经历,说这种书一定会畅销,可以拿一笔钱。我怎么能够这样做呢?”

一个为中国革命和中国社会主义建设事业无私奉献了一生的外国人,“文革”中又备受误解和折磨,尚且如此,那么作为中国人的我们又该如何呢?鲁迅后代呢？更何况说,“文革”之初享尽无限风光的许广平女士(她于1968年不幸猝然去世),以及她的子孙们,谁也没有受到任何非人不公的待遇,哪怕是简单的诘问与被贴大字报,没有,一次也没有!

原载2002年9月17日《文艺报》

后记：求是正未有穷期

本书得以圆满完成，并不是我一己之力，而是集所有有良知有理想有信仰的文史工作者的群力，自然也得到了广大读者的认可与厚爱。对于这个结果，我是比较满意的：说明了我坚持 14 年叫板历史虚无主义的初衷不动摇，东进北上，自费寻踪考证 70 余次的努力没有白费，是产生了一定的成效的，也是符合历史的真实的面目的。对此，我深深感谢在长达 14 年探寻这一历史真相的过程中，所有声援、帮助过我的人，尤其要感谢上海市政协、市委统战部、市委宣传部、文汇报社、复旦大学、华东医院、上海交通大学第二医学院、上海市文史馆、上海市作家协会等部门、单位的同志，在不违反原则、纪律、相关法规的前提下，给予我的热情支持和尽可能的帮助，感谢社会的正义在复苏，在不断地发扬光大。

有关本世纪初被某些人渲染得沸沸扬扬的那个“毛罗对话”，是一个本不该成为问题的话题。人死了，而且死去六十多年了，却出现了这个本不应该成为问题的话题。而且，在反复炒作的人中，居然还有享受着各种其他名人后代享受不到的特权，大把大把地花着共产党、人民政府实乃纳税人的钱财的鲁迅子孙。这，本身也是一个匪夷所思的问题。

人死不能复生，历史没有假如。正如把国家、民族拖向崩溃边缘的“文化大革命”，最终必然要被全盘否定；在“文革”中令万民怨声载道的林彪、江青两个在中国大地上制造中世纪黑暗的反人民团伙，必然要被坚如磐石的中国共产党与亿万人民群众彻底粉碎一样。

我既不能同意一些人鼓吹的带有历史虚无主义倾向的这个“毛罗对话”,也无法苟同极个别的学者,一方面高高在上声称自己对这个假设性的话题“没有学术含量,决不参与”诸如此类的表白。而在另一方面,却在其的演讲中炮制出另一个“毛罗对话”的内容。这些个别学者无视历史上已经发生过的对人民对国家产生了严重伤害的反右扩大化与“文化大革命”这一基本事实,甚至用“文革”盛行的时髦语言,鼓吹出另一个“毛罗对话”的版本:说鲁迅一定会被一派莺歌燕舞的大好形势而感到欢欣鼓舞……

右会动摇基石,无视事实、蛊惑人心的“左”同样可怕至极。

历史上不存在的问题,到头来仍然是一个不存在!决不会存在什么“假如”。

笔者撰写本书的目的,并不是一个简单的还毛泽东是否讲过这句话的历史真相的问题,而是要还原历史现场:即被一些人渲染的沸沸扬扬的“毛罗对话”,究竟是怎样一个内容。而在得出最终的结论前,唯一要做的,是按照1978年那场轰轰烈烈的真理标准大讨论制定的“实践是检验真理的唯一标准”的原则去实践、去探索。一句话,迈开双腿走出去,走到1957年7月7日夜晚产生所谓“毛罗对话”的原发地,去探它一个水落石出。

我拒绝没有经过任何调查考证,凭借“我想”“我认为”之类的唯心推理法得出的所谓结论。我鄙夷那些拿着国家拨予的经费,从事有悖历史、不利于国家、民族的和睦与稳定,凭想象式的论证来重构历史。记得是在9年前上海同济大学举行的丁玲国际学术研讨会上,来自北京大学中文系的严家炎教授竟然违背会议议程,与自己早些时候发布的预告之初衷,将会前就准备好且早已广而告之的有关丁玲研究的论文搁置一边,大谈特谈起所谓的“毛罗对话”来。我当然要予以驳斥,我驳斥的唯一内容是大声宣告:为此我已调查考证了数年,而且有了大致的结果与概貌,你呢?!

如何看待毛泽东,如同如何看待共和国历史上的其他重要人物一样,都有个实事求是的问题。

行文至此,我想起了在“文革”中两次被打倒的邓小平同志所持的正确态度与立场。

1980年4月1日,就《关于建国以来党的若干历史问题的决议》的起草工作,邓小平同志又一次约见胡耀邦、胡乔木、邓力群等人谈话。在这次谈话中,邓小平同志强调指出:“建国十七年这一段,有曲折,有错误。基本方面还是对的。社会主义革命搞得好,转入社会主义建设以后,毛泽东同志也有好文章、好思想。讲错误,不应该只讲毛泽东同志,中央许多负责同志都有错误。‘大跃进’,毛泽东同志头脑发热,我们不发热?刘少奇同志、周恩来同志和我都没有反对,陈云同志没有说话。在这些问题上要公正,不要造成一种印象,别的人都正确,只有一个人犯错误。这不符合事实。中央犯错误,不是一个人负责,是集体负责。在这方面,要运用马列主义结合我们的实际进行分析,有所贡献,有所发展。”“决议最核心,最根本的问题,还是坚持和发展毛泽东思想”(见《邓小平文选》第二卷所刊《对起草〈关于建国以来党的若干历史问题的决议〉的意见》一文)。

时隔33年后,2013年12月26日上午,在北京人民大会堂举行的纪念毛泽东同志诞辰120周年的座谈会上,中共中央总书记习近平同志在讲话中重申了邓小平同志当年的这一原则离场,他深刻指出——

毛泽东同志为中国新民主主义革命的胜利、社会主义革命的成功、社会主义建设的全面展开,为实现中华民族独立和振兴、中国人民解放和幸福,作出了彪炳史册的贡献。毛泽东同志毕生最突出最伟大的贡献,就是领导我们党和人民找到了新民主主义革命的正确道路,完成了反帝反封建的任务,建立了中华人民共和国,确立了社会主义基本制度,取得了社会主义建设的基础性成就,并为我们探索建设中国特色社会主义的道路积累了经验和提供了条件,为我们党和人民事业胜利发展、为中华民族阔步赶上时代发展潮流创造了根本前提,奠定了坚实的理论和实践基础。

习近平同志精辟地指出——

对历史人物的评价,应该放在其所处时代和社会的历史条件下去分析,不能离开对历史条件、历史过程的全面认识和对历史规律的科学把握,不能忽略历史必然性和历史偶然性的关系。不能把历史

> 顺境中的成功简单归功于个人，也不能把历史逆境中的挫折简单归咎于个人。不能用今天的时代条件、发展水平、认识水平去衡量和要求前人，不能苛求前人干出只有后人才能干出的业绩来。
>
> 革命领袖是人不是神。尽管他们拥有很高的理论水平、丰富的斗争经验、卓越的领导才能，但这并不意味着他们的认识和行动可以不受时代条件限制。不能因为他们伟大就把他们像神那样顶礼膜拜，不容许提出并纠正他们的失误和错误；也不能因为他们有失误和错误就全盘否定，抹杀他们的历史功绩，陷入虚无主义的泥潭。

邓小平同志的博大胸怀，习近平同志的深刻剖析，是符合历史辩证法的，自然也是符合共和国历史的真实面目的。

在学习、领会邓小平同志和习近平同志对毛泽东同志正确评价的同时，不由得使我想起了距今37年前，在北国哈尔滨我亲历过的一件事。今天，在我进入古稀之年的脑海里，记忆依然是那么的清晰，不曾忘掉一个字。

那件事发生在1979年9月9日下午4时许，在哈尔滨南岗中山大街工人文化宫间壁的一家副食品商店门前，我与蹒跚而来的一位上了年纪满头银丝的白俄老太太不期而遇。这位自我介绍已经九十高龄一脸清秀的老太太，操着一口略为通顺的汉语，向笔者发问道："你知道今天是什么日子吗？""今天，今天……"一时间，我被白俄老太太问了一个不知所措。白俄老太太盯着我的双眼，依然是满脸的严肃与虔诚，严肃中还透出一丝责备，她放慢语速一字一顿地提醒道："今天是毛主席逝世三周年的日子！"

她的话，令我猛地一个激灵！俄顷，周身上下的血液，汹涌澎湃地翻滚起来……

一位苏联老侨民，一个一生颠沛流离且又远离自己的祖国，而且行将告别人世的九旬白俄老太太，对于中国人民的一代领袖，竟然有着如此深厚的感情！真是匪夷所思，匪夷所思啊！

我们完全可以想象得到的是，当13年前，那场来势汹汹、横扫一切的"文革"风暴来临之时，由于她持的是苏联国籍，当时两国关系已跌入低谷，更由于她是列宁领导的"十月革命"爆发时逃逸出来的白俄后代（也许还是皇室贵族后代呢!),其所遭受的苦与罪,决非一般的中国人所能遭受的。可给她造成无比痛苦的十年动乱才过去三年,她却对中国人民、中国人民的领袖毛泽东,依然是这样的一往情深,难道我们不应当从中汲取些什么吗?!

由此,我情不自禁地联想到过去六、七十年间发生在自己身上的一切。我出生在一个世代贫寒的家庭。一岁那年,家中因贫病交加多人夭折,不得已,年迈的祖母,年轻的母亲带着我,从绍兴老家出来,经杭州一路乞讨至苏州投奔亲戚。幸得不久解放新生。从幼儿园、小学、初中,一直读到南京的那所部属中专,我一直是享受免费教育。南京中专五年,连一日三餐的伙食,也是全校寥寥无几中的一位免费生。比对这位白俄老太太,我更应该百倍珍惜新社会给予的一切,更加热爱中国共产党和她的缔造者。

对待毛泽东如此,对待那些对立面的代表人物,我们同样需要实事求是。

例如林彪,我们应当看到,自上世纪 20 年代他走出家门投奔革命加入到为人民打天下的红军队伍开始,一直到 50 年代中后叶,他是为中国人民、为中国共产党、为人民中国的建立作出了重要贡献的。但是,我们同样不能忽略的是,自 1958 年军委扩大会议及随后举行的 1959 年庐山会议开始,林彪阳奉阴违,充任了中国历史上不可多得的两面派角色,直至在“文化大革命”中成了唯一的党中央副主席与“法定”的接班人,还竟然为了抢班夺权,不惜一切手段,堕落为一个真正的阴谋家、野心家,最终落了个折戟沉沙异邦大漠的悲惨下场。以我之见,实话实说,若论林彪那个弱不经风的病秧子身躯,他是根本活不到毛泽东那个高寿年龄的。就是在当年那个令万民涂炭的“文革”之初,成千上万的人们在新闻纪录片中见到林副主席的那一副尊容后,私底下也是这么议论的。

又如,那个戏子出身的江青,也不能说她一件好事也没干过。一件是 1964 年她倡导的京剧改革,以及在此基础上产生的 8 个样板戏,其旋律,其人物造型,毫无疑问,艺术上是成功的。现在半个多世纪过去了,人民大众的喜爱程度,已经证明了这 8 个样板戏的生命力。但是,问题在于江青的出发点与立场存在着很大的问题,即严重的功利主义倾向。她以 8 个样板戏来否定传统戏剧,否定左翼戏剧史,并借此打压一大批德高望重的文艺界前辈,自说自话地将自己册封为继鲁迅之后的又一个“文化革命”旗手,足以见之其的野心。

江青做的另一件多少有益的事，是她首先致信毛泽东，要求切实改善数学家陈景润身处恶劣的生活与工作环境。然而，毛泽东并没有将关怀、改善陈景润生活与工作环境的事交给江青去办。毛泽东是深知江青的秉性的：江青办事很难善始善终，而且极有可能以此作为自己的资本加以炫耀，并作为手中的筹码向毛泽东伸手要权要官，乃至借机再否定、打倒一批干部。故而，毛泽东将此事的落实批给了周恩来，而周恩来又将此事落实到了刚复出的邓小平身上。而邓小平也确实圆满地完成了毛泽东与周恩来的嘱托。

实际上，中国共产党特别是十一届三中全会后的党中央和中国政府、中国人民是严格遵循实事求是这一优良传统的。虽说一生要尽反革命两面派手段，陷害忠良无数，“文革”初与江青沆瀣一气的康生 1975 年临终前“举报”江青 30 年代被捕有可能叛变的这一“重要线索”，但在 1980 年两高审判江青一伙时，由于查无实据，且在其被捕期间尚不见有有哪一位与她有关连的共产党员或左翼人士被捕，故而，负责主审的最高人民法院特别刑事审判庭没有将其所谓的“叛徒”列入其中。

下面，回到本文主题。

我的朋友、独立文化学者、厦门大学教授、14 年前与我一起共同质疑鲁迅之子周海婴仅凭听说抛出的所谓“毛罗对话”的谢泳先生，在其撰写的《辨析一个历史细节——对“鲁迅如果活着会如何的理解”》一文(见 2002 年第 6 期《文史精华》杂志)中指出：

> 毛泽东有没有对罗稷南说过那样的话，其实并不是很重要，他对鲁迅的态度，我们还可以通过他晚年的许多做法来判断，比如张梦阳和蓝棣之的文章就是那样做的，我只是想强调一点，我们研究历史，要特别注意证据，还是胡适当年的老话，有一分材料说一分话，有十分材料说十分话，没有材料不说话。不能因为一个历史细节暗合了我们过去的猜想以及对一个历史人物的判断，就放过对那个历史细节的辨析，这是历史研究中最要注意的问题。

一位伟人说得好：世界上怕就怕认真二字。

现在，十多年的时间过去了，新世纪元年由鲁迅之子周海婴先生凭“听说”外加丰富的想当然架构的那个漏洞百出的“毛罗对话”内容，以及随后不久又由著名电影演员黄宗英凭似是而非的唯一历史现场人身份杜撰出来的这个“亲聆”，以笔者前期调查考证中多方寻踪考查到的仍健在的其他9位德高望重的历史现场亲历者前辈；包括“亲聆者”黄宗英本人在内，特别是在那个历史性夜晚瞬间众多与毛泽东近距离零距离亲切对话的几位前辈，于对话结束后不久或与至爱亲朋相告或参加相关座谈后的温馨场景叙说，或者晚年为怀念一代伟人毛泽东写下的怀念文字；更有时在现场穿梭拍摄，三年后担任毛泽东摄影师的新四军老战士徐大刚同志，为我们留存下来的颇具说服力与现场强烈视觉感的多幅历史瞬间影像；还有《追寻历史的真相：毛泽东与鲁迅》面世5年多来，一向高调张扬的黄宗英女士极为罕见的不予置评一字，历史，真实的历史已经见证了一切，从而从源头上廓清了一度被炒得沸沸扬扬至今余波仍在的这个话题。

2014年10月15日，习近平总书记在文艺工作座谈会上所作的讲话中，代表党中央向广大文学艺术工作者强调指出：

> 广大文艺工作者要高扬社会主义核心价值观的旗帜，把社会主义核心价值观生动活泼、活灵活现地体现在文艺创作之中，用栩栩如生的作品形象告诉人们什么是应该肯定和赞扬的，什么是必须反对和否定的，做到春风化雨、润物无声。要把爱国主义作为文艺创作的主旋律，引导人民树立和坚持正确的历史观、民族观、国家观、文化观，增强做中国人的骨气和底气。
>
> 我们要通过文艺作品传递真善美，传递向上向善的价值观，引导人们增强道德判断力和道德荣誉感，向往和追求讲道德、尊道德、守道德的生活。只要中华民族一代接着一代追求真善美的道德境界，我们的民族就永远健康向上、永远充满希望。

窃以为，习近平同志的这个讲话，和毛泽东同志1942年5月23日在延安文艺座谈会上所作的结论中关于“为什么人的问题，是一个根本的问题，原则的问题”“我们的文学艺术都是为人民大众的”教导,邓小平同志1979年10月13日在四次文代大会上所作的祝词中关于“对人民负责的文艺工作者,要始终不渝地面向广大群众,对艺术上精益求精,力戒粗制滥造,认真严肃地考虑自己作品的社会效果,力求把最好的精神食粮贡献给人民”是一脉相承的。

俗话说,人生七十古来稀,当然,这是前人的说法。在当今新中国,活到八十、九十,乃至一百多岁的老人,世间也大有人在。

今天,恰好是我的农历整七十岁生日。

检视自己度过的这七十个年华,聊以自慰且倍感自豪的是,我并没有虚度,自然也没有什么可以后悔的。

值得一提的是,1979年以来,我先后同两位鲁迅学生(萧军、黄源去世后、我都为他们在人民日报、光明日报、文汇报等著名报刊上发表了怀念及研究的文章)与30多位左翼文学前辈相识交往,自是获益匪浅,尤其是树立了正确的为人为文的方向。2004年2月随同中国作家协会代表团赴台湾访问交流,有幸抢在死神光顾之前,结识了生命已入夕阳,那个毕生坚持一个中国立场并为之奔走呼号的文坛前辈胡秋原先生。从胡秋原先生身上,我又一次经受了高昂民族气节与独立人格的洗礼。

37年的业余从文与探索,我实现了1960年苏州新民桥小学六年级行将毕业前夕做下的一系列梦:先是记者梦,尔后是作家梦,及至新世纪论著列入世界名校学术刊物,出版了9部学术专著,其中的一半专著都历经了5至10年反复调查考证的打磨,每年都有独立完成的创新成果问世的鲁迅梦与学者梦,在左翼文学研究、鲁迅研究和中国近、现代史研究领域,都留下了为学术界基本认可的,坚实而又清晰的足迹。

对于这个在新世纪初的十多年中被炒得沸沸扬扬的“毛罗对话”,我深感自豪的是:纵观成千上万呼应周海婴、黄宗英等虚无主义说法的文章,迄今为止,还没有发现有哪一位作家、学者、教授,进行过脚踏实地的调查考证。可没有一分钱经费支撑的我,却硬是做到了,而且一做就是14年,直到本书出版为止。坚持不懈14年毕其全部心血做一件事的动力十分简单:那是因为我热爱新中国,热爱中国共产党,以及自1954年9月上新中国小学那一天起逐步树立起的初心。

在"古稀"七十寿辰到来的这一神圣时刻，我不由得记起距今整整一个甲子前，在苏州杨安弄小学二年级上语文课时，富有新中国朝气、年轻美丽的吴姓女教师饱含感情，一字一顿地向我们朗诵的一段英雄无悔的名言：那就是84年前，用钢铁一般的意志铸就共产主义信仰，列宁布尔什维克党的优秀党员尼古拉·阿列克谢耶维奇·奥斯特洛夫斯基，在其《钢铁是怎样炼成的》的自传体长篇小说中写下的一段经典论述：

> 人，最宝贵的是生命。生命属于人只有一次。人的一生应当这样度过：当他回首往事的时候，他不会因为虚度年华而悔恨，也不会因为碌碌无为而羞愧；这样，在他临死的时候能够说：我把整个生命和全部精力，都献给了世界上最美丽的事业—为人类的解放而斗争。

谨以此作为我对自己的七十寿辰，对七十寿辰之后新的健康的人生之旅和学术之旅，永葆青春朝气，富有进取的进程的勉励。

秋　石

于赴京出席中国文联第十次全国代表大会、

中国作家协会第九次全国代表大会归来后

2016年12月29日

农历丙申年十二月初一

人生整七十岁寿辰之日

图书在版编目(CIP)数据

我跟鲁迅的心是相通的:毛泽东与鲁迅/秋石著.
—上海:上海人民出版社,2017
ISBN 978-7-208-14738-6

Ⅰ.①我… Ⅱ.①秋… Ⅲ.①毛泽东(1893—1976)
-人物研究②鲁迅(1881—1936)-人物研究 Ⅳ.
①A751②K825.6

中国版本图书馆CIP数据核字(2017)第203662号

责任编辑 赵蔚华
封面设计 傅惟本

"我跟鲁迅的心是相通的"
——毛泽东与鲁迅
秋 石 著
世 纪 出 版 集 团
上海人民出版社出版
(200001 上海福建中路193号 www.ewen.co)
世纪出版集团发行中心发行 上海中华印刷有限公司印刷
开本 720×1000 1/16 印张 29.5 插页 12 字数 453,000
2017年9月第1版 2017年12月第2次印刷
印数 7001-9100
ISBN 978-7-208-14738-6/A·124
定价 88.00元